STUDIES ON
VOLTAIRE AND THE
EIGHTEENTH
CENTURY

CXLVII

STUDIES ON VOLTAIRE AND THE EIGHTEENTH CENTURY

edited by

THEODORE BESTERMAN

———

VOLUME CXLVII

———

ANDRE MICHEL ROUSSEAU

L'Angleterre et Voltaire

III

THE VOLTAIRE FOUNDATION
at the TAYLOR INSTITUTION
OXFORD
1976

PRINTED IN ENGLAND
BY
CHENEY & SONS LTD BANBURY OXFORDSHIRE

L'Angleterre et Voltaire
(1718-1789)

par

André Michel Rousseau

III

CHAPITRE IV

Le conteur en prose et en vers

1. La diffusion des œuvres

Les Anglais ont-ils beaucoup lu les contes de Voltaire, et qu'en ont-ils pensé? A d'aussi simples et naïves questions, il est malaisé de répondre lorsqu'il s'agit du conteur. Faute de documents, la méthode adoptée jusqu'ici risque de faire faillite. C'est à peine, dans mille volumes de périodiques, si l'on trouvera trente mentions de tous les contes réunis, sauf *Candide*, lequel, au contraire, a provoqué autant de commentaires que les textes les plus souvent lus. Chez les lecteurs individuels, on ne glanera pas plus d'une demi-douzaine d'allusions vagues à ces 'romances exquisitely entertaining, particularly Zadig', comme le déclare l'auteur anonyme des *Anecdotes of polite literature* avec autant de grâce que d'imprécision (p.165).

Non moins déconcertante que cette soudaine disette, l'analyse statistique des traductions donne des résultats aberrants. Sur 44 éditions avant 1800, tous contes réunis, *Candide* en totalise 13 (sans compter le texte français de Nourse). Si l'on s'en tient avant 1778, on déduira encore 7 éditions de *Zadig*, bizarrement groupées à la fin du siècle, 2 de *Candide* et 1 de l'*Ingénu*. Même ainsi, les proportions restent à peu près identiques: 11 pour *Candide*, 22 pour les huit autres contes[1]. *Candide* toujours mis à part, ces traductions parurent la même année que l'original, furent quelquefois rééditées l'année suivante ou peu de temps après, et ce fut tout. Un peu plus longs que les adaptations théâtrales, avec qui ils avaient en commun la brièveté, le bon marché et un éphémère succès, ces textes ne bénéficiaient pas du soutien périodique des représentations. Cependant, trois contes sur neuf, l'*Ingénu*,

[1] *Scarmentado*, 1; *Micromégas, Le Taureau blanc*, 2; *Zadig, Histoire de Jenni, Babouc*, 3; *La Princesse de Babylone, L'Ingénu*, 4.

599

Candide et le *Taureau blanc*, ont connu deux traductions différentes. Le recensement des bibliothèques privées opéré par R. S. Crane a montré que *Candide* vient presque à égalité avec les *Lettres philosophiques* et *La Henriade*, ces trois œuvres ensemble constituant à elles seules les deux tiers des ouvrages autres qu'historiques. Bref, les conclusions tirées des traductions sont hétérogènes et anormales.

Mêmes disparates dans les recueils et dans les œuvres complètes. Ce n'est qu'en 1794 que paraît une collection presque intégrale des contes (*BAV* 14). Ils sont absents de l'édition Kenrick-Williams. En revanche, chez Francklin-Smollett, qui connut quatre éditions, on trouve, quoique dispersé, à peu près tout ce qui avait paru en édition séparée à la date de publication[2].

Ajoutons certains contes très courts publiés dans les revues[3], et nous gagnons deux titres. Finalement, par un biais ou par un autre, à l'exception des *Lettres d'Amabed*, tous les contes longs ont été disponibles en traduction anglaise, et quelques-uns des courts. Les autres avaient-ils tellement retenu l'attention en France?

Déformé par la prolifération inlassable des éditions modernes des *Contes et romans*, le lecteur du xxᵉᵐᵉ siècle doit faire effort pour rétablir cette production dans sa juste perspective historique. Le titre de *Romans* n'apparaît qu'en 1764, en même temps que les *Contes de Guillaume Vadé* (Van den Heuvel, p.9). La première édition qui commence à les regrouper est de 1771, et encore ne les soustrait-elle pas tous des volumes de *Mélanges* et de *Nouveaux*

---

[2] t.xi: *Zadig, Babouc, Micromégas*; t.xii: *Scarmentado*; t.xiii: *Bababec*; t.xxiii: *Candide*; t.xxxvi: *La Princesse de Babylone, L'Homme aux quarante écus*.
[3] *Le Blanc et le noir* (*History of Rustan*): *GM* (1765) xxxv.174-179; *The Black and the white*: *British mag.* (1765) vi, *Oxford mag.* (févr. 1769); *A Letter from a Turk on the faquirs and his friend Bababec*: *LC* (1768) xxiv.279; *Jeannot et Colin*: *GM* (1765) xxxv. 118-123, *Court miscellany* (1768) iv. 612-613, 630-634; *Babouc or the world as it goes*: *New novelist* (1786) i.47-55;

The Sincere Huron, a true history (trad. Francis Ashmore): *Novelist's mag.* (1786) xxi. Selon Mayo, Voltaire vient au septième rang des romanciers français publiés en extraits dans la presse, le premier revenant à Marmontel, et de très loin. Il est encore plus mal placé si l'on compte les reprises d'une revue à l'autre, Marmontel restant en tête avec mme de Genlis cette fois. A titre de comparaison, Prévost n'est jamais nommé, Marivaux rarement, alors que le succès de Rousseau fut vif et immédiat.

mélanges où le hasard les avait éparpillés. On se rappellera encore qu'à l'exception de *Zadig* et de *Candide*, tous les grands contes parurent entre 1767 et 1776. Pour les Anglais, Voltaire était un vieillard, qui avait ses chefs-d'œuvre derrière lui, parfois très loin derrière. Que pouvait-on espérer d'un homme de 74 ans et plus, sinon la répétition—Diderot dira carrément le 'rabâchage' (Diderot, vi.367)—des mêmes histoires plus ou moins bien variées? Le sort des contes en Angleterre nous rappelle simplement à la réalité historique. Les statistiques françaises n'aboutiraient pas, au XVIIIᵉᵐᵉ siècle, à des résultats tellement différents. On en parle sur le moment, on se contente par écrit de jugements conventionnels, on n'en garde pas les exemplaires. Ce n'est pas de la vraie littérature.

Enfin, il faut tenir compte des problèmes de traduction. Les versions anglaises, platement littérales, lourdes et fades, ne gardent rien du style voltairien, sauf celle du *Taureau blanc* par Bentham, qui avait précisément été séduit par le ton. Si les tragédies ont pu être si facilement acclimatées, c'est à condition d'avoir été entièrement réécrites. Les ouvrages historiques ou philosophiques n'étaient guère altérés par la transposition en langue anglaise. La poésie était lue en français. Seuls les contes se trouvaient littéralement dénaturés et, pour ainsi dire, anéantis.

Compte-tenu de ces données complexes, désordonnées, parfois contradictoires, ainsi que du fait que le genre resta pratiquement absent de la production nationale anglaise, l'œuvre romanesque de Voltaire, malgré certaines apparences, ne s'est pas trouvée bibliographiquement sacrifiée aux grands ouvrages. Le profil irrégulier de sa diffusion traduit exactement l'opinion que pouvait s'en faire un public étranger qui n'avait pas, pour le stimuler, le piment de la clandestinité, de l'actualité et du scandale et, à moins de pouvoir la lire dans l'original, n'en possédait en réalité qu'une image travestie ou décolorée.

2. L'accueil du public

A. Zadig

Ce premier conte se présente déjà de façon insolite; une traduction contemporaine de l'original, deux éditions tardives, puis, tout à coup, une floraison serrée dans des collections romanesques destinées à un public peu cultivé avide de pur divertissement[4]. Ainsi sont bien soulignés les deux traits distinctifs du conte: extravagance et aventure à la mode des *Mille et une nuits*, récit moral.

Nous avons peu de témoignages sur ce texte. Sous la forme de *Memnon*, Chesterfield ne l'aime guère, sans nous en livrer les raisons (Chesterfield 1, iii.1079). Ecrivant de Londres à Philip Yorke, Thomas Birch nous donne sans doute la véritable explication: l'incroyable vogue des romans parmi le beau sexe: 'Let me mortify you with an account of the success of *Memnon* which you treated with so much neglect and transferred to miss Talbot as below the dignity of your cabinet. It is now grown the fashionable reading especially among the ladies of established reputation for polite taste, and that single copy has travelled through the whole circle of them and occasioned a demand from Holland of half the impression for the use of our country' (BM add. MS 35397, f.116v).

Nous avons vu que les *Anecdotes of polite literature* le mettent au premier rang comme 'entertaining'. 'A diverting picture of human life in which the author has ingeniously contrived to ridicule and stigmatise the follies and vices that abound in every station', dit une note des *Complete works*[5]. On voit ici à l'œuvre l'incorrigible moralisme anglo-saxon.

M. P. Conant attribue le succès de *Zadig* à trois raisons: l'imitation du poème de Th. Parnell, l'une des sources bien connues du chapitre *L'Hermite*, chapitre qui eut en effet le privilège d'une traduction séparée en 1779; la réputation de Voltaire, ce qui

---

[4] *BAV* 388 et 392-393. Il faut ajouter une traduction différente par Francis Ashmore dans *Novelist's mag.*

[5] xi.129. Quelques notes expliquent des allusions à la France contemporaine.

est bien vague; la mode du conte oriental satirique fortment implantée en Angleterre au milieu du siècle. Sauf sur le premier point, qui reste secondaire, ce critique a raisonné à l'envers: Voltaire était connu, donc *Zadig* a été très lu; le conte oriental était en vogue, donc *Zadig*, conte oriental, a eu du succès. En réalité, les seuls indices positifs sont à notre connaissance les trois opinions que nous avons citées, beaucoup trop peu pour parler de succès. Nous dirons, au contraire, qu'en dépit du prestige de Voltaire et de la vogue du conte oriental, *Zadig* est passé à peu près inaperçu[6].

B. Micromégas

Il n'en alla pas tout à fait de même de *Micromégas*. La *Monthly review* signala le texte cette fois, mais se borna à quelques extraits en laissant le lecteur libre de son jugement (*MR* (1752) vii.376, 386). Le *Gentleman's magazine* y vit 'a series of absurd reflexions upon the human species and all improvements in learning and knowledge' (*GM* (1753) xxiii.270): Chesterfield, 'a most poor performance ... unworthy of Voltaire's. ... It consists only of thoughts stolen from Swift, but miserably mangled and disfigured' (Chesterfield 1, v.1991). Pour les Anglais, la cause était entendue: *Micromégas* n'est que du mauvais Swift[7].

[6] avec *Zadig* peut être rangée la *Lettre d'un Turc sur les fakirs et sur son ami Bababec*, brève, mais piquante et désopilante satire, qui mérite une mention, ne serait-ce que parce que c'est ici que le fakir entre parmi les thèmes de la caricature universelle, avec sa maigre nudité et sa planche à clous. En 1756, R. Cambridge en fit une imitation en 64 vers. Dans sa préface, il reconnaît sa dette et fait remarquer que la source de Voltaire est un passage de l'*Histoire de la Chine* du p. Lecomte (1738), dont il donne la traduction. Mais il y a déjà des fakirs chez Chardin vingt-cinq ans plus tôt. L'histoire littéraire de ces curieux personnages est encore à écrire. Chez Cambridge, le fakir accepte de quitter sa chaise à clous, mais, cessant du même coup d'être un objet de curio-sité, la reprend au bout de quinze jours. Pour Cambridge, le fakir représente les ambitieux torturés de leur plein gré par d'invisibles clous, ainsi que les poètes, les critiques, les métaphysiciens, les politiciens, et même les chasseurs! Conclusion allégorique, qui aurait presque sa place dans l'enfer dantesque et, une fois de plus, d'autant moins voltairienne qu'elle est plus moralisante. 'I had almost completed my list with the king', ajoute Cambridge, une réflexion que Voltaire n'eût pas désapprouvée. *The Fakeer* de Cambridge est la source d'un passage de *Vathek* (Parreaux, p.338).

[7] 'The author had *Gullivers's travels* in his eye', note Smollett (*BAV* 1, xi.253n).

L. L. Martz a cru déceler l'influence de ce conte sur *The History and adventures of an atom* de Smollett (1769) pour la raison que l'Europe y est vue à travers les yeux d'un atome voyageur. Cette satire de l'histoire anglaise entre 1754 et 1768, par son travesti oriental, se rapprocherait plutôt des divers *Espions* à la mode. Seul fait prouvé, Smollett a traduit le *Micromégas* de 1752[8] et reproduit sa traduction dans les *Complete works*[9]. Le reste est pure conjecture.

C. L'Ingénu

Les nombreuses allusions aux réalités du règne de Louis XIV ne pouvaient pas être toutes perçues d'un public étranger. L'édition française avait été simplement résumée (*LC* (1767) xxii.444; *MR* (1767) xxxvii.521-531). Une première traduction, *The Sincere Huron*, 'stiff and stupid' (*MR* (1768) xxxix.161), n'éveilla aucun écho. On en fit cependant une seconde, *The Pupil of nature*, dont le titre souligne la volonté de rattacher le thème aux thèses rousseauistes alors (en 1771) en plein essor. Malgré sa publication au début de l'été, elle se vendit bien (Rae 2, i.133). Une revue la signala (*MR* (1771) xlv.329), une autre trouva l'histoire 'told with vivacity and humour, with many admirable strokes of satire' (*CR* (1771) xxxii.282-286), ce qui pourrait s'appliquer à n'importe quel conte. Mais, la même année, *Almida*, cette médiocre adaptation du plus médiocre encore *Duc de Foix*, passionna bien davantage l'opinion.

D. L'Homme aux quarante écus

Cette fois apparaissent le pour et le contre. 'A farrago, no connection, order or entertainment' (*CR* (1768) xxvi.371-374), 'little entertainment, but much scepticism and indecency' (*GM* (1768) xxxviii.336), pour les uns; 'shrewd, but rambling observations' (*MR* (1769) xxxix.126-131), 'Voltaire's ordinary vivacity' (*LC*

---

[8] d'après le témoignage de Ralph Griffiths, rédacteur-en-chef de la *MR* où Smollett écrivait précisément cette année-là (Nangle 1, p.55).

[9] Smollett n'a placé que sept notes en bas de page, trop peu, selon nous, pour parler, comme Martz l'a fait (Martz 1, p.92) de connaissance intime du texte.

(1768) xxiii.533), pour les autres. L'absence d'unité et de composition a choqué ou déçu, la leçon d'économie politique n'a pas porté, la critique de lord Kames a fortement déplu. Là pourrait être la clé du mécontentement.

E. La Princesse de Babylone

L'un des contes les moins connus du grand public, et pourtant le plus souvent illustré, le plus original par l'imagination romanesque et la fantaisie dynamique et colorée, il fut nettement mieux reçu que les précédents, à en juger par le nombre des extraits (*AR* (1768) xi.1-10; *CM* (1768) iii.196-202, 251-258; *LC* (1768) xxiii.436, 572, xxiv. 304). 'One of these extravagancies whose chief value consists in being the flight of a man of genius' (*MR* (1768) xxxix.124-126), 'the vehicle of much sentiment and much satire' (*GM* (1768) xxxviii.336). Tout ceci n'est pas si mal vu, et trahit une préférence pour l'invention narrative débridée sur la propagande philosophique abstraite. Sans appuyer, Gibbon en résume le charme aux yeux des amateurs de fantastique ironique: 'A very agreeable absurd trifle' (Gibbon 2, i.226).

F. Le Taureau blanc

On pourrait presque l'omettre de notre liste—deux annonces de presse, et ce fut tout (*GM* (1774) xliv.326; *MR* (1774) li.73)— s'il n'y avait la préface 'witty and wicked' (*MR, ibid.*) de la traduction, et son illustre auteur[10]. Né en 1748, lisant le français dès l'âge de sept ans, la littérature romanesque surtout, Perrault, *Télémaque* et *Gil Blas*, mais, à douze ans, plongé déjà dans l'*Histoire de Charles XII*, *Candide* et l'*Essai sur les mœurs*, où il verra plus tard 'the essence of history, a just view of things' (Bentham 2, x.11), Jeremy Bentham avait fait deux voyages en France, en 1764 et en 1770, et en fera un troisième en 1776. Ses deux maîtres furent Beccaria, lu en italien dès sa publication, et Helvétius.

---

[10] une autre traduction, amputée des quatre derniers chapitres, parut sous le titre *The White ox* dans *Sentimental mag.* (mai-déc. 1774) ii.

Comment découvrit-il l'existence du *Taureau blanc*? Sans doute par John Lind (1737-1781), ancien élève d'Oxford, très érudit, directeur des études à l'école des cadets de Pologne de 1767 à 1772 (Fabre, p. 278), qui, une fois rentré en Angleterre devint précepteur d'un neveu de George III, rédacteur politique de lord Mansfield et propagandiste officieux des idées et de la politique de Poniatowski auprès de l'opinion britannique (cf. Everett). Bentham nous a lui-même rapporté en détail l'histoire de cette traduction (Bentham 2, x.82-83). Séduit par le style du conte, l'éditeur Hinsley (Bew n'étant que l'imprimeur) lui proposa le travail. 'I undertook it merely for the pleasure of translating it'. Comme le prouve sa correspondance (Bentham 1, i.262), Bentham maniait parfaitement le français, mais on mesure le chemin parcouru depuis un Chesterfield dont la langue, par comparaison, semble compassée et désuète. Comme chez Beckford, son contemporain, la plume est leste, ironique, colorée. Au même moment, Francklin terminait pour Murray une autre version, qui sortit de presse la première, permettant à Bentham d'en faire dans sa préface des gorges chaudes pendant soixante pages. Le style de Bentham possédait tant d'esprit et de naturel que les ignorants le prirent pour l'auteur, paternité qui l'embarrassa encore plus que le bruit fait autour de la préface. 'You must keep it close, and not let it be seen by anybody (sauf avec grande prudence), and whether you do, let it not be known for mine', écrivait-il à un ami (Bentham 1, i.185). Juriste déjà connu, il redoutait le scandale.

Cette préface hardie offre, en effet, pendant plus de 80 pages, un essai sarcastique et cavalier sur les absurdités de l'inspiration biblique, particulièrement chez les prophètes. Ouvrage inspiré lui aussi, mais dans un autre sens, le *Taureau blanc* est constamment opposé aux élucubrations contradictoires de la *Bible*. Dans une deuxième partie qui rappelle plutôt Sterne par ses facéties, après un rêve fantastique ou se mêlent le taureau en personne et le *Sentimental magazine*, on peut lire une proclamation en énormes caractères gothiques. Les notes du texte parodient le style pédant: citations latines, érudition immense et incompréhensible, feintes discussions savantes, toujours sur le plus pur ton voltairien. La verve, la désinvolture, l'impertinence traduisent à merveille les impressions de Bentham à la lecture: 'For weeks, it filled me with ecstasy.... It used to convulse me with laughter. It is an admirable thing.... I drew it out as a piece of original history of great value for correcting erroneous chronology' (Bentham 2, x.83).

De son propre aveu, Bentham n'eut pas le courage d'envoyer à Voltaire un exemplaire de son travail de peur d'être invité à Ferney, et se contenta d'une lettre annonçant sa *Theory of punishment*[11], qui s'inspire, précise-t-il, beaucoup plus de l'esprit de Voltaire que s des codes anglais. S'il nous priva ainsi d'une intéressante rencontre, il donna à John Lind l'occasion de trousser une fausse réponse de Voltaire, aimable pastiche dont le manuscrit tremblé imite l'écriture d'un vieillard[12] et qui montre comment l'esprit voltairien peut se greffer sur l'humour britannique.

Lind ne s'en tint d'ailleurs pas là. Sous le pseudonyme de

[11] Bentham 1,i.367-368. Plus tard, il avouera à Alembert (*ibid.*, ii.115) qu'il ne sait pas comment adresser à Voltaire, 'inabordable comme un roi', deux opuscules sur la réforme de la justice. A l'automne de 1778, quand il découvrira *Le Prix de la justice et de l'humanité*, qui l'encourage à concourir pour un prix offert par les Bernois pour un plan de législation économique, il aura des termes très émus sur 'the last dying words of Voltaire' (*ibid.*, ii.173-174).

[12] Monsieur,

Agréez les remerciements qu'un octogénaire vous fait d'une main tremblante. J'ai toujours rendu justice à la nation anglaise, mais vous seul de tous les Anglais m'en avez rendu. Vous avez recueilli l'enfant de ma vieillesse, vous l'avez fait avantageusement connaître aux Anglais, sans lui ôter les grâces dont on est idolâtre chez nous, vous lui donnez la force que nous ne donnons guère la peine d'atteindre. Mais, Monsieur, la fierté anglaise paraît même dans vos bienfaits. En introduisant mon ouvrage aux Anglais, vous lui donnez un avant-coureur qui l'a éclipsé. Vous vengez les torts que des ignorants lui ont faits, mais vous lui en faites un plus irréparable en le contrastant avec un rival qui lui est trop supérieur. Je vous pardonne toutefois ce triomphe. Comme gage de mon pardon, je vous envoie mon portrait. Daignez l'agréer et me continuer votre amitié. Peut-être saurez-vous adoucir en ma faveur l'aigreur des dames et le fiel des savants évêques anglais.

J'ai l'honneur d'être,

Monsieur,
Votre très humble et
très obéissant serviteur
De V.

A mon château
de Ferney, ce 20
juillet 1774

La dernière phrase vise mrs Montagu et Warburton (BM add. MS 33537, ff.294-295).

Theophile Lindsey[13], après le partage de la Pologne, il publia un long pamphlet ironique et amèrement burlesque, présentation bouffonne de ce qui fut une tragédie diplomatique et politique. Ce texte est une très bonne contrefaçon des 'rogatons' de Ferney: fantoches caricaturaux aux noms grotesques, incidents cocasses, satire débridée, dialogues ironiques ou hypocrites entre les souverains européens partageant la Pologne au nom de la 'nouvelle philosophie' (pp.44-45), rien n'y manque.

Pour en revenir à Bentham, sa réussite comme traducteur attira l'attention du libraire Elmsly. Pressé par le besoin d'argent, il traduira encore les *Incas* de Marmontel (*BM* add. MS 33538, déc. 1776), mais le cœur n'y était plus. Avec Wilkes et Beckford, Bentham est l'Anglais qui offrait avec Voltaire le plus d'affinités par l'érudition maîtrisée, l'ironie mordante, l'absence de préjugés, le style vif et dégagé, souvent burlesque, toujours provocant. Malheureusement, le premier n'aimait que la politique et les deux autres arrivaient trop tard.

G. L'Histoire de Jenni

Paradoxalement, ce récit suscita une assez vive curiosité. Sous le titre *Young James, or the sage and the atheist*, on y chercha la pensée religieuse authentique de l'auteur. Plus le siècle avançait, plus il devenait indispensable aux véritables amateurs de Voltaire de le disculper de l'accusation d'athéisme et d'immoralisme. Voltaire, affirmait-on sans ironie, vient enfin de renoncer à ses mauvais principes (*GM* (1776) xli.487-488): 'A pleasant and in

---

[13] nous adoptons l'opinion courante, mais plus d'un point demeure obscur: Lind (l'attribution est de Frédéric II) fut-il vraiment l'auteur? l'original fut-il rédigé en français ou en anglais (Lind écrivait parfaitement le français; les exemplaires en anglais sont aussi rares que les exemplaires en français sont nombreux)? Voltaire lui-même se méfia: 'On le dit traduit de l'anglais; il n'a pourtant point l'air d'une traduc-tion. Le fond de cet ouvrage est sûre-ment composé par un de ces Polonais qui sont à Paris. Il y a beaucoup d'esprit, quelquefois de la finesse et souvent des injures atroces' (Best. D19340). Toujours est-il que cette pochade, traduite en polonais, en alle-mand, en italien et en hollandais, con-nut un extraordinaire succès et une diffusion européenne (Fabre, pp.360-361, 644-645, 644 n.319).

truth a very moral jeux d'esprit of this inexhaustible writer, who has here proved himself neither deist nor papist, but a good Christian and a staunch Protestant' (*MR* (1776) liv.491). La préface du traducteur l'interprète comme une fable très morale racontée avec 'a playful humour, but it is the playfulness of age tempered with wisdom and a regard to propriety'[14]. Le diable devenu hermite n'a pas dupé tous les critiques. Le *Gentleman's magazine* se méfie de 'one of the sprightly dotages, one of the many last words of Voltaire' (*GM* (1776) xlvi. 317.) La *London review*, dans un très long compte-rendu, démasque 'the last performance of a favourite comedian, whose increasing infirmities induce him to quit the stage' (*LR* (1776) iii.392-396), et la *Critical review*, sans être dupe de cette ultime pirouette, n'absout l'auteur que sous bénéfice d'inventaire (*CR* (1776) xli.487-488). Esthétiquement comme philosophiquement, ce genre de production restait pour les Anglais un monstre incompréhensible[15].

H. Un conte exceptionnel: Candide

Reste l'œuvre la plus vendue, la plus lue, la plus discutée. L'histoire de ses éditions anglaises offre l'un des plus jolis problèmes de bibliographie du siècle.

Si 'édition originale' signifie la première dans l'ordre chronologique, la notion n'a guère de sens lorsqu'il s'agit de plusieurs éditions fabriquées simultanément à Londres, à Paris et à Genève, dont l'ordre de sortie de presse et de mise en vente dépendit en grande partie de simples hasards matériels. Si l'on entend par là l'édition authentique approuvée par l'auteur et donnée par lui comme seule expression fidèle de sa pensée, l'édition de Cramer en

---

[14] cité par *LC* (1776) xl.17).

[15] l'*Eloge historique de la raison* suscite le même embarras: 'This agreeable piece of ingenious pleasantry shews that 80 annual revolutions have not produced their usual effect upon the imagination and wit of m. de Voltaire. We find here an elegant taste both in the management of satire and panegyric ... which are sometimes mixed with disgusting marks of the author's vanity and (what we may call) his self-importance' (*MR* (1775) lii.585-588; même texte dans *LC* (1775) xxxviii. 165).

présente indubitablement tous les caractères. Mais a-t-on ainsi démontré que les deux autres sont des contrefaçons ? Comme pour les *Lettres philosophiques*, Voltaire lança le même brûlot de plusieurs points de l'Europe sans se démasquer ou assorti d'un jeu de faux aveus et de vraies dénégations propres à égarer les plus fins. Nous n'entrerons pas ici dans les détails techniques réservés aux spécialistes de la bibliographie matérielle, mais, nous mettant à la place du lecteur londonien attentif aux dernières nouveautés voltairiennes, nous constatons qu'en 1759 il pouvait trouver chez son libraire habituel sept éditions de manufacture anglaise, dont un texte original français et trois traductions différentes, chacune d'elle en deux éditions.

En 1959, venant après Bengesco, Morize, Tannery, Torrey et Gagnebin, l'exposé le plus complet, sinon le plus solide, se trouve dans l'étude d'Ira O. Wade (Wade 6, pp.195-238). Dans les dix dernières années, les recherches de Kleinschmidt, malheureusement restées inédites, ainsi que celles, très approfondies, de Giles Barber, ont à la fois simplifié quelques réponses et montré une complexité nouvelle du problème. G. Barber a démontré que l'édition dite 59*x* (notre *BAV* 47), précédemment isolée à côté de 59*a* et de 59*y*[16], fut imprimée à Londres par John Nourse, dont il a même identifié le prote. Le *Public advertiser* en annonce la vente pour le 11 mai. Le même numéro déclarait qu'une traduction était sous presse et devait paraître avant la fin du mois. En fait, sous le titre *Candid, or all for the best* (*BAV* 48), elle est indiquée par le *Whitehall evening post* du 21 (annonce répétée jusqu'au 2 juin), et par le *Public advertiser* du 28. Mais, entre temps, le *Whitehall evening post* des 15, 16 et 17 contenait le placard suivant:
'This day was published, price sewed 1s. 6d. Elegantly printed on superfine Genoa paper, CANDIDUS or the Optimist. By the celebrated Monsieur de Voltaire. Translated from the last correct copy sent by him as a present to the translator W. Ryder, M.A.,

---

[16] pour mémoire, on désigne ici par 59*a* la première édition sortie des presses de Cramer et généralement considérée comme l'originale; par 59*y*, l'édition attribuée à Lambert à Paris.

late of Jesus College, Oxford[17]. Printed for J. Scott at the Black Swan in Pater Noster Row, and J. Gretton in Old Bond Street. The public need not be entreated to ask for this particular translation, as we may presume to assert there is no other authenticated copy (under the authors hand) of this work in the kingdom'.

Il est clair qu'en présence d'une magnifique affaire commerciale, Scott, devancé par Nourse pour l'édition du texte français, entendait bien le battre de vitesse pour la traduction anglaise et, au cas où les deux versions sortiraient simultanément, donnait la sienne comme la plus authentique. De fait, il semble que la traduction de Ryder ait légèrement devancé celle qui sortit des presses de Nourse[18].

Nourse publia une seconde édition corrigée de sa traduction (*BAV* 49), reproduite par James Hoey à Dublin (*BAV* 53). On put encore se procurer une troisième traduction publiée à Londres par Cooper (*BAV* 52) et à Edimbourg par Donaldson (*BAV* 51), ce qui porte effectivement le total à sept éditions.

Ira O. Wade fut le premier à avoir eu l'idée de comparer ces traductions entre elles. Mais, soucieux avant tout de distinguer entre 59*x*, 59*y* et 59*a*, il s'est borné à l'examen de cinq variantes choisies comme significatives, sans considérer l'ensemble du texte et sans consulter la presse. D'où (p.228) des conclusions vagues ou incomplètes. En fait, ces six éditions du texte anglais se répartissent en trois groupes et non en deux: la traduction de Ryder, sans doute entreprise sur la recommandation, fort inattendue, de Warburton (Warburton 3, p.213); la traduction anonyme publiée par Nourse (et sa réédition corrigée) et reproduite à Dublin; la traduction publiée par Cooper et à Edimbourg. Les textes de

[17] William Ryder (ou Rider), 1723-1785, de Jesus College (Oxford) fit une banale carrière ecclésiastique. Auteur de sermons, d'un dictionnaire biographique des auteurs anglais vivants, d'une histoire d'Angleterre en 50 volumes jugée exécrable et d'un commentaire de la *Bible*, il fut l'ami de Charles Godwyn, l'Oxonien à qui la Bodleian library et plusieurs bibliothèques de collèges d'Oxford doivent un remarquable fonds voltairien (nous remercions Giles Barber pour ce dernier renseignement).
[18] de six jours selon *WEP*, de vingt-quatre selon *PA*. La première annonce se trouve dans *LC* (24-26 mai).

Ryder et de Nourse sont très différents. Le troisième groupe (les textes de Londres et d'Edimbourg ne différant que par d'infimes détails) mêle à l'envie des passages des deux autres, souvent à l'intérieur d'une même phrase, et apparaît clairement comme une *contaminatio* et une compilation postérieures, non comme une traduction originale. Les titres d'ailleurs, correctement interprétés, reflètent exactement cette genèse: *Candidus, or the optimist* de Ryder, croisé avec *Candid, or all for the best* de Nourse, donne en effet naissance à *Candidus, or all for the best, a new translation* (si l'on peut dire).

Si nous cherchons maintenant, en adoptant les cinq critères textuels retenus par I. O. Wade[19], à déterminer à partir de quel original a travaillé chacun des traducteurs, Ryder est le seul qui suive intégralement 59*x*. Nourse suit une version intermédiaire entre 59*a* et 59*x*, dont on ne connaît aucun exemplaire, et que nous appellerons 59*No*. La troisième traduction suit 58*x* à l'exception de la première variante[20], mais cet écart, dû au hasard du mélange des deux autres traductions, ne prouve pas l'existence d'un nouveau texte, comme nous l'avons montré plus haut, la réduction à cinq passages masquant ici la véritable nature de cette version. Aucune des trois versions, en tout cas, même si on admet la troisième, n'est conforme à 59*a* ou à 59*y*. 59*No* a corrigé les trois premières variantes comme dans 59*a*, mais a conservé les deux dernières, comme dans 59*x*. Or, il existe à l'Institut et musée Voltaire un exemplaire unique dans lequel le relieur n'a au contraire corrigé que les deux dernières variantes. On peut donc fort bien supposer, dès lors que des erreurs existent dans l'insertion des cartons, que le traducteur employé par Nourse a eu entre les mains un exemplaire présentant une malfaçon inverse de celle de l'Institut et musée Voltaire.

Ce qui est étrange, c'est que Nourse, étant lui-même le fabricant de 59*x*, ait donné à son traducteur un 59*x* à moitié corrigé, alors

[19] pp.31, 41, 84, 125, 242 de 59*a* ou 59*y*. Nous supprimons la variante de la p.103, simple coquille qui disparaît nécessairement dans une traduction.

[20] elle figure au début d'un paragraphe qui se trouve omis dans la traduction.

que le traducteur rival s'appuyait sur un 59*x* 'pur', ce qui lui permettait de proclamer bien haut que son texte était le seul authentifié dans le royaume. Nous croyons que Voltaire, ayant décidé de diffuser *Candide* à partir de plusieurs foyers simultanément, de Genève, de Paris, de Hollande et de Londres, fit envoyer à Nourse, correspondant régulier des Cramer, un manuscrit, le 59*x*, parfaitement correct et authentique à sa date, ce qui ne l'empêcha pas d'y introduire par la suite les corrections qui en feront le 59*a*, dont la vente était prévue pour la mi-janvier. Ryder n'a matériellement pas eu le temps de faire sa traduction sur le 59*x* imprimé de Nourse, mais il a disposé de plusieurs mois s'il avait voulu se servir du 59*a* ou du 59*y* mis en vente sur le continent tout au début de l'année. Or il en ignore manifestement l'existence, tandis qu'il produit de bonnes raisons de croire à la qualité de son manuscrit. Quelles sont donc ces raisons? Comme la presse parle explicitement de copie contresignée par l'auteur, ou bien il s'est procuré un double subreptice du manuscrit 59*x* de Nourse dont il connaissait la provenance authentique, ou bien il a lui-même reçu de la part de Voltaire, dès la fin de 1758, un autre exemplaire du 59*x* destiné à la traduction sur ordre de l'auteur, hypothèse la plus probable. Dans un cas comme dans l'autre, le texte français de Nourse et sa traduction par Ryder représentent des éditions 'originales' voulues par l'auteur.

Entre temps, Nourse, ignorant que Ryder s'était mis au travail et sachant qu'on avait publié un 59*a* meilleur que son propre 59*x*, s'en serait procuré un exemplaire, mais mal cartonné, chez un confrère du continent, et aurait mis son traducteur à l'œuvre, mais sans pouvoir affirmer que son texte anglais allait être meilleur que son texte français; d'où l'absence de démenti aux assertions catégoriques et claironnantes de Scott/Ryder.

Quoi qu'il en soit, l'existence d'un réseau international de librairie, connu, voire encouragé par les auteurs, nous oblige à reviser la notion par trop simpliste de contrefaçon. Dans le cas de *Candide*, il est certain que Voltaire, par l'intermédiaire des Cramer, a personnellement veillé à ce que le marché anglais, intérieur et extérieur, soit promptement alimenté, en même temps que les autres capitales, en versions française et anglaise de son œuvre. Par suite de son habitude d'apporter continuellement des corrections à son texte et compte-tenu des décalages chronologiques dans la transmission des ordres et des manuscrits, sans parler des délais variables de fabrication, nous nous trouvons en présence de versions légèrement différentes d'un lieu à un autre, mais toutes également authentiques.

Parallèllement aux éditions normales, la presse quotidienne, fait exceptionnel qui ne s'était produit qu'une seule autre fois pour l'*Histoire de Charles XII*, publia en mai 1759 dans trois journaux différents[21], une sorte de long résumé (1600 mots environ, soit un tiers du texte original). Cette version abrégée fut aussitôt reprise, en trois livraisons mensuelles, par le *Grand magazine of magazines* (mai-juillet 1759).

Après ce feu d'artifice, l'histoire anglaise de *Candide* ne se distingue plus de celle des autres contes: deux réimpressions en 1761, une en 1771, deux en 1773, deux tout à fait à la fin du siècle. L'intérêt ne s'était donc pas soutenu, ce que confirme l'enquête de Crane qui constate que, sur les 28 exemplaires en français conservés dans les bibliothèques recensées, trois seulement sont postérieures à 1759[22]. Nous avons donc toujours le même profil: succès initial immédiat et très vif, indifférence par la suite, sauf brèves reprises espacées. *Candide* ne se signale que par l'intensité du premier engouement.

Comment fut accueilli un conte aussi minutieusement commercialisé?[23] 'Tout le monde le lit ici', écrivait Keate à Bonnet dès

[21] *Lloyd's evening post, British chronicle, Edinburgh chronicle*. Le texte suit la traduction de Ryder. *Rasselas* eut le même privilège la même année, mais c'était la première fois que des œuvres romanesques passaient ainsi dans le grand public.
[22] l'analyse du décalage entre les éditions en français et les traductions tendrait à prouver que celles-là étaient aussitôt achetées par les lecteurs cultivés, celles-ci plus tardivement par le grand public.
[23] ajoutons les sept éditions ultérieures, régulièrement espacées, qui placent *Candide* au troisième rang après l'*HChXII* et les *LPh*.

la mi-juillet[24]. 'As much a fashion among the English as Chinese furniture ... and as fantastic' (*CR* (1759) vii.550). Coqueluche serait encore plus juste. Objet de scandale et de surprise, *Candide* suscita des réactions passionnées qui se répartissent en trois familles: les admirateurs et les détracteurs, aussi catégoriques les uns que les autres; entre les deux, ceux qui riaient d'un œil et pleuraient de l'autre.

Les moins nombreux, les admirateurs, sont aussi les plus convaincus. Alors que tant de prélats se sont acharnés contre Voltaire, rafraîchissant est le commentaire naïf, mais sincère, du journal de George Ridpath, honnête et dévoué pasteur sans histoire, qui veilla pendant trente ans sur une petite paroisse rurale. Le premier soir, il s'endormit sur le livre. Le lendemain, il lut jusqu'au bout 'this lively narrative'. Sa petite expérience du monde et son robuste bon sens rejoignent la conclusion. 'Travailler sans raisonner, c'est le seul moyen de rendre la vie supportable', écrit-il en excellent français. 'Tho' it has much the appearance of being graceless and atheistical, yet I am not sure if it contains much more than a just satire on the presumption of philosophers in pretending to explain or account for particular phenomena of Providence from their systems and partial views' (16 et 19 juin 1760, pp.322-323). La clé de cette perspicacité? 'Wrought a little in the garden', écrit-il le lendemain entre une deuxième lecture de *Candide*, dictionnaire en main cette fois, et une lecture d'Alembert et de Montesquieu, car il se cultive autant qu'il cultive. Il faut être près de la terre pour comprendre *Candide*.

Seuls les esprits hardis et robustes purent le goûter sans mélange. '*Candide* had more power in it than anything that Voltaire had written', affirme le dr Johnson avec une vigueur dépouillée (Boswell 5, iii.356; Boswell 9, x.345). L'auteur anonyme de

[24] Best.D8390 Comm. 'Avant que de connoître le païs d'Eldorado j'ai toujours cru que Votre Geneve étoit le meilleur Endroit du monde', ajouta aimablement Keate à l'intention de Ch. Bonnet, son correspondant. Il est à noter que toutes les références à *Candide* dans les correspondances privées datent, en effet, de juin ou juillet 1759, sauf Hume, qui en parla dès avril, et le comte de Kildare dès mai.

Voltaire's ghost fait parler Voltaire contre les fanatiques incapables de recevoir une vérité 'arrayed in fancy dress' et renvoie à ce conte, à la fois plaisant et riche de pensée (p.13). Pour C. Wren, grand admirateur du *Dictionnaire philosophique*, 'the substance of *Candide* ingenious and pleasant, is to shew not what I have heard some fools say, *all is wrong*, but *not everything is right nor for the best*' (Nat. libr. of Scotland, LA ii 377/8, f.74; 29 août 1769).

Rares finalement furent les Anglais capables de le savourer sans arrière-pensée. G. Montagu s'amuse franchement (Walpole 8, ix.242). Le duc de Kildare, comme tout son cercle familial, aime ce livre avec le cynisme de ses pairs (Leinster, i.91). 'There's wit in it, but the plan of it is gloomy and wicked to a degree. I think there are some droll things in it; it's mighty entertaining' (*ibid.*, i.222), commente sa belle-sœur, épouse de Henry Fox, fille aînée du duc de Richmond, donc arrière-petite-fille de la maîtresse bretonne de Charles II, qui a été à bonne école. Lord Glenbervie, qui avait quinze ans à l'époque, racontera plus tard comment un ami de sa famille lui apporta le livre alors dans toute sa nouveauté. 'This gave me the ambition of learning French, having been much amused by what my father his friends remarked of the wit and *bons mots* it contains' (Glenbervie 1, ii.357-358). Ce qu'ayant mis à exécution à l'aide de son père et des ouvrages de Boyer, il put bientôt passer à la lecture de l'*Histoire de Charles XII*. Ce sont donc bien ces aristocrates, dont les fils se damnaient délicieusement dans l'antre de Ferney, qui fournirent les meilleurs lecteurs. Pour d'autres raisons, la première impressions de David Hume fut: 'Full of sprightliness and impiety' (Hume 2, iii.53), mais nous ignorons la seconde.

Plus souvent, en effet, un certain malaise se mêle au plaisir. Warburton se réjouit de cette attaque contre Leibniz et sa 'secte allemande' (Warburton 3, p.213). A cette date, Leibniz était ignoré du grand public anglais, et connu des initiés surtout comme mathématicien. Le révéler de prime abord comme ridicule était de fort bonne politique. Ainsi pourrait s'expliquer que Warburton fut à l'origine de l'une des traductions. Quant aux revues, elles se tiennent sur la défensive. Seul le *Grand magazine* ose appeler lucidité ce que les autres qualifient de cynisme ou de satire blasphématoire, et opposer à la haine dégradante de Swift pour ses congénères cette grande leçon d'humilité et de relativisme humain[25].

Cependant, la résistance de la majorité des lecteurs anglais aux séductions de *Candide* a de quoi nous confondre. Passe encore pour les sourcilleux qui s'offusquent des attaques contre Pope venues d'un 'witling-metaphysician' (*GM* (1759) xxix. 133-134) ou d'une mauvaise imitation de Swift, 'that serves only to betray the licentious principles of the profligate author'[26]. Tel est assez fermé à l'ironie pour prendre au pied de la lettre le conseil d'aller vivre en Turquie (*BAV* 1[23], p.1); tel autre s'indigne de l'ingratitude de Voltaire envers son créateur[27]. Les plus modérés s'en prennent à la technique romanesque. Les personnages, sans modèle dans la vie réelle, sont 'extravagantly delineated'; les incidents, 'a heap of crude Galemathias, *vana insomnia*, the ravings of a delirious poet strung together without order or the least shadow of verisimilitude, invented and introduced with a view to disgrace human nature, by representing her in a false light and distorted attitude; just as if a ruffian meeting with a paragon of beauty, should slit her nose, knock out her teeth, begrime her countenance and then reproach her as an ugly b[it]ch' (*CR* (1759) vii.550-551); ou encore, s'affligeant de tant de pessimisme dans un 'absurd, improbable tale written with an apparent view to depreciate, not only human nature, but the goodness and wisdom of the Supreme Author of our being', reprochent cette fois à Voltaire de peindre d'homme en Yahoo (*MR* (1759) xxi.84).

Les critiques les plus systématiques vinrent des pasteurs et des bas-bleus, ces défenseurs de la foi et de la vertu. Auraient-elles

---

[25] *GrM* (1759) ii.533-535. Les pp. 230-237, 285-288, 344-348, 408-413 donnent un résumé.

[26] *LC* (1759) v.498. La *LC* était favorable à *Rasselas*, qu'elle avait pub-lié en feuilleton le mois précédent.

[27] *LM* (1759) xxvi.264, qui prend la forme d'une longue lettre d'un lecteur resté indifférent à quelques 'commonplace criticisms'.

marché sur un serpent ou sur un crapaud, 'horrid in all respects' (Carter 1, i.49), ces dames n'auraient pas poussé de plus hauts cris. Mrs Montagu n'a pas assez d'injures pour cet animal 'that calls himself a philosopher . . ., this downright rebel to his God' (E. Montagu 1, ii.163). 'When you have read the doctor's [*Young's*] gay and fragrant posy, if you please, you may pick up some rank weeds of Voltaire's. There is the deadly night-shades, the aconite and monk's-blood, and some of ill and disgusting odour, they grew on the banks of the fiery Phlegethon . . ., the fumes of them are now intoxicating many weak brains in France and England. This work is called l'Optimisme' (E. Montagu 4, iv.185).

Par comparaison avec ces métaphores, les dignes indignations des professionnels de l'anathème rendent un son presque académique. Dans son *Essay on the governing providence of god*, Edward Atkinson, un simple pasteur, se borne à des citations bibliques (*LC* (1762) xi.27-28) pour montrer le danger d'une dégradation aussi séduisante de l'humanité. J. Gordon vole au secours de la même providence, prenant de faibles comparaisons pour des raisons: 'By such low artifice has he attempted to laugh us out of the belief of a divine superintendency; his attempt would have been just as wise, had he endeavoured to prove that the sun did not shine, because an accidental cloud or eclipse may sometimes intervene, and for a while intercept a part of its brightness from our view' (*Preface, vindicating the ways of god to men*, p.xvi).

Dans *The Castle of scepticism* (1767), Beattie imagine une conversation avec un petit vieillard maigre 'with his face screwed into a strange sarcastic grin that seemed to be habitual to him. [He] asked me in French 'whether I believed everything to be for the best'. 'I have laughed and sneered at everything sacred and serious these thirty years, but this notion of these canting hypocrites is the most ridiculous piece of Christian trumpery I ever met with. Hear me but one moment, Gentlemen, hear me, you mr All-for-the-best, and I will satisfy you of this presently. Those cruel and hypocritical blockheads the parsons, and some philosophic pedants too, have taken for granted that all the events of life are directed by what they call Providence, that in a future and better state of existence everything will appear to have been ordered for the best. . . . I have proved Shakespeare to be a madman, Milton an idiot, and Homer a dreaming old woman. Sir, I am worth 1200 thousand livres. All the world admires me, and very justly, particularly the great world; and shall a sorry peasant with a thread-bare coat, who I dare say will never in his life be worth £10, shall he pretend to contradict me? . . . Here he began a very tedious tale where it seemed hard to determine whether obscenity or blasphemy, whether absurd fiction or bad composition was most prevalent. The audience laughed often and the speaker almost continually, though the whole tenor of the piece consisted in those words *The best of all possible worlds*, which he repeated every minute . . . . And nothing shall be wanting on my part (and I think I can promise for some of my friends) to exterminate that soundrel religion from the face of the earth' (Mossner 3, pp.138-140)[28] Telle est la conclusion de cette âpre satire, qui montre que la technique du récit a part au scandale autant que la philosophie et la personnalité de l'auteur, tandis que Hurd se contente de fulminer sans nuances contre 'the most famous infamous writer of his age . . ., the rabble of corrupt men in shameless courts and debauched cities' (Hurd 1, pp.47-48).

Laissons là ces aigres ecclésiastiques. Plus intéressants sont ceux qui se divertissent avec mauvaise conscience de cet 'amazing flow of wit, humour, satire and ridicule' (*DuM* (1764) iii.589). Étourdi par le tourbillon de la narration (ce qui ne l'empêche pas de noter que la fin de chaque chapitre constitue le début du suivant), Morgann, tout jugement paralysé par l'énormité des crimes relatés, s'amuserait de ces 'frauds, murders, massacres, rapes, rapines, desolation and destruction', s'ils n'aboutissaient à 'l'enormously profane design of satirizing Providence itself' (Morgann 1, pp.161-162).

[28] texte qui circula en manuscrit à Londres en 1773.

Edward Young, de par ses relations avec Voltaire, résume cette attitude. Poussé par mrs Montagu et mrs Carter[29], il donne des gages aux anti-philosophes en consacrant à Voltaire presque toute la deuxième partie de son poème *Resignation* (1762). Ayant d'abord déploré les pantalonnades d'un vieillard radoteur que tous avaient admiré autrefois, qu'il a lui-même connu, estimé et loué aussi longtemps qu'il l'a pu, pourquoi faut-il qu'il aille se couvrir de ridicule et d'opprobre par ses tristes plaisanteries?

> Why close a life, so justely famed
> With such a bold trash as this?
> This for renown? yes, such as makes
> Obscurity a bliss.
> Your trash with mine at open war
> Is obstinately bent.
> Like wits below, to sow your tares
> Of gloom and discontent.
> With so much sunshine at command
> With light with darkness mix?
> Why dash with pain our pleasure? why
> Your Helicon with Styx?   (Young 2, p.31)

Sincèrement, semble-t-il, Young souhaite que Voltaire, cessant d'être aveuglé par la recherche du bel-esprit, revienne à la piété simple et vraie. Une longue profession de foi en la providence interrompt le développement. Quand Young revient à Voltaire dans une solennelle adjuration, il l'invite a se convertir, car la mort les rendra tous les deux égaux (*ibid.*, p.51):

> That hand which spread your wisdom wide
> To poison distant lands,
> Repent, recant; the tainted age
> Your antipode demands.

[29] Young envoya son poème à mrs Montagu en juillet 1761 (E. Young 1, p.541), laquelle, à son tour, en parla à mrs Carter: 'You know we exhorted him to attack a character whose authority is so pernicious' (E. Montagu 1, ii.257).

Ce qui frappe, tout au long de cet immense mouvement, c'est le mélange d'admiration et de répulsion, dont le style noblement conventionnel ne parvient pas à dissimuler le pathétique convaincu (*ibid.*, p.32):

> Your works in our divided minds
> Repugnant passions raise,
> Confound us with a double stroke;
> We shudder while we praise:
> A curious web is finely wrought
> As genius can inspire,
> From a black bag of poison spun,
> With horror we admire.

La même commisération apparaîtra chez Wordsworth. Fawcett, le modèle du Solitaire de l'*Excursion*, aux idées radicales, admirateur de Rousseau, mais aussi de Voltaire, d'Holbach et d'Helvétius, avait *Candide* pour livre de chevet, qui fut écrit 'To ridicule confiding faith / This sorry legend' (ch.iv, p.165. Cf. Voisine, pp.166-167, 214).

Dans les histoires du genre romanesque qui commencent à paraître sur le marché à la fin du siècle, *Candide* n'est pas oublié. *The Progress of romance*, de Clara Reeve (1785), elle-même romancière, rédigé sous forme de conversation, passe en revue la plupart des romanciers français et anglais. C'est un parallèle entre Rousseau et Voltaire, à propos de la *Nouvelle Héloïse* (ii.13-19) qui fournit le cadre du jugement.[30] Le premier est 'a philosopher and a virtuous man, neither a libertine nor an encourager of loose morals' (ii.16), tandis que Voltaire 'never misses an opportunity of shewing his wit and his malignity; likewise, upon Revelation, and in doing injury to religion, he injures the rights and the happiness of society' (ii.19-20). 'His wit is indisputable, but wit is only a secondary merit' (ii.21). Tous ses romans sont en conséquence condamnés sans appel.

---

[30] de même, dans *Voltaire in the shades*, Mickle avait fait dialoguer le pieux Rousseau et le cynique auteur de *Candide* (pp.172-173).

Quinze ans plus tard, avec moins d'acrimonie, Dunlop exerce la même censure au nom des mêmes principes moraux et religieux: 'In *Candide*, the most celebrated of Voltaire's romances, the incidents seem to possess more novelty. The object of that work, as every one knows, is to ridicule the notion that all things in this world are for the best, by a representation of the calamities of life artfully aggravated. It seems doubtful, however, how far the system of optimism, if rightly understood, is deserving of ridicule. That war, vice, and disease, are productive of extensive and complicated misery among mankind, cannot indeed be denied, but another arrangement, it must be presumed, was impracticable; and he who doubts that the present system is the most suitable that can possibly be dispensed, seems also to doubt whether the Author of Nature be infinitely good' (Dunlop, pp.418-419).

Ce feu roulant indéfiniment prolongé ne doit pas faire oublier que l'œuvre fut énormément lue en Angleterre et que certaines de ses formules se gravèrent dans toutes les mémoires: 'le château de Tonderdentronk' (Selwyn, p.29; Walpole 8, x.307); 'cultivez votre jardin'[31]; 'les tigres et les singes' (*EM* (1793) xxiv.449); le personnage de Pangloss, pitre pédant mâtiné de Trissotin, excellemment campé par George Colman le jeune dans *The Heir-in-law* (1797); telle allusion à 'l'Académie des moutons rouges' d'un voyageur à Bordeaux (Jardine, i.493), ou à Pococurante[32]; un badinage en vers sur l'optimiste[33], et surtout le 'Pour encourager

[31] Gibbon 2, iii.362; Burke, 1, ii.403 et iii.228; Walpole 8, iv.148; Mason, dans Walpole 8, xxviii. 224, 231; Charles Burney, dans Burney 3, iii.45.

[32] dans son *Introduction* à l'*Iliade*, Kedington, en 1759, consacre au chapitre xxv de *Candide* vingt-deux pages de commentaires. Sterne fut le premier à se servir du mot comme d'un nom commun en 1762. Une conversation entre mrs Thrale (pourtant antivoltairienne), mrs Burney et Seward, en 1779, montre qu'on disait un Pococurante, comme en France un Tartuffe ou un Harpagon (Fr. Burney 1, i.236).

[33] Wodhull, *The Optimist* (1767):
Lectured by those considerate
  friends
Whose vows are poured at wisdom's
  shrine ...
From idly tracing up and down
Each folly that besets the town. ...
I desist, and duly weighing in
  my thought
Each maxim honest Pangloss taught,
Commence an errant optimist.

Les éditeurs de *Candide* négligent toujours de rappeler que le mot *optimisme*, attesté dans le vocabulaire technique de la philosophie seulement

les autres' (Craven 2, i.109) que tout Anglais cultivé et que la
grande presse du xxème siècle[34] citent encore couramment, à coup
sûr la petite phrase voltairienne qui a fait le plus d'impression en
Angleterre depuis deux cents ans. On a oublié les blasphèmes contre la providence, mais on se souvient du sort de Byng.

I. Un défi à la critique

Toutes ces réactions rassemblées dessinent un accueil, mais ne
constituent pas une critique. A vrai dire, la lecture des romans en
Angleterre vers 1760 trouvait avec difficulté ses concepts critiques,
son système de valeurs intellectuelles et morales, son vocabulaire
et son ton. En simplifiant, on rangera dans deux classes distinctes
et parfois adverses, Richardson et Fielding et leurs partisans. Chez
le premier prédomine vigoureusement l'intention morale, et même
moralisatrice; l'accent est mis sur l'utile plus que sur l'agréable, et
sur les effets du genre romanesque sur les lecteurs. Les romans,
écrit Johnson dans *The Rambler* (31 mars 1750) étant avant tout
lus par 'the young, the ignorant and the idle', doivent souligner
fortement les traits moraux propres à écarter toute conséquence
pernicieuse pour des esprits influençables. L'intention didactique
déterminera donc l'intrigue et même les caractères, tout roman
tendant vers l'histoire indéfiniment renouvelée des pièges tendus
par la perfidie à l'innocence, traitres et innocents étant reconnais-
sables une fois pour toutes, afin d'éviter le problème du 'mixed
character', éternelle controverse du roman anglais depuis

en 1737, fit avec *Candide* sa première
entrée dans le grand public. *Optimiste*
n'existait pas encore. En Angleterre, le
premier emploi du mot *optimism* est
précisément le titre de la traduction de
Ryder. On comprend mieux alors
pourquoi les autres traducteurs adoptèrent *All for the best*, qui avait
l'avantage de la clarté. *Optimist*
n'apparaît qu'en 1766. Le poème de
Wodhull suit donc la dernière mode.
Il faut imaginer l'effet sur les lecteurs,
tant français qu'anglais, des mots

pédants et insolites *optimisme* et
optimiste un peu à la manière d'*exis-
tentialisme* et *existentialiste* à leurs
débuts. De façon analogue, ces termes
tombèrent rapidement de la philosophie
dans la mythologie populaire.

[34] 'The Army was so greatly reduced
in size that many historic regiments
were amalgamated. Two generals who
publicly protested were dismissed
from their Colonelcies-in-Chief *pour
encourager les autres*' (*The Observer*, 11
mai 1958).

Richardson. Fielding, au contraire, s'intéresse essentiellement à l'art du récit. On connaît sa célèbre définition du roman comme 'a comic epic poem in prose', qui s'oppose à l'épopée sérieuse en vers comme la comédie à la tragédie, ce type d'analyse ayant l'avantage de se greffer sur une pensée et un vocabulaire critiques éprouvés de longue date.

Que pouvaient devenir les récits de Voltaire en face de ces conceptions? Philosophiques, ils étaient cyniques, immoraux et dangereux; comme récits, les plus courts ne se laissaient classer dans aucun genre narratif existant, et relevaient plutôt de la *reverie* ou de la satire; les plus longs, impertinents, décousus, mêlant l'invraisemblable et le merveilleux au quotidien, l'observation concrète aux fantaisies absurdes, manquaient aux lois élémentaires du récit réaliste. *Zadig* donnait des leçons de sagesse, mais affublées à l'orientale, défaut fortement accentué dans la *Princesse de Babylone*, sans parler de l'extravagant *Taureau blanc*. Or les contes orientaux 'are certainly dangerous books for youth; they create and encourage the wildest excursions of imagination, which it is, or ought to be, the care of parents and preceptors to restrain, and to give them a just and true representation of human nature and of the duties and practice of common life' (Reeve 1, ii.59). A tout prendre, l'*Homme aux quarante écus* et surtout l'*Ingénu* se rapprocheraient davantage des normes requises, mais le premier était trop technique et le second trop historique et purement français pour plaire à des lecteurs étrangers. Quant à *Candide*, il cumulait les deux inconvénients comme à plaisir: une morale impie et un récit extravagant.

3. Voltaire conteur eut-il une postérité anglaise?

Vers 1760, la production romanesque anglaise amorce une pause et un tournant, qui sera franchi vers 1770 (cf. Boyce). Les grands auteurs sont morts, la date-limite étant *Humphry Clinker* (1771) et la mort de Smollett. Sauf Goldsmith, une foule de romanciers insignifiants, aujourd'hui complètement inconnus, bientôt rejoints par autant de romancières[35], inondent le marché d'œuvres médiocres, caractérisées par leur longueur, leur abstraction vague et leur monotonie, 1300 titres de 1770 à 1800 selon le recensement de Husbands (pp.156-236). La mode est aux interminables incidents domestiques et bourgeois où domine le sentiment, c'est-à-dire l'édification par les émotions et les larmes d'un côté, un humour indulgent et la peinture des originaux de l'autre. Dans ce climat, la *Nouvelle Héloïse* trouvait immédiatment sa place, mais Voltaire, choquant ou déconcertant, semblait tomber d'une autre planète. Paradoxalement, l'influence dominante, s'il en fut une, serait celle de Cervantès (cf. Staves), dont le récit, à la fois réaliste et halluciné, spontané et conventionnel, permettait la satire comme le divertissement, et surtout posait dans une perspective très moderne le problème fondamental des rapports du romanesque et de la vie.

A l'exception de *Zadig* (ne parlons pas de *Micromégas* trop bien imité de Swift), toute la production narrative de Voltaire se situe dans cette période à peu de chose près. Bien que *Zadig* lui-même précédât la plupart des contes orientaux anglais, on ne saurait parler de postérité directe pour un genre aussi stéréotypé, mêlant invariablement le fabuleux et le sententieux pour traiter des sempiternelles questions du bonheur et de la destinée[36]. Au pire, comme dans *Almoran and Hamet* (1760), une pensée élémentaire se borne à opposer deux jumeaux: le bon Almoran et le méchant Hamet, et à étudier leur attitude en face de la belle Almeida, dans un Orient d'opérette avec jardins, palais et esclaves. A défaut de mieux, on imite *Rasselas* à satiété, comme le *Solyman and Almena* de John Langhorne (1762). De toute cette production insipide, retenons malgré tout *The History of Arsaces, prince of Betlis* de

---

[35] de cette énorme production destinée avant tout au prêt par l'intermédiaire des 'bibliothèques circulantes' alors en pleine expansion, quelques titres méritent malgré tout de survivre. Ils ont été réédités dans la collection des Oxford English novels (O.U.P.).

[36] 'When you go about to divert the ordinary course of human affairs, how do you know but you are creating more future evil than you are doing present good? Remember Zadig', écrira R. Bage en 1788 (Bage 3, p.429). Mais Bage est grand lecteur de Voltaire.

Johnstone, dont les thèmes ne sont pas sans rappeler *Zadig*, et surtout *The Orientalist* de Smollett, recueil d'historiettes de quelques pages très peu variées. A part un ange-derviche conseiller, dont la figure n'est guère caractéristique, *The History of Zadick, the teller of truth* (pp.97-102) se réduit à un cas de sincérité: ayant tué un cheval de l'écurie royale pour satisfaire un caprice de sa maîtresse, Zadick échappe à la vengeance du roi pour avoir confessé la vérité. D'autres contes du recueil annoncent plus nettement *Vathek* et son rêve de grandeur, mais sans le cynisme désinvolte de Beckford. De ce point de vue, Voltaire s'inscrit sans peine, mais sans originalité, dans un courant européen.

Quiconque chercherait donc dans la littérature anglaise du xviiiᵉᵐᵉ siècle un récit oriental original de tour et de ton voltairien, ne trouvera en effet rien qui vaille avant *Vathek*. M. P. Conant a dressé un constat d'absence, sauf traductions du français. 'Qu'on le veuille ou non, le xviiiᵉᵐᵉ siècle anglais s'est surtout servi du conte oriental avec le dessein avoué de faire accepter par le lecteur une certaine morale' (Parreaux, p.314). Malgré la présence en fin de récit d'une leçon très explicite, mais sur le sens exact de laquelle on s'interroge encore, *Vathek* fait exception à cette règle. En dépit d'une différence fondamentale d'intention, d'imagination et de portée—*Vathek* réunissant les traits d'un conte oriental authentique, d'un récit symbolique et d'une œuvre fantastique débridée — sa lecture donne constamment, surtout dans la première moitié, l'impression d'un texte voltairien. A. Parreaux a relevé (pp.307-311) de très nombreuses formules ironiques ou épigrammatiques communes aux deux écrivains[37], ainsi que maint rapprochement textuel avec tel ou tel détail de *Zadig*, de *Bababec*, de la *Princesse de Babylone* surtout, et même de *Candide*, qui ne sont à proprement parler ni des emprunts, ni des pastiches, ni des parodies, mais le signe d'une véritable imprégnation, d'ailleurs tout-à-

---

[37] quelques traits stylistiques communs: le zeugma ('demander le Koran et du sucre'); l'hyperbole ironique ('un discours bien beau et bien long'); l'oxymore ('honteusement tolérant'); l'allusion grivoise ('avec de bonnes recommandations aux chirurgiens du sérail'); la synecdoque burlesque ('les barbes ne sont pas aussi nécessaires dans un état que les hommes').

fait consciente et volontaire. Quiconque veut créer, et non pas seulement communiquer, dans une langue étrangère, doit choisir un maître de style. L'imitation cesse alors d'être une copie servile ou un exercice pédagogique pour se faire l'instrument d'une exploration et d'une découverte de soi.

En janvier 1778, le jeune William Beckford, âgé de dix-neuf ans, clôt superbement le défilé des visiteurs anglais à Ferney. Saisissant la chance de voir 'le soleil se coucher sur l'horizon', il reçut la bénédiction, combien efficace, 'd'un très vieil homme' (*VBV* p.195). Deux ans plus tard, *Vathek* était né. A l'extraordinaire parenté stylistique des deux écrivains, on peut assigner un ancêtre commun, Antoine Hamilton, sous le patronage de qui Voltaire lui-même s'était placé en accueillant celui qui en était le petit-neveu par sa mère[38]. Mais les affinités morales, à la différence des stylistiques, ne sauraient provenir de cette même souche. Force est de constater entre le jeune homme et le vieillard une inexplicable ressemblance native.

Cette ressemblance s'estompe, cependant, si l'on quitte le domaine des mots et des phrases pour aborder la conception générale de l'œuvre. Beckford n'a absolument rien du 'philosophe'. Ses accès de satire visent les travers généraux de l'humanité, non des abus, des doctrines ou des institutions précis. De plus, son imagination, cocasse ou solennelle, dépasse infiniment les faibles élans de Voltaire, même dans les plus délicieuses extravagances de la *Princesse de Babylone*. Beckford possède en outre le goût des paysages grandioses, des doctrines ésotériques, du mystère et des visions insolites. Décadent, tourné vers les profondeurs du moi et les splendeurs étranges de l'extase poétiques, il appartient nettement au romantisme. Par son style, son rythme, sa construction, son comique, son ironie, *Vathek* est du meilleur Voltaire; par sa fantaisie, sa couleur, il s'en écarte déjà; par son fantastique mystérieusement onirique, il relève d'une toute autre école, bien que fantastique et ironie, on le voit chez Potocki,

[38] pour un parallèle entre Hamilton et Beckford, cf. Parreaux, pp.303-306.

ne soient pas nécessairement incompatibles. Intellectuellement inférieur, *Vathek* reste poétiquement très supérieur à *Candide*. Pris ensemble, ces deux contes constituent dans leur genre les deux joyaux de la littérature en langue française du XVIIIème siècle.

Par les dates, on ne pourra pas dire que Shebbeare, à qui l'œuvre de Voltaire était très familière, s'est inspiré de l'*Ingénu* pour écrire *Lydia* (1755)[39]. Le sujet en est l'opposition de l'homme naturel américain et de l'Anglais civilisé; le mode, burlesque; les personnages, des fantoches conventionnels. Comme il arrive souvent, l'intention moralisatrice se déguise en humour, s'éloignant complètement du persiflage voltairien. En revanche, quoique beaucoup plus tardive, la filiation est incontestable avec *Hermsprong, or Man as he is not*, de Robert Bage (1796). L'auteur, né en 1728, autodidacte forcené qui dirigea toute sa vie une manufacture de papier, avait appris le français en grande partie dans Voltaire et en avait retenu les tours à défaut de l'esprit. L'intrigue du roman est calquée sur celle de l'*Ingénu*. Le héros, élevé chez les peaux-rouges, en réalité le fils d'un baronet, revient en Angleterre pour en critiquer le gouvernement, la justice et le clergé. Le dialogue, abondant et alerte, ressemble, par sa vivacité primesautière et son mordant, à ce que serait une bonne traduction anglaise de Voltaire. La pensée n'a pas la même qualité. Comme Bage s'inspire aussi du primitivisme de Rousseau, l'influence philosophique et voltairienne sur ce texte, qui avait pourant été bien vue par un journaliste (Gueunier, pp.425-426) et reprise par Walter Scott[40], n'a été que récemment mise en lumière (cf. Hartley).

Mais venons-en à *Candide*, dont il serait extraordinaire que le prestige n'ait pas laissé quelques traces. Ecrivant en 1777, Morgann remarque l'absence d'imitations anglaises. Certains textes, toutefois, méritent l'examen. Plusieurs œuvres de Charles Johnstone ont un air de Voltaire. Ainsi, les *Memoirs of the life and adventures of Tsonnonthouan* (1763), traduit en français en 1783, si

---

[39] du même auteur, *The History of the Sumatrans* (1763), sans doute un roman à clé, appartient au genre du voyage imaginaire.

[40] 'Bage . . ., a stepping-stone from Voltaire to Peacock' (Bage 4, p.406, *Préface* de W. Scott).

ce texte, toutefois, est bien de Johnstone (cf. Foster). Le héros, un chef indien au milieu de tribus américaines, passe par toutes sortes d'aventure burlesques, prétextes à satire contre les politiciens, les médecins, et surtout le clergé, une cible rarement visée en Angleterre. On y devine l'influence de Cervantès, de Lahontan, Lafitau et Charlevoix, de Swift, de Sterne, et, dans une certaine mesure, de *Candide* dont Tsonnonthouan a conservé la candeur, la sincérité et une naïve franchise. Comme lui, il cède à une démangeaison de curiosité, et va de surprise en déception. Mais on ne saurait parler d'imitation.

Chrysal, or the adventures of a guinea (1760), authentiquement de Johnstone cette fois, repose sur une fable plus compliquée. Le jeune Traffick, fils d'un négociant londonien, s'étant ruiné par la spéculation et ayant entraîné sa fiancée Amélia dans sa ruine, s'est fait chercheur d'or au Pérou, où il déterre la pièce d'une guinée qui deviendra Chrysal. Celle-ci passe par toutes sortes de mains: celles d'un jésuite péruvien prévaricateur, celles d'un capitaine qui la rapporte à Londres; celles d'un lord, d'une femme du monde, d'un aumônier, d'un bureau de bienfaisance, d'un évêque, d'un turfiste, d'un général, d'un banquier hollandais, d'un soldat bulgare, d'un juif. La pièce arrive à Vienne, tombe entre les mains d'un inquisiteur à Lisbonne (chapitre où l'histoire de deux amoureux contrariés rappelle fortement *Candide*) et aboutit enfin chez un usurier londonien. On voit, par la simple énumération des personnages et des lieux, que l'auteur a en partie démarqué l'intrigue de *Candide*, mais la parenté s'arrête là. Les tribulations de Chrysal permettent une satire commode des divers types humains proriétaires successifs de la guinée. Ouvrage de moraliste humoristique et non de réformateur, le conte emprunte nettement à Voltaire son rythme endiablé et le défilé de la comédie humaine, mais, sans parler de la faiblesse du 'héros', simple prétexte inerte, presque anonyme, Johnstone ne fait qu'accumuler les vignettes sans dessein philosophique, ni même sans vue d'ensemble de la société, sans compter une forte dose de sentimentalisme. *Chrysal* sera à son tour imité sans vergogne par Helenus Scott dans *The*

Adventures of a rupee (1782), qui se contentera de changer la nature de la pièce et quelques-uns de ses propriétaires, ajoutant en particulier un noble vénitien très proche de Pococurante, tant le modèle voltairien semble avoir exercé d'ascendant. Mais ces deux contes ne sont que la menue monnaie de *Candide*.

Dans *The Wanderer, or memoirs of Ch[arles] S[earle], Esq., containing his adventures by sea and land* (1766) sont relatées les aventures domestiques et mondaines d'un jeune homme de bonne famille. Il quitte l'Angleterre, se heurte aux Indiens de l'Amérique du nord, puis du sud. Rentré chez lui, il en conclut que la vertu triomphe toujours. Ce plat récit conventionnel et naïf, que l'on a pu rapprocher de *Candide*, n'en a retenu que le côté *Bildungsroman*.

The Life, strange voyages and uncommon adventures of Ambrose Gwinett, d'Isaac Bickerstaff, publié vers 1770, texte aussi court que le précédent était long[41], accentue, comme l'indique le titre, l'accumulation d'événements invraisemblables: le héros, un jeune homme, est faussement accusé d'un meurtre commis dans la maison où il dormait au bord de la route, pendu, dépendu, puis sauvé par sa famille. Il s'expatrie, retrouve à la colonie sa prétendue victime, revient avec elle en Angleterre pour tomber finalement entre les mains des Barbaresques. L'auteur de ce *Candide* travesti, ami de Garrick et père de quelques comédies insignifiantes, s'est contenté de simplifier et de grossir démesurément l'aspect picaresque.

Deux œuvres, cependant, méritent mention. Dans *Shenstone Green, or the new Paradise lost*, de Samuel Jackson Pratt (1779), la petite société qui vit heureuse et retirée du monde à Shenstone Green éprouve l'idée malencontreuse d'inviter dix-huit philosophes à faire un exposé au cours d'une parodie de séance académique. Puis, on donne lecture d'une histoire racontée par 'un philosophe français' (qui ne peut être que Voltaire), où dieu, après avoir écouté les philosophes disserter sur sa propre création,

---

[41] 24 pp. Une traduction française paraîtra en 1781: *Candide anglois ou aventures tragi-comiques d'Amb. Gwinett* (Francfort et Leipzig).

raille ces 'poor atoms' et conclut: 'Imitate your tender father, who doth nothing but smile and forgive' (iii.150). Hélas, les querelles philosophiques contaminent le groupe et par une sorte de conclusion à rebours d'un *Candide* où Pangloss l'emporterait sur le travail pragmatique, le nouveau paradis se trouve une fois de plus perdu[42]. La ligne qui va de l'*Academy of projectors* de Swift à *Crotchet Castle* de Peacock, passe indéniablement par Voltaire.

Plus proche du modèle est *Modern anecdote of the family of Kinvervankotsprakengatchern, a tale for Christmas*, conte publié en 1779 et dédié à Walpole[43] par Elizabeth lady Craven, future margravine d'Anspach, femme du monde, auteur de comédies de salon et de bagatelles parodiques. 'Elle racontait comme Voltaire', paraît-il[44]. Les personnages sont un baron allemand au nom burlesque, dans un château avec une porte et des fenêtres, sa fille Cécile, un chapelain toujours opinant du chef, un parent éloigné du nom d'Hogresten pourvu de nombreux quartiers et amoureux de Cécile. Arrivent une mme Franzel et son fils, jeune et bel officier, qui fait une rapide conquête de la demoiselle. A partir de là, *Candide* est oublié. Nous sommes en plein roman sentimental, et il s'agit seulement d'arriver au mariage, malgré l'opposition des parents. Le comique est adroit, le baron bonhomme et bourru, d'une humeur fantasque qui fait penser à Musset, que tout le conte, d'ailleurs, évoque fortement.

Ce qui manquent à ces divers ouvrages, si différents soient-ils, c'est le moindre grain d'esprit philosophique, et la riche expérience de toute une vie dont *Candide* est la quintessence. En enlevant ces ingrédients de la recette, les Anglais ont tout détruit. Il ne restait plus qu'à écrire un anti-Candide pétri de moralité et de bonnes intentions. Ce sera *'Tis all for the best* d'Hannah More, *A Cheap*

[42] dans *Mount Henneth* (1782), Bage peint une petite société d'amis ayant souffert, cherchant le bonheur, et la trouvant dans les tâches quotidiennes allouées à chacun. On voit déjà poindre les utopies socialistes.

[43] 'A sort of imitation of Voltaire, yet perfectly original', dira Walpole

(Walpole 8, xxxix.7).

[44] Craven 2, p.lxxii. A Berlin, lady Craven put recueillir sur Voltaire certain nombre d'anecdotes manifestement authentiques (*ibid.*, ii.25, 33-35). Ce qu'elle dit de Ferney, en revanche, a tout l'air de démarquer *VBV*, pp. 113-122.

repository tract, paru en 1800. 'A profligate wit of a neighbouring country having attempted to turn this doctrine' [*l'optimisme providentiel*] 'into ridicule, under the same title here assumed, it occurred to the author that it might not be altogether useless to illustrate the same doctrine on Christian principles' (note sur la page de titre). Il serait oiseux de résumer les vingt-trois pages de ce conte, ou plutôt de ce dialogue domestique et terre-à-terre entre mrs Simpson, l'optimiste, et mrs Betty, la réaliste[45]. La brochure eut cinq éditions en 1800 et fut réimprimée jusqu'à la fin du XIXème siècle. La naïveté y a dégénéré en niaiserie, et la candeur en dévotion confite.

Faut-il ranger *Candide* parmi les sources de *Tristam Shandy*? On compara d'abord *Candide* à Swift, mais quand les deux premiers volumes de *Tristram* eurent paru peu après, on pensa plutôt à Sterne, soit en bonne[46], soit en mauvaise part[47]. Entre autres œuvres de Voltaire, Sterne possédait un exemplaire de *Candide*[48], auquel *Tristram* renvoie par plusieurs allusions significatives (cf. Rawson). Il nous explique comment, après un projet de burlesque *Epître dédicatoire* dont il fut le premier à rire, il s'en tint à une simple dédicace à la lune: 'Brillante déesse, si vous n'êtes pas trop occupée des affaires de Candide et de mademoiselle Cunégonde, prenez aussi sous votre protection celles de Tristram

---

[45] on en trouvera l'argument et des extraits dans Eby, pp.108-111.

[46] *BAV* 48, *Advertisement*. 'Have you read Tristram Shandi?', écrivait Voltaire à Algarotti en septembre 1760'. ' 'Tis a very unaccountable book; an original one. They run mad about it in England' (Best.D9227). Voltaire contribua grandement au succès de Sterne en France par son article du *Journal de politique et de littérature* (25 avril 1777). Sur Voltaire et Sterne, cf. Gunny.

En 1764, Sterne projeta de rentrer de Montpellier à York par la Suisse et par le Rhin, sans doute pour rencontrer Voltaire. Cette confrontation historique n'eut pas lieu. Diderot est le seul grand écrivain français que Sterne rencontra. 'Mons. de Voltaire' figure parmi les souscripteurs des *Sermons of mr Yorick* (1766; t.iii), mais manque dans la liste récapitulative en tête du cinquième et dernier volume. S'y trouvent également Diderot, Holbach et Crébillon.

[47] Johnson 1, p.181. Hester Piozzi y retrouve les mêmes obscénités et les mêmes blasphèmes.

[48] cf. Whibley. En fait, la bibliothèque de Sterne, outre l'*EMo*, l'*HG41*, l'*HChXII* et les *LPh* en anglais, contenait les vingt-quatre volumes des *Complete works* de 1764 et des exemplaires séparés de toutes les grandes œuvres en version française.

Shandi'[49]. L'intention est claire. Patronne des lunatiques, des faiseurs de coq-à-l'âne et de digressions philosophiques, la lune, en 1760, a pris Voltaire sous sa haute protection. Sterne se demande s'il reste encore à son *Tristram* une petite place au clair de lune. Comme Voltaire, Sterne raisonne indéfiniment sur les effets et les causes, et tire des caprices du destin une philosophie de l'histoire. D'où le tour très voltairien de certains passages: 'Pauvre Tristram! comme le sort t'a ballotté! De combien de petits accidents il t'a rendu le jouet! Ah! s'il ne s'était pas fait un plaisir de te regarder comme l'objet de ses amusements, je parierois cinq contre un que tes affaires seraient bien différentes! Du moins, tu n'aurais pas été exposé aux humiliations qui t'ont accablé: ton nez aurait échappé aux revers sinistres qui l'ont mutilé. Ta fortune, et les occasions qui se sont si souvent présentées de la faire pendant le cours de ta vie, ne t'auraient pas manqué comme elles ont fait. Elles n'auraient pas fui de toi avec mépris. Tu n'aurois pas été forcé toi-même de les abandonner. Tristram! ô malheureux! Voilà ce que c'est que de n'avoir pas de nez'[50].

Mais la ressemblance ne va pas loin. Sterne vagabonde dans les livres, non dans le vaste monde. Il ne donne aucune leçon, ne vise à aucune réforme de la société. Il dépend de ses humeurs, de ses marottes, de ses élans sentimentaux. Il lui arrive de donner dans le pathos. De plus, il intervient sans cesse dans le récit, long chapelet de digressions, de confidences et d'apartés, beaucoup plus à la manière de Diderot que de Voltaire.

Rasselas se prête beaucoup mieux au parallèle. D'influence, il ne saurait en être question. Au moment où *Candide* se vendait partout à Paris à la mi-février, la rédaction de *Rasselas* était achevée[51]. A Londres, les deux ouvrages parurent à deux mois

---

[49] *Tristram*, i.24 (livre i, ch.ix). Exceptionnellement, nous citons d'après la traduction française pour mieux faire ressortir le ton voltairien.

[50] *ibid.*, 2ème partie, pp.44-45. L'autre allusion précise ne manifeste pas une très grande familiarité avec le texte. Au livre vi, ch.xx, la mère de Tristram est qualifiée de 'truest of all the Pococurantes of her sex' (le traducteur met 'la plus insouciante, je dirais presque la plus philosophe').

[51] lettre à W. Strahan du 20 janv. 1759 (Sterne 1, n°124). R. W. Chapman assigne la date du 15 janvier au début de la rédaction (S. Johnson 5,

d'intervalle, avec priorité pour *Rasselas*[52]. De cette coïncidence purement fortuite, les contemporains, tout en n'ignorant rien de l'ordre chronologique, passèrent promptement à une comparaison qu'imposait une similitude apparente de thème et de ton. Boswell en fit immédiatement la remarque. 'The present life is an imperfect state', ajouta-t-il en son nom personnel après un long entretien avec Johnson sur la mélancolie morbide du conte, un aspect qui frappera également Murphy (Lascelles, p.38). 'After much speculation and various reasoning, I acknowledged myself convinced of the truth of Voltaire's conclusion: "Après tout, c'est un monde passable". But we must not think too deeply' (Boswell 5, i.342-344). Mme Belot, la traductrice, y retrouve 'sensiblement les mêmes vues' (*Préface*). L'*Année littéraire* se livra à un très long commentaire (*AL* (1760) iii.145-167). Quant à Voltaire, il ne se compromit pas: '[Il] m'a paru d'une philosophie aimable et très bien écrit', furent ses seules paroles en réponse à mme Belot (Best.D8913; cf. Cradock 1, iv.128; Johnson 6, i.195-198).

Que nous en semble-t-il avec le recul du temps? Quatre personnages seulement dans *Rasselas*: Rasselas, prince d'Abyssinie, sa sœur Nekuyah accompagnée de sa suivante Pekuah, le poète-philosophe Imlac qui leur sert de guide, tous également dépourvus du moindre trait physique ou moral, sinon que Pekuah croit aux revenants et Imlac, qui a parcouru toute la terre, est revenu de tout. Les relations entre eux demeurent si conventionnelles qu'autant vaudrait rapprocher la *Divine comédie* de *Candide* sous prétexte qu'y figurent également un innocent, un sage et une femme.

La Vallée heureuse où vivent ces personnages n'est pas dépourvue de quelque ressemblance géographique avec l'Eldorado. Rien d'étonnant, puisque l'une et l'autre sont inspirés du même *Voyage de Sinbad le marin*, qui a suggéré en particulier l'accès par le fleuve souterrain. Quant à la sortie, conservant l'idée orientale de la voie

p.xv). Cf. Chapman. Johnson en écrivit quatre-vingt-quinze pages en huit soirées pour payer les obsèques de sa mère.

[52] annoncé le 30 mars, mais mis en vente le 19 avril, selon *PA*.

des airs, Johnson imagine un bricoleur inventif dont la machine volante s'écrase, hélas, dans un lac dès le premier essai. Rasselas s'évadera donc en creusant un prosaïque tunnel, dont l'idée lui était venue en contemplant des terriers de lapins tandis que le treuil de Voltaire concilie la technique et le prodige.

La ressemblance se borne à ces détails extérieurs. La Vallée heureuse n'est autre que le jardin d'Eden où l'homme, tous désirs comblés, vit en harmonie avec les animaux et la nature. Dans *Candide*, ce rôle est tenu par le château initial, infiniment plus civilisé, et surtout esthétiquement très supérieur, de la distance qui sépare une allégorie abstrait, d'un symbole subtil. Rasselas veut en sortir pour affirmer sa liberté, faire 'le choix d'une vie', poussé aussi par le dégoût de cette existence trop facile, par le *tedium vitae* des blasés. 'I have already enjoyed too much; give something to desire', tel est son cri du cœur (Johnson 5, p.8). Véritable spleen, où l'imagination, l'anticipation et le souvenir se combinent dans un refus des jouissances présentes, ce sentiment est aussi éloigné que possible de l'univers moral de *Candide*, qui abandonne deux fois le paradis terrestre, au début et au milieu, par amour pour Cunégonde, pour ne pas être 'comme les autres', et pour briller dans le vaste monde (ch.xviii). Si quelqu'un ressemblait à Johnson, ce serait le roi d'Eldorado. 'Quand on est passablement quelque part, il faut y rester', leçon que Rasselas finira par comprendre, puisqu'il reviendra dans la Vallée heureuse, tel le fils prodigue, après avoir sillonné notre globe.

Les aventures de Rasselas, fort peu aventureuses, à l'exception de l'enlèvement de Pekuah par un chef-brigand arabe qui la traita somptueusement et la rendit contre rançon, lui font connaître successivement un riche et fastueux seigneur, un hermite, des villageois et un astronome[53], un peu à la manière de *Zadig*. Ras-

---

[53] à tout prendre, les ressemblances avec *Zadig* seraient plus visibles, bien qu'il n'y ait aucun indice de la lecture de ce conte par Johnson. Comme Zadig, Imlac connaît les grands pour ce qu'ils sont (p.27), joue le personnage du marchand fortuné à la vaste clientèle (p.33). L'enlèvement de Pekuah ressemble assez à celui d'Astarté. N. Willard a trouvé d'autres rapprochements de détail. Il faudrait plutôt se tourner vers les sources communes de tous ces

selas partage la vie des grands à la cour, celle des humbles en famille, et visite les Pyramides. Nulle part, il n'observe le vrai bonheur. Le conte n'est qu'une simple variation sur le thème familier de 'the vanity of human wishes', titre d'un poème de Johnson antérieur de vingt ans. L'*Ecclésiaste* en est la source évidente d'inspiration. On pourrait tout aussi bien rassembler un florilège de textes voltairiens également inspirés par l'*Ecclésiaste*, mais *Candide* n'y figurerait pas.

Il est tentant de rapprocher ce perpétuel désabusement des 'convulsions de l'inquiétude' et de la 'léthargie de l'ennui', qui effrayaient tant Martin. Mais Rasselas n'est nullement inquiet. Quant à son ennui, ce serait le côté le plus original du conte si Johnson avait osé se l'avouer plus explicitement à lui-même. Le chapitre xliv, sans doute le plus important, nous le définit comme une affectation morbide, un ver rongeur, qui va de la rêverie mélancolique à la schizophrénie pure et simple. Pour tous ceux qui, comme l'auteur, seraient tentés d'écouter 'with credulity to the whispers of fancy, and pursue with eagerness the phantoms of hope, who expect that age will perform the promise of youth, and that the deficiencies of the present day will be supplied by the morrow' (p.3), la Vallée heureuse offre ses blandices. Loin de travailler sans raisonner', Rasselas, une fois de retour, administre en personne un petit royaume que l'ambition lui fait accroître sans cesse. Pour Johnson, la connaissance n'est pas une source de tourments, mais 'Certainly one of the means of pleasure, ignorance is mere privation, by which nothing can be produced: it is a vacuity in which the soul sits motionless and torpid for want of attraction; and without knowing why, we always rejoice when we learn, and grieve when we forget. I am therefore inclined to conclude that if nothing counteracts the natural consequence of learning, we grow more happy as our minds take a wider range' (p.25).

---

contes orientaux: *Les Mille et une nuits*, *Les Mille et un jours*, et même Addison. 'Grand Dieu, dit Zadig, qu'il est difficile d'être heureux en cette vie', pourrait aussi servir d'épigraphe à *Rasselas*.

'I have the world before me. Surely happiness is somewhere to be found', déclare Rasselas (p.35). La phrase serait vraie de Candide. Si un personnage ressemble à Martin, ce serait Imlac qui, après avoir essuyé mainte aventure et tâté de toutes les civilisations, conclut que 'human life is everywhere a state in which much is to be endured and little to be enjoyed' (p.25). Plus optimiste ou plus naïf qu'Imlac, Rasselas part pour la chasse au bonheur, comme Candide. Mais, après avoir rencontré tant d'insatisfaits, il revient à sa béatitude intérieure première, tandis que Candide, ne trouvant qu'imperfections sociales, politiques et intellectuelles, décide d'organiser autour de lui une petite société suivant les purs et efficaces principes du divertissement pascalien.

Entre ces deux œuvres, on peut trouver assez de ressemblances dans les différences pour que le parallèle échappe à l'académisme gratuit. Mais il a fallu d'abord réduire le texte à sa substance significative. Pour *Rasselas*, le travail a été vite fait. La psychologie, l'intrigue, l'action, le milieu, les décors très vaguement orientaux, sont à peine esquissés. Aucune vie concrète ou contemporaine n'y frémit dans sa complexité. C'est à peine une fable, plutôt une suite de dissertations abstraites, de sermons et de maximes, de lieux communs de sagesse éternelle en forme de pseudo-dialogues. Dès qu'un incident prend corps, Johnson s'en détourne pour théoriser à l'antique, comme dans le chapitre xviii sur l'impuissance de la consolation devant la mort d'une fille. Quiconque doute de *Candide* comme roman devrait lire *Rasselas*.

Les lecteurs du xviiième siècle, férus de débats idéologiques, retinrent surtout les conclusions générales: 'Au reste, il y a très peu d'imagination dans cet ouvrage [*Rasselas*], c'est un cadre usé, mais que de vérités, que de lumières sur le cœur humain! C'est un miroir moins révoltant que *Candide*; nous nous y voyons cependant avec toutes nos faiblesses et tous nos malheurs. *Candide* fait d'abord rire l'esprit et laisse ensuite le désespoir dans le cœur; *Rasselas* nous attendrit, nous fait gémir sur les misères de notre nature; *Candide* en un mot nous rend en horreur à nous-mêmes, et *Rasselas* nous fait les objets de notre propre compassion; il ne nous désespère pas; il nous invite seulement à nous corriger. Ainsi ce livre, avec tous ses défauts, ne peut manquer de réussir et d'être placé parmi ce petit nombre d'ouvrages dont le but est de nous rendre meilleurs' (*AL* (1760) iii.165-166).

Pour nous, réduire *Candide* et *Rasselas* à un commun dénominateur théorique équivaut à les détruire, tant la forme est inséparable du fond. Dans les deux cas sont posés les mêmes éternels problèmes de la condition humaine: le mal physique et moral, l'action, le bonheur, mais Johnson les traite au second degré, en essayiste, derrière l'écran abstrait de la *Bible* et de l'antiquité gréco-latine, Voltaire selon toute la richesse concrète et existentielle d'une expérience moderne stylisée. Pour être fructueuse, une comparaison devrait porter sur les hommes. Ils sont moins antagonistes qu'on pourrait l'imaginer, mais leurs modes d'expression n'ont à peu près aucun point commun. Historiquement, toutefois, le parallèle entre *Rasselas* et *Candide*, lieu commun de la critique[54] n'est pas dépourvu de sens, car il met en relief, derrière deux tempéraments et deux types de vie, deux classes de lecteurs et deux traditions littéraires nationales[55].

Pour qui voudrait comparer la production voltairienne et le

[54] en 1966 encore, E. F. Suderman, après avoir énuméré certaines différences de cadre, de style, d'amosphère et de psychologie, conclut à une ressemblance fondamentale: aux yeux de l'un comme de l'autre, il est difficile d'admettre que ce monde soit le meilleur possible, le travail restant le souverain remède. Mais Johnson va plus loin et plaide pour la vertu, le savoir et la récompense après la mort. Cf encore F. W. Hilles.

[55] E. T. Helmick a voulu ranger *Candide* parmi les sources de *Humphry Clinker* (1777). Au niveau de la causalité primaire, sa démonstration est fort peu convaincante: quelques échos de vocabulaire, quelques lieux communs de la philosophie des Lumières sur l'eglise, le climat, le manichéisme.

Simples coïncidences, à coup sûr, par conformité avec une culture cosmopolite. Pour être probante, l'analyse devrait intégrer ces détails dans un schéma directeur montrant que certaines structures mentales, narratives ou stylistiques, du roman de Smollett ne s'expliquent que par référence à *Candide*. E. T. Helmick estime qu'on ne saurait consacrer quatre années de sa vie à traduire et à annoter un auteur étranger sans en porter les marques. C'est postuler ce qu'il faudrait démontrer, et, en tout cas, confondre connaissance et imprégnation. Ni la durée, ni la quantité ne comptent absolument, mais une affinité profonde, laquelle, entre Smollett et Voltaire, indubitablement n'existe pas.

roman satirique anglais postérieur à 1760, le nom de Charles Johnstone[56] se présentera le premier. Si *John Juniper* (1781) et *Anthony Varnish* (1786), par l'humour, la sensibilité et le tableau des aventures domestiques, ne vont guère au-delà de Sterne, *The Reverie* (1762) et *The Pilgrim* (1775) sont plus originaux. Dans le premier, l'auteur, s'étant endormi, est enlevé dans l'empyrée de Milton d'où il lui est donné de contempler l'absurdité de la condition humaine: une élection, un théâtre, un match de football, une campagne militaire, les manèges d'une coquette, provoquent autant de changements à vue. Cette nouvelle *Vision de Babouc* nous amuse par la varité des points de vue et des cibles. Dans le second, le retour du héros depuis la Chine jusqu'à Londres permet une suite d'essais sur le duel, la censure, l'ivrognerie, le divorce, la prison pour dette, le métier d'acteur. On voit apparaître les thèmes proprement sociaux qui composent l'essentiel des romans de la fin du siècle, traités selon un mode et des critères purement sentimentaux. C'est à la lecture de telles œuvres que l'on saisit à quel point le style et la poétique de Voltaire comptent plus que ses thèmes et que ses idées.

N'était la longueur—cinq cents pages—*The Life and adventures of Common Sense* de Herbert Lawrence (1769) rappellerait l'*Eloge historique de la raison*, c'est-à-dire finalement Erasme. Truth et wit (qui a usurpé l'identité de wisdom) engendrent common sense, né à Athènes, éduqué par prudence, entouré de humour, vanity et genius. Commn sense voyage à travers les âges: Rome, le moyen âge, la Florence des Médicis. Luther en sont les étapes. Chez les modernes, Louis XIV fera l'objet de violentes attaques (i.179 sqq). Pour le dessein général, la précision et le mordant des allusions, l'ouvrage n'est pas sans analogie avec Voltaire.

La drôlerie, la couleur, la vivacité, bref l'esprit qui manquent à toutes ces productions, on les trouve dans *The Spiritual Quixote* de Richard Graves (1773). Reprenant exactement sur le mode

[56] or Johnston.

burlesque l'itinéraire, la vie et le ton de Whitefield, le roman fait une très plaisante satire du méthodisme sous la forme des aventures du jeune Wildgoose à travers l'Angleterre. Le récit s'inspire de Fielding: intrusions allègres de l'auteur, anecdotes interpolées, défilé de types pittoresques, mais aussi de Sterne par les citations érudites et le feint pédantisme. Seraient très nettement voltairiens le style composé de phrases courtes, avec abondance de consécutives et de concessives, un mélange de petits traits concrets et de maximes profondes, une action très rapide entrecoupée de bribes de dialogues et de discussions prolongées. Mais Graves est un conservateur et un traditionaliste, ennemi juré des idées nouvelles en politique comme en religion, aux antipodes de la philosophie des Lumières.

A partir de 1780 environ apparaît en Angleterre un nouveau type de roman qui, toutes proportions gardées, voudra jouer dans une société conservatrice et conformiste un rôle analogue au conte voltairien, mais selon une présentation toute différente. Le roman philosophique de type godwinien (même si *Caleb Williams*, en 1794, ne parut pas le premier dans l'ordre chronologique) s'inspire de la pensée radicale d'origine française et, en pleine Révolution, défend les Lumières contre la majorité des patriotes anglais. Il n'est pas question d'examiner ici tous les noms et toutes les productions de ce groupe sur qui Voltaire exerça une profonde influence intellectuelle, mais non esthétique. 'Had not such men as Rousseau and Voltaire existed, the earth had still been shackled by tyranny and superstition', proclamait mrs Mary Robinson en 1797 dans *Walsingham or the pupil of nature*. Appartiennent à ce courant Joseph Fawcett, maître et ami de Godwin, que nous avons vu attaqué par le Wanderer de Wordsworth parce qu'il lisait trop *Candide*; le révérend Robert Robinson, qui fonda en 1780 la Cambridge branch of the Society for constitutional information, un club de réforme politique; George Dyer, le poète (cf. M. R. Adams). Les romancières féminines furent particulièrement nombreuses: Mary Hayes, Elizabeth Inchbald, Amelia Opie, Mary Robinson, Charlotte Smith et Mary Wollstonecraft, future mrs

Shelley. Toutes veulent affranchir la femme de l'esclavage domestique, prônent la réforme des lois pour abolir la pauvreté et l'ignorance, le pacifisme, l'humanitarisme, le retour à la vie simple, l'abolition de la censure et des tyrannies, et ne se lassent pas de peindre des filles-mères, des hospitalisées et des vagabondes (Ph. Séjourné, pp.179-184). Voltaire se serait-il reconnu dans cette postérité féministe? C'est peu probable, et pourtant leur cause, compte-tenu de la différence de contexte national et de l'évolution des mœurs, était bien la même. S'il est plus souvent question chez elles de Rousseau que de Voltaire, celui-ci est toujours présenté comme l'ennemi héroïque de l'injustice et de l'intolérance, l'apôtre des libertés et le champion du genre humain.

Du côté masculin, Thomas Holcroft, tout en s'inspirant essentiellement de Rousseau, a réussi l'alliance paradoxale des deux philosophes ennemis. L'abondante production de Bage—sauf *Hermsprong*, déjà cité, qui fait exception par sa brièveté et son style— ne fait d'abord guère penser à Voltaire. Romancier 'naïf', convaincu, mais maladroit, il traite en d'interminables romans épistolaires (sauf les deux derniers) très embrouillés et confus, de drames bourgeois traditionnels consacrés aux problèmes de l'amour et de l'argent dans les familles, l'idée centrale étant le triomphe du véritable amour malgré les obstacles sociaux. Mais son radicalisme, dans la mesure où il est la satire d'une science pédante et stérile ('Locke, who taught me to think, Hurd who taught me to believe, Hume who taught me to doubt and the bishop of Cloyne, who taught me that everything was nothing and the world a dream' (Bage 1, i.151), tels furent ses maîtres, joint à son horreur du fanatisme et à sa sympathie pour les Quakers, à son déisme actif et charitable ('Love your God and your neighbour' était sa devise), n'est pas sans analogie avec les points fondamentaux du credo voltairien. Mais Robert Bage reste beaucoup trop éclectique et mauvais écrivain pour qu'un parallèle soit vraiment concevable[57].

[57] sur Bage, on lira T. T. F. Fletcher   et surtout P. Vitoux.

Si les premières ripostes à tous ces récits vinrent sous la forme de parodies rousseauistes, comme dans *The Fool of quality* de Henry Brooke (1765-1770), ou d'attaques contre la désastreuse influence d'un Chesterfield sur la jeunesse, dans *The Pupil of nature* de S. J. Pratt (1776), les adversaires ultérieurs des romans 'radicaux' dont le talent ne valait pas le leur à beaucoup près, invoquèrent également le pernicieux exemple de Voltaire. Le modèle du genre serait *The Memoirs of modern philosophers* d'Elizabeth Hamilton (1800) ou *The Infernal Quixote* de Charles Lucas, paru la même année. Le but de ce dernier ouvrage est de montrer que les doctrines de Voltaire, 'that imp' (p.v), de Paine et de Godwin mènent à la folie, à la honte, au déshonneur et au suicide. Le héros, Marauder, séduit en effet une jeune fille en lui faisant lire les œuvres romanesques de Voltaire, de Diderot et de Rousseau. L'émancipation de la femme à la lecture des philosophes français reste la cible favorite.

L'étude de ce courant littéraire nous a déjà entraîné au-delà des frontières chronologiques de ce travail, et jusqu'au seuil du XIX⁰ᵐᵉ siècle, mais il était indispensable de montrer que la fonction et l'esprit, sinon la technique et l'expression, du conte voltairien avaient fini par trouver d'une certaine façon leur équivalent anglais.

4. Le conteur en vers

Le *Dictionnaire* de l'Académie, par sa définition du conte, nous autorise à placer une partie appréciable de l'œuvre poétique de Voltaire dans le présent chapitre, le mètre et la rime ne valant que comme ornements d'une prose par ailleurs assimilable aux genres dramatique, philosophique ou narratif (Gueunier, pp.424-426). Une fois la plupart des pièces rimées rangées dans ces trois catégories, seuls mériteraient le nom de poèmes les satires, les épîtres et les innombrables vers de circonstance graves ou légers. De ce dernier Voltaire, du disciple badin ou spirituel d'Horace ou des *minores* du grand siècle, les Anglais n'ont presque rien su: un morceau de temps en temps, généralement en version bilingue dans une revue, le texte anglais démontrant assez pitoyablement à chaque fois la fragilité d'une grâce assassinée par la traduction. Aussi, la publication en revue, puis en édition bilingue séparée, de l'*Epître de m. de Voltaire en arrivant dans sa terre près du lac de Genève* ferait-elle presque figure d'événement. Si l'on encense tout à coup 'the warbler' et sa 'charming Muse' dans 'this exulting and animated epistle' (*MR* (1756) xiii.285-287), c'est en hommage à cet hymne à la liberté, qui ne se trouve vraiment qu'en Angleterre, les Suisses ayant l'égalité en partage![58]

Mis à part quelques exceptions, les Anglais n'ont donc guère connu que la poésie narrative. *La Henriade* ayant été traitée ailleurs, nous parlerons ici de *La Pucelle* et de *La Guerre civile de Genève*. Moins gâtés que les Français, les Anglais ne reçurent aucune copie manuscrite de *La Pucelle* et personne n'en signala, ni même, semble-t-il, n'en soupçonna l'existence avant l'impression de 1755. 'Imprimée depuis peu en Angleterre ou en Hollande' (Best.D6589), en réalité à Francfort avec l'adresse de Louvain[59], connue de Voltaire en novembre (Best.D6589), cette édition se vendait déjà sous le manteau à Chiswick un peu avant Noël[60]. Si l'adresse de Londres de plusieurs éditions entre 1756 et 1758 (Voltaire 13, pp.99-101,n° 7-9, 15, 17, 18) n'est évidemment qu'une façade, il est plus que probable que l'édition de Glasgow de 1756 (*ibid.*, p.100, n°13; *BAV* 332) fut effectivement produite en Ecosse à l'instigation de Maubert de Gouvest.

Les premiers commentaires n'apparurent qu'avec la traduction

[58] Gray en possédait une copie manuscrite offerte par Mason (Gray 1, i.419), qui figurait encore dans le catalogue de vente de sa bibliothèque en 1851. Bien qu'il jugeât le morceau inégal et l'enthousiasme de Voltaire un peu faux, 'it is in several parts excellent and everywhere above mediocrity' (*ibid.*, i.432).

[59] Voltaire 13, p.35. C'est le n° 1 de la *Bibliographie descriptive* établie par J. Vercruysse. Th. Birch, toujours très au fait, signale pour la première fois l'impression de *La Pucelle* 'en Hollande' le 1er novembre 1755 (BM add. MS 35398, f.305). Il sait même que le nombre des chants varie suivant les copies manuscrites.

[60] Mason à Gray, dans Gray 1, i.451. Mason feint l'indifférence, mais une allusion dans sa correspondance en 1778, comparant l'invasion de l'Angleterre au viol de la vieille au chant ix, trahit une lecture attentive (Walpole 8, xxix.399).

de 1758 (*BAV* 333). Malgré l'indignation des journalistes devant l'obscénité, le blasphème, 'the horrid mixture with such profaneness of the most flagitious dissolute scenes' (*CR* (1758) vi.346-347), 'a gross assemblage of buffoonery, profaneneness, obscenity and nonsense' (*MR* (1758) xix.309), l'œuvre trouva indiscutablement des amateurs, parmi lesquels on retrouvera sans surprise Macartney et Wilkes. Le premier, au cours d'une discussion avec Voltaire sur l'épopée, en 1763, mit à part *La Pucelle*, 'sans modèle et faite pour plaire à toutes les nations' (Luchet, iii.31); le second l'appela 'the wittiest poem I ever read' (Boswell 6, v.269), deux compliments qui enchantèrent l'auteur. Robert Burns n'hésita pas à l'offrir au précepteur de ses enfants, et Wraxall, au cours d'un séjour à Paris en 1775, tout en la présentant comme le scandaleux, mais fidèle miroir d'une société corrompue, la jugea 'captivating from its wit ..., sketched with admirable ability by a master hand' (Wraxall 2, i.104). En 1782, Hayley, passant en revue la production épique de Voltaire, préfère nettement *La Pucelle* à *La Henriade* et semble déplorer que son obscénité en ait détourné de nombreux lecteurs, tout en pardonnant de bon cœur à ce fruit typique du terroir gaulois[61]. Si Burke bat sa coulpe pour s'être souillé l'imagination autrefois d'une telle lecture (Windham, i.104), il s'agit de Burke, et nous sommes en 1797[62].

Preuve de ce réel succès, quoique rarement avoué, le regain de faveur après 1780. La première traduction, en prose, rendait fort mal le texte. Après deux tentatives de traduction isolée du chant i[63], parut enfin en 1785 une adaptation en vers des cinq premiers

---

[61] Nature and Fancy join'd their charms to swell
And laughing humour crown'd thy new Pucelle;
But the chaste Muses, startled at the sound,
Amid thy sprightly numbers blush'd and frown'd;
With decent anger and becoming pride
Severer virtue threw the song aside,
While Justice own'd it, with a kinder glance
The wittiest levity of wanton France
(Hayley 2, iii.71).

[62] J. Vercruysse, dont la bibliographie des traductions anglaises se repose sans méfiance sur Evans (Voltaire 13, p.236) ignore l'existence de réactions anglaises avant Southey et sa *Joan of Arc* (1795).

chants, rééditée en 1789. Hardiment, le traducteur sommait le lecteur d'oser critiquer cette attaque salutaire contre la superstition, le papisme et le clergé. Cette fois, l'accueil fut favorable (*EM* (1785) viii.193-194). En 1796-1797 enfin, Catherine Maria Bury, comtesse de Charleville, ou plus vraisemblablement son mari, composa une version complète et en vers, qui semble avoir été limitée à une édition privée tirée à cinquante exemplaires (Evans 2, p.102). Faibles indices, sans doute, mais assez constants et divers pour faire apparaître, derrière la censure de commande des feuilles publiques, l'existence d'une clientèle de connaisseurs fidèles et enthousiastes recrutés parmi les Anglais 'libertins' et voltairiens.

Plusieurs fois comparé à *Hudibras*, *La Pucelle* pose en effet le problème de l'imitation de Butler, que *La Guerre civile de Genève* rend plus manifeste encore. Une première allusion de la xxème *Lettre philosophique* (*LPh* ii.134-135), considérablement augmentée dans l'édition de 1756 (*ibid.*, pp.147-152) et assortie cette fois d'un résumé-traduction en vers[64], révèle chez Voltaire un vif et durable intérêt pour son prédécesseur anglais. Le jugement porté de prime abord, sujet historique sérieux traité sur le mode burlesque, 'le goût, la naïveté, l'art de narrer, celui de bien entremêler les aventures', autant de traits qui ne conviennent pas moins terme pour terme à *La Guerre civile de Genève*, y compris la caducité des allusions à l'actualité, qui rendaient le texte presque aussi incompréhensible aux Anglais du xviiième siècle qu'aux Français du xxème.

L'esprit de *La Guerre civile* ne déplut pas à la *Critical review* (*CR* (1769) xxvii.397), non plus qu'à Horace Walpole, malgré l'opinion dégoûtée de mme Du Deffand (Walpole 8, iii.295, 301), ni même à Gray, trop heureux d'y trouver Rousseau et son épouse 'aigrement' malmenés (Gray 1, iii.960). Térès, le traducteur[65],

---

[63] *BAV* 334-335, la deuxième, annoncée par *MR* (1782) lxvii.305 et *GM* (1782) lii.639, finit par paraître dans *GM* (1788) lviii₁.544 et lviii₂.639.
[64] *Nb*, pp.240-241 n'en donne qu'un

bref extrait.
[65] deux traductions en 1769, une troisième publiée par Hawkesworth dans *MR* (1770) xli.95 sqq.

s'ingénia à naturaliser le poème, l'interprétant comme une allégorie de la vie politique anglaise, Kitty représentant la liberté, Vachine le pouvoir arbitraire et Oudrille la prudence, la Grande-Bretagne étant invitée 'like Geneva, to become one family of love and by the same lenient and conciliating means'. Tant d'artifice ne réussit pas à rendre lisible une œuvre aussi locale. Le burlesque d'actualité ne supporte pas plus le transport dans l'espace que dans le temps.

5. *Un genre exclusivement calculé pour le méridien de Paris*

Si le conte voltairien s'est si peu et si mal acclimaté en Angleterre, même au niveau de la simple lecture—la brillante exception de Beckford ne faisant que confirmer la règle, et encore en ne gardant que la causticité désinvolte sans la philosophie—la faute en est principalement à la concurrence du roman, dont la puissance de documentation et d'analyse rendait dérisoires ces fantaisies grimaçantes et caricaturales. S'il ne s'agissait que de se divertir un moment, les Anglais lurent abondamment cette littérature invariablement qualifiée de 'pleasant and entertaining', mais la louange ne va pas plus loin et convient également à des productions très inférieures aujourd'hui tombées dans l'oubli. Tout ce qui passionnait les Français, la clandestinité, les clés, le double-entendre, les pieds-de-nez au au pouvoir et aux gens en place, le travesti élégant d'une propagande trop souvent guettée par la lourdeur et le pédantisme, le caractère mondain, voire histrionique, toutes ces vertus échappaient aux Anglais ou ne les intéressaient pas. En revanche, le cynisme, les gauloiseries, les railleries religieuses, les impertinences de toutes sortes, au lieu d'entrer dans un dessein général, une fois détachés de leur contexte, prenaient un relief inquiétant. Les conformistes, les prudes, les bien-pensants, les amis de l'ordre, de la vertu et de la respectabilité, recevaient un choc déjà victorien. Littérairement, l'ombre de Swift fit beaucoup de tort à Voltaire. La concurrence de Sterne le faisait paraître cérébral, agressif et schématique. En comprenant *Rasselas* d'emblée, *Tristram Shandy* avec plus de retard, et sans jamais parvenir à admettre *Candide*, les revues traduisaient la persistance du goût classique (cf. Spector). Etroitement lié à un contexte intellectuel, politique et social, à moins d'être considéré comme une 'confidence déguisée', ce que les contemporains, français ou étrangers, étaient bien incapables de concevoir, le conte voltairien ne pouvait trouver exceptionnellement son vrai public qu'auprès des aristocrates cosmopolites ou de rares intellectuels indépendants.

S'il ne fit pas souche, sinon très indirectement et non pas à la manières des imitations traditionnelles, par le jeu occasionnel d'emprunts isolés ou d'échos diffus, il faut invoquer d'abord le caractère très particulier de cette production limitée dans le temps et malgré tout fort disparate, mais plus encore les conditions de communication. Le conte voltairien suppose la présence d'un narrateur homme du monde et homme d'esprit (l'éloignement de l'auteur de Paris n'étant sans doute pas étranger à cette forme de propagande 'à la cantonnade'), la dramatisation des sujets de conversation quotidiens et des événements au jour le jour, contexte dissimulé dans l'œuvre parce qu'implicitement connu de tous les lecteurs, une connivence sociale enfin entre le conteur et l'auditoire. Ce 'discours idéogrammatique' (cf. Belaval) ne 'pouvait s'acclimater que dans un milieu très semblable au sien, plus facilement, par exemple, dans les petites cours allemandes que chez les négociants de la Cité ou les pasteurs anglicans. Certains petits romanciers anglais crurent bon d'emprunter tel ou tel trait isolé qui, détaché de l'ensemble organique, perdait toute efficacité, sans parler du style, élément moteur et unificateur sans équivalent en anglais. On commettrait donc une grave erreur de méthode en tentant d'opposer les grands romans anglais aux grêles fantaisies voltairiennes, car ce n'est pas une question d'échelle.

Et pourtant, *Joseph Andrews*, *Tom Jones*, *Humphry Clinker*, *Rasselas*, *The Vicar of Wakefield* et *Candide* ont la même structure profonde: un Eden primitif lié à une explication théorique de l'univers d'où le héros est expulsé; la découverte du monde réel par un personnage jeune, sympathique et naïf (ici Locke fournit le schéma du développement intellectuel) au cours de tribulations imaginaires; des expériences amères et la révélation de l'inefficacité de toute philosophie devant l'épreuve; le retour au 'jardin' reconquis par un effort collectif raisonné. Tel est le schéma typique du roman des Lumières: l'expérience existentielle démontre la vanité des systèmes, la complexité du réel se résoud par le retour à la vie simple et directe. Alors que le besoin était déjà satisfait par les productions nationales, imiter Voltaire en Angleterre en ne gardant que le thème sans la forme, c'était courir à un échec esthétique. En revanche, on peut avancer que *La Nouvelle Héloïse* offrait une matière complètement différente alliée à la forme éprouvée et rassurante d'un roman épistolaire familial et familier. Le nouveau public, en grande partie féminin ou adolescent, sensible en tout cas, le manque d'invention d'une très médiocre génération de romanciers après 1770, la réputation de sérieux et de moralité du citoyen de Genève, tout se conjuguait au détriment de Voltaire. Fleur éphémère d'une civilisation aristocratique raffinée, le conte philosophique, dépouillé de ses ornements, ne se perpétuera obscurément après métamorphose que dans les romans politiques et sociaux des héritiers idéologiques des Lumières.

CHAPITRE V

Le philosophe

N'y a-t-il pas bien de l'arbitraire à isoler, en Voltaire, le philosophe? Vers ou prose, conte ou tragédie, discours ou traité d'histoire, badinage ou gravité, tout lui est philosophie. Au xxème siècle, l'historien des idées puisera aussi bien dans *La Henriade* que dans l'*Orphelin de la Chine*, dans *Le Blanc et le noir* que dans *La Défense de mon oncle*, mais les contemporains, et plus encore les contemporains étrangers, adoptèrent une autre classification. Sont philosophiques, dans les *Œuvres complètes*, les *Lettres*, les *Eléments*, le *Dictionnaire* ou, pour reprendre la *Distribution générale* de la *Table* de 1774: 'Théodicée et religion naturelle; de l'âme; Morale; Religions en général: Juifs, Christianisme; Tolérance; Administration publique; Politique; Histoire naturelle et physique' (p.174). Pour nous qui avons perdu la notion des genres classiques, la philosophie, de nature protéiforme, constitue un état d'esprit, non un type d'écriture ou de discours. Mais le lecteur anglais du xviiième siècle se satisfaisait de la répartition traditionnelle qui se retrouvait dans les traductions, car elle n'était pas en fin de compte tellement éloignée de la nature des choses. Dérouté, au contraire, lorsqu'il la reconnaissait trop visiblement dans les genres 'poétiques', il l'acceptait sans mal sous sa présentation autonome. Nous respecterons donc ce sentiment, qui a pour lui la vérité historique.

1. Rendre aux Anglais ce qu'ils ont prêté?: les 'Lettres philosophiques'

Passer à Londres, y publier en toute sécurité une *Henriade* provocante, c'était un tour de force que Voltaire ne devait plus jamais renouveler. Echaudé par l'affaire de *Charles XII*, rencontrant

désormais en face de lui une censure intransigeante, Voltaire
échafauda peu à peu en 1733[1] un système de diffusion qui s'appuyait, entre autres centres d'édition, sur la librairie anglaise et
préfigurait la tactique éprouvée de *Candide*. Pour le texte français,
il avait donc prévu de lancer les *Lettres écrites de Londres sur les
Anglais* à partir de Londres et d'Amsterdam, puis, une fois passée
'la première chaleur du début', les *Lettres philosophiques* depuis
Rouen et Paris. Voltaire auprès de Jore, Thieriot auprès de
Bowyer, une liaison suivie entre les deux quartiers généraux, une
navette de manuscrits et d'épreuves, peut-être même de bonnes
feuilles, tel était le dispositif. Pour le texte anglais primitivement
destiné à paraître en second lieu, Thieriot sera posté à Londres en
possession d'un manuscrit déjà plus qu'à moitié rédigé dans cette
langue, avec mission de trouver un traducteur pour le reste, c'est-
à-dire essentiellement pour les lettres plus récentes traitant de
Newton et pour les lettres anciennes remaniées au dernier moment[2]. Du point de vue où nous nous plaçons, c'est l'existence de
la publication à Londres de cette version anglaise qui fait problème. A quoi bon ce luxe et ces efforts pour un ouvrage destiné aux
lecteurs français ou européens, mais lisant le français, à une époque
où tout ouvrage en anglais devait être traduit en français pour
obtenir une diffusion internationale? et pourquoi ce plan patiem-
ment élaboré ne s'est-il pas déroulé dans l'ordre prévu?

La réponse à la seconde question, de moindre intérêt, tient à des
circonstances surtout commerciales. Une lettre du libraire John
Peele, transmise à Thieriot par Desmaizeaux (BM add. MS 4287,
f.218; dans *LPh*.i.xlin), montre que les libraires londoniens
n'étaient pas disposés à payer n'importe quel prix sous prétexte
que le texte était signé de Voltaire, faisaient un chantage à la con-

---

[1] songeant au précédent de *La
Henriade*, Voltaire s'était au début contenté de les envoyer à Thieriot. 'Je ne
sais si je les ferai imprimer dans ce
pays-ci et si je me hazarderai à braver
encore l'inquisition qui persécute la
littérature' (Best.D563).

[2] cf. H. Brown, Mattauch. L'attribution de la traduction à Lockman
repose sur le témoignage de Prévost,
qui affirma avoir eu entre les mains une
copie du texte français original (*P & C*,
i.242).

trefaçon et préféraient vendre la version anglaise la première. Thieriot, à qui devait revenir tout le bénéfice financier de cette partie de l'opération[3], n'hésita donc pas à donner la primeur au texte anglais. Quand il apprit seulement en juillet 1733 que ses directives avaient été inversées, et même que la publication du texte anglais était imminente, Voltaire parut plus soulagé que mortifié ou contrarié: 'A la bonne heure qu'elles soient imprimées en anglais; il n'en viendra pas d'exemplaire à Paris, et nous aurons le temps de recueillir les sentiments du public anglais avant d'avoir fait paroître l'ouvrage en français'[4]. En vérité, il 'commence un peu à trembler' et à croire 'trop hardi ce qu'on ne trouvera à Londres que simple et ordinaire' (Best.D627). Thieriot lui fera donc 'le plus sensible plaisir du monde' en retardant l'édition en français. 'Je crains bien que dans les circomstances présentes elles [*les Lettres*] ne me portent un fatal contrecoup' (Best.D635). Voilà donc un contretemps finalement bien accueilli.

Traiter l'autre question revient à définir les relations entre Voltaire et le public anglais. Il présume, comme on vient de le lire, que ses hardiesses ne paraîtront pas scandaleuses. Le voici donc partagé entre le plaisir d'être compris, mais, hélas, à l'étranger, et le besoin d'être prophète en son pays. On peut imaginer d'autres réponses: hommage d'un voyageur 'who pays to this country but part of what he owes to her' (*EEP* (*BAV* 103), p.47) pour le remercier de lui avoir ouvert les yeux et l'esprit; simple désir légitime de ne pas perdre le bénéfice d'un manuscrit original en anglais, donc plus ou moins consciemment destiné au public anglais; coquetterie d'écrivain capable de faire carrière dans deux littératures après les deux premiers *Essays*, ou satisfaction profonde d'être à la fois lui-même et un autre, sous un masque qui l'avait aidé à se constituer comme philosophe? Rien n'est à écarter,

---

[3] 200 guinées, selon L & W, ii.349. Cf. Best.D570, 924, 925.
[4] Best.D635. Au moment où Voltaire apprend la nouvelle, Bowyer a déjà livré 2000 exemplaires au libraire Lyon le 21 juillet (Maslen, p.293). Les 1500 exemplaires de l'édition de 'Basle' ne seront livrés à la vente par Bowyer que le 26 mars 1734. Accusant l'étourderie de Thieriot, Voltaire protesta bientôt de son innocence auprès de Fleury (Best.D722).

surtout les deux derniers motifs, qui touchent au cœur de la création littéraire.

Voltaire n'oubliait pas non plus que des Anglais qui avaient vu son manuscrit, quand il écrivait tout cela à Londres, l'avaient trouvé 'bien modéré' (Best.D745). Le projet était donc connu, peut-être même attendu. A la fin de 1732, Bolingbroke, lord Bathurst et d'autres, quand Thieriot leur eut montré le texte, encouragèrent la publication (Best.D570; *P & C*, i.241). Pourvu que l'édition française fût assez retardée pour inclure la 25ème *Lettre* imprimée à Rouen, Voltaire dut éprouver une secrète satisfaction à être d'abord jugé par ses amis, par un peuple libre et critique, et à devenir à son tour l'un de ces écrivains anglais qui donnaient le ton à toute l'Europe éclairée. A la mi-août, les dés étaient jetés[5]. Les 'lettres philosophiques, politiques, critiques, poétiques, hérétiques et diaboliques' se vendaient 'en anglais à Londres avec un grand succès' (Best.D646), qui ne se démentira pas. En trois semaines, l'édition originale était épuisée (Best.D646, 649). Il y en aura quinze en tout avant 1778, dont sept à Londres, quatre en Ecosse et quatre à Dublin.

'Les lettres ont paru seulement philosophiques aux lecteurs de Londres, et à Paris, on les appelle déjà impies sans les avoir vues' (Best.D653), car on ne prête qu'aux riches. Pourtant, le titre anglais n'annonçait modestement qu'un document sur la nation anglaise, simple miroir ni déformant, ni flatteur, d'une civilisation. Etienne Jordan, alors sur place, classe les lecteurs en trois groupes: 'Les uns étaient contents, d'autres disaient que ce poète parlait d'une nation qui lui était inconnue. La plupart, cependant, rendaient justice à l'auteur et convenaient qu'il y a des choses curieuses dites avec esprit' (C. E. Jordan, p.183). Fait singulier, ni le *Gentleman's magazine*, ni le *London magazine*, alors dans toute leur nouveauté, n'allèrent au-delà d'une simple annonce. Trois comptes-rendus détaillés parurent cependant[6], dont deux d'origine française.

[5] la publication fut annoncée dans *Hooker's weekly miscellany*, *The Univer-* *sal spectator* et *Fog's weekly journal*, à partir du 8 août.

Dans la *Bibliothèque britannique* (*BB* (1733) ii.16-35, 104-137), Desmaizeaux[7] se contenta, selon l'usage, de résumer beaucoup et de très peu juger, sauf à corriger quelques erreurs sur la religion. *The Present state of the republick of letters* (1733, xii.265-288) présentait le point de vue de l'orthodoxie nationaliste et anglicane: dépourvu, comme tout Français, de 'politeness and decency', Voltaire manifeste 'a criminal levity . . ., a defect of judgment . . ., a strong and unwarrantable partiality in favour of himself and his country' (p.266). Portrait exagérément flatteur des Quakers, railleries déplacées, bienveillance coupable envers les sectes turbulentes, matérialisme de la 13ème lettre, anti-cléricalisme, incompréhension de la tragédie anglaise, tels sont les graves reproches principaux. La revue ne s'en laisse pas conter, et décèle aisément dans les compliments insolites ou excessifs l'envers de critiques destinées à la France et aux Français[8].

C'est sans doute l'abbé Prévost, qui résidait encore sur place proche des meilleures sources, qui nous renseigne le mieux[9]. 'Autant de juges que de lecteurs. Qu'on se figure une nation tout entière qui se croit intéressée au jugement qu'on porte d'elle et qui bien qu'assez juste pour entrer dans la disposition qu'on lui

[6] c'est peu, mais ce n'est pas rien, quoiqu'en dise Lounsbury (p.55). Nous ne comptons pas le compte-rendu de la réédition de 1741 par César de Missy (*BB* (1741) xvii. 251-260), où Voltaire est 'un peu malmené' (Best. D2405). Il y est surtout question de la qualité de la traduction, et particulièrement de la 25ème *Lettre*, qui paraissait en anglais pour la première fois.

[7] pour l'attribution à Desmaizeaux, cf. BM add. MS 4284, ff. 95-96, qui est un brouillon de lettre de Desmaizeaux à P. de Hondt et à Beckwith.

[8] en prétendant que ces *Lettres* 'sont des discours qu'il a entendus aux cafés de Londres' (Grasshoff, p.194), le prince Antiochus Cantemir, hospodar de Moldavie et grec d'origine, fils de Démétrius, historien réputé de l'empire ottoman, bien qu'il fût à Londres au

moment de la publication et très mêlé aux milieux italiens et cosmopolites (il protégeait Rolli et Dadichi, par exemple) ne fait que céder à son dépit contre Voltaire coupable d'avoir mal parlé de son père dans *HChXII*. Avant sa brouille avec Voltaire, celui-ci déclarait qu'il 'réunissait les talents des anciens Grecs, la science des lettres et celle des armes' (*HChXII*, livre v).

[9] *P & C*, i.241-248, 273-287, 297-308. En juillet, Voltaire enjoignit à Thieriot de rencontrer 'the uncowl'd Benedictine' (Best.D631), qui venait de publier un compte-rendu du *Temple du goût*, 'un peu de baume' versé en Angleterre sur les blessures qu'on lui avait faites en France (Best.D635). Cette nouvelle feuille périodique représentait une puissance.

suppose, n'est pas d'humeur néanmoins à reconnaître aveuglément et sans preuves tout ce qui pourrait tourner à son avantage et diminuer la bonne opinion qu'elle a d'elle-même' (*P & C*, n⁰ 11, p.241). Le portrait des Quakers aurait plu à tous, sauf aux Quakers eux-mêmes, mécontents d'être ridiculisés. Ni les Anglicans, ni les Presbytériens n'ont goûté les lettres 5 et 6. Les lettres sur le gouvernement et le commerce furent jugées flatteuses. Malheureusement, Prévost est muet sur les lettres 12 à 17. La lettre sur la tragédie 'est outrée, et elle a choqué ici bien des gens', 'injure que l'auteur a faite à toute l'Angleterre'. De la lettre 19, on n'a pas apprécié le trait contre la corruption de la société, ni la sécheresse de la lettre 20. La 24ᵉᵐᵉ n'a recueilli que des éloges.

Ces diverses réactions ne présentent que l'apparence de la contradiction. Un illustre écrivain étranger donne ses impressions sur ses hôtes. On se précipite, on dévore son livre. Mais voici qu'au lieu d'une étude approfondie et objective, au lieu d'un voyage pittoresque ou sentimental, on rencontre une machine de guerre dans un combat continental. Terriblement ambigu, tantôt embellissant l'Angleterre pour abaisser la France, tantôt jouant le Huron fraîchement débarqué, se faisant l'écho d'une secte, puis de l'autre, adoptant pêle-mêle des idées whigs et des idées tories, Voltaire ne pouvait que déconcerter. Manquant de recul, les lecteurs se sont arrêtés sur les détails, l'inoculation par exemple (*Grubstreet journal*, 4 oct. 1733, p.514), sans bien percevoir l'image d'eux-mêmes que l'auteur fixait pour la postérité.

'Never J would utter a single word that could be shocking to a free and generous nation which J admire, which J regret and to whom J am indebted' (Best.D488). Les meilleures intentions ne suffisent pas toujours. Des deux points brûlants, les sectes et Shakespeare, le second, malgré les 'monstrous farces', ne donnera la fièvre aux Anglais que plus tard. Les pages sur la religion provoquèrent de plus promptes réactions. La multiplication des sectes favorise-t-elle la tolérance? Pour Desmaizeaux, les dissidents ne font que s'installer dans une haine mutuelle peu propice à la paix religieuse, point de vue partagé par *The Present state*, pour qui cette prolifération est l'un des pires fléaux du pays. Voltaire affirmait que ce mal nécessaire était en régression. Historiquement, c'est lui qui avait raison (*LPh.*, i.59-60, n.49). Mais on s'empoigna surtout au sujet des Quakers, si paradoxalement mis en vedette. Beaucoup plus normaux qu'ils ne sont dépeints, prétend la *Bibliothèque britannique*; secte rigide et sotte, idéalisée par un Français naïf ou ignorant, selon *The Present state*[10]; furieux d'avoir été raillés, affirme Prévost[11]. Dès le 23 août, *The Grubstreet journal* publie une longue critique des trois premières lettres émanent d'un 'vrai' Quaker de Norwich, qui signe Ezra, et traite l'auteur 'in a more gentle and friendly manner than he deserves'. Il redresse d'abord un certain nombre d'erreurs de fait sur le bénédicité, le baptême (qui existe chez eux), le costume, le ton de voix tout-à-fait normal, les assemblées qui n'ont rien que de très sérieux, et refuse énergiquement les qualificatifs 'enthousiastes' et 'fanatiques'. Il ne voit pas que Voltaire s'amuse, compose sa comédie et se souvient des *Provinciales*, obéissant à une, et même à plusieurs 'idées de derrière'. 'Such a collection of lies as he has packed together in pp.17 to 21, I never read . . ., nor is it to be thought strange that he has scribbled these ridiculous passages about us when it seems to be his whole business to make a droll of religion'[12] Ainsi conclut, non sans perspicacité, l'honnête et candide Ezra.

Andrew Pitt, dépeint dans la première lettre, ne fut pas davantage satisfait et en écrivit à Voltaire dans une lettre aujourd'hui perdue (*BAV* i, xiii.43n). Peu de temps après, un troisième protestataire, Josias Martin, reprit la semonce avec sérieux. Tutoyant l'*ami*—la lettre est adressée à François de Voltaire, cas sans doute unique dans l'histoire—à grand renfort de citations bibliques et de références historiques, annexant Socrate, Cicéron,

---

[10] en 1756, sous couleur de corriger l'image du quaker, Shebbeare la noircira à plaisir: 'refined cunning . . ., in safety behind the mask of religion while the nations are fighting their battles' (Shebbeare 1, i.140).

[11] *P & C* (1733) i.308 annonce un compte-rendu des lettres du quaker Ezra.

[12] *GM* (1733) iii.424-425 résume Ezra et cite la péroraison.

Origène et Fénelon, ce dernier étant Quaker sans le savoir, il tente une réhabilitation de Fox, plaide pour le rôle des femmes dans les assemblées, retrouve le sens mystique du 'tremblement'. 'Viens donc et assieds-toi dans le silence devant Dieu; examine ton cœur et épluche tes actions; regarde, dis-je, avec cet œil philosophique dont Socrate et Platon regardaient l'Iliade et l'Odyssée, s'il n'y a pas quelque chose dans tes comédies et dans tes autres pièces qui ne soit pas propre à être chanté ou récité dans la sainte Cité, la nouvelle Jérusalem. . . . N'écris plus pour plaire au goût corrompu du siècle, mais consacre les productions de ta plume et les talents que Dieu t'a donnés au seul service de la Vérité'[13].

Le conseil était bon, sincère et venu du cœur. Martin envoya à Voltaire son texte daté du 29 septembre 1733, et attendit les amendements. Constatant leur absence dans l'édition pourtant corrigée de 1741, il se décida à rendre le débat public. La brochure parut en anglais en 1741 (deux réimpressions à Londres et à Dublin), et en 1745 dans la traduction française de Desmaizeaux[14]. La *Bibliothèque britannique* (*BB* (1741) xvii.260-270) et le *Journal de Trévoux* (sept. 1745, p.1546) en donnèrent un résumé, mais le zélé Martin en fut pour ses frais.

On mesure mieux le ressentiment des 'Amis' si l'on sait qu'en 1749 encore, lors d'une assemblée provinciale tenue à Lisburn, dans l'Antrim, en Irlande du nord, ils décidèrent d'adresser à Voltaire une lettre de protestation[15]. Le sermon que Claude Gay vint infliger au maître de maison des Délices (*VBV*, pp.64-66) montre que la secte n'avait pas désarmé. Certes, à l'égard des Quakers, l'attitude de Voltaire fut constamment fluctuante et ambiguë (cf. Philips), mais il les a toujours estimés, sinon vraiment compris. A une exception près[16], la réciproque ne se réalisa jamais.

---

[13] p.47. Nous citons d'après la traduction française.

[14] BM add. MS conserve trois brouillons de cette traduction, dont deux de la main de Desmaizeaux lui-même (4372, ff.44-45; 4367, ff.55-67) et un corrigé par lui (4367, ff.68-82).

[15] P.R.O. Northern Ireland, T.1062. La lettre elle-même est perdue, si jamais elle a été rédigée.

On reconnaîtra le succès des *Lettres philosophiques* à la multiplicité des allusions pendant tout le siècle. Les citations isolées montrent que le texte est rentré, en quelque sorte, dans les mœurs, comme un classique[17]. Dans ce type d'ouvrage, on ne retient pas le fond, vite dénué d'actualité et difficile à résumer, mais un trait saillant, une formule, un mot, comme Voltaire en avait le secret. Statistiquement, les 'farces monstrueuses' et la visite chez Congreve viennent en tête[18], mais on peut dire, en général, que dans l'image flatteuse que les Anglais composèrent d'eux-mêmes au cours du siècle, il entra plus d'un grain d'esprit voltairien (Andrews 1, pp.158, 424).

Voltaire n'eut qu'un émule, ce qui n'étonnera personne dans un genre aussi personnel et inimitable. En 1756, John Shebbeare, sous le pseudonyme de Battista Angeloni s.j., publiait les deux volumes de ses *Lettres on the English nation*[19]. L'auteur, médecin et correspondant de notre Académie des sciences, avait séjourné à Paris après 1751. Il admirait beaucoup la France, fréquenta le salon de mme Blondel où il rencontra Turgot et Malesherbes, qui fit un compte-rendu de son livre dans le *Journal étranger* (*JE* (1757) iv. 196-230). Déjà lié en Angleterre avec les amis de Bolingbroke, les jacobites et les pro-catholiques, il adopta le parti de la monarchie et de la tradition contre la France anglomane des 'philosophes', et décida de combattre le mythe de l'Angleterre des Lumières en reprenant les *Lettres philosophiques* à l'envers.

Voltairien par la méthode, Shebbeare joue sur le décalage entre les éloges décernés à l'Angleterre de 1733 et la triste réalité de 1756. Une dialectique ironique reprise de son modèle lui permet

---

[16] si le *Farley's Bristol journal*, qui donne très peu d'extraits des écrivains anglais, ouvre assez largement ses colonnes à Voltaire, c'est que les propriétaires de cette feuille provinciale étaient des Quakers, qui appréciaient le défenseur de leur secte et l'apôtre de la tolérance (cr. Perry 3).

[17] *MR* (1755) xi.424; *LM* (1757) xxvi.225-227; *LC* (1765) xviii.129; *Lloyd's evening post*, 29 sept. 1769;

UM (1774) liv. 170; *AR* (1775) xviii.44. Nous ne comptons pas les allusions à Shakespeare.

[18] *GM* (1761) xxxi.54-55; Walpole 6, i.p.xii; Boswell 5, ii.226. Cf. encore Armstrong, ii.155; Andrews 1, p.413; Thrale 3, i.201; ii.1092.

[19] les pages qui suivent doivent beaucoup à l'excellente étude de G. Costa.

de n'adopter jamais franchement ni le point de vue anglais, ni le point de vue français. L'inversion des valeurs est constante et totale: les Quakers sont des arrivistes, des hypocrites et des entêtés (i.131). Les autres sectes se disputent férocement. Prenant le contre-pied de la lettre 20, il glose 'on the little regard paid to literature in London', tandis que les écrivains sont pensionnés et fêtés en France (i.63, 156), patrie des arts et des sciences, tandis que la Société royale est stupide (i.176) et que les Anglais n'ont que de mauvais peintres (*Letter 33*). On croirait vraiment lire les *Lettres philosophiques* retournées, à ceci près qu'au-dessus de la France, Shebbeare placerait la Rome de Benoît xiv[20], ou encore un despote éclairé entouré de beaux esprits comme Frédéric ii, que Voltaire a été assez sot d'avoir quitté au lieu de passer sa vie, déclare-t-il sans ironie, 'in that delicious manner which can only be enjoyed by the friend and companion of a king, in whom royalty and science have made a perfect union, the rarest phenomenon upon earth' (ii.174).

Cette campagne de dénigrement ne procède pas au hasard. Comme avant lui Rolli, Shebbeare appartenait à un cercle dont Frederick, prince de Galles, était le centre. On y mettait l'accent sur les beaux-arts, la musique, les lettres, par contraste avec Caroline la philosophe. Les Italiens y figuraient en nombre. Rolli avait dédié son Milton à Frederick, Martinelli offrira sa lettre contre Voltaire à Pulteney, comte de Bath, familier du prince. En exaltant Milton et Shakespeare, en attribuant à la 'gallomanie' la décadence anglaise, ce groupe rêvait d'une communauté culturelle anglo-italienne au lieu de franco-anglaise. C'est pourquoi il se heurtait à Voltaire, systématiquement combattu par les Italiens anglicisés plus anglais que les Anglais.

Les fondements de cette culture nouvelle sont déjà romantiques: réhabilitation du génie, jardins sauvages[21], recherche de l'émotion et de la musicalité en poésie. Dans cette perspective, le

---

[20] d'où le pseudonyme d'un prétendu Jésuite, après une première attribution à milord Cornbury, qui lui avait valu un procès avec Nourse.

[21] tandis que les jardins chinois sont censurés comme issus des Lumières.

pseudo-Jésuite romain Battista Angeloni devient plus qu'un paravent: le symbole de l'alliance des littératures anglaise et italienne sous le signe de la sensibilité nouvelle. On ne s'étonnera donc pas des éloges décernés par Shebbeare au *Siècle de Louis XIV* (ii.170) qui exalte un monarque modèle, ni d'une violente attaque contre son auteur, l'un des chefs de l'horrible parti matérialiste: 'Methinks it is impossible in thinking of this man, to avoid reflecting how intimately the greatest meanness may be allied, in the human composition, with the most exalted talents and a bad heart destroy the powers of an able understanding. ... With powers of intellect which might gain an ascendant over all understandings, with an aptitude and facility of expressing his sentiments not to be found in few; concise and clear without descending into frivolous littleness in remarks. ... What a mortifying thing it is to say, after all this, that a littleness of soul, mixed with the understanding, has debased this man to the commission of the meanest actions' (ii.173). C'est de Shebbeare que l'on pourrait dire, comme les Anglais l'ont souvent écrit de Voltaire et de Shakespeare, qu'il insultait celui qu'il avait pillé pour mieux dissimuler sa dette. Rejeton hybride des *Lettres philosophiques*, ces nouvelles *Lettres on the English nation* ne sont pas l'un des moins curieux produits du cosmopolitisme franco-anglo-italien du xviiième siècle.

2. *Voltaire, homme de science*

Nous avons vu par quelles subtiles manœuvres Voltaire finit par devenir F.R.S. Néophyte ardent, très conscient de ses propres limites, il sut cependant acquérir un fort honnête bagage qui lui permit au moins de suivre la divine Emilie, beaucoup plus savante que lui, et nettement moins humaniste. Comprendre la portée de l'œuvre de Newton, se battre pour l'imposer aux milieux mondains, mérite la reconnaissance de la postérité. Rival en apparence respecteux, en vérité férocement jaloux des titres et du prestige de Fontenelle, il entendait, sans cesser d'être lisible, rompre avec la tradition des bagatelles amusantes. Pascal serait plutôt son modèle, comme précurseur de la grande vulgarisation scientifique.

Les vrais connaisseurs ne furent pas dupes: 'Il y a un livre de Voltaire où il prétend avoir mis à la portée de tout le monde la philosophie de Newton. Je ne vous l'envoie point, parce que ce dessein n'y est pas rempli, et que je crois que vous n'y entendriez pas plus que moi si lui-même y entendrait. Il a seulement cousu ensemble et mis en français quelques cahiers que Pemberton et d'autres lui ont fournis', écrivait lady Bolingbroke à la comtesse de Denbigh[22].

Voltaire, qui tenait à sa réputation européenne, s'était pourtant mis en peine. La première édition des *Eléments* chez Ledet, hâtive et incomplète, l'obligea à multiplier les mémoires et les éclaircissements dans divers journaux (*Mémoires de Trévoux*, juillet 1738) Soucieux d'atteindre les lecteurs anglais avant tous les autres, il chargea, avec une très grande insistance (Best.D1495, D1505, D1570), Thieriot et P. Clément de publier outre-Manche les *Eclaircissements nécessaires*, au besoin par notre ambassadeur, et prit grand soin d'informer le public de cette diffusion (*Journal des savants*, octobre 1738). Clément choisit 'un journal lu de personne' (Best.D1489), *The Literary magazine, or history of the works of the learned*, revue éphémère (1737-1743), qui publiait des résumés dans le style de la *Bibliothèque britannique*. Le numéro de septembre 1738 (pp.204-232) contient en effet le texte annoncé, en version anglaise, augmenté d'extraits des *Eléments*, mais assorti d'une note reprochant à Voltaire d'avoir compilé diverses opinions sur les comètes sans grand résultat. C'était donc un coup d'épée dans l'eau.

Une traduction des *Eléments*, 'but a trifling performance' (Anon. 1, p.165), parut en 1738[23] et passa complètement inaperçue[24]. Une très discrète allusion défensive d'Hanna, le traducteur,

---

[22] Hist. MSS Comm., *Earl of Denbigh*, part v, p.132. Déjà cité, mais sans référence, par Baldensperger 2, p.98.

[23] annoncé par *GM* (1738) viii.440; *LM* (1738) vii.416.

[24] 'Il y a deux lettres de Londres sur ce sujet', la première disant que le livre de Voltaire sur la philosophie de Newton qu'il n'entend point, est sifflé comme à Paris'; la seconde qu'il faut 'que Voltaire soit fou, au propre' (Desfontaines, p.30).

suggère un accueil plutôt hostile qu'indifférent[25]. Voltaire n'allait pas se donner le ridicule de prêcher aux Anglais la conversion à Newton. Il n'en attendait que de la reconnaissance. Elle se manifesta par son election à la Royal society. Mais plus tard, quand il broncha sous les attaques des shakespeariens, il se posa en martyr français de la cause newtonienne, n'ayant rencontré en Angleterre que des ingrats (Best.D15140). Le partage de l'empire de l'esprit qu'il considérait comme équitable et naturel, les sciences et la philosophie à l'Angleterre, les lettres et les arts à la France, avait paru injustifiable et scandaleux à nos voisins[26].

3. Ecrlinf (1760-1768)[27]

Après *Candide*, Voltaire consacra l'essentiel de son activité d'écrivain à sa campagne contre l'*infâme*. Devant une production prodigieusement variée par la forme, mais analogue par le fond, le lecteur moderne submergé et souvent lassé par une invraisemblable érudition, sérieuse ou parodique, se laisse encore volontiers entraîner par la plaisanterie. Ce thème et ce ton, devenus symboles de l'esprit voltairien, eurent-ils quelque succès en Angleterre; et pouvait-on seulement se tenir au courant d'œuvres disparates et dispersées?

Parues au moment où la campagne se déchaînait, les *Complete works* de Francklin-Smollett contiennent très peu de pièces de

[25] 'This treatise may serve to rectify the judgment of those that can bear to read anything against it'.

[26] pour clore cette section, signalons une rarissime brochure anonyme publiée à Bath en 1770, *Remarks on m. de V*'s new discoveries in natural history in a late publication intituled, Les Sing. de la nature*. L'auteur, un hobereau retiré sur ses terres après son grand tour, y raille les élucubrations de Voltaire sur les escargots, les polypes et les fossiles, déplorant que le défenseur de Newton soit 'reduced once more to the state of the pap-spoon and leading-strings' (p.7). Ce badinage facile et plutôt lourd, concède à Voltaire des talents dramatiques, malgré l'évidente supériorité de Shakespeare, et conclut par une satire du grand tour. Un compte-rendu en parut dans *MR* (1771) xliv.25-27, où sont raillées les prétentions scientifiques de Voltaire.

[27] cette célèbre formule, qui n'apparaît guère que dans la correspondance, ne fut jamais à notre connaissance citée en Angleterre sous sa forme française du vivant de Voltaire. Pour la traduire, l'abbé Barruel trouva *Crush Christ*, phonétiquement très heureux, sémantiquement très infidèle.

cette veine, lacune comblée, mais après la mort de Voltaire, par les deux volumes de *Miscellanies* de l'édition Kenrick, qui ne recula pas devant des bagatelles 'of a nature repugant to religious orthodoxy and moral delicacy', mais sauvées de l'ostracisme par l'esprit et le style (*BAV* 7², *Préface*). Par ailleurs, furent traduits séparément: *Le Philosophe ignorant*, les *Lettres à mgr le prince de* ***, *Les Oreilles du comte de Chesterfield* et, bien entendu, le *Dictionnaire philosophique*, *La Philosophie de l'histoire* et *La Défense de mon oncle*. Les lecteurs des revues, par les comptes-rendus, les résumés, les extraits ou la traduction intégrale des morceaux les plus courts[28] restaient convenablement informés sur l'officine de Ferney.

Sur les sept éditions anglaises du *Dictionnaire philosophique*, quatre sont à peu près contemporaines de l'original. En Angleterre, cette œuvre offre deux traits spécifiques: Voltaire prit la peine d'envoyer un désaveu de paternité à la presse, qui le publia avec un commentaire ironique (*AR* (1765) viii.60-61; *GM* (1765) xxxv.41); un ou deux évêques, de leur côté, n'hésitèrent pas à adresser au ministre un rapport officieux (*MR* (1765) xxxi.503), censure morale à défaut d'une autre, qui obligea le libraire, fait exceptionnel et unique dans la bibliographie anglaise de Voltaire, à donner une fausse adresse[29] et à ajouter des notes critiques et un *Avertissement* où, voltairien malgré lui—ou peut-être très sciemment—il met en garde le lecteur, en dépit des 'wit and humour' et de l'érudition, contre l'usage de ce texte dangereux, tout en faisant profession de dévouement à la bonne cause. Quarante articles sont annotés, parfois longuement. Plusieurs de ces notes renvoient à Clarke, Wollaston, Le Clerc et même Warburton. D'autres s'appuient sur la version protestante de la *Bible* pour déceler quelques erreurs[30]. Malgré ces mises en garde contre une lecture myope de la *Bible*, malgré la dénonciation ici et là de 'a good deal

[28] il est à peu près impossible de dresser un inventaire complet de ces publications séparées, qui se dissimulent souvent sous des titres fantaisistes.

[29] *BAV* 79. Mais il existe des exemplaires (*BAV* 78) donnant la véritable adresse.

[30] même attitude dans *GM* (1766) xxxvi.117-118.

of quibble' ou de 'logomachia', le ton n'est pas systématiquement agressif et aucun procès d'intention n'est intenté. Ces précautions semblent avoir été de pure forme, afin de permettre l'essentiel, c'est-à-dire la mise sur le marché d'une traduction anglaise. Avec le même souci d'impartialité, le *Gentleman's magazine* équilibre les 'gross mistakes' par le 'sprightly wit' (*GM* (1765) xxxv.469-472). Les autres revues sont plus hostiles, renvoyant l'ouvrage parmi les œuvres poétiques (*CR* (1764) xviii.467-474), ou en souhaitant un vaste autodafé (*MR* (1764) xxxi.503-515; xxxiii (1765) 276-285). N'ignorant pas la composition à coups de carnets ('commonplace books'), nous dirions aujourd'hui de fiches, les journalistes se livrent à un inventaire des 'orderly labels of philosopher's shop, exhibiting the wholesome medicines and carefully leaving the poisons' (*LC* (1773) xxxiv.193). Les très longs comptes-rendus consacrés aux *Questions sur l'encyclopédie* (*MR* (1771) xliv. 525-533; (1772) xlvi.449-465; (1773) xlvii. 529-543; (1773) xlviii. 522-532) trahissent le même embarras méthodologique. Désarmée, la critique se contente d'ergoter autour d'une citation, d'apporter une correction de détail, de révéler une source erronée ou inavouée. Les Français, d'ailleurs, ne faisaient pas mieux, Nonnotte ou Guénée se contentant d'interminables catalogues des 'erreurs de Voltaire', sans parvenir à une interprétation générale.

On pouvait, comme Gray, bouder tout ce qui tombait de la plume de cet 'inexhaustible, eternal, entertaining scribbler, Voltaire' (Gray 1, ii.840). Ici se dessine nettement, à Cambridge comme à Oxford, une opposition entre 'the gown', l'université méfiante ou hostile, et 'the town', les bourgeois, qui se régalent de 'frippery, blasphemy and wit' (*ibid.*, ii.859).

Les 'sarcastic strains and sceptical doubts' des autres 'rogatons' reçurent un accueil identique. *La Bible enfin expliquée?*: 'A collection of trite objections and ludicrous remarks' (*LR* (1776) iv.502-507). *Le Dîner du comte de Boulainvilliers?*: 'Nothing but a little soup meagre for infidels. A poor dinner truly!' (*MR* (1768) xxxviii.599). *Un Chrétien contre six Juifs?* 'A very strange perfor-

mance full of puerility and indecency' (*MR* (1777) lvi.510-511).
Le Philosophe ignorant?: 'Like most of the hashes which he has
lately served up to the public, it is composed of sceptical doubts,
oblique hints and illiberal sneers at revealed religion; some smart
reflections upon the absurd principles and conduct of certain
modern philosophers and divines, a very moderate portion of
knowledge, with not a few misrepresentations and a very gentle
sprinkling of wit and pleasantry'[31].

'Full of humour, satire, scepticism and infidelity' (*MR* (1769)
xxxix.572-576), 'superficial and trifling ..., but sprightly, ingenious and entertaining' (*MR* (1770) xli.549-557, suite de *MR*
(1770) xli.122-129), 'sprightly infidelity of this hasty and ingenious writer'[32]. On peut bien se plaindre des rengaines de
Voltaire. Celles de ses critiques ne sont pas moins lancinantes. Les
mêmes idées, les mêmes mots qualifient indifféremment toutes les
œuvres de ce groupe. Derrière la monotonie des clichés, on
devine l'abîme entre les deux nations. En Angleterre, la *Bible* et
toute l'histoire religieuse qui gravite autour d'elle, sont des sujets
sacrés, pour les laïcs comme pour les clercs. L'Angleterre avait fait
sa crise de 'free-thinking' au début du siècle. En prenant là ses
modèles, Voltaire accusait plus d'une génération de retard. Les
temps avaient beaucoup changé. Certes, l'esprit des Lumières
était passé dans un Hume ou dans un Gibbon, mais leur manière
était opposée. Les traits d'esprit, les gaillardises, l'impertinence
gamine n'étaient pas leur fort. Passé la Manche, les meilleures
fusées volantes tirées de Ferney faisaient long feu.

C'est pourquoi échappent exceptionnellement à l'incompréhension hostile, un texte comme le *Poème sur le désastre de Lisbonne,*

---

[31] *MR* (1767) xxxv.533. Même
texte dans *RM* (1767) xvi.89 et *BM* 1
(1767) vii.99-101. *CR* (1767) xxiii.
416-419 n'est pas plus indulgent.

[32] *MR* (1770) xlii.552-564. Ces
trois dernières références appartiennent
au compte-rendu par Kenrick de
l'*Evangile du jour*. Le titre de ce dernier
recueil, littéralement traduit en anglais,

parut saugrenu et même incompréhensible (*MR* (1774)1.525-534). Il suffisait pourtant d'ouvrir le dictionnaire:
'L'*Evangile du jour*, les nouvelles dont
on s'entretient dans les conversations:
the current news, the daily intelligence'
(Boyer, i.231). *CMT* (mars 1769)
p.439 propose plus intelligemment:
Town-talk, or the lie of the day.

grâce à la gravité de son lyrisme et à ses convictions humanitaires (*CR* (1756) i.455-456; *MR* (1756) xiv.580), et surtout *La Philosophie de l'histoire*, qui 'n'a pas laissé d'être bien reçue en Angleterre, et dans tous les pays étrangers' (Best.D12785). Voltaire, encore une fois, n'affirmait rien au hasard. Si la *Monthly review* poursuivait sa campagne de dénigrement[33], les autres revues estimaient indispensable la lecture de l'ouvrage (*BM* ı (1765) v.404-409) et, malgré les plagiats, les répétitions et les erreurs, se réjouissaient d'un sain esprit critique, de vues hardies, mais justes, nourriture forte déconseillée à ceux 'who have only skimmed the surface of science and whose religious beliefs are still wavering' (*CR* (1765) xx.305-310).

4. Fidei defensores Anglici

Telle était la méthode: gauloiserie sacrilège (*MR* (1766) xxxv. 168), 'sly insinuations, contemptuous sneers or ambiguous innuendos' (Belsham 1, i.34), religiosité, hypocrisie, esprit querelleur[34] et mensonges éhontés[35]. Contre une autorité aussi perverse, l'Angleterre attendait un champion à la fois agile et vigoureux: 'Is there no law', s'écrie mrs Carter, 'in force in any Christian country

---

[33] (1765) xxxii.505-516 pour la *Philosophie de l'histoire*; (1766) xxxiv. 568-569 pour le *Supplément* de Larcher, prétexte à de nouvelles attaques: 'pompous and disdainful ignorance . . .; acquainted with none of the learned languages except Latin; heaps errors upon errors, plagiarisms, false citations, passages misunderstood, gross mistakes and blunders, etc., etc.'.

[34] His still refuted quirks he still repeats
New-raised objections with new quibbles meet
Till sinking in the quicksand he defends,
He dies disputing, and the contest ends.
But not the mischiefs: they still left behind
Like thistle-weeds are sown by

every mind
(Cowper 2, viii.158).
Le même Cowper déclare un peu plus loin: 'The Scripture was his jestbook, whence he drew/Bons-mots to gall the Christian and the Jews' (*ibid.*, viii.174).

[35] Voltaire lui-même, avec plus de sérénité, n'en eût pas disconvenu: 'Je crois que la meilleure manière de tomber sur l'*infâme* est de paraître n'avoir nulle envie de l'attaquer; de débrouiller un peu le chaos de l'Antiquité; de tâcher de jetter quelque intérêt; de répandre quelque agrément sur l'histoire ancienne; de faire voir combien on nous a trompé en tout; de montrer combien ce qu'on croit ancien est moderne; combien ce qu'on nous a donné pour respectable est ridicule; de laisser le lecteur tirer lui-même les conséquences' (Best.D11978).

against moral poisoning? How dreadful it is to think of what degree of guilt and wretchedness the human mind is capable, and what can be imagined so deplorable as the condition of one who seems to have thrown off all sense of allegiance to the Supreme Being and to be in a state of formal rebellion and hostility against the administrations of infinite wisdom and goodness'[36]. Avec mrs Montagu, elle lança contre 'the infernal composition of deadly weeds made up by Voltaire' (E. Montagu 1, ii.257) 'the harmless bouquet' du poème de Young, *Resignation*, sentencieuse prédication, dont le titre indique assez la faible combattivité. Ce fut un échec.

Vers les années 1778-1789, le jeune Crabbe, né en 1754, notait dans son journal intime ses élans de piété et quelques sujets de méditation: 'It is plain I think that Infidelity depends upon more wit and ridicule than upon solid argument, so that I have but little hope in referring these men [*les incrédules*] to Young and Tillotson, etc.... as antidotes to Hume or Voltaire, since the former in their system will never be favourites, and moreover are tedious'[37]. Au-delà d'une analyse des chances de succès des deux parties, Crabbe a magistralement défini deux attitudes devant dieu: le rationalisme pertinent et impertinent, la confiance naïve du cœur. A partir de 1760-1765 arrive une génération dominée par les femmes, dont la sensibilité de type piétiste voit en Voltaire le diable incarné. Mais les formes littéraires de son expression, la méditation, l'effusion lyrique, la contemplation douce de la nature, le journal intime, sont encore loin de la matûrité et, de toute façon, ne résistent pas aux combats de la polémique. D'où

---

[36] Carter 1, i.44. 'Fatal poison' est aussi dans *MR* (1766) xxxv.567. Il fallait une forte dose de naïveté (ou d'ironie) à l'auteur anonyme des *Miscellaneous observations on the work of the late lord viscount Bolingbroke* pour opposer à Voltaire l'exactitude et l'érudition, l'imagination et le style de Bolingbroke comme restaurateur du vrai christianisme.

[37] cité par Huchon 2, p.97n. En 1810, dans *The Borough*, Crabbe montrera un pauvre hère que ses camarades ont entraîné dans la débauche en minant sa foi et sa vertu par la lecture de Mandeville, de Hume et des romans de Voltaire. Dans le même poème, Blaney, riche héritier dissolu et dissipateur, étouffe sa conscience en se délectant des contes de Voltaire.

une tension entre l'impuissance créatrice des uns, qui n'ont pour se défendre que leur vertu indignée, et l'efficacité de la propagande des autres tenant moins à la justesse ou à la nouveauté du contenu qu'au maniement éprouvé de l'ironie et à une perfection formelle encore inimitable.

Pouvait-on davantage compter sur les professionnels de la controverse religieuse? Voici que l'on crut découvrir d'abord un traître parmi les défenseurs de la foi, l'évêque de Gloucester, le déconcertant William Warburton[38].

De toute sa bibliothèque anglaise, la *Divine legation of Moses* fut de très loin l'ouvrage que Voltaire eut le plus de mal à se procurer et qu'il réclama à cors et à cris.[39] Silhouette avait traduit *The Alliance between church and state*[40], mais c'est la *Divine legation* qui intéresse Voltaire (Best.D8858). L'affaire était en effet

---

[38] sur Warburton et Voltaire, cf. Brumfitt 1, pp.48-51. Au début, Warburton avait même pu passer pour un libre-penseur, si l'on en juge par *The Life of Socrates* de J. G. Cooper (1749). Répliquant aux railleries de Voltaire, 'his ignorant ironical sneer', 'his unlettered wit' contre le démon de Socrate, l'auteur s'en prend surtout à La Mothe Le Vayer et à Warburton (cf. *MR* (1749) ii.74, qui signale ce 'sanguine and dogmatical criticism' contre Voltaire).

[39] 'Aurai-je le Warburton tout entier en anglais?' (Best.D6893). Cf. encore Best.D6712, D6788, D6831, D6893, D6910, D6952, D7033, D7362, D8858, D8967, D9009, D9044, D9095, D9100, D9144. Ce flot de lettres consacrées à l'obtention d'une même œuvre, unique dans toute la correspondance, n'est confus qu'en apparence. Il suffit de savoir que la *Divine legation* comprend deux tomes de trois livres chacun (un septième livre, inachevé, fut ajouté tel quel par la suite), le tout en deux volumes. Le t.i, paru en 1738, fut réédité en 1738, 1742 et 1755. Le t.ii, paru en 1741, fut réédité en 1742, 1758

et 1765. Voltaire possédait le t.i de 1738 (*BV* 3825) Ce qu'il réclamait avec tant d'obstination et de véhémence, c'était le t.ii. Un Anglais lui apporta enfin un Warburton en 1757 (Best.D7362). Hélas! c'était la 4ème édition du même t.i (*BV* 3826). D'où une nouvelle série de demandes, qui finit par aboutir en 1760 (Best.D9144). 'Oui j'ay mon Moyse complet. Il a fait le pantateuque comme vous et moy, mais qu'importe! Ce livre est cent fois plus amusant qu'Homere, et je le relis sans cesse avec un ébahissement nouvau' (Best.D9132). En 1761, Best. D9563 doit se rapporter à un deuxième exemplaire du t.ii dans l'édition de 1758 (*BV* 3827). Du coup, Voltaire put faire cadeau à Rieu d'un jeu complet, maintenant en double (Best.D12305, D12328). Cf. aussi Lublinsky 1, p.479, Montesquieu avait eu plus de chance. car Charles Yorke lui en avait fait tenir un exemplaire complet dès 1750 (Montesquieu, ii.1300).

[40] *Dissertation sur l'union de la religion, de la morale et de la politique, tirées de Warburton par de Silhouette*, La Haye 1742.

d'importance. Dans sa campagne contre l'*infâme*, il avait trouvé un allié de poids en ce prélat anglican qui, constatant que le Décalogue ne soufflait mot de l'immortalité de l'âme, en concluait, suivant le résumé donné par Voltaire: 'Ou il [*Moïse*] était instruit de ce grand dogme, ou il l'ignorait; s'il en était instruit, il est coupable de ne l'avoir pas enseigné; s'il l'ignorait, il était indigne d'être législateur. Ou Dieu inspirait Moïse, ou ce n'était qu'un charlatan: si Dieu inspirait Moïse, il ne pouvait lui cacher l'immortalité de l'âme, et s'il ne lui a pas appris ce que tous les Egyptiens savaient, Dieu l'a trompé et a trompé tout son peuple; si Moïse n'était qu'un charlatan, vous détruisez toute la loi mosaïque, et par conséquent, vous sapez par le fondement la religion chrétienne, bâtie sur la mosaïque. Enfin, si Dieu a trompé Moïse, vous faites de l'Etre infiniment parfait un séducteur et un fripon. De quelque côté que vous vous tourniez, vous blasphémez'[41]. De plus, puisque ces dogmes se trouvaient dans la religion des 'Perses, des Babyloniens, des Egyptiens, des Grecs, des Crétois, ... ils ne constituaient nullement la religion des Juifs'. Voici donc le judaïsme inférieur aux religions païennes, une Révélation qui ne révèle plus rien, et peut-être même dissimule.

Il ne s'agissait pas pour Voltaire de nier l'immortalité de l'âme, bien au contraire, mais de montrer que cette idée était née historiquement en plusieurs points du globe où elle avait peu à peu évolué, Israël n'étant que l'un de ces points parmi d'autres, peut-être même l'un des plus tardifs. L'immortalité de l'âme, ce dogme 'le plus sage, le plus consolant et le plus politique' (Best.D8516), permet de fonder la morale sociale, mais il faut détruire le mythe du peuple hébreu divin et privilégié. Chez lui, 'tout est naturel' (*ibid.*).

Quand Voltaire se fut assuré, textes en main, de l'argumentation de Warburton, triomphant avec la frénésie caractéristique de cette période, il en reprendra vingt fois l'exposé sur tous les

---

[41] *Lettres a s.a.r. Mr. le prince de* ***, *Lettre IV* 'De Warburton'. Même idée dans *Nb*, i.355, 399. Rédigé, selon Besterman, entre 1735 et 1750, ce texte peut avoir été écrit après lecture de Warburton, mais nous ne le croyons pas. La déception de Voltaire sera d'autant plus forte que Warburton était venu confirmer une ancienne idée personnelle.

tons[42]. Il est si content de l'évêque de Gloucester[43] qu'il lui pardonnera, cas unique, son admiration pour Shakespeare, étant de tous les commentateurs, avec Pope, 'le plus sçavant et le plus éclairé'[44].

A chaque fois que Voltaire écrit sur l'immortalité de l'âme, il s'abrite désormais derrière Warburton, travesti malgré lui en collaborateur actif du *Dictionnaire philosophique*[45]. 'L'évêque de Glocester, Warburton, auteur d'un des plus savants ouvrages qu'on ait jamais fait, s'exprime ainsi, page 8, tome 1er: 'Une religion, une société, qui n'est pas fondée sur la créance d'une autre vie, doit être soutenue par une providence extraordinaire. Le judaïsme n'est pas fondé sur la créance d'une autre vie; donc le judaïsme a été soutenu par une providence extraordinaire'. Plusieurs théologiens se sont élevés contre lui; et comme on rétorque tous les arguments, on a rétorqué le sien; on lui a dit: 'Toute religion qui n'est pas fondée sur le dogme de l'immortalité de l'âme et sur les peines et les récompenses éternelles est nécessairement fausse; or le judaïsme ne connut point ces dogmes; donc le judaïsme, loin d'être soutenu par la Providence, était, par vos principes, une religion fausse et barbare qui attaquait la Providence' (*DPh*, art, *Religion*, section iii, 'Questions sur la religion, 1ère question). En bon sophiste, dans la suite de l'article, Voltaire insiste sur l'embarras de Warburton face à ses adversaires, mais le lecteur en déduit sans peine que les Juifs, effectivement, ne connaissaient pas ce dogme sous Moïse.

Le paradoxe de Warburton était un peu fort. A trop vouloir prouver, il sapait sa propre confession. Ses confrères théologiens l'attaquèrent donc vigoureusement, particulièrement Lowth[46] et

---

[42] Best.D10078, D11453; longue note au début d'*Olympie* (i. i); 1ère et 2ème *Lettres d'un Quaker; TTol*, ch.xiii).

[43] qu'il appellera d'abord évêque de Worcester, jusqu'à ce que Keate le détrompe (Best.D10322). Il se corrigera par la suite (Best.app. D253).

[44] Best.D9898. Mais le parti-pris contre Shakespeare reprend le dessus

dans les notes de la traduction de *Julius Cæsar* (ii. ii).

[45] Best.D12137, D12138, D12164. Voltaire savait sans doute que Warburton avait effectivement collaboré à l'*Encyclopédie*.

[46] *Letter to the right rev. author of the 'Divine legation of Moses'*, 1765. La *Défense de mon oncle* fait allusion à cette attaque.

Webster. On ne tarda pas à découvrir le bruyant écho voltairien. L'accusation d'incrédulité avait été 'petulantly repeated by a French buffoon, whose morality is not commensurate with his wit, and many of whose assertions in history and biography every man of sense reads with distrust and sometimes with contempt'[47]. Passe encore que Voltaire répandît en France l'image d'un Warburton déiste et libre-penseur[48], mais celui-ci ne pouvait souffrir que ses adversaires anglais aillent puiser un renfort chez son ennemi. Une mention dans *Olympie* présentant comme un dogme déiste ce qu'il avait donné comme une simple hypothèse sur le monothéisme des Grecs, l'avait déjà irrité (Warburton 6, ii.45). *La Philosophie de l'histoire* fut la goutte d'eau.

Voltaire y soulignait l'impopularité du système de Warburton en Angleterre (Voltaire 14, pp.177-178), le critiquait sur Sanchoniathon (*ibid.*, p.134), approuvait avec éclat l'épithète de 'polythéiste' appliquée par Warburton à Israël (*ibid.*, p.218). Rompant donc le silence dans son édition de 1765, Warburton protesta contre l'abus fait de son nom, et, indirectement, contre les nombreux emprunts faits par Voltaire pour la rédaction de son livre. Il riposte sur tous les fronts: longue réfutation de l'article *Religion*, après reproduction intégrale du texte français (Warburton 6, iii.315-354); discrédit jeté sur Voltaire historien et sa 'rambling incoherent manner' (Warburton 2, iv.389) et par l'examen critique de divers passages (Warburton 6, ii.48n, 374; iii.10, 103n; v.276-279); longue et minutieuse défense du peuple juif contre les accusations de primitivisme, de paganisme et d'*odium humani generis*[49] Plus vexante que la controverse, contre

---

[47] S. Parr, *Tracts by Warburton and a Warburtonian*, p.186 (cité par A. W. Evans, p.27).

[48] J. S. Watson, p.632. Cf. Warburton 3, p.347. Sabatier (pp.284-295), après avoir relevé tous les passages où Voltaire attire Warburton à lui, note que 'm. Warburton n'a point goûté un encens qui lui paraissait devoir lui coûter trop cher; il a mieux aimé être sensé que d'être loué de cette manière'

(p.285). Il n'a pas échappé à Sabatier que Voltaire s'est mis à vilipender Warburton dès qu'il eut compris que la manœuvre avait échoué.

[49] *ibid.*, vi.357-389 (cette note est déjà annoncée dans Warburton 4, 10 juin 1765), et surtout iv.139-153, très longue et minutieuse réfutation où Voltaire, 'full of falsehood, absurdity and malice', est jugé 'below all criticism'.

laquelle il était cuirassé, Voltaire dut ressentir comme vexatoires le titre ironique de 'poète'[50] et le terme général de 'great fable'[51] qualifiant l'*Essai sur les mœurs*.

A supposer que Voltaire eût ignoré, ou feint d'ignorer, les attaques de la *Divine legation* de 1765, Larcher, dans son *Supplément à la philosophie de l'histoire*, se chargea de les rendre publiques.[52] Ulcéré de cette trahison—et qu'eût-il pensé s'il avait pu connaître l'entente courtoise et harmonieuse qui avait régné entre Warburton et Montesquieu?[53]—Voltaire va changer complètement de ton. 'Il [*Warburton*] s'est rendu odieux par la virulence de son insolent caractère beaucoup plus que par l'absurdité de son système' (*Lettres à s. a. r. mgr le prince de* ***, *Lettre iv*, 'De Warburton'). Telle sera désormais sa tactique: continuer à exploiter l'œuvre, mais vilipender l'homme, 'l'absurde arrogance avec laquelle il débite [*ses opinions*] dans sa compilation trop pédantesque' (*Phil. de l'hist.*, ch.xxv; *O.C.*, lix.178). Il n'aura pas assez de sarcasmes contre l'évêque nanti, contre le polémiste honni de ses pairs. Il se répandra lui aussi en injures contre les 'injures atroces' de cet 'homme qui se donne pour savant', et l'on ferait un petit volume de ses ripostes.[54] A Alembert, qui lui conseillait de pincer bien fort, même jusqu'au sang, mais sans jamais écorcher

---

[50] 'It never came into the poet's head' (Warburton 1, p.367), et encore *ibid.*, iv.139, 141.

[51] Warburton 2, iv.151. Repris par l'irlandais O'Conor en 1768 (Hist. MSS Comm., 8th Report, p.489a).

[52] à chaque fois, Larcher donne le texte de Voltaire et la 'réponse de l'évêque' (pp.149-150, 150-153, 153-159), qui reprennent respectivement Warburton 2, iii.10; iv.140-141; iv. 142-153; iii.103).

[53] 'Nobody speaks of you upon all occasion with more respect than he [*Warburton*] does, nor more zealously, as well as ably, defends your writings from the cavils of minute critics. He sometimes inquires if I write to you and always charges me with his compli-

ments' (Ch. Yorke à Montesquieu, 9 mai 1751; Montesquieu, iii.1379). Le 4 juillet 1752, Montesquieu pria Ch. Yorke de faire remettre une lettre à Warburton (*ibid.*, 1432). Le 6 juin 1753 (*ibid.*, 1458), il rêve de faire connaissance avec 'la source du savoir' et la 'lumière de l'esprit'. Pour le remercier de l'envoi de l'édition de Pope, il lui expédia une pièce de vin de La Brède (*ibid.*, 1482).

[54] quatre chapitres de *La Défense de mon oncle* (ch.xiv-xvii). La même année, en juillet, *A Warburton* accable celui qui 'barbote' dans 'le sale égoût de l'irréligion'. En novembre, les *Lettres à mgr le prince de* *** s'efforcent de lui donner le coup de grâce.

(Best.D14333), Voltaire répondit : 'Warburton est un fort insolent évêque hérétique, auquel on ne peut répondre que par des injures catholiques. Les Anglais n'entendent pas la plaisanterie fine; la musique douce n'est pas faite pour eux; il leur faut des trompettes et des tambours' (Best.D14347). Et il le conserva comme bête noire jusqu'à sa mort.

Tant de hargne persistante, après tant d'amour, dont on ne trouve aucun autre exemple dans les relations de Voltaire avec les écrivains anglais, pas même avec lord Kames, ne peut avoir que des racines psychologiques. Le touchèrent au vif l'explication de son anti-sémitisme par de récents déboires financiers[55] ainsi que la possibilité d'un parallèle entre sa personne et celle de l'évêque. '[Mon oncle] [*c'est-à-dire Voltaire*] fit plusieurs pièces de théâtre dans sa jeunesse, tandis que l'évêque Warburton ne pouvait que commenter des comédies. . . . Si Warburton a fait imprimer Guillaume Shakespeare avec des notes, l'abbé Bazin a fait imprimer Pierre Corneille aussi avec des notes. Si Warburton gouverne une église, l'abbé Bazin en a fait bâtir une qui n'approche pas à la vérité de la magnificence de mr Le Franc de Pompignan, mais enfin qui est assez propre' (*La Défense de mon oncle*, ch.xv).

Voltaire savait parfaitement mépriser les attaques *ad hominem* quand sa propagande l'exigeait. S'il ne l'a pas fait cette fois, c'est pour bien manifester la même déconvenue que celle qu'il avait éprouvée avec les pasteurs genevois lors de son article 'Genève'. La tactique consistait à enrôler de force les écrivains marginaux ou peu orthodoxes du parti adverse[56]. Parmi les Anglais, où la clientèle, comme l'a fait remarquer René Pomeau, était mince, Warburton arrivait comme une aubaine. Voltaire attendait de lui au moins un silence dédaigneux qui pût passer pour une approbation complice. Pas plus que les Genevois, comme eux sincèrement attaché à l'église et profondément religieux, il ne pouvait accepter

[55] Voltaire répondit sur ce point à la fin du chapitre xiv de *La Philosophie de l'histoire*.
[56] en citant Warburton parmi les prétendus collaborateurs du *DPh*, Voltaire ne mentait qu'à demi. Une partie de l'article 'Moïse' est traduite de la *Divine legation*.

le rôle qu'on voulait lui faire jouer. La perte d'un allié tacite d'aussi grand poids suffisait à alimenter un violent dépit. L'ironie de Larcher sur les dettes envers autrui (Brumfitt 1, pp.43-45) le mettait dans une très mauvaise posture dès lors que son 'créancier' rompait le contrat.

Quel bénéfice Warburton retira-t-il de sa rupture avec le clan philosophique? L'opinion anglaise n'ignora rien de cette lutte d'influence[57]. Du jour où Voltaire couvrit son adversaire de 'foul and atrocious reflections' (*LM* (1773) xliii.73), elle le considéra comme un martyr. On se mit à louer sa science historique, son équanimité, son sérieux. On lui décerna un brevet de piété et de science. Dans la traduction des *Lettres à mgr le prince de* ***, on poussa la courtoisie jusqu'à omettre le chapitre le concernant. On se souvint qu'avec Joseph Butler, il avait été l'un des plus acharnés adversaires du déisme, et qu'il avait dénoncé les méfaits du grand tour et l'importation de l'irréligion de Paris par les singes de la France[58]. Du coup, la réplique à Voltaire en trois discours, dont il avait formé le projet en 1767, ne parut plus nécessaire et il écouta les conseils de Hurd: 'There would be no end of confuting every shallow, though fashionable scribbler against religion ... and that to give a formal answer to Voltaire, a writer so little acquainted with the subject under discussion, would be like breaking a butterfly upon a wheel' (Warburton 6, i.105; cf.Nichols 2, v.628-629 et Seward 1, iv.356-358).

On se tromperait en attribuant à Warburton un mépris sans nuances. S'il trouve 'wrong and absurd' sa façon d'écrire l'histoire par tranches, 'below criticism' son histoire religieuse du siècle de Louis xiv, il n'hésite pas à attribuer à l'écrivain 'fine parts and a real genius'[59]. Il ira jusqu'à l'appeler' 'a very good Catholic, whom

[57] *MR* (1764) xxx.530.; *AR* (1765) viii.36; *LM* (1767) xxxvi.628-632; *MR* (1767) xxxvii.498-502; *GM* (1768) xxxviii.289 (compte-rendu de *La Défense de mon oncle*, 'this strange rhapsody', qui écœure et indigne les critiques); *MR* (1772) xliv.665; *GM* (1773) xliii.81; *LM* (1773) xlii.72-73.

[58] *Sermon on the suppression of the late Rebellion* (cité par Hurd 2, iii.17).
[59] Warburton 3, p.79. C'est un correspondant américain de Th. Hollis, le dr Mayhew, membre de Harvard college et pasteur à Boston, qui, après lecture du *DPh* et de *La Philosophie de l'histoire* en 1766, exprime le plus

a philosophical spirit, an' please you, l'esprit vraiment philosophique, has taught to despise Revelation' (Warburton 6, ix.325).
Et n'oublions pas que nous devons à son initiative l'une des traductions anglaises de *Candide*! Mais à ses yeux, comme à ceux de
nombreux compatriotes, il était indispensable de séparer l'ivraie du
bon grain et de la jeter au feu.

Ce que Warburton avait esquissé, un pasteur presbytérien
prétendit l'achever. Robert Findlay (1721-1814) s'était déjà me-
suré, dans l'*Universal museum* (déc. 1765, pp.628-631; janv.
1768, pp.16-21, 74-78), aux erreurs de Voltaire touchant les Juifs,
les épîtres et Flavius Josèphe. Cherchant la gloire, il publia en
1770 son unique ouvrage, *A Vindication of the sacred books and of
Josephus, especially the former, from various misrepresentations and
cavils of the celebrated m. de Voltaire*. S'appuyant sur un article du
Christian's magazine[60], sur Jacques François de Luc et sur le
Dictionnaire anti-philosophique de Chaudon, fort de citations
grecques et hébraïques, il livra plus de cinq cent pages d'éxégèse
érudite. Fut-ce par respect pour 'his ardent love of liberty, his fine
genius and his manner of writing wherein he is particularly pleasing' (p.517) qu'il attribue ses erreurs à 'a mere love of singularity
or an affectation to signalize himself by striking out of the more
common and beaten path into that of scepticism' (p.520)? On ne
pouvait guère se méprendre davantage sur les intentions de Voltaire. Illisible, cette indigeste réfutation n'éveilla qu'un infime
écho[61].

nettement et le plus courageusement
ce point de vue: 'Though I cannot agree
with him [*Voltaire*] in some of his
notions regarding religion, or rather,
in what appears to be a great part of his
design, the entire subversion of Revelation; yet, I cannot but think these as
compositions to be very fine perfor-
mances. I have read them with high
delight, as containing much useful
learning, many fine observations on
antiquity, and written throughout in a
most spirited, entertaining and masterly way, so that I would not be long
without them for thrice your value. In
short, I know of no man who has a
finer pen than m. de Voltaire, or who is
a greater master of the belles-lettres,
though there may be greater philosophers and mathematicians'. A quoi
Hollis répondit: 'Concerning Voltaire
—a bold veteran irregular' (Hollis,
i.330).
[60] nous n'avons pas pu trouver d'exemplaire de cette revue.
[61] compte-rendu dans *MR* (1771)
xliv. 457-468.

Ecossais lui aussi, fils de brasseur, brasseur d'abord lui-même, puis poétastre à Londres, avant de devenir le célèbre traducteur de Camoëns et le spécialiste écouté de l'histoire portugaise, William Julius Mickle (1735-1788) se fit d'abord un nom comme auteur de *Voltaire in the shades* (1770). Le dialogue des morts, genre distingué, mais fort râpé, n'était peut-être pas le meilleur moyen de mettre en garde contre Voltaire les naïfs et les hésitants. Ce sont d'abord Socrate et Jean Jacques qui se liguent contre les philosophes modernes, ces 'self-contradictory monsters', incarnés par Voltaire en stoïcien. Julien et Porphyre l'attaquent ensuite sur le chapitre des miracles et de la critique biblique; Saint Augustin sur la religion naturelle; Sterne se range aux côtés de Voltaire contre l'immortalité de l'âme et raille le *Tout est bien*, mais, après avoir fait défiler les théories sur l'origine du mal, conclut par la victoire du christianisme. Enfin, après une querelle endiablée sur le suicide entre Rousseau, Voltaire et Swift, celui-ci prédit à Voltaire sa défaite dans le ridicule et le triomphe de la saine religion: 'O Voltaire, o Rousseau, what a heaven you have lost . . . . When the earth shall be no more, when the last Judgment will arrive, would to God the innocence of your hearts may appear: and may it be allowed as an alleviation of the evil consequence of your writings' (p.214). Le public vit dans ces dialogues une réplique adéquate aux œuvres de Voltaire, jugées 'flimsy and specious, calculated rather to amuse than to convince, and by this means to perplex and mislead the unthinking'[62]. Mickle avait une certaine culture, son style est allègre, son esprit souvent piquant. Entre la compilation indigeste d'un Findlay et ces dernières fantaisies, il y a effectivement un monde. Mais le badinage ne remporta pas plus la victoire que le pédantisme.

Quatrième et dernier champion, encore un Ecossais, James Beattie, digne professeur de philosophie morale et de logique à Marishal college, entra dans la lice à son tour. En 1758, s'était fondée l'Aberdeen philosophical society. Ses membres

---

[62] *MR* (1771) xliv. 27-35. Autre compte-rendu dans *CR* (1770) xxx.463.

s'adonnaient à la lecture des philosophes français, professant une immense admiration pour Montesquieu, une grande estime pour Rousseau malgré ses excentricités, et une violente hostilité envers Voltaire. Dans son *Essay on the nature and immutability of truth in opposition to sophistry and scepticism* publié en 1770, mais commencé en 1766 (Forbes, p.41), Beattie, qui s'en prend à Hume, ne cite Voltaire qu'une fois pour une réfutation ironique[63] du déterminisme (p.345n). Devant le succès remporté, la deuxième édition s'augmenta, en 1771, d'un long paragraphe beaucoup plus explicite: 'Ever since Voltaire, stimulated by avarice and other dotages incidental to unprincipled old age, formed the scheme of turning a penny by writing against the Christian religion, he has dwindled from a genius of no common magnitude into a paltry bookmaker, and now thinks he does great and terrible things, by retailing the crude and long-exploded notions of the free-thinkers of the last age which, when seasoned with a few mistakes, misrepresentations and ribaldries of his own, form such a mess of falsehood, impiety, obscenity and other abominable ingredients, as nothing but the monstrous maw of an illiterate infidel can either digest or endure' (6ème éd., pp.468-469), tandis que Rousseau avait droit à un 'moral writer of true genius' (*ibid.*, p.399; cf. Forbes, p.70).

Sur ce, porté au pinacle par ses amis, par Gray, mrs Montagu, Armstrong et le dr Johnson, Beattie s'en fut parader dans les salons londoniens. C'est là qu'il fit circuler le manuscrit, aujourd'hui retrouvé (Mossner 2 et 3. Cf. Beattie 4, p.34, 40, 79), de deux pochades anti-voltairiennes: *The Castle of scepticism*, conversation burlesque entre l'auteur et un gnome grimaçant qui radote des obscénités sur le meilleur des mondes[64], et *Letter from a regular flow of ideas and impressions to the idea of a friend in the country*, opuscule à la manière de Voltaire, appelé 'our great luminary of wisdom', où l'on trouve, à côté d'un éloge hypocritement dithyrambique du *Dictionnaire philosophique*, des plaisanteries sur les 'confitures' de bouse de vache d'Ezéchiel et une

---

[63] 'ludicrous', écrit Forbes (p.317).   [64] le texte a été rédigé en 1767.

démonstration de la fausseté des mathématiques fondée sur l'obscénitié de ses figures.

Mais le coup de maître de Beattie, le sujet de conversation du tout-Londres, ce fut le tableau de Reynolds, *The Triumph of truth* (cf. Anon. 3 et P. Murray). Pour sa série de portraits des gloires contemporaines, le peintre sollicita l'Écossais qu'il voulait représenter 'lashing Infidelity, &c., down to the bottomless pit' (Beattie 4, p.83). Le tableau montre l'écrivain debout, l'*Essay on truth* sous le bras, tandis que la vérité, sous les traits d'un ange, repousse trois démons dont les visages reproduisent à peu près les traits de Voltaire, de Hume et d'un inconnu, sans doute Gibbon[65]. Exposé à la Royal academy en 1774, cette toile vit défiler toute la bonne société de la capitale.

Après la mort de Voltaire, quand lord Hailes le poussa à écrire contre le philosophe, Beattie, devenu plus conscient de ses véritables forces, se déroba prudemment. Son vrai titre de gloire est ailleurs, dans *The Minstrel*, long poème en strophes spensériennes, annonciateur du romantisme, l'un des modèles du *Prélude* de Wordsworth. Mais ses critiques de *La Henriade*, ses *Essays on poetry and music* ne manquent pas d'intérêt. Parlant du portrait, Goldsmith aura le mot de la fin en déclarant à Reynolds: 'It very ill becomes a man of your eminence and character to debase so high a genius as Voltaire before so mean a writer as Beattie. Beattie and his book will be forgotten in ten years, while Voltaire's fame will last for ever. Take care it does not perpetuate this picture to the shame of such a man as you' (Northcote, p.300). On ne saurait mieux dire ni mieux prophétiser.

[65] on a beaucoup discuté sur l'identité des trois 'démons' que Beattie appelle une fois préjugé, scepticisme et folie (Forbes, p.356). Les portraits de Hume et de Gibbon sont fantaisistes, mais Reynolds dessina Voltaire d'après une médaille en sa possession, et déclara très explicitement son intention (J. Reynolds 1, p.39). Les doutes de Northcote (p.194) sont donc sans fondement. Le portrait est aujourd'hui dans le Court room, Marishal college, Aberdeen. Voltaire, Rousseau, Gibbon et Hume se trouvent de nouveau associés par W. Blake dans un fragment de poème sur Satan, qui entrera en 1804 dans *Jerusalem*, ch.3 (*To the deists*), longue diatribe contre ces ennemis du genre humain.

D'un tout autre horizon vient Priestley, bibliothécaire du marquis de Lansdowne après avoir enseigné à Warrington academy, le plus célèbre des collèges non-conformistes, puis pasteur à Leeds. Il ne s'agit plus de l'orthodoxie, anglicane ou presbytérienne, mais de la pensée dissidente. C'est après un voyage à Paris en 1774 que Priestley se décida à écrire ses *Letters from a philosophical unbeliever* (Priestley 5, p.75), dirigées contre Hume et Holbach. Quand il est question de la *Bible*, il aborde le peuple juif en ethnologue déjà très moderne, avec le sens d'une différence radicale de culture et de civilisation qui défie la compréhension d'un Européen du XVIIIème siècle (*Préface*, p.xiii). Dès 1772, *The Institutes, appeal and familiar illustration* appliquait cette méthode à plusieurs passages de Voltaire où celui-ci se montrait fermé à la poésie orientale[66]. Il est donc infiniment probable, selon nous, qu'il est aussi l'auteur de la longue série des *Critical remarks* sur Voltaire et la *Bible*, publiée pendant quatre ans dans le *Gentleman's magazine*[67]. Si un examen plus attentif y décèle de nombreux emprunts plus ou moins paraphrasés des *Lettres de quelques juifs* de l'abbé Guénée[68], plus originale est la comparaison de Voltaire avec ses sources déistes anglaises (*GM* (1771) xli.105-109; cf. *MR* (1769) xl.25): Woolston, Newton, Shaftesbury, Bolingbroke Collins, Tindal. En montrant qu'ils n'ont jamais été aussi loin que Voltaire qui les découpe, les pille et les travestit, Priestley cherche à sauver ses compatriotes de l'opprobre, et ouvre en même temps la voie aux travaux modernes.

Priestley, dont la maison fut incendiée par les contre-révolutionnaires anglais et qui dut se réfugier aux Etats-Unis avec le titre de citoyen d'honneur de la République française, n'est pas vraiment hostile au philosophe: 'After ridiculing the reasoner, let

---

[66] Priestley 8, ii.211-212. Cf. aussi *Notes on the Old testament (ibid.,* xii.297).

[67] (1770) xl.412-414 459-464, 505-510, 555-558; (1771) xli.105-109, 202-204, 299-300, 389-390, 493-495, 541-543; (1772) xlii.9-12, 214-215, 356-359,

511-515; (1773) xliii.80-81, 128-129, 217-218, 269-270, 543-545.

[68] l'ouvrage sera traduit en 1778 par Le Fanu. Cf. *LR* (1778) vii.500; *CR* (1778) xlv.98-107; *MR* (1778) lix. 177-187.

us now sincerely pity the reasoner. Does it become a man of his talents, a philosopher, the enemy of prejudice, the first historian of his nation, to disgrace his works by calumnies so gross and quotations so false?' (*GM* (1772) xlii.12).

Un lecteur anonyme du *Gentleman's magazine* a bien senti la nuance. La plume de Priestley 'with manly force and skill ..., strong, clear, concise' oppose aux 'wanton wits' sa sérénité souriante (*GM* (1773) xliii.613). La ferveur éclairée de Priestley, en qui la postérité a surtout retenu le chimiste, possède une autre tenue que le pesant pastiche de Beattie. A défaut d'une approbation facile, elle prouve au moins la possibilité d'une intelligence éclairée de la pensée voltairienne[69].

5. Où se recrutaient donc les Anglais du 'tripot'?

Est-ce à dire que Voltaire n'eut que des assaillants et aucun défenseur? Si l'on mesure les progrès d'une mentalité aux cris d'alarme de ses adversaires, les Lumières étaient bien implantées en Angleterre. Le règne du déisme en France, qui épouvantait le révérend Fletcher[70] et fit renoncer le révérend William Cole au projet de s'établir dans notre pays (Ellis, iv.483), s'étendait-il également de part et d'autre de la Manche? En 1773, Cartwright juge 'amazing how universally, especially among the polite and lettered world, Hume's pernicious tenets had spread themselves,

[69] bien que ce témoignage appartienne à la période suivante, nous ne pouvons nous empêcher de citer W. Blake, ne serait-ce qu'en raison du portrait qu'il a peint de Voltaire. A la date du 18 février 1826, Blake rapporte à Henry Crabb Robinson (Robinson, p.12) qu'il lisait la *Bible* dans un sens spirituel, tandis que dieu avait commandé à Voltaire d'en exposer le sens 'naturel'. 'I have had much intercourse with Voltaire', poursuivit-il, 'and he said to me I blasphemed the Son of Man and it shall be forgiven me'. Intrigué, Robinson demanda en quelle langue s'exprimait Voltaire. 'To my sensa-tions, it was English. It was like the touch of a musical key. He touched it probably in French, but to my ear it became English.' Le phénomène, que beaucoup de contemporains lui envieraient, est assez extraordinaire pour mériter mention.

[70] 'Materialism is not rare; deism and socinianism are very common, and a set of free-thinkers, great admirers of Voltaire and Rousseau, Bayle and Mirabeau, seem bent upon destroying Christianity and government' (Benson, p.258). Texte écrit peu avant la mort de Voltaire.

together with other poisonous matter, blended with art and eloquence, in the writings of Voltaire and Rousseau' (i.49). L'évêque Newton déplore 'the infidelity of the present age' et la préférence accordée aux 'trifling modern authors' (Th. Newton 2, iii.576); Gregory que 'the flippancy of France is preferred to the grace, the energy, I almost said the virtue of our native language' (p.140). Presque invariablement accolé à celui de Hume[71], le nom de Voltaire côtoie aussi ceux de Bolingbroke (tandis que Chesterfield représente la noblesse francophile, conservatrice et orthodoxe) et, mais plus rarement, de Gibbon (Belsham 1, i.34). En les réunissant aux pieds de Beattie en un infernal trio (cf. Voisine, p.20, n.21), Reynolds exprimait clairement l'opinion générale[72].

Aux 'classes cultivées aisées' de Cartwright appartenaient le clergé et l'aristocratie. Parmi le premier presque unanimement hostile aux Lumières, se distinguait une petite frange d'hommes hardis et indépendants, ceux dont Beattie écrivait: 'While it continues to be the fashion all over Europe to read and admire Voltaire, some, even of the clergy themselves, extol not only his wit but his learning and (what is more strange) his candour'; et d'ajouter non sans amertume: 'It is to be feared that the persons who should write against him would not everywhere obtain a hearing' (lettre inédite à lord Hailes, 22 nov. 1778; Beattie papers, Aberdeen).

Leur chef de file semble avoir été le révérend David Williams.

[71] lettre de Temple à Boswell, dans Abbott, n⁰ 908; Priestley 4, p.179; Crabbe, dans *The Borough*; Cartwright, i.49; Wesley 1, v.523; Gregory, p.21.

[72] aux adversaires de Voltaire publiant en Angleterre, mais en français, appartiennent encore A. J. Roustan et ses *Lettres sur l'état présent du christianisme* (1768), et E. G. Gibert et ses *Observations sur les écrits de m. de Voltaire, principalement sur la religion, en forme de notes, par m. E. Gibert, ministre de la chapelle royale de Saint-James* (Londres 1768, 2 vol.). Roustan était un pasteur genevois installé à Londres. Cependant, on aurait tort de partager sans nuances l'Angleterre en deux clans adverses. Edmund Burke, par exemple, qui se fera le farouche adversaire des Lumières au point de s'identifier avec la réaction, n'était pas tellement éloigné de Voltaire et de Rousseau lorsqu'il se montra anti-matérialiste à ses débuts. Dans sa *Vindication* (1765), il attaque le second avec les arguments du premier: même catalogue des misères humaines, mais conclusion optimiste grâce à une justice immanente (cf. Courtney).

Très ouvert aux idées nouvelles, il s'était rendu célèbre en prenant contre Garrick la défense d'un acteur irlandais. Auteur de divers traités religieux, il publia en 1773 un *Treatise on education* fortement teinté de rousseauisme. A Chelsea, il fréquentait une sorte de club comptant Benjamin Franklin parmi ses membres. Ce cénacle avait inventé un culte original, très dépouillé, dont, en avril 1776, il eut le privilège d'inaugurer le lieu, une chapelle de Margaret street. Il en envoya le rituel à Voltaire, *A Liturgy on the universal principles of religion and morality* (*1776*)[73]. La préface, que le destinataire aurait pu signer, montre les progrès de la tolérance de la liberté et de l'humanité en Europe, dont l'origine est attribuée à Bacon: 'The chief object of philosophy is truth; the principal object of religion is to promote virtue. To contemplate and acknowledge the power, wisdom and goodness of the Supreme Intelligence with attention, admiration and gratitude is true religion'. Pour entretenir cet état d'esprit, un culte commun s'impose. Il sera simple, acceptable par tous dans un climat de charité et de paix.

L'ouvrage lui-même se présente comme un recueil de prières du matin et du soir, d'hymnes très sobres et de quelques traductions en vers de psaumes, le plus souvent sous forme dialoguée. On y célèbre l'adoration, l'admiration et la reconnaissance envers dieu, père des hommes, créateur du monde si beau, source de vertu et de bonheur, selon un optimisme à toute épreuve. Plus que les pieuses effusions, c'est la préface que Voltaire commenta avec une malicieuse et feinte solennité: 'J have perus'd it with the pleasure that a Rosucrucian would enjoy in reading the work of an adept. T'is a great comfort to me, at the age of eithi two years, to se'e the tolerance openly teach'd in y[r] country, and the god of all mankind no more pentup in a narrow tract of land. That noble truth was worthy of y[r] pen and y[r] tongue' (Best.D20277).

Un tel encouragement incita Williams à lancer une nouvelle

---

[73] il enverra de même une lettre et ses ouvrages à J. J. Rousseau par Thomas Bentley, qui raconta de façon pittoresque son entrevue à Paris avec le philosophe.

traduction des *Œuvres complètes*, malgré l'hostilité de ses con-frères (W. Cole (BM Sloane 5884); Welsey 2, vi.333). Alliance à peu près unique de Voltaire et de Rousseau, Williams, par sa piété lyrique et positive à la fois, jointe à l'amour de l'humanité, com-pose un curieux mélange mi-français mi-anglais. Sa véritable originalité était de passer de la théorie à la pratique. Voltaire pouvait mesurer le chemin parcouru depuis l'assemblée des Quakers à laquelle il avait assisté un demi-siècle plus tôt. Mais l'allusion aux rose-croix montre qu'il percevait clairement le peu de retentissement dans le peuple d'une telle initiative.

Si les fidèles de ce culte d'avant-garde suivaient Voltaire sans le savoir, la jeune génération aristocratique s'en réclamait ouverte-ment. L'accusation de corrupteur de la jeunesse attachée à tout novateur en matière de morale, fut en Angleterre lancée avec une particulière virulence: 'There is undeniably a strong bias in multi-tudes, especially of the younger sort, seduced by his fame in the polite world, his strokes of wit and humour, his show of erudition and his lively and charming manner.... On le prend pour un oracle of wisdom' (Findlay, *Introduction*). En 1783, dans *The Two mentors, a modern story*, Clara Reeve raconte l'histoire d'un adolescent à Oxford passant de 'l'abîme' du Méthodisme aux horreurs de Bolingbroke, Hume et Voltaire, et devenu 'a professed advocate of infidelity' (p.201) avant de se convertir enfin au vrai christianisme.

Cette pernicieuse influence s'exerçait essentiellement par le grand tour, dénoncé l'envi. Lætitia M. Hawkins constate dans ses *Souvenirs* qu'au temps où 'Voltaire and the licentious wits of France were in their glory, the imbibing their principles was thought such a necessary consequence of travelling that any man of polite life who had been accustomed to pass three months of the year on the continent, would have been deemed a disciple of Voltaire' (Hawkins 1, p.90). L'évêque Hurd le stigmatise dans ses *Dialogues* (iii.25). Cowper, dans *The Progress of error*, nous dépeint de façon fort amusante un adolescent suivant son précep-teur comme un oison son oie, 'his stock, a few French phrases got by heart', victime naïve des antiquaires pour la bourse et des philosophes pour l'esprit (Cowper 2, viii.156-158). Shenstone, le chantre des jardins, refuse ainsi une invitation à visiter les pays étrangers (Shenstone 3, i.59):

> Deluded youth that quits these verdant plains
> To catch the follies of an alien soil;
> To win the vice his genuine soul disdains,
> Return exultant, and import the spoil! ...
> Trembling I view the Gaul's illusive art
> That steals my loved rusticity away'.

Enfin Long dénonce une institution qui n'aboutit qu'à former des snobs entichés de l'étranger (p.68).

Nous avons pu vérifier dans la première partie, tant par l'âge que par les réactions souvent admiratives des visiteurs à Ferney, que ces observations ne sont pas dépourvues de vérité.[74] 'J'ai vu vôtre petit Anglais', confirmait Voltaire, 'qui a une maitresse et point de précepteur; ils sont tous dans ce goût là' (Best.D12131). En 1814, Uvedale Price, évoquant sa visite avec Stephen Fox, se rappelle comment le maître de céans bavarda au cours d'une

---

[74] la correspondance de Henry Herbert, 10ème comte de Pembroke, nous peint sur le vif les problèmes posés par la lecture de Voltaire dans le cadre d'une éducation aristocratique. A la fin de 1775, le jeune George Augustus Herbert, futur 11ème comte, partit pour son grand tour en compagnie de son précepteur, le rév. William Coxe et du capitaine Floyd. Il avait seize ans, et emportait avec lui les œuvres historiques de Voltaire. Le père tenait à ce que son fils lût l'*HChXII*, le *SLXIV* et surtout l'*EMo*. La mère tremble pour la moralité du jeune homme. A Strasbourg, ils rencontrent un vieillard qui leur relate de nombreuses anecdotes sur le séjour de Voltaire en cette ville. A Ferney, Voltaire, malade, ne peut pas les recevoir (*VBV*, p.189).

En route, ils se procurent le *CoH* et la récente *LAcF*, que lord Pembroke réclame à cors et à cris. La lecture des lettres des divers protagonistes montre bien les tensions, les embarras et les contradictions créés par Voltaire dans un milieu traditionnellement francophile et classique de goût. En revanche, l'Anonyme 28 présente ainsi son neveu tout frais rentré de Paris: 'The youth is quite spoiled by travelling—he knows nothing—lost, lost, sir—but, pray, excuse him for his nonsense' (pp.70-71). A Paris, les gens à la mode, tous convertis à Shakespeare, l'ont désabusé de '*Zahïr* [*sic*], Adelaïd, Merope, Jules Cæsar, etc.'. Comme il s'agit d'un texte polémique et ironique, comprenons que ce 'nonsense' est en fait le bon sens.

promenade et les renvoya après leur avoir donné du chocolat. De la conversation elle-même, il avait tout oublié sauf qu' 'after giving us a list of some of his works which he thought might open our minds and free them from religious prejudices, he said: "Voilà des livres de quoi il faut se munir"' (BM add. MS 47593, f.580). On rapprochera de façon significative ce souvenir sans fard du récit composé par un tiers, après 1840, où les mêmes détails rendent un tout autre son (les passages entre crochets sont marqués au crayon dans le manuscrit, sans doute en vue de leur omission en cas de publication): 'From there the three [Fox, Price, Fitzwilliam] went by the Grande Chartreuse to Geneva and visited Voltaire. "Vous ne venez", said he, "que pour m'enterrer", and then on shewing them some irreligious books exclaimed: "Voilà des livres dont il faut se munir". Whether they obeyed the instructions of this retired sage of infidelity or not, it is clear from their correspondence that the young men on whom it was inculcated were not exempt from that indulgence of their passion [which religion affects to restrain, but] which it was the fashion of the day for wit and society to confirm with nature in promoting among young men of their fortune and condition. The sentiments and expressions in their correspondence are more loose and more indelicate than modern [hypocrisy and] taste would approve. All that can be said in their apology is first that sense of pleasure even now engrosses and will continue to engross the thoughts of the gay, the vigorous and the young, although it may not employ their pens so much as it did then—and secondly that the coarseness and indelicacy, at which [the prudery of] our times revolts [so exceedingly] was much less than that is to be found in the correspondence of their fathers and ancestors at the same period of life' (BM add. MS 47593, ff.55-56).

Outre le grand tour, l'un des signes les plus flagrants d'un conflit général entre deux systèmes de valeurs, la propagande philosophique s'exerçait aussi sur place par les œuvres imprimées de Voltaire, 'which are now sold in six-penny numbers in all towns of Great-Britain; that our countrymen, turning their backs upon the great salvation of God, may become his disciples, may believe immortal man is but a mite, and our world the cheese on which he lives'[75]. Ce cri d'alarme d'un prédicateur montre au moins que la diffusion des textes philosophiques commençait à se faire par une presse périodique bon marché. Faut-il conclure à un succès complet? 'Je voudrais que vous écrazassiez l'infâme, c'est là le grand point. Il faut la réduire à l'état où elle est en Angleterre et vous en viendrez à bout si vous voulez' (Best.D9006). Ecrite en 1760, cette affirmation de Voltaire a besoin d'être nuancée.

Une lecture assidue des déistes anglais jointe aux souvenirs embellis de son séjour à Londres lui représentait l'Angleterre comme un Eldorado religieux où chacun 'va au ciel par le chemin qui lui plaît' (*LPh*, i.61), où l'Etat ne prêtait pas main forte aux prêtres fanatiques, où la critique biblique était venue à bout de la superstition et presque de la Révélation. La réalité est loin d'être aussi simple. Les théologiens anglicans, sérieux, vertueux et solidement établis, redoutaient avant tout les ravages de l'*enthousiasme*. Leur éxégèse purement rationaliste ne laissait aucune place à la mystique; leur doctrine morale insistait sur l'ordre et sur les vertus sociales. Autant que des Lumières, ils se défiaient, ne fût-ce que pour des raisons politiques, du Méthodisme comme des *dissenters*, dont le recrutement se faisait surtout dans le peuple et dont la doctrine mettait l'accent sur l'émotion, sur la communication inspirée avec la divinité et sur l'individualisme religieux. Dans son pamphlet contre les Moraves, il est significatif de voir un Th. Green tirer de très nombreux arguments de l'œuvre de Voltaire. La *Monthly review*, en général systématiquement hostile, dès lors qu'elle le met en parallèle avec Wesley, l'autre fléau du siècle, de deux maux choisirait volontiers le moindre. En un sens, les écrivains religieux anglais, clercs et laïcs, se situaient à mi-chemin entre la France, où l'Eglise et les philosophes s'opposaient

<hr/>

[75] extrait d'un sermon prêché le 19 nov. 1778 par le dr Venn devant la *Society for promoting religious knowledge among the poor* (d'après Anon. 36). D'où la gravure sur la page de titre de cet opuscule représentant un diablotin dansant sur les œuvres de Voltaire, le tout posé sur une meule de gruyère entamée.

radicalement, et une société mythique où le clergé, renonçant à tout examen de la foi et du dogme, ne survivrait que comme guide moral.

Voltaire avait tort d'en conclure que le socinianisme 'triomphe en Angleterre' (Best.D7651). L'exemple de Warburton montre qu'une interprétation de la *Bible*, hardie jusqu'au paradoxe, pouvait se mettre au service d'une foi solide. Pour un Williams, il y avait cent Findlay. B. N. Schilling a bien montré qu'à partir de 1780 environ, la réaction contre les Lumières prend vigueur, pour, déferler quand le nationalisme et la politique s'en furent mêlés avec la Révolution française et la campagne de l'abbé Barruel.

Les rapports entre la politique et la religion se ressemblaient si peu de part et d'autre de la Manche que toute comparaison reste boîteuse. Des sceptiques déclarés comme Hume ou Gibbon, conservateurs résolus, partisans d'un ordre utile, étaient de toute façon trop désabusés ou indolents pour prêcher, encore moins pour entreprendre, la moindre réforme. Dans un autre domaine, John Wesley, dont les inlassables missions dans le pays et l'immense succès populaire auraient pu s'accompagner d'une action politique et sociale auprès des masses, professait un conservatisme absolu, imposait comme idéal un travail acharné et l'absence de pensée critique à l'intérieur des cadres offerts par la révolution industrielle naissante. Entre Gibbon, polissant dans son cabinet de subtils sarcasmes pour le pur plaisir de quelques *happy few* lettrés, et Voltaire, toujours vigilant et sur la brèche, âpre à réformer les Welches, bataillant pour l'affranchissement des serfs ou une réduction d'impôt, la différence éclate. Le seul Anglais que l'on puisse rapprocher du défenseur des Calas par sa combattivité et son inlassable passion pour la chicane politique, serait John Wilkes. Mais Wilkes, agitateur professionnel porté par la foule, se satisfaisait d'un journalisme sans scrupules et de coups de main à courte vue.

Il ne manquait pas d'Anglais disposés à fermer les yeux sur les incartades religieuses de Voltaire tant que son action allait dans le sens de la tolérance, de la justice et de la liberté au sein d'une nation considérée comme rétrograde (Churchill 2, i.124; texte de 1761):

> Unhappy genius placed by partial fate
> With a free spirit in a slavish state,
> Where the reluctant Muse, oppressed by Kings,
> Or droops in silence, or in fetters sings.

Le comte de March s'abstient de reprendre les critiques de Selwyn contre 'the poor Voltaire, who, bye the bye, has done more real good by his writings upon tolerance than all the jurists in Europe' (Jesse 1, i.17-18). 'Even in religious matters, he is not always deserving of censure, for instance, his article on toleration is excellent and shews in him a fund of humanity' (C. Wren, Nat. libr. of Scotland, MS LA ii 377/8, f.76, de 1769), et plus d'un journaliste est en peine pour trancher entre ces deux aspects du génie voltairien (*EM* (1791) xix.95). Si les plaisanteries du *Sermon du rabbin Akib* trouvent grâce, la cause en est 'a most just and poignant satire on a horrid cruelty which disgraces the very name of religion'[76]. Lors de l'affaire Calas, dont aucun détail n'échappa à la presse[77], Voltaire est appelé 'that great man', éloge dont il n'existe aucun autre exemple. Six éditions des *Pièces originales* se succédèrent, dont une en français. Quand parut le *Traité sur la tolérance*, sauf quelques esprits chagrins qui, se souvenant mal à propos du déisme voltairien, trouvèrent que 'the giddy, old man while he builds with one hand, pulls down with another'[78], on accueillit ce plaidoyer 'most rational, sober, as well as instructive',

---

[76] *LC* (1762) xi.516-517. La traduction du *Sermon* est encore donnée par *GM* (1762) xxxii.255-258 et *LM* (1762) xxxi.320-323.

[77] en 1762: *GM* xxxii.505, 509-513; *LM*, xxxi.140-142, 387, 428-430, 518; *MR*, xxvii.388-389; *BM* 1, iii.589-590; *DuM*, i.458-460. En 1763: *MR*, xxvii.388-389. En 1764: *BM* 1, v.488-489; *CR*, xvii.158; *LC*, xvi.26a, 243; *LM*, xxxiii.189, 518, 539. En 1765: *BM* 1, vi.169-172; *LM*,

xxxiv.156, 166, 492; *MR*, xxxii.318. En 1766: *BM* 1, vi.169-172; *UM*, xxvi. 208-210. Il convient d'ajouter sept éditions des *Pièces originales*, dont une en français (*BAV* 316-322).

[78] (1764) xv.404a [*pour 304a*]. Hannah More non plus n'a pas été dupe de cette 'amiable candour', et s'aperçut que Voltaire se servait de sa popularité dans l'affaire Calas 'to discredit, though in the most guarded manner, Christianity itself' (More 2, xi.83n).

où se lisent 'the colouring of a great master, the sage view of a philosopher, the friend of mankind' (*GM* (1771) xli.203), sinon avec enthousiasme, du moins avec faveur, Voltaire—ce qui est un comble—étant jugé 'immoderately moderate' dans sa bienveillance envers les catholiques et les Quakers[79]. En 1778, *Le Prix de la justice et de l'humanité* remportera un vif succès (*MR* (1778) lviii.544-553). Moins spectaculaire, mais d'un plus louable désintéressement, le *Commentaire* sur Beccaria contribua très largement à l'image d'un Voltaire ami des hommes[80]. Les romanciers 'révolutionnaires' (Charlotte Smith, Thomas Holcroft, Elizabeth Inchbald, Robert Bage, Amelia Opie, Mary Wollstonecraft et Godwin) se tournaient eux aussi vers une réforme juridique afin d'abolir la pauvreté et l'ignorance. Pacifiques et humanitaires, ennemis de la censure et des tyrannies comme Voltaire, ils prônaient un retour à la vie simple dans une démocratie à la Rousseau. Dans ses trois romans idéologiques parus entre 1792 et 1798, Charlotte Smith subit surtout l'influence de Rousseau (Hilbish, pp.510-512). Si elle associe Voltaire, c'est comme adversaire de l'intolérance et de l'injustice. Mais même parmi cette avant-garde, il n'est pas trop de la défense des libertés pour faire oublier l'irréligion.

Deux Anglais surent discerner la portée considérable des idées de Voltaire derrière la polémique, la simple propagande et les plaisanteries[81]. Adam Smith, qui appréciait surtout l'ennemi des

---

[79] *CR* (1764) xviii.410-418; Cf. encore *LM* (1764) xxxiii.457-460; *MR* (1764) xxx.515-531; *MR* (1765) xxxi. 241-244. La sixième épître de Wodhull (p.144 sqq), *On toleration*, s'ouvre par une longue épigraphe tirée de Voltaire. Malgré son titre, en revanche, l'*Essay on toleration* de Philip Furneaux (1773) n'a rien à voir avec Voltaire. *GM* (1754) xxxiv.322 refusait déjà d'étendre aux catholiques une tolérance de type voltairien.

[80] *AR* (1767) x.316-320; *MR* (1767) xxxvi.298-299, 382-387. La préface de la traduction anglaise ne donne qu'un paragraphe insignifiant sur la paternité du texte.

[81] pour un esprit sérieux comme Beattie, le combat n'est pas rendu inégal par le fond, mais par la forme. 'Mr Hume, being in philosophy but a heavy writer, it was not so difficult to contend him. The prejudices in his favour were owing rather to his personal merits than to the dearness of his ideas, the solidity of his arguments or the vivacity of his style. But the admirers of Voltaire will not easily be brought to reason, for they cannot give up an argument without losing a joke'

fanatiques et des hypocrites, le champion de la raison (*VBV*, pp.110-11) et sympathisait avec la victime de l'arbitraire royal (*VBV*, p.110), avait séjourné dix-huit mois à Toulouse en 1764-1765[82] et pu faire *in vivo* les observations les plus fines sur la cohabitation des catholiques et des protestants[83]. La première édition de *The Theory of moral sentiments* (1761) consacrait déjà quelques pages au conditionnement psychologique du fanatique en se fondant sur *Mahomet* (pp.259-260). Dans la sixième édition, un chapitre nouveau s'inspire directement et étroitement du *Traité sur la tolérance* (3ème partie, ch.2, i.302).

Quant à Jeremy Bentham, qui emprunta à Voltaire quelques exemples (Bentham 2, i.316; ii.197, 253n) et au moins une idée directrice[84], il commença aussitôt après sa traduction du *Taureau blanc* à travailler de façon encore confuse à son monumental traité sur la répression criminelle. Helvétius étant mort, c'est à Voltaire qu'il songea d'abord pour une dédicace, et rédigea un projet en ce sens en 1776 (Bentham papers, BM add. MS, vol.clxix, ff.13 sqq). Après avoir succinctement résumé l'idée générale de sa *Theory of punishment*, destiné à devenir *Principles of legal policy*, il avoue avoir cherché conseil chez Voltaire beaucoup plus souvent que dans les manuels de droit anglais. 'One of the rewards I have been proposing to myself has been your good opinion. Perhaps I have come too soon to attain it, perhaps too late .... If you should ever find anything to say to me, I need scarce tell you that it will be acceptable. Anything directed to Elmsley's the bookseller (successor to Vaillant) will reach me.' On ne pouvait être plus direct, mais Voltaire ne lut jamais ces lignes. Une première version, l'*Essai sur les récompenses*, paraîtra d'abord en français à Londres en 1786 (à Paris en 1811, sous le titre *Théorie des peines*

(lettre inédite à lord Hailes, 22 nov. 1778; Beattie papers, Aberdeen).
[82] à Toulouse, la colonie anglaise était nombreuse et cultivée. De plus, Hume, grand ami de Smith, y avait un cousin, l'abbé Colbert de Seignelay (Colbert descendait d'une vieille famille écossaise, les Cuthbert de Castlehill, ce qui avait été officialisé par un arrêt du parlement en date de 1686).
[83] D. D. Bien replace fort bien l'affaire Calas dans son contexte toulousain plus général.
[84] l'application d'un barème chiffré pour mesurer la valeur des témoignages (Bentham 2, x.454).

et des récompenses) accompagnée du commentaire de Voltaire sur Beccaria. L'ouvrage définitif, *Rationale of punishments and rewards*, ne verra le jour qu'en 1825.

Les juristes n'oublient pas que, sans Beccaria, la justice moderne ne serait pas ce qu'elle est. Voltaire jouait ici le rôle d'un modeste vulgarisateur dans un domaine moins spectaculaire que les sciences exactes, mais plus proche de l'humanité. Qui lit aujourd'hui ce fameux *Commentaire*? Cependant, les Anglais, comme le montre le nombre élevé des rééditions, ne se sont pas trompés sur sa portée. Même aux yeux des plus méfiants, la courageuse attitude de Voltaire dans sa lutte contre les abus fit oublier, ou du moins pardonner, le reste.

6. *Un philosophe incompris*

Plusieurs facteurs se liguèrent pour retirer à Voltaire la gloire philosophique qui l'auréolait en France. En puisant sans vergogne dans leurs propres ouvrages, Voltaire n'enseignait rien aux Anglais qu'ils ne sussent déjà, ou bien remettait en circulation les idées du début du siècle, devenues désuètes ou scandaleuses. Dans le domaine scientifique, superficiel pour les uns, trop philosophe pour les autres, mondain aux yeux de tous, il n'attira guère l'attention, et ne laissa aucune trace. Dans les domaines de la politique, de l'économie, du droit, il apparut trop français, versatile, contradictoire, engagé dans un contexte immédiat propice aux actions spectaculaires plus qu'aux doctrines durables. Dom Fangé, le neveu de dom Calmet, en reçut en 1754 l'aveu naïf de l'un de ses correspondants: 'J'ai appris d'un savant que les pensées les plus neuves et les plus militantes qu'on lit dans Voltaire, sont toutes prises chez les Anglais. Ce sont des penseurs qui exercent, plus que chez nous, les facultés de l'âme. Le français a trop de feu pour réfléchir autant qu'il faudrait' (Best.D6004). On peut parler de l'influence de Montesquieu ou de Rousseau; sauf dans quelques cas très restreints, Voltaire fit simplement beaucoup parler de lui. On admira le champion de l'humanité pour son courage et son efficacité, non pour ses idées.

La critique religieuse fut mieux connue dans le détail et plus âprement discutée. Les lecteurs protestants, déjà libérés des préjugés et des servitudes, tant intellectuels qu'institutionnels, que Voltaire avait encore à combattre dans une monarchie catholique de droit divin, retinrent surtout les attaques contre la *Bible* et en furent violemment choqués. Même ses admirateurs n'échappèrent pas à un certain sentiment de commisération. A de rares exceptions près et non sans condescendance, on attribua le succès de ses campagnes à 'a bewitching dose of pleasantry and satire that this inconsiderate man has always been mixing up with an appearance of argument' (*MR* (1776) lv.510). Les Anglais se défendirent mal contre l'image d'un bouffon ricaneur et sénile. Certes, il y eut quelques connaisseurs en plaisanteries et en satire à qui l'objet des sarcasmes importait peu pourvu qu'ils eussent bien ri, Bentham et Beckford en étant les meilleurs exemples sans mélange, et peut-être les seuls. Depuis Swift, le lecteur anglais n'avait jamais été mis à aussi rude école. Les droits de l'homme et du citoyen étant déjà, du moins officiellement, acquis, l'ironie passée de mode et le pessimisme contraire au patriotisme d'Albion, le vent, à partir de 1760, était à l'émotion religieuse, à l'austérité morale, au culte du passé et de la tradition, au respect de l'Establishment. En Angleterre, on ne mettait pas les rieurs de son côté, et rien ne finissait par des chansons.

CHAPITRE VI

L'historien

> 'Le Siècle de Louis 14 a eu un
> effet plus général; nos
> historiens y ont puysé la
> matière utile et philosophique
> dont Ils écrivent à présent'
> S. Pechell à Voltaire, 11 mars
> 1776 (Best.D19980).

Les œuvres historiques de Voltaire représentent outre-Manche un prodigieux succès de librairie. Depuis le mois de décembre 1727, quand parut *An Essay upon the civil wars of France*, modeste début, mais début trop souvent oublié, il ne fut guère d'année sans une édition d'un ouvrage historique, en français ou en traduction. La plus longue interruption se situe entre 1741 et 1749, période occupée par d'autres passions. Encore l'automne de 1745 voit-il la seule édition de cet *Essay* qui ne soit pas réunie à l'*Essay on epick poetry* (*BAV* 106). L'idée de cette dernière brochure de vingt-quatre pages, dont la page de titre s'agrémente de la longue description d'un massacre d'honnêtes citoyens dans la rue, relève de la polémique plus que de l'histoire, au moment où la rébellion écossaise fait précisément rage dans le nord. Tandis que plus d'un opuscule philosophique ou littéraire resta non traduit, le public britannique se montra toujours friand du moindre rogaton historique[1].

Les chiffres sont là: une centaine d'éditions au total, chiffre qui

---

[1] ainsi *La Philosophie de l'histoire* eut deux éditions (*BAV* 314-315), *La Défense de mon oncle*, une (*BAV* 75). Les revues publièrent une traduction des *Anecdotes sur Louis XIV*, des *Anecdotes sur Pierre le grand* et de l'*Histoire des croisades*.

n'est égalé que par la production dramatique, qui a pourtant pour elle la multiplicité des adaptations et un prix très réduit. L'enquête de R. S. Crane va dans le même sens. Dans les deux cent dix-huit bibliothèques examinées, on ne trouve que onze exemplaires de pièces, représentant neuf titres sur les vingt-sept publiés, contre deux cent quatre-vingt cinq exemplaires d'œuvres historiques, plus que *Les Lettres philosophiques*, *La Henriade* et *Candide* réunis, textes pourtant très lus. En multipliant le nombre d'exemplaires par le nombre de volumes, la proportion du succès serait quatre à cinq fois plus élevée que pour les titres de premier plan dans les autres genres. Même si l'on fait intervenir le nombre des représentations dans le cas du théâtre, la diffusion de la production historique frappe par son ampleur.

Plus encore que dans les autres cas, la publication en Angleterre suit de très près la sortie de l'original français. Dans deux cas au moins, pour l'*Histoire de Charles XII* et pour le *Siècle de Louis XIV*, elle fut pratiquement simultanée. Même clandestine, désavouée ou incomplète, cette première publication était avidement dévorée. Ensuite, on rééditait inlassablement, parfois dans une seconde traduction, comme pour l'*Histoire de l'empire de Russie*. La multiplication des suppléments, correctifs et pièces annexes ne rebutait pas les libraires, bien au contraire, car elle relançait la vente.

Il est significatif que la première traduction des *Œuvres complètes* commence par onze volumes d'histoire; que celle de Kenrick, dix-huit ans plus tard, en comprenne encore neuf sur les quatorze parus; que la seule œuvre publiée en feuilleton, dans deux journaux différents, soit l'*Histoire de Charles XII*, à plusieurs années d'intervalle[2]; que dans le *Gentleman's magazine*, qui ne consacrait à l'histoire qu'une place réduite, 50% des extraits historiques soient de la plume de Voltaire; que le premier ouvrage de Voltaire imprimé en Ecosse soit encore *Charles XII*, en 1750;

[2] à partir du 29 avril 1732, deux mois seulement après la sortie de l'ouvrage en librairie, dans *Reid's Weekly journal*; de 1735 à janvier 1737 dans le *London morning advertiser*.

qu'en 1975, les libraires anglais puissent offrir des exemplaires de *Charles the twelfth* ou *The Age of Lewis XIV* au même prix que les éditions françaises. Le Voltaire constamment et abondamment lu en Angleterre est bien l'historien, ce que confirme Smollett: 'His historical tracts . . . of all his works are the most universally read for entertainment and instruction' (*Complete works, Préface*, i, p.x).

1. Lecture des œuvres

Sans deux minimes allusions de 1769 et de 1786[3], on pourrait dire que l'*Essai sur les guerres civiles* n'a pas eu de lecteurs, bien qu'il figure constamment en tête du recueil comprenant aussi l'*Essai sur la poésie épique*, sauf dans le cas exceptionnel cité plus haut. Après 1733, les lecteurs anglais prirent l'habitude de se référer au texte français séparé de l'*Essai sur la poésie épique*. Ainsi, l'*Essay upon the civil wars*, opuscule éphémère, simple prospectus en guise d'introduction à *La Henriade*, disparut-il virtuellement. Voltaire lui-même, sans illusions, en détailla sans tarder la substance dans les notes historiques et critiques placées en bas des pages du poème en 1730[4], qui seront traduites en 1732 (*BAV* 131), sans que personne s'en aperçoive en Angleterre.

Chroniqueur par accident, Voltaire ne voulait encore que mettre l'histoire au service de la poésie. Ce n'est pas un hasard si cet embryon de vocation historique est né à La Source, chez Bolingbroke, en décembre 1722 (Best.D144). Cette influence sera décisive. En tout cas, dans le poète qui débarqua en Angleterre, il y avait déjà un grain d'historien.

A. Le monde slave contemporain

Dépassant la simple utilité, ce goût pour l'histoire trouva un aliment dans l'intérêt des Anglais pour Pierre le grand. Steele, dans le n° 139 du *Spectator*, Aaron Hill par son poème *The*

[3] *LC* (1769) xxv.205 et Windham, p.78. Nous comptons pour rien la 'prière d'insérer' de *The Present state of the republick of letters* de janvier 1728.

[4] édition donnée sous l'adresse de Hiérome Bold Truth, à Londres; en fait imprimée à Rouen par Jore.

Northern star (1718), puis par une série d'articles dans *The Plain dealer* en 1725, Defoe dans ses *Wars of Sweden,*lui avaient conféré ses lettres de noblesse littéraire[5]. Voltaire ne fut pas insensible à ces exemples: 'On se serait donné bien de garde d'ajouter cette histoire particulière de Charles *XII*, roi de Suède, à la multitude des livres dont le public est accablé, si ce prince et son rival, Pierre Alexiowitz, beaucoup plus grand homme que lui, n'avaient été, du consentement de toute la terre, les personnages les plus singuliers qui eussent paru depuis plus de vingt siècles' (*Discours sur l'Histoire de Charles XII*).

Ici perce le regret de n'avoir pas traité le sujet qui fût des deux le plus noble et le moins rebattu. Ce privilège, à cette date, semblait réservé à Aaron Hill qui, pour son poème, avait reçu les encouragements de la tsarine Catherine, veuve de Pierre, et la promesse de l'envoi de documents pour une biographie en forme, préfiguration singulière de la situation voltairienne, dont notre voyageur put entendre parler, malgré l'absence de Hill, par Pope qui était parfaitement au courant[6].

Cette documentation encore absente, et l'étincelle nécessaire, le hasard allait les fournir par 'plusieurs personnes qui avaient passé plusieurs années auprès de Charles XII et Pierre le grand ... et qui, s'étant retirées dans un pays libre, longtemps après la mort de ce prince, n'avaient aucun intérêt à déguiser la vérité'[7]. Ce

---

[5] *BV* 2583 est un 'pot pouri anglet' contenant l'*Eloge du czar Pierre Ier* par Fontenelle en traduction anglaise, *The Northern star* de Hill et la traduction abrégée du cinquième volume des *Mémoires du règne de Catherine*, de J. Rousset, le tout publié à Londres en 1728 sous le titre *The Northern worthies*. Nous pensons que cet ouvrage date du séjour en Angleterre, et fait partie de la documentation primitive. Le seul ouvrage anglais antérieur est Anon., *An Impartial history of the life and actions of Peter Alexowitz, the present czar of Muscovy, from his birth to this present time . . ., written by a British*

officer in service of the czar, Londres 1723, 426 pp. (2ème éd. 1725). On trouvera dans Minzloff la liste de tous les ouvrages européens consacrés à Pierre le grand, et par conséquent à Charles XII.

[6] il existe une lettre de félicitations adressée à Hill par Pope à cette occasion (A. Pope, ii.405).

[7] *Discours sur l'histoire de Charles XII*, loc. cit. La rencontre de Görtz, l'un des acteurs principaux du drame, qui eut lieu à Paris vers 1717 chez le banquier Hogguers (Geffroy, p.363), avait peut-être jeté les premiers germes, mais c'est bien en Angleterre que l'éclosion eut lieu.

'pays libre' va donc devenir la première école de vérité. En tête de ces 'personnes', dont les noms seront donnés dans l'édition de 1739[8], vient Fabrice. D'autres renseignements vinrent de Bolingbroke, de James Jefferies, résident anglais en Suède de 1711 à 1714, qui avait été à Bender, et de la duchesse de Marlborough, qui narra l'entrevue entre son mari et le roi de Suède[9]. Les entretiens avec Fabrice jouèrent le rôle capital: 'Me trouvant à la campagne en 1727 avec m.

Fabrice qui avait passé sept années auprès de Charles xii, il me conta des faits si extraordinaires que je ne pus résister à l'envie qu'il m'inspira de les écrire; il me communiqua des mémoires, j'en cherchai ailleurs'[10]. Plusieurs des faits transmis par Fabrice révèlent, en effet, une source orale[11]. L'enquête que mena Voltaire dans les milieux anglais après ces premières révélations ressuscite en partie devant nous à la lecture des notes qu'il rédigea alors[12], et qui passèrent

[8] édition extrêment rare (cf. Bengesco i.381, qui ne connaît que par ouï-dire l'exemplaire d'Upsala). Nous citons d'après l'exemplaire de Nancy, le seul en France, semble-t-il (Lortholary, p.xxiii). Chose curieuse, la seule édition de l'*HChXII* à Leningrad est précisément celle-ci (*BV* 3613).

[9] *HChXII*, l.iii, *in fine*. La version du rôle joué par Marlborough à Leipzig, critiquée par Thomas Lediard (ii. 162-164) a été confirmée par les propres dépêches du duc (Geffroy, p.378).

[10] Best.D2593, confirmé par *CoH* et *L & W*, ii.494. Autres mentions de Fabrice dans *Discours sur l'"Histoire de Charles XII"*; *HChXII*, l.vii, *in fine* Conseils à un journaliste, 'Sur l'histoire', et Best.D1334, D1602.

[11] 'Ces particularités m'ont été confirmées par le comte de Croissi ... après m'avoir été apprises par m. Fabrice'; 'm. Fabrice m'a dit'; 'm. Fabrice m'a assuré'; 'm. Fabrice m'a conté ce fait' (*HChXII*, l.vii, *in fine*, l.viii; l.iii, *in fine*; 19ᵉ *Note sur les 'Remarques' de la Mottraye*). Le désir de Voltaire de voir publier les docu-

ments authentiques détenus par Fabrice (Fabrice, *Avant-propos*) ne sera réalisé qu'en 1760. Le titre d'*Anecdotes* finalement retenu ne doit pas nous égarer. Il s'agit bien de l'édition complète et très exacte des lettres écrites par Fabrice pendant son séjour à Bender auprès de Charles xii, de 1710 à 1714. Que Voltaire les ait connues en manuscrit avant sa rédaction de l'*HChXII* peut se passer des preuves avancées par Felix. De ce fait, on peut négliger leur publication tronquée et approximative par La Mottraye, à qui Fabrice avait confié des documents (La Mottraye 1, *Appendices*, ii.3-31): trois lettres de janvier 1712 et février 1713, correspondant aux pp.161-223, de l'édition de 1760. En revanche, *ibid.*, pp.109-150 donne le récit détaillé du séjour de La Mottraye à Bender chez Fabrice.

[12] *Nb*, pp.667-669. Le dernier tiers de ces notes, rédigé en anglais, contient la preuve qu'il s'agit bien des renseignements recueillis auprès de Fabrice. Les lignes 'flemming born pomeranian ... sailing you'll repent of it', forment en effet le canevas d'un paragraphe sur le

toutes, parfois simplement traduites, dans le texte finalement imprimé.

A l'Angleterre nous devons donc le choix du sujet, les premières recherches, la critique des témoignages, et même l'application de la méthode, puisque le livre fut presque entièrement rédigé à Wandsworth pendant l'été de 1728 (*Discours sur l' 'Histoire de Charles XII'*). Mais cette version primitive, déjà complète, semble-t-il, allait devoir être revue et corrigée en France, son auteur n'ayant pas apparemment songé à la publier à Londres, puisqu'il n'était qu'à quelques semaines du retour. A vrai dire, s'il avait pu soupçonner les obstacles soulevés par ce qu'il croyait être un récit anodin et purement moral, il aurait sans doute fait le sacrifice de quelques mois supplémentaires outre-Manche. L'accusation d'offence au beau-père du roi de France, qui provoqua l'interdiction du premier tirage, serait restée sans effet. Les Anglais auraient même été flattés de servir d'asile, comme pour *La Henriade*. Selon le *Weekley medley* du 28 avril 1730, on aurait apporté un manuscrit de *Charles XII* 'which is not allowed to be printed in France because of the many fine strokes upon liberty interspersed in different parts of it'. Rien dans la correspondance de Voltaire ne vient étayer une telle affirmation, mais on ne prête qu'aux riches.

Une phrase infime, vers la fin du *Discours sur Charles XII* donné comme supplément, choqua cette bonne volonté et faillit tout gâter: 'Les Anglais ne ressemblent pas plus aux Anglais de Cromwell que les moines et les monsignori dont Rome est peuplée ne ressemblent aux Scipions'. L'intention d'innocenter un peuple

---

comte Fleming (Voltaire 12, p.1677, n. de la p.136), que Voltaire supprima des premières éditions après que La Mottraye en eût contesté la véracité, bien qu'il affirmât le tenir de l'un des confidents de l'un des deux rois, avec défense de le nommer. Il s'agit évidemment de Fabrice. Celui-ci et Voltaire conversaient en français. Le fait qu'une partie des notes soit cependant en anglais peut s'interpréter de deux façons: Voltaire s'imposait cet exercice de traduction pour l'apprentissage de la langue, explication peu probable après un an de séjour; ou bien Voltaire pensait et rédigeait spontanément en anglais pendant toute cette période, ce qu'il affirme lui-même dans le *Discours sur la tragédie*.

naguère régicide se trouvait bien maladroitement formulée. Dans le *Craftsman*, Bolingbroke bondit sur l'occasion de répondre aux attaques de ses adversaires whigs.

La querelle était née d'un article du *Daily courant* du 6 mars 1732[13]. L'*Histoire de Charles XII*, y disait-on, aurait aussi bien pu être écrite par Bolingbroke, dont Voltaire avait été notoirement le familier et le flatteur, et qu'il qualifiait maintenant 'd'un des plus brillants génies et d'homme le plus éloquent de son siècle' (*HChXII*, l.vii). Après le récit de la mort de la reine Anne, l'auteur parle du prétendant Stuart comme d'un prince malheureux qui aurait été mis sur le trône si le parti d'Oxford et de Bolingbroke l'avait emporté. Assertion scandaleuse, encore jamais imprimée. De quoi se mêle cet étranger, conclut le journaliste? 'Pretenders to merit flocking from other countries, raising extravagant subscriptions; and when they are retired home with their purses filled, abusing our princes and scoffing at our people! Of this, Voltaire is a flagrant instance'. Le 20 avril, le même journal reprend sa campagne. Cette fois, on accuse Voltaire de diffamation envers le feu roi George Ier, pour l'avoir présenté comme électeur de Hanovre plus que comme roi d'Angleterre, achetant Brême et Verden sans aucun droit[14]; envers la reine Anne aussi, qui aurait été 'haïe de la moitié de la nation à sa mort'. Bref, on avait affaire à un papiste et à un jacobite.

Attaqué, Bolingbroke répondit le 15 avril par un numéro entier du *Craftsman* consacré à l'*Histoire de Charles XII*: 'Monsieur Voltaire's *History of Charles XII, king of Sweden* hath given me, amongst the rest of mankind, a very uncommon and agreeable entertainment. I think it is the best piece of modern history that

---

[13] on trouvera tous les textes dans *GM* (1732) ii.666, 702-703, 739; *LM* (1732) i.16-17, 20, 61-62. Les whigs répondaient à Bolingbroke dans le *Daily courant* et le *London journal*.

[14] quand lord Hervey rédigea ses mémoires pour juillet 1727, il se fit l'écho de cette querelle et cita la phrase de l'*HChXII* relative à la politique de George II envers ces deux places fortes. Mais c'était pour justifier Voltaire, car George Ier était à peine mort que Walpole désignait lord Torrington comme premier lord de l'amirauté avec la consigne de tout mettre en œuvre pour les conserver (J. Hervey 2, pp.37-38).

hath lately appeared in publick. He seems to have been furnished in many places, with proper and authentick materials for such a work. His style is neat and elegant and full of that spirit which inspired his hero' (n° 300). Ce préambule élogieux le cède bientôt à une violente critique. En fait de défense, le journal trouve plus sûr de renchérir sur la presse adverse aux dépens de Voltaire, se contentant, comme seule originalité, de glisser quelques allusions aux ministres tyranniques, c'est-à-dire Walpole, et à 'certains patriotes' (comprenons les Ecossais non-jacobites). C'est après avoir repris tous ces points litigieux, sans aborder le fond, que le rédacteur se lance dans une tirade de deux pages sur les 'Anglais de Cromwell'. 'Echauffé par l'indignation', il exalte la puissance et la valeur britanniques, sommant Voltaire de s'expliquer sur cette injurieuse comparaison avec des papistes dégénérés. Ce n'est qu'à la fin que l'on découvre le venin: si Voltaire avait raison—et pourquoi pas?—toute la faute en retombe sur un ministère imbécile.

En attirant sur cette malheureuse petite phrase l'attention du public—car le *Gentleman's magazine* reproduisit ensuite toutes les pièces de la querelle—Bolingbroke et son parti fournissaient au chauvinisme anglais une arme anti-voltairienne, qui allait servir pendant tout le siècle aux apologistes de la force économique et militaire de la Grande-Bretagne. On oublia l'ingratitude et la trahison de ce 'French strolling biographer, this sorry scribbler', mais on se souviendra de cette imprudente allusion à une prétendue décadence[15].

A peine arrivé à Londres, Thieriot fut témoin de cet assaut. Vite affolé, augurant mal de la publication des *Letters concerning the English nation*, dont il portait la responsabilité, il envoya le *Craftsman* à son ami. Voltaire ne s'en émut guère: 'I am not wholly displeased to see that my works are now and then the ground upon which the republicans' [*voulant dire les 'patriotes' de*

---

[15] par exemple, un correspondant de mrs Montagu (E. Montagu 4, i.207), relatant la défaite anglaise de Prestonpans en 1745, s'appuie ironiquement sur Voltaire pour montrer comment cinq mille gueux écossais ont pu écraser l'armée anglaise.

l'opposition] 'point their artillery against ministery; but never J would utter a single word that could be shocking to a free and generous nation which J admire, which J regret and to whom J am indebted' (Best.D488). Selon lui, la faute en est à l'imprimeur, qui aurait dû mettre, 'ne ressemblent pas aux fanatiques de Cromwell', au lieu de 'aux Anglais de Cromwell', texte en effet corrigé dans l'*erratum* de la première édition et dans le corps des éditions ultérieures.

Que s'est-il exactement passé à Londres? Quand le *Craftsman* imagina sa diatribe, quatre éditions anglaises de l'*Histoire de Charles XII* avaient déjà paru, deux en anglais et deux en français, reproduisant aussi bien la première version de la phrase incriminée que la seconde. Ce n'était pas une épithète de plus ou de moins qui pouvait changer grand chose. Voltaire savait que tout ce bruit ne le compromettait pas sérieusement. Dans ses *Remarques historiques et critiques* publiées peu après, La Mottraye exploita l'incident: 'On trouve qu'au lieu d'abaisser si fort les Anglais de notre siècle au-dessous de ceux de Cromwell, vous les pourriez fort bien comparer à votre héros . . . . Divers imprimés hebdomadaires de Londres vous ont fait des reproches très vifs . . . . Je vous plains . . . d'avoir, sans y penser, encouru la haine de presque toutes les nations dont vous avez eu à parler' (pp.57-58). Après lecture de ce bon apôtre, Voltaire pouvait bien répondre dans la note lix sur les *Remarques*: 'De quel droit, par quelle raison, et avec quelle confiance, osez-vous dire que m. de Voltaire a encouru la haine des nations dont il a parlé? Il est vrai que son histoire a été longtemps le sujet de quelques débats en Angleterre dans les papiers publics[16]. Mais il est aisé de voir par ces papiers que l'*Histoire de Charles XII* servait de prétexte aux écrivains de parti. On sait les obligations que m. de Voltaire a aux Anglais, et on sait aussi son sincère attachement pour cette nation'.

Il avait cent fois raison, comme le prouve l'inventaire des éditions anglaises de son ouvrage. Sans aller jusqu'à écrire avec

[16] deux mois exactement, du 6 mars au 6 mai 1732.

l'auteur, de qui deux traductions d'abord[17], puis huit rééditions furent connues (Best.D2405, 2609), que le livre fut 'plus souvent imprimé à Londres qu'à Paris', et qu'il obtint 'plus de suffrages en Angleterre que dans sa patrie', l'*Histoire de Charles XII* vient en tête de la bibliographie anglaise de Voltaire: vingt-cinq éditions du texte anglais; cinq du texte français; sept éditions pour la seule année 1732; deux en feuilletons; plusieurs contrefaçons et abrégés, tout atteste une vogue intense et durable parmi toutes les classes de lecteurs.

L'histoire du lancement nous est bien connue par les registres de Bowyer, l'imprimeur (Maslen, p.288). Après quatre mois environ passés à Rouen pour l'impression clandestine de son livre par Jore, Voltaire était rentré à Paris, où les ballots ne le suivront qu'en novembre 1731. Entre temps, par un accord dont il existe de nombreux exemples, Jore envoyait à Bowyer un exemplaire imprimé pour reproduction. Dès le milieu de janvier 1732, celui-ci livrait 750 exemplaires au libraire; le 20, les Londoniens pouvaient se procurer le texte français, deux mois seulement après les Parisiens[18].

'The translation of the above book is near finished, and will be published in a few days', précisait l'annonce. Trois traducteurs, cas exceptionnel[19], faisaient diligence. La traduction fut mise en vente le 12 février. Le 27 mars sortait la deuxième édition revue et corrigée du texte français, et le 6 avril la traduction correspondante, plus de 5000 exemplaires en tout, en moins de deux mois et demi, chiffre fantastique pour l'époque[20]. En juin, un nouveau

---

[17] une addition à cette note lix déclare que deux traductions témoignent de la faveur des Anglais.

[18] *BAV* 133, annoncé par *Grubstreet journal*. En fait, Bowyer n'a imprimé que le t.i, un inconnu le t.ii.

[19] 'The Prefatory discourse was written by John Locker, Esq., the four first books translated by dr Jebb, the next two by the rev. mr Wagstaffe, and the two last by John Locker, Esq.', nous dit Nichols 2, i.480, d'après une note de Locker sur son propre exemplaire. Les pp.1-488 de Nichols 2, i. constituent un dossier complet sur Bowyer.

[20] les registres de l'imprimeur donnent 750 exemplaires pour la première édition française, 1000 pour la deuxième et 2000 pour la deuxième édition anglaise. On peut estimer à 1500 le tirage de la première édition anglaise.

tirage était rendu nécessaire pour 2000 exemplaires[21]. En même temps, le *Weekly journal* de Reid reproduisait de larges portions du texte à partir du 29 avril[22]. Devant le succès persistant, Bowyer continuera à imprimer des milliers d'exemplaires[23] jusqu'à la neuvième édition de 1758. Reprenant l'idée de Reid, William Rayner, dans son *London morning advertiser*, donna le texte intégral entre 1735 et janvier 1737 (n° 166) (Wiles, pp.39, 42).

Les adaptations ne sont pas moins significatives. En 1734, s'ouvrit une première série sous le titre *The History of Charles XII, king of Sweden, in eight books*, réédité à Londres en 1739, puis deux fois à Glasgow (*BAV* 143, 149, 151, 157). Toute mention de Voltaire a disparu, ainsi que la préface, les notes et l'index. Un méchant portrait du roi précède le texte, qui n'est composé que de phrases authentiques de Voltaire, mais découpées en tronçons et remises bout à bout, de façon à réduire la longueur d'une bonne moitié, en supprimant les paragraphes techniques ou digressifs, et une phrase ici et là, sauf les dix pages d'introduction résumées en quelques lignes, véritable ancêtre de nos modernes *digests*. Imprimé sur très médiocre papier de petit format, c'est le type même du livre de poche populaire encore assez bien fait.

Analogue est le travail de W. H. Dilworth[24], mais destiné à 'l'édification de la jeunesse britannique des deux sexes'. Très inférieure, cette *History of the brave and renowned Charles XII* de date inconnue, vrai *chapbook* de colporteur, où des fragments mutilés de Voltaire sont incorporés à un récit gauche, insipide, et même souvent inepte, ne rappelle l'original que par éclipses, simplifié et défiguré. Enfin, un certain Andrew Henderson publia en

---

[21] en fait, l'édition qui porte le n° 4 (*BAV* 141), la prétendue troisième, par une pratique encore courante aujourd'hui, n'étant constituée que des feuilles invendues de la deuxième pourvues d'un nouveau titre.

[22] jusqu'au 24 juin; textes reproduits par *GM* (1732) ii.715, 757-760, 809-810. Le journal arrêta la publication en conseillant aux lecteurs d'acheter le livre.

[23] 3800 en 1735 (*BAV* 146); 1000 en 1755 (*BAV* 153). *BV* possède la 5ᵉᵐᵉ édition (*BV* 3623).

[24] *BAV* 156. Du même compilateur avait paru en 1758 *The Father of his country, or the history of the life and glorious exploits of Peter the Great, czar of Muscovy*, première vie de Pierre le grand à l'usage des classes après les ouvrages originaux énumérés *supra*.

1752 une *History of Frederick, king of Sweden*, dont le titre annonce une nouvelle traduction 'améliorée' de *Charles XII*, en fait un simple récit des campagnes suédoises de 1676 à 1751, Charles XII lui-même n'occupant guère que douze pages (pp.74-86), et le texte de Voltaire une seule, ultime avatar du chef-d'œuvre, dénoncé comme compilation apocryphe par la *Monthly review* (*MR* (1752) vi.146), geai paré des plumes d'un paon triomphal.

Si nous sommes certain que Voltaire envoya son livre à Dodington, à Hervey et à Richmond (Best.D454, D456; Barling 2), sans doute à d'autres amis anglais, et peut-être à la reine, leurs réactions sont inconnues. Le *Gentleman's magazine* et le *London magazine*, qui commencent précisément leur carrière, se bornent à l'incident du *Craftsman*. Un seul compte-rendu, dans *The Present state of the republick of letters* (1732, ix.37-60, 182-218), soixante-trois pages d'extraits, abondance révélatrice, et cinq pages de commentaire dispersé. En dépit de quelques réserves sur la documentation et sur l'objectivité, le ton est satisfait: livre merveilleusement écrit, 'the images and descriptions though poetical are very natural, the incidents are well-contrived ...; we find interspersed a vast number of moral reflections'. Retenons l'ordre des arguments, car c'est la première et la dernière fois que les mérites littéraires font accepter certaines faiblesses du fond. Malgré ces rares jugements, on pourrait croire à un médiocre succès s'il n'y avait les éloquentes statistiques commerciales.

A peine publié, le *Charles XII* suscite correctifs et compléments en abondance. L'ère des disputes commence. En publiant ses *Remarks* en anglais et à Londres aussitôt après le texte, La Mottraye intervenait en un lieu stratégique et, au début du moins, marqua des points. Favorable dans ses premières réactions, *The Present state* va saisir l'occasion de l'*Histoire de Pologne* de Parthenay pour changer de ton l'année suivante. Si Parthenay n'a pas craint de s'écarter de Voltaire, il a eu raison, car le *Charles XII* n'est qu'une 'poetical performance, penned in a rapid and florid style, without much regard to truth and exactness' (1733, xi..346-347). Les ouvrages historiques d'Adlerfeld et de Poniatowski furent traduits en anglais, celui de Nordberg diffusé par la Hollande. La comparaison confirma l'idée que Voltaire s'était complu dans 'many brilliant touches and extraordinary particulars wherewith he had thought proper to enrich and adorn his book' (Poniatowski, *Préface* du traducteur anglais).

L'influence de La Mottraye se manifeste particulièrement dans l'histoire de Pierre le grand écrite par John Mottley, qui oppose souvent les versions des deux chroniqueurs. En 1740, John Bancks se borne à un long et indigeste recueil de faits sans le moindre commentaire, mais, en 1755, Alexander Gordon s'en prend encore à Voltaire[25]. Tout ouvrage sur la Suède ou la Russie voit revenir la même sentence: 'spirited narrative', 'entertaining', 'an agreeable style', 'delicate pencil and glowing imagination', mais 'very faulty accounts', 'panegyrist rather than biographer', 'not adhering strictly to truth'[26].

Tandis que les témoins accumulent réfutations et documents, le moindre problème n'était pas la cause exacte de la mort de Charles XII[27]. De leur côté, moralistes et poètes s'emparent du thème. Le *Discours* de Voltaire et l'œuvre en général invitaient à la réflexion sur les grands et les conquérants, les mauvais princes glorieux et les bons rois obscurs. Un article du *Grub street journal* du 9 mars 1732 sur l'ambition, s'empressa de citer le livre à la mode. Le rédacteur refusait d'admirer ce faux héros, dont tout Anglais, fils d'une terre de liberté et de vertu, devait avoir horreur. Figure ambiguë, Charles XII attire et repousse à la fois. La pensée de Voltaire reflète fidèlement cette dualité, mais sans duplicité: le romancier tient tête au moraliste et au 'philosophe' naissant,

---

[25] à côté de Voltaire, Gordon fait pâle figure. Adam Smith opposa la médiocrité des ouvrages anglais aux 'masterly strokes' de Voltaire et de Fontenelle (*EdR* (1755) i.2). P. Stockdale, se destinant à l'armée, lut des ouvrages d'histoire militaire. Il trouva Gordon 'dryly, but faithfully written', tandis que Voltaire 'particularly charmed and delighted his fancy

(Stockdale 2, i.421).
[26] *MR* (1756) xiv.372; *JB* (1756) xx.92; *CR* (1757) iii.279, (1762) xii.335.
[27] Wraxall (1; pp.112-116; cf. aussi *HiM* (1775) iii.516-517) a examiné luimême l'uniforme sanglant du roi, et réfute l'assertion de Voltaire déchargeant les Suédois de l'accusation de meurtre. Le débat dure encore (Voltaire 12, p.1682n).

créant une tension qui n'est pas l'un des moindres charmes du livre. Pour certains Anglais également, Charles était 'a glorious madman' (M. Jones, p.280), 'a gallant barbarian'[28], 'le plus grand furieux (je vous demande pardon si je ne peux pas dire le plus grand héros) de toute l'Europe' (Chesterfield i, v.1927); Pour les admirateurs de la 'romantick bravery', au contraire, le panache l'emporte. Percival Stockdale rapporte dans ses mémoires comment, en 1756, il découvrit 'the life of perhaps the most extraordinary man in the military department that ever lived; and it is written by a lively, elegant and brilliant author, who was worthy to describe his unexampled constitution of body and mind'[29]. A son sujet, il eut de nombreux entretiens avec le dr Johnson, et tous deux tombèrent d'accord avec Voltaire contre Montesquieu. Dans son poème de 1749, *The Vanity of human wishes*, Johnson put montrer à Stockdale le célèbre passage sur Charles XII, sorte de reflet poétique du texte voltairien:

> On what foundation stands the warrior's pride,
> How just his hopes, let Swedish Charles decide;
> A frame of adamant, a soul of fire,
> No dangers fright him and no labours tire;
> O'er love, o'er fear, extends his wide domain,
> Unconquered lord of pleasure and of pain.

Après un résumé de sa grandiose épopée, il évoque sa mort, aussi stupide que peu héroïque:

> He left the name at which the world grew pale,
> To point a moral or adorn a tale[30].

Johnson connaissait assez bien l'*Histoire de Charles XII* pour en citer par cœur un passage à Boswell en 1769[31]. Comme chez

[28] Sale, xii[xx].422. Charles XII occupe les pp.369 sqq.

[29] les pp.241-277 de ses *Memoirs* offrent de pertinentes remarques sur Charles XII.

[30] vv.199-222 (Johnson 7, vi.101-102). Johnson eut même l'intention d'écrire une pièce sur Charles XII (*ibid.*, vi.101n).

[31] Boswell 5, ii.475. Il s'agit, à propos d'une conversation sur le prestige de l'habit, du passage décrivant le costume de Charles XII en présence du roi de Pologne (*HChXII*, I.iii).

Voltaire, son sermon à la manière de l'*Ecclésiaste* se laisse dépasser par la sorte d'ivresse propre aux grandes aventures. Dans le fond, Johnson et Stockdale communiaient dans une même ferveur inavouée.

Dès juin 1732, le hasard mit *Charles XII* entre les mains de Fielding (*Covent-garden tragedy*, *Prolegomena*, p.2). Une occasion fortuite l'obligea à le relire dans les moindres détails quand Nourse l'engagea pour une traduction de *The Military history of Charles XII* d'Adlerfeld[32]. Le livre parut en trois volumes, avec des notes de Fielding, qui indiquent une connaissance intime et précise de Voltaire. Est-ce un hasard si *The Champion* du 3 mai 1740, rédigé par Fielding, classe Alexandre et Charles XII parmi les bouchers de l'humanité et les fléaux de l'histoire? *Jonathan Wild*, écrit pour réfuter la théorie de la grandeur obtenue par le crime, cite également Charles XII. On peut donc estimer que la lecture de Voltaire a ainsi contribué à cristalliser tout un courant de pensée du romancier.

Cette pure sublimité, que Fielding refusait au roi de Suède, son rival Pierre le grand se la vit fréquemment accorder. Le parallèle entre l'orgueilleux et vain conquérant, et le modeste bâtisseur d'empire, ne tarda pas à devenir un lieu commun de l'histoire édifiante contemporaine (cf. Anon.23). Inspiré par Aaron Hill, mais aussi par l'*Histoire de Charles XII* qu'il possédait dans sa bibliothèque (McKillop 4; McKillop 1, pp.108-111), James Thomson, en rééditant son poème *Winter* en 1744, ajouta un long passage en l'honneur du tsar (ch.v, vers 950-976, p.226):

---

[32] sur cette affaire, cf. Wells et Dudden, i.289. On possède le reçu signé de Fielding, en mars 1740, pour la somme de £45. Une deuxième édition, sous le nom de James Ford, devait paraître en 1742. Comme elle est en réalité en un seul volume au lieu de trois, il semble que Ford se soit contenté de condenser la traduction de Fielding en conservant une partie des notes. En revanche, c'est bien Ford qui aurait traduit les livres v à viii de l'*HChXII*, mis à la suite d'Adlerfeld, sous le titre: *The History of Charles XII, king of Sweden, from the time of his retreat from Bender in Turkey to his death: being killed at Frederickshall in Norway, december 1718*. Cet appendice est absent de l'édition anglaise de 1740, comme de l'édition française d'Amsterdam de la même année.

What cannot active government perform
New-moulding man? Wide-stretching from these shores,
A people savage from remotest time,
A huge neglected empire, one vast mind,
By Heaven inspired, from Gothic darkness called.
Immortal Peter! first of monarchs! he
His stubborn country tamed, her rocks, her fens,
Her floods, her seas, her ill-submitted sons;
And while the fierce Barbarian he subdued
The more exalted soul he raised the man. . . .
Far-distant flood to flood is social joined,
Th'astonished Euxine hears the Baltic roar.

Ce portrait flatteur et lyrique s'inspire directement de Voltaire, comme le souligne le dernier détail (cf. *HER*, 1ᵉʳᵉ p., ch.xii). A la première page de *Charles XII*, Thomson emprunte encore l'idée de la vertu des robustes Scandinaves, telle que l'expose la quatrième partie de son poème *Liberty*, en 1736 (vers 370-378). Simples détails, dira-t-on, qui reflètent sans doute les conversations tenues à la fin de 1730 entre les deux écrivains, précisément au moment où s'imprimait l'édition, bientôt confisquée, de l'*Histoire de Charles XII*.

En mettant en avant le despote éclairé, Thomson allait dans le sens de Voltaire, mais le public n'entra pas dans ces finesses. Voltaire avait eu beau se défendre d'avoir fait œuvre de polémiste ou de journaliste, il avait encore manqué de recul pour donner à son interprétation mieux qu'une coloration morale traditionnelle. Il fallut attendre le *Siècle de Louis XIV* pour que l'histoire devînt vraiment philosophique. Telle qu'elle était, simple 'histoire particulière', l'*Histoire de Charles XII*, considérée comme portrait psychologique ou comme récit dramatique, restait inégalé. Aucun écrivain anglais ne tenta de le refaire. On put bien le corriger sur certains détails; littérairement, l'œuvre domine et influence tout le siècle[33]. Populaire au sens plein du terme, elle fut lue outre-

---

[33] en 1739, pour son portrait final de Charles XII, Mottley ne trouva rien de mieux que de plagier une page de Voltaire (*HChXII*, l.viii, *in fine*). En 1805, Belsham 2 (ii.93-94,168) s'incline encore devant Voltaire.

Manche comme un roman historique, peut-être le seul roman que Voltaire ait jamais écrit.

Charles XII et Pierre le grand forment un couple trop uni pour ne pas en séparer l'étude, même si la chronologie doit en souffrir. Sans doute l'*Histoire de l'empire de Russie* eut-elle douze éditions entre 1761 et 1778, avec trois traductions différentes, en comprenant les *Complete works*, mais le sujet n'était plus aussi neuf, et le triomphe de l'*Histoire de Charles XII* ne se répétera plus. Après Aaron Hill et Perry, il y avait eu Mottley, Bancks et Gordon. En même temps que le livre de Voltaire paraissait le treizième volume de la partie moderne de l'*Universal history*, où se trouvait rassemblée une documentation complète. Dans un public de mieux en mieux informé, l'esprit critique gagnait en exigences.

Tout, ou presque tout, cette fois déplut: contradictions avec la précédente *Histoire de Charles XII* non seulement dans certains détails, mais dans le jugement d'ensemble; fausse façade d'information étendue et impartiale, provenant en fait d'une source unique et mensongère; servilité méprisable d'un rédacteur à gages; style plat et sans réflexions originales; bref, 'a slovenly history'[34], 'most contemptible' (*LC* (1762) xi.511). Même la *Critical review*, d'ordinaire favorable, resta tiède (*CR* (1760) x.397; (1761) xi.245; (1764) xvii.129-133). Seule l'*Edinburgh review* se plaignit de la médiocrité des autres ouvrages sur Pierre le grand, mais cet avis ne représente que l'opinion d'Adam Smith.

Les particuliers manifestèrent la même désapprobation. Témoin fort critique de la genèse de l'ouvrage lors de son séjour en Suisse, le diplomate Richard Phelps ne s'en laisse pas conter en février 1758, déjà rendu méfiant par les jugements tranchants sur Marlborough et par les bruyantes satisfactions de 'Voltaire-Lelius' dans sa correspondance avec 'Frédéric-Scipion'. 'He is at present, however, deeply engaged in a work which I would rather wish to

---

[34] *MR* (1778) lviii.552, qui résume les réactions contemporaines de l'ouvrage. Cf. encore *MR* (1761) xxiii.398- 405, (1761) xxix.127, (1763) xxviii. 540-547, (1764) xxx.207-214, et *AR* (1770) xiii.150.

see entrusted to other hands. I mean the life of Peter the Great. Of all the different characters in which this great genius has appeared, I think the historical one the last proper for him to assume. It is not only the air of romance which I dislike in him, it is the thing itself which I detest. Truth is not the object of his researches. It is the new, the lively and the surprising which he endeavours to display. Recollect only what he says of the last rebellion to prove the truth of my aspersion; and observe with what an air of assurance he imposes upon his readers' credulity as if every anecdote which falls from his pen was a mathematical axiom that admits of no enquiry' (à Th. Stevens, Lausanne, 15 févr. 1758; BM add. MS 34732).

Pour des raisons analogues, lord Hardwicke écrit que 'if Voltaire's second volume of his *History of Russia* is not better than the first, I would not give a farthing for it' (G. Harris, iii. 355). W. Seward le trouve 'very defective and superficial' (Seward 2, ii.388). Hurd rejette hardiment toute l'œuvre historique par la même occasion. 'You don't say a word of new books', écrit-il à Mason en 1760. 'Yet somebody spoke to me the other day of a history by this Voltaire, of *Peter the Great*. His taste for this sort of writing is as singular as for epic poetry. He has written, I think, three histories, that of Lewis XIV, of Charles XII and now of czar Peter: i.e. of a swaggerer, a madman and a savage. The only book he ever writ that reads like history, and is indeed a fit subject for one, is his epic poem' (Hurd 1, p.50).

Un point surtout échauffa les esprits: le meurtre du tsarévitch Alexis qu'un chapître entier (II.x), laborieusement hypocrite, ne parvient pas à justifier comme une mort naturelle. Voltaire y cite un écrit anglais contemporain (cf. Best.D10121) s'élevant contre le jugement qui le condamnait à mort. Comment donc s'étonner de la réaction anglaise devant ce récit détaillé de la barbarie moscovite? Le plus véhément fut Walpole, qui pleurait déjà d'ennui et de pitié à la lecture du premier volume (Walpole 8, ix.327). Pas plus à Voltaire qu'à Diderot ou à Alembert d'ailleurs, il ne pardonnait ses flagorneries envers Catherine: 'Base court of Voltaire and literati in France to the Czarina. How many tyrants have been deified by the learned whom they have pensioned' (Walpole 8, vii.287). Mme Du Deffand lui ayant envoyé un extrait d'une lettre de Voltaire excusant la conduite de l'impératrice, il répond: 'Voltaire me fait horreur avec sa Catherine. Le beau sujet de badinage que l'assassinat d'un mari et l'usurpation de son trône! Il n'est pas mal, dit-on, qu'on ait une faute à réparer. Et comment répare-t-on un meurtre? Est-ce en retenant des poètes à ses gages, en payant des historiens mercenaires et en soudoyant des philosophes ridicules à mille lieues de son pays? Ce sont ces âmes viles qui chantent un Auguste et se taisent sur ses proscriptions?'[35]. Jusqu'à sa mort, Walpole répétera ce commentaire indigné, qui tourne vite au refrain[36]. S'il avait pu lire la correspondance complète de Voltaire, dont l'honnêteté intellectuelle fut plus d'une fois mise à la torture par les consignes des censeurs russes (Best. D8609, D9412, D10141), il aurait au moins compris combien certaines vérités sont difficiles à imprimer.

Malgré les sympathies anglaises pour Pierre le grand, l'ombre honnie de Catherine qui planait sur l'œuvre de Voltaire, les en dégoûta promptement. L'historien fut sévèrement jugé. Derrière lui, c'était l'homme que l'on blâmait. Où donc était passé le champion de la libre vérité, de la justice et de l'humanité? Pour les Anglais, s'il ne pouvait parler, il aurait mieux fait de se taire.

B. L'actualité dans les monarchies française et anglaise

Avec le *Siècle de Louis XIV*, l'*Histoire de la guerre de 1741* et le *Précis du siècle de Louis XV*, nous abordons les relations franco-britanniques dans leur plus proche déroulement[37]. Certes, les

[35] Walpole 8, iii.299. La lettre de Voltaire est Best.D14187. Mme Du Deffand lui répondit par Best.D14201. Un peu plus tard, Voltaire priera Argental de faire à Catherine une 'bonne réputation' dans Paris (Best. D14697), en particulier auprès de Choiseul et de Praslin. Les sentiments de Walpole ne font que refléter ceux d'un petit groupe d'irréductibles français.
[36] Walpole 8, vi.108; xxii.570; xxiii. 195, 208; xxv.194; xxii.31; xxviii.475. Ces textes s'échelonnent de 1764 à 1781.
[37] un petit signe: dans sa bibliothèque, Fielding ne possède que le *SLXIV* (Fielding 1).

événements de Suède et de Russie n'étaient pas moins immédiats dans le temps, mais les protagonistes distants dans l'espace. Les passions politiques, les souvenirs encore frais des victoires et des défaites, vont dominer l'appréciation de ces trois ouvrages. Voltaire aura beau s'écrier: 'Malheur aux détails: la postérité les néglige tous: c'est une vermine qui tue les grands ouvrages. Ce qui caractérise le siècle, ce qui a causé des révolutions, ce qui sera important dans cent années: c'est là ce que je veux écrire aujourd'-hui' (Best.D1642), les faits sont encore trop récents, vécus par chacun des lecteurs qui apporte le point de vue partiel et partial du témoin parfois oculaire, aussi myope que convaincu. D'où une fureur d'anecdotes que le journaliste ne peut s'empêcher d'entre-tenir, la plus notable, dont les vertus sont encore loin d'être éventées, étant celle de l'homme au masque de fer, dont le pit-toresque mystère enflamma immédiatement tout le monde, depuis les mondains avides de sensationnel jusqu'au grave Gibbon[38].

Pour les Anglais, un Français, et particulièrement un historio-graphe royal, ne pouvait rester impartial[39]. Pourtant, force est de reconnaître que Voltaire, très conscient des difficultés de sa tâche, voulut le premier rompre avec la servilité ou l'hypocrisie tradition-nelles des 'versions officielles'. Mécontent des documents fran-çais mis à sa disposition, il prit la résolution, grâce à ses puissantes relations personnelles (Best.D3897), 'to hunt again after [his]

[38] *GM* (1752) xxii.261-262, 349. Lady Hervey reprochait à l'ancien précepteur de ses fils, un grave révé-rend, de ne rien trouver d'extraordi-naire dans l'histoire de 'l'homme masqué' (p.193). Pour Gibbon, cf. *infra*.

[39] *GM* (1746) xvi.346. C'est ainsi que Johnson imagine un récit tout différent de la prise de Louisbourg, vue du côté des Anglais (qui furent les vainqueurs; *The Idler*, 26 août 1758, dans Johnson 6, iv.206-209). Or il s'agit précisément d'un événement pour lequel nous savons que Voltaire, afin de rédiger le ch.xxvi de l'*HG41*, s'est informé auprès de Joseph Pellerin,

premier commis de la Marine qui, sur sa demande transmise par Maurepas, rédigea un mémoire. Le dossier com-plet et la lettre de Voltaire à Maurepas faisaient partie des archives Maurepas vendues aux Etats-Unis en 1962 (cf. le catalogue de la vente, Parke-Bernet Galleries, New York, p.117). Un inven-taire minutieux des sources de Voltaire pour l'histoire immédiatement con-temporaine révélerait ses extraordi-naires scrupules et la variété de ses informations. Mais comment les Ang-lais du xviiième siècle auraient-ils pu deviner ce que nous connaissons à peine aujourd'hui?

favourite game, truth' (Best.D4177), jusque sur les terres étrangères, et même chez l'ennemi. 'My history', déclara-t-il encore, et l'usage de la langue anglaise ne donne que plus de prix à ce programme, 'shall not be the work of a courtier, not that of a partial man; but that of a lover of mankind' (Best.D3803). Regrettons que Fawkener, le destinataire de ces lignes, n'ait pas davantage réfuté grâce à elles les accusations de ses compatriotes.

Voltaire lui-même fournissait parfois des armes à ses adversaires. A peine l'*Essai sur l'histoire du siècle de Louis XIV*, contenant l'introduction et le premier chapitre, eut-il paru à Amsterdam que Lockman en fit une traduction[40], publiée en décembre 1739 et plusieurs fois réimprimée en Irlande. Le *Recueil de pièces fugitives* donnait un meilleur texte autorisé par Voltaire[41], mais Lockman l'ignorait. 'Si la traduction anglaise s'est faite sur cette copie informe [celle de Hollande, 'inintelligible'], le traducteur est digne de faire une version de l'Apocalypse'? Ce début de la lettre à lord Hervey, de juin 1740 (Best.D2216) nous donne la première raison de cette épître: rétablir les faits adultérés par l'*Essay on the age of Lewis XIV*. Aucune traduction anglaise n'en a paru. Elle semble même, ce qui est un comble, être passée complètement inaperçue outre-Manche. Bien qu'en 'bon Français', son auteur eût souhaité de la voir lue partout, elle s'adressait finalement à ses seuls concitoyens, permettant, par une ruse classique, de tourner la confiscation du *Recueil des pièces fugitives*. Par malchance, tout ce qui était destiné à irriter le lecteur britannique dans le futur *Siècle* s'y trouvait déjà, y compris l'aveu dangereux du sacrifice d'un million d'hommes à l'ambition du roi-soleil. Dès l'année suivante, les hostilités franco-anglaises reprenaient avec la guerre de succession d'Autriche. Le moment s'était trouvé mal venu, et cette première publicité pour le *Siècle de Louis XIV* se vit placée sous le signe du conflit.

[40] annoncée par *GM* (déc. 1739) xi, et *Annals of Europe* (1739) i.488; *BAV* 357-359. Le texte français était imprimé par Dulauret, qui faisait suivre les feuilles l'une après l'autre à Desmaizeaux à l'in-tention de Lockman, au fur et à mesure de l'impression (BM add.MS 4288, f.77).

[41] au lieu d'une *Introduction* et d'un chapitre i, on a maintenant les chapitres i et ii.

Dès la première livraison de la *Monthly review* en 1749, Louis XIV est haineusement attaqué comme tyran, fauteur de guerres et persécuteur (*MR* (1749) i.416-418). La même année John Gwynn, dessinateur, prenant prétexte d'une défense de l'art anglais au XVIIème siècle, résume longuement la théorie des quatre siècles d'or de la civilisation, telle qu'elle est déjà exposée dans l'*Essai* de 1739, et entreprend de répondre à 'this vain-glorious Frenchman's high-strained panegyric on the rise and progress of the liberal arts in this country' (*MR* (1749) i.87-89, 161). Son argument essentiel, que Voltaire avait écarté plus que réfuté dans sa lettre à lord Hervey, est qu'en considérant le siècle de Louis XIV comme le dernier grand siècle, on néglige l'apport anglais à la culture contemporaine, un Locke, un Newton, et, paradoxalement, leur porte-parole, Voltaire lui-même. Dans le chapitre sur les états de l'Europe avant Louis XIV, l'Angleterre, en effet, est à peine effleurée. A ce 'grand siècle' français, Gwynn oppose 'the Augustan age' de Pope et de Swift. Moins régulier, le génie anglais est plus libre et insuffle à l'Europe cet esprit de liberté. S'il manque de goût dans les beaux-arts, le remède serait sans doute une académie subventionnée, thème qui reviendra plus d'une fois, et dont Voltaire avait perçu l'importance dans la 24e *Lettre philosophique*. Le débat s'ouvre donc sur la notion de progrès et de décadence des lettres et des arts, et sur les revendications de l'Angleterre à occuper la première place dans la civilisation des Lumières.

En 1750, le *Gentleman's magazine* publia une traduction des *Anecdotes sur Louis XIV*, anciennes de deux ans, parues dans la collection des *Œuvres* de Dresde[42]. Ainsi éveillé, l'intérêt s'accentua à la fin de 1751. 'I know of nothing new in the literary way but the history of Lewis 14th by Voltaire', écrit Gray; 'not that I have yet seen it, but my expectations are much raised' (Gray 1, i.354). Beaucoup partagaient la même curiosité. Tout le début de la correspondance entre le rév. John Jeffreys et Philip Yorke ren-

---

[42] *GM* (1750 xii.358-362, 395-398. Le même volume contient les *Anecdotes* sur *Pierre le Grand* et les chapitres avant-coureurs de l'*EMo*.

tentit du bruit de l'ouvrage: 'I hear m. de Voltaire has sent copies of his History of Lewis xiv's reign to some of his particular friends at Paris', écrit-il le 10 novembre 1751.' 'Tis said it will very soon be published and I shall not omit the very first opportunity of sending it to you. I have not yet been able to hear any character of the book, but I dare say it will be curious and entertaining' (BM add. MS 35630). Dans les nouvelles à la main qu'il envoie régulièrement à son protecteur, on apprend, à la date du 1ᵉʳ janvier 1752, que le gouvernement exerce une censure rigoureuse. Cinq exemplaires seulement ont pu pénétrer dans Paris, où une contrefaçon est attendue avec impatience. Le 5, Jeffreys espère pouvoir se procurer le livre dans le courant du mois, bien que son colporteur ne puisse le céder à moins de vingt livres—une petite fortune—pour les deux volumes. Le 19, la cote est montée à un louis d'or, avec de la chance[43]. Toujours bredouille le 29 février, Jeffreys envisage une curiouse solution: 'I believe I must trouble you for the book when Dodsley receives the parcel from Hamburgh' (admirons au passage l'étendue de son information). Le 3 mai enfin, l'ambassadeur, lord Albemarle, a réussi à se procurer un exemplaire venu en effet de Londres.

Comme un enfant, notre chapelain meurt d'envie de connaître la fameuse histoire du Masque de fer. C'est chose faite le 31 mai, après plus de six mois d'attente impatiente. Renseignements pris, il s'agirait du comte de Vermandois. Il a trouvé le livre 'impartial as well as very entertaining ... The French here speak very slightingly of it and say he [Voltaire] is wrong in many of his facts, but I look upon those reflections as arising chiefly of pique and anger at his quitting France' (BM add. MS 35445).

A La Haye, Joseph Yorke avait été plus heureux. 'I have just finished the first volume of Voltaire's *History du siècle de Louis XIV*', put-il écrire à son frère dès le 17 mars 1752, 'which has

---

[43] c'est le 30 janvier que milord Maréchal écrit de Paris à son frère à Berlin: 'Je suis anxieux [anglicisme; anxious = impatient] de lire le livre de Voltaire. Tant mieux qu'il a écrit librement. Si tout le monde était bien sage, il serait trop ennuyant. Il nous faut des Voltaires et des Ariostes. Bonsoir' (Cuthell, i.262).

been lent me by the Portuguese minister, to whom the author sent it to forward to the king his master. It is not yet published, nor is it to be by him till the crowned heads to whom he intends to present it have got their books, by which means he runs a risk of losing the profits, as I hear Néaulme, a bookseller in this town, will be out before him with a pirated edition' (BM add. MS 35363, f.297). Attentif au parallèle entre Louis xiv et Guillaume d'Orange, il s'arrête lui aussi sur le Masque de fer (*ibid.*, f.302). Si dans l'ensemble la lecture lui en paraît agréable, il n'y trouve guère de nouveautés: 'A good manual, though perhaps it is not a good history' (*ibid.*, f.298).

Nous comprenons mieux maintenant l'extrême avidité d'un public impatient. Comment donc les Anglais avaient-ils pu être plus promptement servis que les Français eux-mêmes? En juillet 1751, Voltaire demande à Fawkener s'il accepterait de stocker, puis de diffuser, quatre à cinq cents exemplaires de l'édition en cours de fabrication chez Henning (Best.D4529). 'Writ with truth and not without liberty', ce texte devrait plaire aux citoyens britanniques. Fawkener répondit qu'il n'était guère versé dans la librairie, mais qu'il a découvert parmi ses relations un certain Dodsley, qui se déclare prêt à vendre les feuilles qu'on lui enverrait moyennant une commission raisonnable. Il propose également de publier en même temps une traduction, tout en offrant l'original sous son étiquette commerciale, afin d'affirmer ses droits. Fawkener se dit malheureusement incapable de prévoir la demande (Best.D4552).

Finalement, l'impression traîna en longueur. Voltaire jugea la voie de Hambourg peu sûre en hiver, et annonça à trois reprises le départ du ballot[44]. En fait, cinq cents exemplaires partirent au milieu de mars[45], comme le confirme Jeffreys. Voltaire en faisait

---

[44] à Walther, 28 déc. 1751 (Best. D4632), 27 mars 1752 (Best.D4852); à Fawkener, 24 janv.1752 (Best.D4777), 27 mars 1752 (Best.D4851). La version donnée à Richelieu est plus hypocrite: 'Je n'ay point voulu que L'édition faitte à Berlin, ny celles qu'on a faittes sur le champ en conformité en Hollande et à Londres entrassent dans Paris' (Best. D4907).

[45] le connaissement du colis, expédié le 17 mars 1752, était resté joint à la lettre et a été reproduit en facsimile dans Best., t.xx, p.214.

une affaire particulière et non commerciale, aimant mieux être lu que vendu, car 'truth is above trade, and reputation above money'. Il demandait en outre à Fawkener d'envoyer un exemplaire à son protecteur, le duc de Cumberland, fils du roi, et à ses amis. Nous avons la preuve que Chesterfield et Dodington reçurent chacun le leur à peu près en même temps, vers la fin de mars[46].

Tout semblait se dérouler suivant les plans, quand Voltaire apprit que Dodsley avait aussi reproduit le texte français au lieu de se limiter à la revente des feuilles originales conformément au contrat[47], multipliant ainsi un texte fautif considéré comme provisoire. Sur quoi se produisit l'affaire Maupertuis. Désespéré, sans nouvelles de son livre à Londres depuis près d'un an, Voltaire se demanda, en janvier 1753, s'il n'allait pas se réfugier une fois de plus en Angleterre 'to print [his] true works, and to be buried in the land of freedom'. Cette fois, il ne lancerait pas de souscription, ne rechercherait aucun profit (serait-ce un rappel de la réputation laissée en 1728?). 'If my works', conclut-il, 'are neatly printed and cheaply sold, j am satisfye'd' (Best.D5160). Il faut croire que le contact fut rétabli, car il tira bientôt quatre-vingt-quatorze livres sur le compte berlinois de Fawkener, produit à peu près exact de vente de cinq cents exemplaires, en effet[48].

A quel trafic Dodsley s'était-il donc livré? D'après les annonces du *Public advertiser*, les cinq cents exemplaires de Berlin, dûment présentés sous une page de titre de Dodsley, furent mis en vente les 11 et 30 avril, la deuxième fois sous forme d'une prétendue deuxième édition, le reliquat étant baptisé troisième édition le 21 juin. Ces volumes sont d'une extrême rareté[49]. En même temps,

---

[46] Chesterfield I, v.1857-1860; lettre de Dodington à Gregory Sharpe, 13/24 avril 1752, dans *UM* (1794) xciv.421.
[47] Best.D4988. La lettre fait allusion à un 'mémoire', en réalité un *Avertissement aux libraires*, dont il est aussi question dans Best.D4989, et qui sera reproduit, mais un peu tard, dans *MdF*, nov. 1752.
[48] ou 1880 shillings. Or l'exem-

plaire fut d'abord vendu six, puis sept shillings.
[49] *BAV* 349-351. Nous ne connaissons d'exemplaire que de *BAV* 350 (BM, portant la signature 'Elizabeth Hay, july 24, 1752'; IMV; coll. Desmond Flower; un collectionneur français anonyme et R. A. Leigh (cf. Leigh 4 et 5).

comme on en avait prévenu Voltaire, Dodsley préparait une grande édition française in-4°, mise en vente par souscription le 11 juin au prix de seize shillings[50]. Mais, contrairement à ce qu'il craignait, un meilleur texte fut également diffusé, car, toujours en 1752, paraissait une nouvelle édition corrigée (*BAV* 353) et, l'année suivante, une autre encore, selon le texte revu par l'auteur (*BAV* 355).

Les traductions prennent la suite: une première édition de *The Age of Lewis XIV* le 12 juillet (*BAV* 360), une deuxième du même texte le 31 octobre; une traduction du texte revu en 1753 (*BAV* 361). A Edimbourg parurent une version française, et à Glasgow une anglaise (*BAV* 354, 364); à Dublin, un texte anglais[51]. Malgré le succès, cette prolifération d'éditions dut rapidement saturer le marché. Les *Œuvres complètes* mises à part, on ne comptera plus qu'une traduction imprimée à Glasgow en 1763 (*BAV* 365).

Une fois de plus, Voltaire avait tenu à mettre lui-même l'une de ses œuvres à la disposition du public anglais. Certes, on décerna des éloges à la composition et au style. La *Monthly review* goûta les nombreuses beautés de cet 'elegant, masterly and entertaining performance' (*MR* (1752) vii.116-131, 161-183), et Adam Smith essaya de montrer, avec sa hauteur de vue habituelle, que Voltaire avait renouvelé les études sur le XVIIeme siècle (*EdR* (1755) i.18). Les qualités littéraires furent plus senties que définies. Par comparaison, le *Précis du siècle de Louis XV* parut, à l'unanimité, d'une décevante platitude. Le meilleur juge, le plus enthousiaste aussi, Chesterfield, que l'on pouvait reconnaître dans 'ces esprits fermes, dont cette nation philosophique et guerrière abonde' (*Suppl. au SLxiv*, 1re partie), et qui ont admiré Louis XIV en même temps que l'auteur, alla droit à l'essentiel. 'Lord Bolingbroke', écrit-il à

---

[50] *BAV* 352. Cf. Brun, Oake. C'est l'édition 'en deux beaux volumes' de Best.D4988 (que la n.1 du Commentaire confond avec *BAV* 353 ou 350) et 'l'édition magnifique *in quarto*', de Best.D4989. Très rares exemplaires:

coll. Desmond Flower, Princeton University library, Trinity College library, BN).
[51] *BAV* 362, déjà annoncé à la fin de l'*Avertissement* de l'*Essay on the age of Lewis XIV* de 1740.

son fils dès que le livre lui fut parvenu de Berlin, 'has just taught me how history should be read. Voltaire shows me how it should be written. . . . It is the history of the human understanding written by a man of parts for the use of men of parts. Weak minds will not like it. . . . He tells me all I want to know and no more' (Chesterfield 1, v.1857-1860). Et d'en louer la largeur de vues, l'impartialité, la pénétration, la connaissance de questions peu connues. Deux affectations indignes d'un si grand homme le gênent: l'orthographe et l'absence de majuscules. Cinq semaines plus tard, il l'a déjà relu trois fois, et s'en ouvre à mme Dubocage: 'Admirez, je vous en supplie, Madame, l'histoire de Voltaire. . . . Je l'ai relue trois fois, et la relirai trente; enfin, j'en suis fou. Elle est critiquée ici et encore plus qu'à Paris; je le veux bien, mais j'ai pour Chimène les yeux de Rodrigue' (ibid., v.1880). Quand il écrit à l'auteur pour le féliciter, il l'aura lue quatre fois. Plus que la clarté ou la véracité, il approuve 'le jour dans lequel il a mis les folies et les fureurs des sectes' (ibid., v.1927). Ce mépris pour les sectes et pour leur jargon, il venait précisément de l'approuver en écrivant à lord Huntingdon chargé de porter un exemplaire du livre à son fils: 'I admire Voltaire's *Siècle de Louis XIV* and as I look upon it in the light of memoirs, I think it has enough of that dignity which the critics say it wants'[52].

Ces critiques, particulièrement mordantes à Londres, rendent en effet un tout autre son. Presse et particuliers en général sont unanimes: chauvinisme étriqué, croyance prétentieuse en la supériorité littéraire et artistique d'une nation, apologie aveugle d'un monarque despotique et belliqueux, tels sont les reproches les plus courants[53]. L'une des attaques les plus vives provint des *Letters on the English nation* de Shebbeare, en 1756. Il ne saurait

[52] Chesterfield 2, p.61. Pour sa *Dissertation on enthusiasm* (1755), Thomas Green, qui s'en prend aux Moraves, Méthodistes, Piétistes, Quiétistes et autres, puise abondamment dans la documentation de Voltaire (pp.75n, 79n, 81, 85n, 90, 92, 173).
[53] *GM* (1752) xxii.338, 603-605, re-produit avec de minimes différences dans *LM* (1752) xxi.151, 223-225, 299, 600, et *DuM* (1764) iii.589. Pyle (p.182) trouva le même romanesque dans les deux *Siècles*. Notons que le *SLXIV* est la seule œuvre française citée dans cette correspondance de 400 pp.

admettre la supériorité française sous Louis xiv. Bien avant ce roi, l'Angleterre possédait de grands écrivains, Thomas More, Shakespeare, Ben Jonson, Beaumont et Fletcher: 'What truth is there in what m. de Voltaire says, in respect of the English having derived science from the reign of Lewis xiv, when these writers were dead before he was born, and the English state at the perfection it is at present? This, then, must arise from design or malice neither of which can have any effect on those who read him and know the history of this kingdom; he must certainly be better acquainted with what relates to literature in England than he appears to be in this account' (i.172).

Personne n'a su apprécier la remarquable synthèse d'un passé encore si proche, la sûreté d'un jugement que la postérité a le plus souvent confirmé, l'effort d'objectivité et l'étendue de l'information. On ne fut pas davantage sensible à la nouveauté de la peinture totale de l'esprit d'une période à travers toutes ses manifestations. Il faudra que l'*Essai sur les mœurs* ouvre les yeux au public. Seul Warburton sut en deviner le forte originalité et, malgré son aversion pour l'homme, rendit hommage à l'authentique historien supérieur à la masse des compilateurs: 'You say very truly and with admirable discernment of Voltaire that not only the species of writing is wrong and absurd' [*en note*, 'That of writing history on favourite detached parts'], 'but that he has executed it poorly though speciously. His first volume I think the best. The anecdotes in the second are too trifling, and the political theological dissertations on Calvinism, jansenism, quietism, etc. below all criticism. But they are as well received by the great vulgar as lord Orrery's immortal book was by the small. Yet don't mistake me. It would be a kind of literary profanation to compare the English author to the French. Voltaire has fine parts and is a real genius, the other is the worst ever writer that ever defiled fair paper' (Warburton 3, p.79).

Il se trouve précisément que John Boyle, cinquième comte de Cork et d'Orrery, tenu en si piètre estime par le théologien, nous a laissé son opinion sur le *Siècle*. Devant la statue équestre de

Louis xiv à Lyon: 'I have read many characters of him', commente-t-il. 'Those compiled by Larrey, Martinière and other laborious adulators ... hide him in clouds of flattery.... The character of him by m. Voltaire is drawn in masterly manner, yet, in every stroke, the partial hand of the Frenchman, the Voltaire, is too perceptible' (Cork and Orrery, pp.24-25).

Il semble décidément impossible aux Anglais de surmonter le point de vue nationaliste, malgré la séduction exercée par le style. Trop engagés, ils démêlent mal les proportions et la portée des événements, se laissent duper par d'étranges partis-pris. C'est ainsi que Goldsmith distingue mal entre La Beaumelle et Voltaire, et s'étonne que l'on puisse les opposer (*MR* (1757) xvii.80-81). Walpole ne sait pas davantage lequel des deux choisir pour bien connaître le grand siècle, et les renverrait volontiers dos à dos, faute de critères (Walpole 8, xxxv.283). La duchesse de Somerset qui était parvenue, dieu sait comment, à lire l'ouvrage avant la fin de 1751, se refuse également à trancher: 'Books you wish me to name', écrit-elle à lady Luxborough le 31 décembre. 'You have undoubtedly read Voltaire's *Siècle de Louis*; mme de Maintenon's *Letters*; I have been entertained with both; he informs the head, she, I think, instructs and may reform the heart' (Somerset, i.168).

Lorsqu'on aborde l'histoire britannique, le lecteur anglais perd toute velléité d'impartialité. Les 'petits esprits' l'emportent. Ainsi, la relation de la révolution de 1688 réveille aussitôt une très ancienne et très profonde susceptibilité: 'The design of this work is plainly to revive the dying cause of Jacobitism' (*GM* (1752) xxii.604). Les derniers chapitres sur le protestantisme et sur les persécutions ne suffisent pas à écarter le crime de papisme outrancier, 'officiellement papiste', déclara même la *London chronicle*, par une allusion à peine déguisée à la bénédiction de Benoît xiv, faveur médiocrement efficace en France et d'un effet désastreux outre-Manche[54].

[54] l'embarras de Voltaire en face de ses amis protestants se lit dans le début d'une lettre à Fawkener de 1746: 'altho j am a popish dog, much addicted to his holiness, and like to be sav'd by his pouver, yet j retain for my life something of the english in me' (Best. D3418).

Par cette botte, le journal ouvrait un interminable débat sur les massacres d'Irlande, sujet épineux, beaucoup plus important qu'il n'y paraît si l'on en juge par la fréquence des allusions dans l'œuvre de Voltaire[55]. A l'origine de la querelle, une note de Smollett sur le chapitre cxlix de l'*Essai sur les mœurs* (il s'agit en fait d'une partie du *Siècle de Louis XIV*), réduisant le nombre des victimes de la 'Saint-Barthélémy irlandaise' de quarante à quatre mille, et plaidant la légitime défense des catholiques. Dans la cascade de lettres à la rédaction qui suivit cette note (*LC* (1763) xiv.289c, 343c, 380c, 387c, 401c, 475), les estimations allant jusqu'à cent cinquante mille victimes, les autorités invoquées sont précisément celles dont Voltaire s'était servi[56]. Lui aussi voudrait bien réduire l'étendue du massacre, difficile à évaluer, tant les deux parties sont de mauvaise foi. 'La vérité prend d'ordinaire un juste milieu', déclare-t-il à d'Argence de Dirac (Best.D15195). Il en discutera à Ferney, en juillet 1768, avec Charles James Fox et Uvedale Price. Quant à lui, 'simple historien', il s'en tiendra au chiffre moyen de quatre-vingt-dix mille. Louable modération qui, naturellement, ne satisfit personne. Ce sont de tels détails mettant en cause les passions religieuses profondes qui marquent la limite d'entente entre Voltaire et ses lecteurs anglais.

Puis vint la Guerre de sept ans, qui exacerba la vieille antipathie entre les deux nations. S'il est loyal, l'Anglais balancera entre ses goûts littéraires et ses préjugés politiques. En 1757, Percival Stockdale ouvre le *Siècle* en toute innocence, pour se perfectionner en français. 'I was pleased with Voltaire's *Age of Lewis XIV*. It is scandalously partial, as all the writings, words and actions of Frenchmen ARE; yet it is certainly on the whole one of his best productions' (Stockdale 2, ii.34). Mieux qu'un jugement pondéré, ces strophes satiriques d'un lecteur anonyme du *Gentleman's*

---

[55] par exemple *Des conspirations contre les peuples*, 'Conspiration d'Irlande'; *Examen important milord Bolingbroke*, ch.xxxvii; *Fragment sur L'histoire générale*, art. xiv.

[56] Henry Brooke, Walter Harris, sir John Temple et une *Proclamation of the House of Commons* du 27 juillet 1643. *BV* possède la 2ème édition de Brooke (*BV* 545), ainsi que Temple (*BV* 3254).

magazine pour 1758 donnent le ton nouveau (*GM* (1758) xxviii. 82):

> Ay—there now—that's the life of one:
> You have it in your hand
> That book's incomparably done
> 'Tis Louis, Sir, le Grand!
>
> I s'pose you know by whom 'tis wrote
> 'Twas written by Voltaire,
> A lively head as ever thought
> Were verity his care.
>
> However, he's a charming hand
> There's nothing he can't do
> His lies so clean and at command
> I scarce can wish 'em true.

Est-ce un hasard si Monboddo et Vicesimus Knox, écrivant tous deux au moment du conflit américain, raillent le premier la vanité de ces Français qui croient que le grand siècle 'fut le modèle de la perfection de la nature humaine' (Monboddo, iii.398; ce tome est de 1776), l'autre la prétention de placer Louis xiv au-dessus d'Elisabeth (Knox, p.14)? Dans l'édition du *Siècle* traduit et annoté par R. Griffith sous la direction de Kenrick, patriote hargneux encore irrité par la guerre shakespearienne, on retrouve le ton de la presse politique: 'What a stroke of French enthusiasm is this', est-il dit de l'éloge de Vauban, par exemple. 'Vauban and other great men and persons of genius were only sent into the world, it seems, for the service of Lewis xiv' (*BAV* 7⁵, i.108n). De nombreuses notes étalent la même lourde ironie. Il appartint à la Révolution de porter à son comble le discrédit amorcé par les rancoeurs issues des relations internationales. En 1793, dans les *Letters from a father to his son*, John Aikin expose à son élève le défaut des historiens qui veulent tout rapporter à un héros: 'Voltaire's celebrated *Siècle de Louis XIV* is one of these anomalous compositions. Was it meant for a sketch of the state of the world during that reign? In that view it is trifling. Was it intended to show the rise and progress of a lead taken by France in the politics and civilisation of Europe? It ought then at last to have included the ministry of cardinal Richelieu. If regarded merely as a series of anecdotes of the court of Lewis, its title and pretensions are much too pompous. The fact seems to be that, under a kind of philosophical form, it was meant to flatter that national vanity which has so long annexed its own glory to the renown of its favourite monarch; and to sustain the declining reputation of Lewis xiv by making him appear as the soul and main spring of a splendid and important period' (ii.224-225).

Tel est l'ultime verdict de quarante années d'une opinion qui, malgré une certaine estime pour les qualités proprement littéraires de l'ouvrage, n'a guère varié en sévérité et en méfiance.

L'*Histoire de la guerre de 1741* et le *Précis du siècle de Louis xv* ne prétendaient pas au même degré de généralité dans l'interprétation de l'histoire. Pour les contemporains, ces deux ouvrages appartenaient à la classe des chroniques, souvenirs et plaidoyers, suite naturelle des guerres et des crises. Le premier avait contre lui de paraître en même temps que l'*Essai sur les mœurs*, sous forme de contrefaçons aussitôt désavouées que mises en vente. Cependant, rien n'y fit. Sevré de vrai journalisme d'actualité, le public se jeta sur cette lecture avec avidité, comme en font foi les éditions. Nourse, qui travaillait avec les Hollandais, publia le texte français en 1756, faisant en même temps composer une traduction annoncée en février 1756[57], dont il existe une deuxième édition de la même année, et une troisième de 1757 (*BAV* 167, 170). On comptera encore deux éditions en 1756, à Londres et à Dublin, et une dernière à Edimbourg en 1758 (*BAV* 168, 169, 171), cette dernière augmentée d'un appendice de 171 pages, mise au point

---

[57] *BAV* 165 et 166. Mais, dès le 24 novembre 1755, Nourse avait offert à Thieriot à titre d'échantillon deux feuilles déjà tirées, 'dont on lui offre le nombre qu'il voudra', écrit Saillant à Malesherbes (Best.D6599). *BAV* 166 est la 'maudite édition de Jean Nourse', qui obligeait Voltaire 'à mettre de l'ordre dans l'Histoire véritable' (Best. D6636; cf. Best.D6604 et *SVEC*, cxi. 119).

de la rébellion de 1745: *A Particular account of the rise, progress and extinction of the Rebellion in Great-Britain in 1745 and 1746.* C'est dire le succès d'un texte qui devra cependant atteindre 1971[58] pour être réédité en France.

Ainsi défloré, le *Précis du siècle de Louis XV*, déjà lu par bribes tout au long de sa genèse sous forme d'additions de plus en plus étoffées au *Siècle de Louis XIV*, perdait beaucoup de son intérêt. Quand il parut enfin, on en fit cependant une traduction en 1770, reproduite en Irlande et en Ecosse[59]. Smollett se crut obligé de l'adjoindre comme supplément aux *Complete works* (*BAV* 348-349), et Kenrick l'incorpora à sa collection. Finalement, ces deux œuvres ensemble connurent presque autant d'éditions que le seul *Siècle de Louis XIV*. Gardons-nous donc de juger en lecteurs du XXème siècle.

Dès le 17 décembre 1755, Walpole envoie à Richard Bentley l'édition d'Amsterdam de la *Guerre de 1741*, 'an historical romance . . ., in which is so outrageous a lying anecdote of old Marlborough, as would have convinced her [la duchesse] that when poets write history, they stick as little to truth in prose as in verse' (Walpole 8, xxxv.263). Adam Smith n'avait pas trop de toute sa dévotion pour accepter le désaveu de Voltaire (*EdR* (1755) i.59) et le décharge de toute responsabilité pour 'the very gross misrepresentations with regard to the share which Great-Britain had in the last war', dont l'opinion s'irritait déjà.

Dans la *Monthly review* (*MR* (1756) xiv.104-114), Berkenhout incrimine équitablement le manque de renseignements plus que la mauvaise foi, mais n'aime pas les récits de bataille. Le jugement de Richard Rolt, dans l'éphémère *Universal visiter* (janv.1756, i.28-38; févr. 1756, i.74-80) n'en paraît que plus exceptionnel par son admiration. Son compte-rendu commence par excuser son confrère de parler avantageusement de son propre pays. Il lui prête à la fois 'sensibility and a free soul'. Il sait que le Français a

[58] la plupart des développements supprimés par Voltaire lors de la transformation de l'*HG41* en *PSLXV* avaient été donnés en note en 1957 dans Voltaire 13.

[59] *BAV* 324-326. Il y eut une dernière édition à Londres en 1774 (*BAV* 327).

eu accès aux archives d'état, s'est tenu au courant des affaires anglaises par ses relations. 'He has told one of his friends in England [Fawkener] that he must search after the truth in foreign countries'. D'où l'hommage suivant: 'Excellent history which abounds with elegance, corrected with judgment. None but a gentleman of the greatest penetration in public affairs, could have comprized so many interesting matters in so small a compass, and none but a man of honour would have so much divested himself of national prejudice'. Ce qui suit aurait mérité une plus large diffusion, car l'éloge est assez rare: 'If he had conspicuous defects, Englishmen should be the last to blame him; but as he has the most perspicuous beauties in his writings, Englishmen should be the first of all mankind to praise him; because he admires our constitution, endeavours to make free men of slaves and wishes to breathe the air of liberty among us. . . . We must commend the historian while he charms us like a poet. None but a pen like his own can give him the praises that are his due. Therefore, we had better silently admire than publicly attempt to praise: for, with a French heart, he has a British soul'.

La revue de Rolt était morte depuis longtemps quand parut le *Précis*; aucune autre voix n'emboucha une aussi solennelle trompette. Malgré son style 'trop simple et trop négligé', de l'aveu même de l'auteur (Best.D15224), l'importance du sujet expliquait que 'les nations étrangères le demandent avec empressement et [que] les libraires leur ont déjà vendu toute leur édition par avance'. Moins ambitieux, moins hautain, moins apologétique que le *Siècle de Louis XIV*, l'ouvrage provoquait moins les susceptibilités nationales. Mieux, il flattait à son insu les Anglais par le récit de leurs victoires. 'Voltaire', écrivait Walpole à Mann en 1762, 'is continuing his Universal History. He showed the duke of Grafton a chapter to which the title is 'Les Anglais vainqueurs dans les quatre parties du monde'. There have been minutes in the course of our correspondence when you and I did not expect to see this chapter. It is bigger by a quarter than our predecessors the Romans had any pretensions to, and larger I hope than our

desendants will see written of them, for conquest, unless by necessity, as ours has been, is an odious glory' (Walpole 8, xxii.85). Le
duc de Grafton, qui avait dù surprendre Voltaire dans la rédaction
du dit chapitre lors de son passage à Ferney en 1762 (*VBV*, p.55),
en fut si frappé qu'il en reparla un demi-siècle plus tard dans ses
mémoires (Grafton 1, pp.11-12). De même que Walpole, il cite
'Les Anglais victorieux'. Or le titre définitif du chapitre xxxiv se
lit: 'Les Français malheureux dans les quatre parties du monde'.
Effet miraculeux du patriotisme sur la mémoire, ou repentir de
Voltaire en voyant la mine peut-être trop réjouie de son jeune
visiteur?

Citant encore le *Précis*, Walpole lancera un mot sarcastique
contre cette suite du 'Livre des Rois' (Walpole 8, xxiii.85). Si lady
Mary Coke le trouva amusant, mais très partial, c'est parce qu'elle
venait de rendre visite, elle aussi, à l'auteur (Coke, iii.164). La
presse fit un accueil courtois, mais sans chaleur[60]. Elle y retrouve
les mêmes qualités de clarté et de vivacité, et les mêmes défauts:
inexactitude et préjugés. 'Even Voltaire, though a citizen of the
world, is a Frenchman ..., an ostentatious petit-maître, who
derives all his consequence from his sword and cockade. ... He
retains his natural warmth and splendour, and sets like the sun in a
clear summer evening, luminous and majestic' (*CR* (1770) xxx.
99-118). Disons à la décharge du journaliste qu'il juge l'homme
derrière l'historien et, dépassant ces lieux communs de la critique
voltairienne, le montre capable de célébrer une victoire, même
anglaise, malgré son horreur de la guerre. Il examine ensuite en
détail maint événement récent, commentant, rectifiant, éclairant.
On voit alors combien Voltaire, mieux que les gazettes et que les
souvenirs intéressés des acteurs eux-mêmes, aida son siècle à se
connaître.

Les polémiques n'en allaient pas moins bon train. Selon le
Journal britannique (1754, xv.260-285), le public anglais s'émut

---

[60] *GM* (1771) xli.164-165; *LM*
(1770) xxxvii.373-378; *MR* (1771)
xliii.183-186.

d'un ouvrage suisse dédié à un seigneur anglais. Il s'agissait en fait de l'*Histoire politique du siècle* (Londres 1754) de Jean Henri Maubert de Gouvest. Cet ex-capucin avait déjà fait parler de lui l'année précédente en éditant une traduction des septième et huitième *Lettres sur l'étude et l'usage de l'histoire* de Bolingbroke, qui traitent de l'Europe entre 1659 et 1713[61]. Dans sa préface, il disait que ces lettres complétaient utilement une période que Voltaire n'avait pas su traiter. C'est en vain que Voltaire avait tenté de faire supprimer cette première publication (Best.D5552). Maubert revenait maintenant à la charge. La préface de l'*Histoire politique* s'occupe surtout de défendre le cardinal Alberoni, sévèrement jugé dans le *Tableau de l'Europe depuis la paix d'Utrecht* placé à la fin du *Précis*. L'ouvrage, effectivement, est dédié à un certain Humbertson (en fait 'Humberston'), membre de la société anglaise résidant à Genève, qui avait inspiré le livre. Au moment où Voltaire va s'installer aux Délices, on comprend qu'il se soit inquiété de ces intrigues en milieu britannique influent.

En août 1755, il se demande encore ce que ce Maubert peut bien faire à Genève avec des Anglais (Best.D6422). Lorsque, l'année suivante, celui-ci publia à Lausanne le *Testament du cardinal Alberoni*, Voltaire prit prétexte d'une allusion désobligeante au maréchal de Belle-Isle pour envoyer à ce dernier un véritable rapport de police sur le personnage. Chassé de la ville, Maubert passa en Angleterre au début de la Guerre de sept ans, écrivit publiquement à Londres contre la France, et servit d'espion aux Anglais à la cour de Bruxelles (Best.D7847). Qui plus est, il contribua à la première édition britannique, faite à Glasgow, du texte français de *La Pucelle*. Ce médiocre sire contribua donc à compliquer les rapports avec les Anglais.

---

[61] les *Letters on the study and use of history*, rédigées en France en 1735-1736, furent d'abord publiées par Pope en édition privée en 1738; puis, de nouveau, par Mallet après la mort de Bolingbroke, dans les *Complete works* de 1752. En 1742, une première traduction française passa inaperçue. Celle dont il s'agit ici, faite sur l'édition Mallet, est de Jacques Barbeu du Bourg. La bibliographie des éditions anglaises de Bolingbroke a été donnée par G. Barber, mais celle des traductions françaises reste à faire.

Un rénconfort devait arriver d'un côté inattendu. Imprimé en 1756, un chapitre entier célébrait le périple de l'amiral Anson, qui mourut en 1762 sans en avoir eu connaissance. Quand parut le *Précis*, la famille, enchantée de cette relation devenue le chapitre xxvii, envoya à Voltaire la médaille d'or frappée en l'honneur de leur parent, comme 'à un citoien du globe dont l'amiral *Anson* avait fait le tour'[62].

Ce sont là rapports entre gens du monde plus qu'entre gens de lettres. Un groupe particulier allait bientôt se faire remarquer. Réfugiés politiques n'ayant le plus souvent que l'honneur pour tout bien, les Irlandais, race ardente et combattive, formaient en Europe un corps d'officiers, de prêtres et d'aventuriers fort turbulent. Parmi eux, quelques quémandeurs, comme l'abbé Maccarthy ou le chevalier William Power, qui sollicita de Voltaire une recommandation auprès de Frédéric II (Best.D11258). Leur gloire demeurait encore leur principal souci. A l'historien, ils réclament des comptes sur les relations de leurs exploits. L'un d'eux, resté anonyme[63], qui avait été présent aux batailles d'Anghrim et de la Boyne, reprocha à Voltaire ses calomnies sur la lâcheté des Irlandais, lui rappelant avec à propos que la littérature anglaise qu'il admirait si fort, serait bien appauvrie sans l'Irlande. Un autre, le chevalier de Rutlidge, déjà rencontré dans la guerre shakespearienne, fit remarquer que le chapitre xxv du *Précis* ne mentionnait pas celui de ses parents qui fit connaître au prince Charles Edouard, Walsh, l'armateur nantais propriétaire du vaisseau porteur de l'expédition fatale[64].

L'une des plus curieuses critiques vint d'un certain John Dromgold (ou Dromgoole). Le *Poème sur la bataille de Fontenoy*, devenu à nos yeux un pompeux et insipide catalogue académique,

---

[62] Best.D15686; cf. D15735. Un exemplaire de cette médaille est conservé dans le château du comte de Lichfield, héritier collatéral d'Anson. Walpole fut moins chaleureux: 'He [Voltaire] believes in all the romances in lord's Anson's voyages' (Walpole 1, iv.72).

[63] *Lettre à m. de Voltaire sur son Histoire de Louis XIV*, parue dans *MdF*, juin 1753 (Best.D5285).
[64] Rutlidge protesta sous forme d'une lettre ouverte dans le *JE*, publiée en 1769 (Best.D15928).

faisait pour les contemporains figure d'un passionnant palmarès ou d'une enivrante page d'histoire. Par une étrange illusion, certains Irlandais avaient voulu voir dans cette bataille une victoire des Celtes sur les Saxons (ou Sassenachs), revanche longtemps attendue de l'infâmant traité de Limerick de 1691, interprétation mythique qui se prolongea jusqu'au XIXème siécle[65]. L'ivresse née de ce triomphe d'emprunt ne fut d'ailleurs pas étrangère aux encouragements apportés par les Irlandais à l'entreprise de Charles Edouard.

Né en 1720, mort en 1781, Dromgold avait été nommé professeur de rhétorique au collège de Navarre avec l'appui de Fleury. Entré ensuite dans l'armée, il parvint au grade de colonel. Protégé par le comte de Clermont après la brochure sur Fontenoy dont nous allons parler, il termina sa carrière comme commandant de l'Ecole militaire, avec la croix de Saint-Louis, poste qu'il occupait quand il reçut mrs Montagu en 1776. Dévot catholique, ennemi assez effacé des 'philosophes', grand ami de mme de Graffigny (Noël, p.150; Grimm, ii.26; x.36-39), il accompagna le duc de Nivernais en Angleterre dans sa mission de 1762. Avant de devenir une manière de personnage officiel, il avait, dans la fougue de ses vingt-cinq ans, après avoir lu le *Poème* de Voltaire, trouvé 'quelques réflexions hasardées sur un peuple qu'il semblait qu'il respectait autrefois et qui trouvait aujourd'hui en lui un adversaire redoutable'. Il n'en fallut pas plus pour qu'il publiât un petit écrit, les *Réflexions sur un imprimé intitulé 'La Bataille de Fontenoy'* ... *par M. D*** G. L., dédiées à m. de Voltaire* (1745), opuscule mainte fois réédité.

La victoire de Fontenoy fut sans doute en grande partie le fait de Lally-Tollendal, également de souche irlandaise, grâce à son

---

[65] dans l'ode sur la bataille de Fontenoy écrite en 1846 par le poète nationaliste irlandais Thomas Davis, on peut lire (Th. Davis, p.151):
And Fontenoy, famed Fontenoy,
  had been a Waterloo
Were not these exiles ready then,
  fresh, vehement and true.

[*Les Irlandais ayant attaqué en criant* 'Revenge, remember Limerick, dash down the Sassenach!']
On France, on France, like eagles in
  the sun
With bloody plumes the Irish stand
  —the field is fought and won.

idée de faire tirer quatre canons contre une colonne anglo-hollandaise. Le régiment irlandais de Dillon s'était particulièrement distingué. Fort de cette gloire, Dromgold se moque de la hâte avec laquelle Voltaire rédigea son texte sans s'être dûment renseigné. Il compare ensuite le poème à son modèle, *The Campaign* d'Addison, qu'il juge très supérieur, et au récit de la bataille d'Ivry dans le chant viii de *La Henriade*, d'une meilleure veine. Enfin, après une amusante défense des Anglais, dont la réputation de férocité, très usurpée, prend sa source dans les combats de coqs et dans le théâtre élisabéthain, il exalte ses frères, à grand renfort d'arguments militaires et littéraires.

Voltaire lut-il ce pamphlet? Il semble improbable qu'il lui ait échappé, mais il n'en donna aucun signe. Dans son récit de Fontenoy, les Irlandais sont nommés trois fois, fort discrètement. C'est l'homme qu'il veut mettre en vedette, son 'héros', le duc de Richelieu, qui devient le dieu de la bataille et imagine de faire donner l'artillerie contre la colonne anglaise. Ni la *Guerre de 1741*, ni le *Précis* n'indiquent un désir de retoucher le tableau au profit des Irlandais. Bien mieux, le passage de la *Guerre de 1741* racontant comment Lally-Tollendal sauva la vie de nombreux Anglais blessés, disparut du *Précis*. Voltaire tenait à sa version des événements[66]. En dédiant l'*Orphelin de la Chine* à Richelieu en 1755, il

[66] sur la Rébellion, *BV* possède: Boyse, Samuel, *An Historical review of the transactions of Europe ... to which is added an impartial history of the late rebellion* (Reading 1747), 2 vol. (*BV* 532), et: Henry Fielding, *A Compleat and authentick history of the rise, progress and extinction of the late rebellion* (Londres, 1747) (*BV* 1340). M. Seymour a démontré que Fielding a composé cette histoire à partir des chroniques de la *London gazette*. En 1934 (cf. A. Leroy Greason), on a découvert un petit pamphlet de Fielding (*The History of the present rebellion*, 1745). En hanovrien et en protestant aussi convaincu que violent, Fielding y dénonçait 'these rebels by whose arms this blessed religion attempted to be introduced with all the war and massacre and bloodshed in which its genius delights, into this country' (p.17), et lançait un véhément appel à la mobilisation pour la sauvegarde de l'Angleterre. Ajoutons encore: Michaël Hughes, *A Plain narrative, or journal of the late rebellion* (Londres 1746) (*BV* 1693); Anon., *The Report of the proceedings and opinion of the Board of general officers ... on the conduct of ... sir John Cope ... from the time of the breaking out of the rebellion* (Londres 1749) (*BV* 2960); Anon., *Memoirs of the history of the present war* (copie manuscrite; Caussy 1, p.21). L'ouvrage de Rolt manque à

avait encore publiquement célébré l'homme de guerre qui avait 'imaginé de renverser une colonne anglaise avec quatre canons'[67], et ne pouvait plus se dédire. Promue à la célébrité, cette colonne inspira à Smollett une note irritée, où il prétendait qu'elle sortait de l'imagination de Voltaire (*BAV* I[19], xiv.220n). Tant il est malaisé d'écrire l'histoire!

Un autre Irlandais permit au contraire à Voltaire de se défendre contre un correspondant anonyme. Celui-ci, qui n'aime pas les Anglais, avait rapporté à notre historien la sombre histoire d'un père faisant exécuter son fils après Culloden, un vrai 'roman', déclare la réponse (Best.D5769), qui lui oppose le témoignage d' O'Sullivan[68]. Non moins anonyme, officiellement du moins, un

la fois dans *BV* et dans le catalogue de Ferney, bien que Voltaire l'ait eu en sa possession.

[67] *A mgr le maréchal, duc de Richelieu*. Dans la traduction anglaise (*BAV* 3[37-38]), cette colonne est devenue une 'colonie'; d'où les gorges chaudes de *GM* (1770) xl.464.

[68] 'Toutes ces particularités furent écrites en 1748, sous la dictée d'un homme qui avait accompagné longtemps le prince Edouard', affirme une note à la fin du ch.xxv du *PSLXV*, où Voltaire se plaint de ceux qui ont défiguré son texte dans l'*HG41*. En fait, si c'est bien en 1748 que Voltaire rédigea son *Histoire*, il se servit de notes recueillies, croyons-nous, un ou deux ans plus tôt, car O'Sullivan avait regagné la France, en passant par la Norvège, en août 1746. En lui empruntant la trame des ch.xviii et xix de l'*HG41*, dont la substance se retrouvera à la suite de l'*Essai sur l'histoire générale* et du *Siècle de Louis XIV*, sous la forme du chapitre *Du prince Charles-Edouard* des *Œuvres complètes* de 1756, Voltaire donnait à sa relation cette forte couleur jacobite et romanesque qui lui aliéna tant de sympathies anglaises. Le texte de la relation envoyée par O'Sullivan au Prétendant

a été publié par A. et H. Tayler. Si de nombreux détails cadrent avec le texte de Voltaire, d'autres sont en flagrant contradiction avec lui. L'étude précise de la genèse de ces deux chapitres reste à faire, et réservera bien des surprises. Quant à O'Sullivan (1700-1760?), nommé général, il prendra part aux préparatifs de l'expédition rassemblée près de Lorient en 1759, ultime tentative jacobite, que l'amiral Hawke écrasera définitivement par la victoire navale de la baie de Quiberon, en novembre (cf. Macallester). Dans Best.D15928, Rutlidge conclut: 'Après avoir lu ce que vous en rapportez, on sent ce qu'il [Charles Edouard] eût été sur le trône, un roi digne des Anglais'. Déjà Walpole, revenant en arrière, avait trouvé exagéré le nombre des condamnés à mort à la suite de l'expédition de 1715, tel que le donnait Voltaire, dont il dénonce la crédulité et le goût du sensationnel, lorsqu'il imagine lord Derwentwater faisant éclabousser son fils de son sang afin qu'il se souvienne. En fait, ce fils était âgé de dix-huit mois! (Walpole 8, xxv.283). Le journaliste de *MR* (1771) xliii.184, qui notait que Voltaire avait 'the least authentic information' parlait en ignorant ou en partisan.

lecteur du chapitre xxii de la *Guerre de 1741* mérite plus qu'une mention puisqu'il n'était autre que David Hume. Le titre annonçait 'La Bretagne exposée: la Provence envahie, et toutes deux délivrées'. Pour la Bretagne, il s'agissait de la descente opérée à Lorient par les forces anglaises en 1746. Hume y avait pris part comme secrétaire du commandant-en-chef, le général Saint-Clair (le Sinclair de Voltaire). Hume nous a lui-même laissé un récit de l'expédition dans un journal manuscrit détaillé et fort pittoresque[69].

Après un débarquement facile, on trouva un terrain malaisé. Les harcèlements des paysans jettèrent le désarroi parmi les troupes régulières. L'ignorance des lieux, l'incurie et le manque d'ardeur firent le reste. Il pleuvait beaucoup. Les routes étaient mauvaises, le moral très bas. Sur le bruit d'une contre-attaque risquant de couper la tête du corps expéditionnaire, on se rembarqua promptement. A lire Hume, on serait tenté d'approuver sans réserves la présentation qu'en donne Voltaire. Sur un ton lestement ironique, il présente l'affaire comme un bel exemple de l'axiome 'petites causes, grands effets', car les miliciens bretons, mal instruits des usages militaires, ayant battu la générale après avoir fait connaître leur intention de capituler, Saint-Clair crut à une ruse de guerre et leur laissa le champ libre. 'Enfin tout ce grand armement ne produisit que des méprises et des ridicules dans une guerre où tout le reste n'était que trop sérieux et que trop terrible'.

Ces sarcasmes, fidèles à la lettre de l'entreprise, sinon à son esprit, piquèrent Hume au vif. 'I have been set upon by several to write something, though it were only to be inserted in the magazines, in opposition to this account which Voltaire has given of our expedition. But my answer still is, that it is not worth while and that he is so totally mistaken in every circumstance of that affair, and indeed, of every affair, that I presume nobody will pay attention to him. I hope you are of the same opinion' (Hume 2, i.228-229). Telle fut sa première réaction dans une lettre à sir

---

[69] BM add. MS 36638, couvrant la période du 18 septembre au 2 octobre. Dans son article, Meyer 2 ignore l'existence de ce journal.

Harry Erskine of Alva du 20 janvier 1756. Mais, en reproduisant précisément dans son compte-rendu de *The History of the war of 1741* le texte de ce chapitre (*MR* (1756) xiv. 104-114), la *Monthly review* le força à prendre la parole. Il rédigea donc un mémoire, finalement resté inédit de son vivant[70], dont l'intention n'est pas douteuse: 'A certain foreign writer ... has endeavoured to put this expedition in a ridiculous light; but as there is not one circumstance of his narration which has truth in it, or even the least appearance of truth, it would be needless to lose time in refuting it. With regard to the prejudice of the public, a few questions may suffice' (Burton 2, app.A, p.454). En fin de compte, sans doute de peur d'attirer l'attention sur des faits peu glorieux, Hume se contenta de trois pages hâtives dans la livraison d'avril de la même revue, par lesquelles il réfutait sommairement Voltaire (*MR* (1756) xiv.292-293). Chose curieuse, les deux pages railleuses de la *Guerre de 1741* ne réapparurent pas dans le chapitre correspondant du *Précis*, dont le titre porte simplement que les Anglais entrèrent en Bretagne, idée reprise, sans aucune addition, par une brève phrase du texte. Lecteur très attentif de la *Monthly review*, Voltaire n'aurait-il pas retranché un récit trop mordant, quoique exact, de peur d'irriter l'opinion anglaise?[71].

Lorsqu'il s'agit de faits aussi récents, la politique, autant que la recherche de la vérité, commande l'interprétation. En faisant amnistier par George iii le père de l'Ecossaise, dans la pièce du même nom, pour le rôle qu'il avait joué dans le Rébellion de 1745, Voltaire laisse entendre que le crime n'est pas si grave. Dans l'adaptation de Colman, au contraire, l'accent est mis sur la magnanimité du monarque, qui préfère ne pas examiner de trop près un lourd passé. Par cet exemple, on voit comment s'exerce la casuistique politique.

Ce furent également les passions plus que la raison qui dictèrent les commentaires tardifs de Boswell et de Johnson. Etant à Ferney en 1764, Boswell avait provoqué une déclaration de son

[70] retrouvé par Burton, qui l'a publié dans Burton 2, app. A, pp.442-456.

[71] ainsi se trouve caduc le Commentaire de Best.D6696.

hôte sur le Prétendant, traité de 'fanatique' et de 'pauvre sire'. Si notre Ecossais dut souffrir de cette sentence, il n'osa rien en laisser paraître et sut conserver le silence. Après tout, le jugement ne devait pas sortir de la pièce. Pour le public, Voltaire restait l'auteur des 'réflexions élégantes et pathétiques' sur ce prince, comme l'écrira Boswell lui-même à la fin d'une page sur Charles Edouard (Boswell 5, v.199-200), visant évidemment la péroraison du chapitre xxv du *Précis*: 'Charles-Edouard, depuis ce temps, se cacha au reste de la terre. Que les hommes privés, qui se plaignent de leurs petites infortunes, jettent les yeux sur ce prince et sur ses ancêtres!'.

Présumons que Johnson et son biographe discutèrent de la question vers la même date, car le docteur dit avoir lu la *Guerre de 1741* précisément le mois suivant, en octobre 1773 (Boswell 5, v.272). Il n'en donna aucun commentaire, mais, en 1779, alors que les deux amis examinaient le projet d'une histoire de la Rébellion, Johnson s'écria: 'Many falsehoods are passing into un-contradicted history. Voltaire, who loved a striking story, has told what we could not find be true' (*ibid.*, v.414). Jacobite convaincu, Johnson avait peut-être même combattu dans les rangs écossais (Terry, app.3). Ce n'est donc pas le parti-pris favorable de Voltaire qui le gênait, mais le goût du sensationnel. Juge et partie dans tout ce qui touchait son propre siècle, Voltaire ne pouvait faire que mauvaise posture aux yeux de ses lecteurs anglais[72].

C. *Problèmes de l'histoire universelle*

En même temps qu'il se faisait un devoir de présenter à l'Europe les événements du jour, Voltaire poursuivait sa tâche d'interprète du passé. Même l'œuvre très secondaire que sont les *Annales de l'Empire* parvint à éveiller quelques échos: une traduction en 1755

[72] les historiens modernes, au contraire, louent sa pénétration comme, par exemple, lorsqu'il attribue en fin de compte l'échec de la Rébellion à la supériorité navale anglaise, mais il se trompe en affirmant dans le *PSLXV* (ch.xxiv) que ce serait le cardinal de Tencin, à Rome, qui aurait poussé Charles Edouard à s'embarquer coûte que coûte pour l'Ecosse sans aucune préparation, afin de forcer la main à la France (cf. Sareil 2, pp.381-382).

(*BAV* 39), un compte-rendu dans la *Monthly review* félicitant l'auteur, malgré son laconisme, d'avoir su éviter la sécheresse inhérente à de telles compilations, en y mêlant remarques piquantes et pertinentes (*MR* (1756) xiii.81-92). L'ouvrage eut au moins une lectrice enthousiaste, lady Sandwich, qui en avait plus aprés dans ces deux vol. que dans tout ce qu'elle a leu dans sa vie sur les 'Lois et la Politique de ces Peuples', traitant de frivoles et d'ignorants ceux qui ne partageaient pas son appréciation (Best. D6840).

L'*Essai sur les mœurs* nous élève à d'autres hauteurs. Grâce à la diligence des libraires, pas un moment de sa genèse ne fut perdu des Anglais. Le *Gentleman's magazine* commença par publier une traduction de quelques extraits des chapitres imprimés dans le *Mercure de France* de 1750 sous le titre *Histoire des croisades* (*GM* (1750) xx.495-499, 542-547, 577-579; (1751) xxi. 14-15.) Joints à *Micromégas*, l'*Histoire des croisades* et le *Nouveau plan de l'histoire de l'esprit humain* formèrent un volume vendu à Londres en 1752, et désavoué par Voltaire. Sa traduction sortira l'année suivante[73], sans doute le travail de Smollett, comme celle de *Micromégas*[74]. En décembre 1753, Néaulme publiait une édition piratée de l'*Abrégé de l'histoire universelle* et une 'nouvelle édition' en 1754, dont les feuilles furent débitées à Londres par Nourse sous une page de titre à son nom (*BAV* 15). 'On s'est hâté de traduire ici le livre de m. de Voltaire sur l'histoire de l'Europe ... sans attendre les corrections que ce célèbre auteur est toujours disposé à faire aux premières éditions de ses ouvrages', annonça le *Journal britannique* dès février 1754 (*JB* (1754) xiii. 228). Cette publication, annoncée en janvier par d'autres périodiques (*GM* (1754) xxiii.47; (1754) xxiv.49), fut examinée en mars (*MR* (1754) x.197-206). C'est en juin 1754 que Voltaire, résigné, plutôt que de tout reprendre au début, prit lui-même la suite de l'*Abrégé* avec le troisième volume de l'*Essai sur l'histoire*

---

[73] *BAV* 273 et 274. La publication de la version française est signalée par Th. Gray dès le 17 déc. 1752 (Gray 1, i.367).

[74] Knapp, p.184; L. L. Martz, p.92, n.11. *MR* (1756) xiii.88 signale la présence de ces chapitres à la suite de *Micromégas*, en ignorant les extraits publiés dans *GM*.

générale, dont la traduction parut en 1755 (*BAV* 109). En 1756 enfin, les Cramer imprimèrent la première édition authentiquement complète, qui connut trois éditions anglaises successives dans la traduction qu'en fit Nugent, à Edimbourg, à Londres et à Dublin (*BAV* 113-115).

Quand Smollett conçut ses *Complete works*, c'est par l'*Histoire générale* qu'il commença, annoncée à la fin de janvier 1761 (*Lloyd's evening post*, 20 janv.-3 févr. 1761). Or les Cramer préparaient alors une nouvelle édition plus complète que celle de 1756. Irrité du zèle pourtant, flatteur des libraires d'outre-Manche, Voltaire adressa au *Journal encyclopédique*, sous forme de lettre ouverte, un avertissement solennel à 'messieurs les éditeurs de la traduction anglaise de ses ouvrages', les priant de patienter et leur signalant les détails nouveaux (Best.D9664; cf. Best.D9971). En fait, quand cette lettre vit le jour le 15 mars, il y avait deux semaines que l'édition Smollett avait commencé à se vendre[75].

A dire vrai, Voltaire n'était pas tellement fâché de cet empressement. Le même Nugent, en effet, s'était mis à traduire l'*Abrégé chronologique* de Hénault, qui eut la naïveté de s'en vanter auprès de Voltaire. Ce dernier put rire sous cape; il avait précédé son rival (Best.D9766, D11284). Quand le *Supplément* parut, Smollett, qui n'était pas au bout des *Complete works*, put cette fois l'insérer comme volumes xxii et xxiii, tandis qu'une autre traduction était publiée par Nourse (*BAV* 116). Malgré le prix dû à la longueur du texte, malgré l'austérité du sujet, les Anglais en firent encore quatre éditions comprenant le supplément, en 1777 et en 1782, sans compter les *Complete works* de Kenrick (*BAV* 117-120). La bibliographie reflète donc fidèlement l'importance accordée par les contemporains à une œuvre trop négligée par la suite.

Quand certains chapitres et l'idée d'ensemble avaient été révélés en 1752, la *Monthly review* s'était dérobée et contentée d'une appréciation élogieuse et vague (*MR* (1752) vii.376-, 386). Comme à l'ordinaire, Chesterfield se montra aussi enthousiaste

---

[75] selon la *LC*, le premier volume sortit le 2 mars.

que bien informé: 'The history of the Crusades shews in a very short and strong light the most immoral and wicked scheme that was ever contrived by knaves and executed by madmen and fools against humanity' (Chesterfield 1, v.1991). Et de s'emporter, suivant les idées qu'on lui connaît, contre tous ces charlatans, Pierre l'Ermite en tête.

Un lecteur du *Gentleman's magazine*, au contraire, qui signe Rusticus, accuse inversement Voltaire de se déshonorer par un tissu de mensonges et d'absurdités. Le poète, si respectable soit-il l'a fâcheusement emporté sur l'historien. S'appuyant sur le dr Brown, de Trinity college, Oxford, il énumère un certain nombre d'erreurs, en particulier sur Mahomet (*GM* (1753) xxiii.270-272, 318-319).

Ainsi, dès la naissance du livre, s'esquissent les grandes familles de lecteurs: les uns aiment les Lumières, les autres les repoussent et s'arment contre elles, soit de la religion, soit de l'érudition. Personne ne reste indifférent.

Par la suite, ce que Voltaire redoutait se produisit: les différentes parties furent critiquées en désordre, tantôt d'après l'original, tantôt d'après la traduction, sans aucun souci de l'essentiel, c'est-à-dire d'une juste perspective de cet immense panorama[76]. On souligna la vaste culture historique de l'auteur, l'ampleur et la clarté du tableau des temps reculés, 'a general picture of the world which relates no minute facts but when they have been productive of considerable events'. Tout en déplorant l'impossibilité de rester véridique et sans préjugés, la conclusion demeure favorable, malgré la présence d'une imagination un peu trop fertile: 'We are now, without the least symptom of weariness, arrived at the last stage of our journey round the world with m. de Voltaire. . . . It is one of the most lively and agreeable histories that have been produced since histories are written' (*MR* (1757) xvii.360).

Le choix des extraits précise ce que ce bilan peut avoir de conventionnel dans l'éloge. On cite les pages sur Calvin et Servet,

---

[76] *MR* (1754) x.197-206, (1755) xii. 642-470, (1757) xvii.201, 318-329, 347-360, pour les parties i et ii, iii, iv, v, vi, respectivement.

sur la Chine, sur les Provinces-unies; ce qui touche la Réforme et l'Orient; bien entendu, le domaine anglais[77]. Seule la *Critical review* ne fit pas chorus. Recherche vaniteuse de l'effet, prétentions encyclopédiques, bavardages décousus sur des faits supposés connus dont on attend en vain un résumé, tous ces défauts composent 'a collection of portraits, not a concatenation of events, a conversation piece rather than a history'[78], jugement sévère qui sera aussi celui de Johnson, avec moins de nuances[79].

Quant parut le *Supplément*, la *Critical review*, qui semble avoir surmonté son aversion, goûte maintenant l'ardeur, l'indépendance et l'humanité de cette œuvre magistrale, tandis que c'est au tour de la *Monthly review* de dénoncer l'alliance de la crédulité et du scepticisme, de l'impartialité et du chauvinisme (*MR* (1763) xxix.488-498; *CR* (1764) xviii.17-26). En plaçant la *Philosophie de l'histoire* en tête de son livre, Voltaire exigeait de ses lecteurs qu'ils eussent, comme Warburton, une formation théologique. Cette triple orientation, littéraire, narrative et philosophique, explique la perplexité des Anglais peu habitués à voir ces trois points de vue réunis dans un seul ouvrage d'une telle envergure.

Les historiens proprement dits n'en firent guère usage. Autant l'*Histoire de Charles XII* devint un inépuisable réservoir, autant le *Siècle de Louis XIV*, malgré de nettes réserves, affirma bientôt son autorité (*AR* (1773) xvi.67-68), autant il est rare de trouver l'*Essai sur les mœurs* cité à l'appui d'un fait ou d'une opinion. Ceux qui pensaient y trouver une histoire universelle, comme le

---

[77] *UM*, revue de vulgarisation, ne reproduira qu'un seul passage, l'histoire de la Chine, 'the most useful and entertaining piece among those lately published' (1757, xxi.226-229). Quand Beloe, dans sa traduction d'Hérodote (iv.167), en 1791, voulut comparer les Athéniens aux Chinois, ce fut encore à Voltaire qu'il eut recours. Mais les pages sur Cromwell restent, avant celles sur l'orient, les plus souvent retenues dans les extraits (cf. encore *GM* (1757) xxviii.59-60, 416-418, 421-422 (pour 521-522), 577-579).

[78] (1757) iv.385-395. La revue a l'honnêteté d'ajouter que le livre fut écrit pour une dame [mme Du Châtelet] lasse de batailles et d'événements.

[79] 'And Voltaire, sir?', demanda Boswell à Johnson, qui venait de dire que Bossuet n'avait pas de lecteurs. 'He has not stood his trial yet. And what makes Voltaire chiefly circulated is collection; such as his Universal history' (Boswell 5, v.311).

promettait le premier titre, éprouvèrent déception et mécontentement. Il s'agissait, en effet, d'un 'essai' sur les 'mœurs', non d'un résumé chronologique, même si Voltaire s'était laissé entraîner au-delà de sa sobriété primitive en matière de faits. Pressé de tirer des leçons sur l'histoire, il ne perd pas son temps en débats sur l'établissement des faits. D'où le peu de réaction des lecteurs dans ce domaine, qui contraste vigoureusement avec les querelles nées des chroniques d'histoire contemporaine. Unique est l'exemple de la famille Trevor, irritée d'une phrase sur un ancêtre faussement qualifié de bigame[80]. *The Universal history*, gigantesque et insipide compilation où Voltaire puisera d'ailleurs largement, suffisait à combler la curiosité des lecteurs anglais. C'est à elle que l'on se référera constamment, et non à Voltaire, dépourvu du moindre crédit en la matière[81].

Pour bien comprendre l'*Essai*, il fallait être philosophe. En appliquant les critères ordinaires, le catholique irlandais Charles O'Conor, écrivant à son ami John Curry, qui rassemblait des matériaux pour une histoire d'Irlande, se condamne à l'incompréhension: 'Since I left you I have run over Voltaire's ten volumes of General history from Charlemaigne's time to the present. This is the work which bishop Warburton calls "the great fable", and even I have discovered several shameful mistakes of this great philosophic writer, in matters of fact. 'Tis a great pity to find so many truths, nobly told, brought into discredit by keeping bad company' (Hist. MSS Comm., 8th R., p.489a). Reconnaissons qu'il fallait le recul du temps pour admettre que les erreurs de Voltaire étaient aussi riches de signification que ses vérités.

---

[80] Arthur Hill-Trevor, plus tard vicomte Dungannon, reçut de Voltaire deux lettres d'explication (Best. D11758, D11767). Le passage incriminé est dans *EMo*, ch.cxxx. Voltaire nia d'abord avoir parlé de la bigamie du ministre de Charles ii, puis, ayant pris la peine d'ouvrir l'édition de 1761, s'excusa de son étourderie et promit une correction (*Trevor* sera remplacé par *Cowper*). Il reconnut publiquement son erreur et résuma l'affaire dans la 22ème *Honnêteté littéraire*. Thomas Birch avait immédiatement détecté l'inexactitude (BM add. MS 35400, f.105) et conclu à la précipitation ('hasty') de l'auteur.

[81] *GM* (1751) xxi.14 renvoie déjà le lecteur à l'*Universal history* anglaise, plutôt qu'aux 'affirmations hâtives' de Voltaire.

Certains Anglais toutefois, par leur sympathie pour la pensée de l'auteur, leur expérience du monde ou leur culture, pénétrèrent le secret de cette œuvre difficile. Ainsi mrs Montagu, quoique des motifs religieux lui fissent refuser son adhésion: 'Every time England is mentioned, it costs me a groan. I am not indeed a great admirer of Voltaire. I liked his account of the king of Sweden, but now he writes history as a philosopher, as too many philosophers do, he leaves truth for system, and l'esprit de l'histoire, which he affects to give us, is trop alembiqué for me. I am diverted to find him taking all opportunities of giving modern poetry and history the preference to ancient' (Montagu 4, iv.66-67). A l'autre extrêmité, c'est encore Chesterfield qui a le mieux compris l'intention profonde. A plusieurs reprises, il recommande à son fils le commerce assidu de ce livre aussi utile qu'agréable: 'A history wrote by a man of sense for the use of other men of sense. He passes over all minute and trifling details, and only dwells upon important events, such as the great revolutions and empires, the manners of the times and the progressions of human reason, arts and sciences' (Chesterfield 1, vi.2835, 2629, 2632).

L'auteur anonyme des *Anecdotes of polite literature* dégage, en 1764, dans un long et pénétrant essai, les grands traits de la révolution opérée par Voltaire dans la manière d'écrire l'histoire. Nugent, le traducteur de la première édition complète de l'*Essai*, d'abord resté anonyme, se dévoile en 1759 dans une abondante préface, où il définit son texte comme une histoire philosophique du monde. Cette préface, les notes, l'index et les tables chronologiques ajoutés par le traducteur, formaient la plus discrète et la plus sûre des propagandes. Plus marquée par la personnalité de son auteur, la critique de Goldsmith retient surtout une volonté d'impartialité, l'amour de la vérité et de l'humanité, le désir d'encourager les hommes par un tableau somme toute encourageant des progrès accomplis depuis les temps barbares, bref une sorte d'optimisme fondé sur l'observation, non sur un système[82].

[82] Goldsmith 1, iii.266; i.97. *The Bee*, hebdomadaire entièrement rédigé par Goldsmith, publia dans son numéro du 13 octobre 1759 (*ibid.*, i.391-393) la

Moins sensible que Chesterfield ou que Goldsmith aux mérites 'pédagogiques' de l'*Essai*, Walpole, d'abord hésitant tant que les détails l'aveuglent[83], s'ouvre peu à peu à la compréhension de cette étude des 'mœurs', qui sont si souvent 'la source d'événements considérables' (Walpole 8, xv.180). Ayant mainte et mainte fois relu 'this charming bird's-eye landscape, where one views the whole in picturesque confusion, and imagines the objects more delightful than they are in reality and when examined separately' (Walpole 7, ii.87), il finit par avouer: 'I admire it more than ever, though I always thought it his chef-d'œuvre. It is a marvellous mass both of genius and sagacity, and the quintessence of political wisdom as well as of history. Any one chapter on a single reign, as those of Philip II, Henry IV, Richelieu, Elizabeth, Cromwell, is a complete picture of their characters and of their times. Whatever may be said of his incorrectness in some facts, his observations and inferences are always just and profound. . . . More than once, he allows the cruel nature of his countrymen in turbulent times. The story of the whole modern world is comprised in less space than that of the three centuries of diminutive Greece in the tedious travels of Anacharsits, who makes you remember rather than reflect' (Walpole 8, xxiv.79).

Ainsi, l'*Essai sur les mœurs* a-t-il su plaire à l'homme du monde, au lecteur cultivé, à l'ironiste amateur de tolérance et de larges vues, au philosophe humanitaire, aux disciples de Montaigne et aux lecteurs de Bolingbroke. Long est le chemin parcouru depuis la dramatique et romanesque vie de Charles XII. L'opinion de Walpole montre combien il est indispensable de ne pas séparer le philosophe de l'écrivain, et la part prépondérante de la personnalité de celui qui juge, sa culture, son milieu social et intellectuel,

---

traduction de Best.D7213, reprenant ainsi à son compte le dessein humanitaire de Voltaire.

[83] 'I almost like it the best of his works. . . . He is a little tiresome with contradicting La Beaumelle out of pique. . . . Between La Beaumelle and Voltaire, one remains with scarce a fixed idea about that time. I wish they would produce their authorities and proofs, without which I am grown to believe neither. . . . Yet altogether it is a fine work' (Walpole 8, xxv.283).

son contexte politique ou familial. Les 'professionnels', au demeurant peu nombreux, n'ont guère parlé des œuvres avec précision. Le grand public les a lues avec curiosité, voire avidité, mais selon des critères souvent étrangers à ceux du spécialiste.

2. L'image anglaise de Voltaire historien

Il est à peu près impossible de trouver une page sur les historiens du XVIIIème siècle, qui ne fasse pas mention de Voltaire[84]. Dans son compte-rendu de l'*Esprit de l'* 'Encyclopédie', la *Monthly review* ne résume qu'un seul article sur cent-soixante, l'article 'Histoire,' précisément écrit par Voltaire (*MR* (1768) xxxviii.523-531). Les Anglais ont fort bien discerné l'apport voltairien dans la naissance de l'historiographie moderne, et rares sont ceux qu'aveugla un moralisme outré, tel l'évêque Hurd, ami de Warburton, dont il partageait l'animosité envers Hume et sa clique: 'Voltaire's taste for this sort of writing [history] is as singular as for epic poetry. He has written, I think, three histories, that of Lewis XIV, of Charles XII and now of czar Peter: i.e. of a swaggerer, a madman and a savage. The only book he ever writ that reads like a history, and is indeed a fit subject for one, is his epic poem' (Hurd 1, p.50).

La période couverte par les œuvres historiques de Voltaire englobe pratiquement toutes les époques depuis les plus lointaines origines. On ne s'étonnera pas de la diversité de la critique suivant la date des faits examinés. Chacun sait la méfiance de Voltaire à l'égard des fables de l'Antiquité. Il ne se soucie guère de la possibilité d'une connaissance positive des temps reculés, satisfait si un scepticisme railleur se met au service de la philosophie. Aussi les Anglais le classèrent-ils avec Bayle et Fontenelle, et joignirentils

---

[84] il faut toute la mauvaise foi de Pinkerton, aux yeux de qui le grand homme est Hume, pour parvenir à écrire une lettre entière sur l'histoire sans citer une seule fois Voltaire. Il ne lui pardonne pas sa théorie des quatre âges, qui sacrifie Homère et Plutarque, Dante, tous les modernes, et particulièrement Gresset ('one of the best writers that France hath produced'), Buffon, 'poor Jean-Jacques' et luimême. Une telle attitude est exceptionnelle (pp.158-160).

souvent son nom à celui de Bolingbroke, vulgarisateur outre-Manche du pyrrhonisme de l'histoire. Avec l'influence de Rousseau, les dangers de ce mépris total pour l'humanité primitive, ne tardèrent pas à apparaître. Dès 1753, mrs Montagu comprend que le rejet systématique des témoignages anciens et indirects paralyse toute étude de l'homme sans artifice des temps barbares, pourtant nécessaire à notre connaissance de la nature humaine (E. Montagu 4, iii.213). Plus tard, des historiens-philosophes comme Kames ou Monboddo, sans parler de Vico, ne craindront pas d'enfreindre l'interdit jeté sur les 'fables', tandis que voyageurs, ethnologues et orientalistes commenceront à échafauder une science plus exacte dont Voltaire n'entrevit pas la portée réelle.

Deux types de lecteurs s'opposent nettement. Les uns ne vont pas au-delà de la saine destruction d'une crédulité séculaire. En dépit de ses erreurs et de ses obscurités, le travail de Voltaire permet 'to blunt the edge of superstition and tyranny', assainissement préalable indispensable, 'to pave the way for men of sounder principles to introduce better systems both in church and state', bien que la tâche soit beaucoup moins urgente en Angleterre qu'en France (*Public ledger*, 18 juil. 1761, p.681). Ceux-ci ont donc compris que l'examen du passé débouchait sur une réforme du présent. Paradoxalement, les autres lui reprochent son manque de curiosité scientifique, et même son manque d'esprit critique, toute anecdote, même la plus suspecte, étant accueillie les yeux fermés lorsqu'elle va dans le sens de la thèse et de la propagande.

Quand il s'agit d'événements récents, le problème est tout à fait différent. 'Si nos histoires modernes écrites par des contemporains sont plus certaines en général que toutes les histoires anciennes, elles sont quelquefois plus douteuses dans les détails', reconnaît Voltaire dans les *Conseils à un journaliste*, sa page la plus lucide sur la différence des deux domaines[85]. Tâche de journaliste,

---

[85] même doctrine dans les *Remarques sur l'histoire* (1742) et les *Nouvelles considérations sur l'histoire* (1744).

en effet, qui parut facile à certains partisans des anciens, comme Vicesimus Knox, indigné de voir les collections d'archives, les correspondances et les 'epigrammatic tales' du seigneur de Ferney supplanter les solides et classiques Hérodote, Tite Live et Thucydide[86]; tâche en réalité infiniment délicate, comme Voltaire en put faire lui-même l'expérience.

Rompues aux hypocrisies de la propagande, les revues traitent volontiers Voltaire comme un confrère, seulement un plus impudent de par son prestige et son autorité, mais dont on connaît les sources impures et la mauvaise foi. Elles ne se lassent jamais de dénoncer les lacunes de son information, sa crédulité, son patriotisme étroit: 'Even Voltaire, though a citizen of the world, is a Frenchman'[87]; et l'on croit avoir tout dit. L'absence de références précises et de notes critiques donnent beau jeu à ces attaques: 'Some of the French writers, of late, seem to give themselves airs and seem to be as peremptory and decisive in their accounts of things as if we were to take their ipse dixit as positive evidence'[88]. Parmi les sources de cette partialité, on rangera le catholicisme, voire le papisme, sans soupçonner l'absurdité ou le ridicule d'une accusation aussi peu nuancée[89].

Une évolution se dessine à partir du milieu du siècle. Les historiens érudits, les 'antiquarians', dont quelques-uns, Burney, Callandar ou Pennant, firent d'ailleurs le voyage de Ferney, approuvèrent l'*Essai sur les mœurs* comme la première grande histoire universelle jamais écrite, et le *Siècle de Louis XIV* comme un témoignage du progrès de l'humanité. Mais lorsque l'intérêt se déplaça de l'antiquité vers le moyen age, et plus particulièrement vers les recherches dans les domaines celtique et germanique

---

[86] i.12. Exceptionnellement, nous citons d'après la 4ème édition. Dans les deux premières (1778 et 1779), cette page est beaucoup plus courte et ne cite pas Voltaire.

[87] *GM* (1771) xli.165. Même idée dans *MR* (1763) xxix.497: 'But perhaps he is not quite so much of a citizen of the world as he pretends', et encore

CR (1770) xxx.108: 'Do not talk like an ostentatious French petit-maître'.

[88] *GM* (1751) xxi.14. Cf. encore *LM* (1752) xxi.223-225; *CR* (1757) iv.385-395; *GM* (1758) xxviii. 421-422 (pour 521-522); *CR* (1770) xxx.99-118.

[89] ainsi, ce serait le papisme qui aurait empêché Voltaire de comprendre la révolution de 1688.

('gothic'), Voltaire apparut comme démodé. Alors, ce furent les 'classiques' qui se rangèrent derrière lui, et le contraste se fit plus saisissant entre la modernité de sa méthode et les limites de sa curiosité (Thornton, pp.1602 sqq).

Quelques échos de ces divergences d'appréciation ne purent pas ne pas parvenir aux oreilles de Voltaire. Quelle ne fut donc pas sa surprise de lire un jour, dans l'une de ces revues si mordantes, un immense panégyrique: 'No writer perhaps was better qualified for executing an history of his own times than m. de Voltaire. Ingenious in an extraordinary degree, intimately acquainted with human nature and human life, familiar with princes and correspondent with their ministers, his writings come recommended by their particular spirit and vivacity, by a natural and obvious display of those passions, of those private influences of life, which, however minute, lead frequently to great events, by a liberal investigation of the principles of monarchs, and a knowledge of those circumstances of management and intrigue which, to other writers, must have been inaccessible. Though born under an arbitrary government, yet warm with the love of liberty and an advocate for the rights of human nature; no slave to party, either from principles or connections; judging of the narratives of contemporary history with that unprejudiced freedom which is natural to an enlightened mind unbiassed by dependence, and deciding upon events rather from the probability of concurring circumstances than from the mere ipse dixit of any relater; his historical writings are a charter of the privileges of mankind, wherein truth is not injured by private attachments, is neither obscured by a narrowness of conception, nor betrayed by an indolent acquiescence in the determination of others'[90]. Page remarquable de finesse et d'éloquence, qui compense à elle seule toutes les mesquineries des adversaires. Ravi, Voltaire eut un geste unique dans ses rapports avec la presse anglaise: il prit la

[90] MR (1764) xxx.207. La traduction de ce texte parut dans la Gazette littéraire du 3 octobre 1764. Bachaumont la reproduisit dans ses Mémoires en espérant que cet éloge impartial venu de l'étranger ferait taire les anti-voltairiens (L & W, i.223-224).

plume et tourna, en anglais, à l'adresse de la *Monthly review* un billet de remerciement pour ce brevet d'adoption intellectuelle.[91]

Plus nuancés que les journalistes, les particuliers ne manifestèrent pas toujours moins d'exigence en matière de sources et d'objectivité. L'historien sir David Dalrymple, qui devait publier en 1776 des *Annals of Scotland*, simple chronique, année par année, mais surchargée de notes érudites et de réferences, n'a que mépris pour 'this intrepid retailer of fables to appear in Europe since the century of Varillas, Leti and Raguenet. . . . The truth can sometimes be found in m. de Voltaire, but it is found either rouged or daubed or in ridiculous disguise', malgré la facilité du style (Boswell 9, ii.90-92).

C'est finalement Horace Walpole qui exprime le mieux l'opinion de la majorité des Anglais éclairés. Devenu spécialiste de la critique des sources et des fausses réputations grâce à ses *Historic doubts*, il était orfèvre, au point que Voltaire lui demanda un exemplaire de son livre. Mme Du Deffand le tenait régulièrement au courant de toutes les productions voltairiennes. Si la mauvaise humeur, le paradoxe, voire la mauvaise foi faussaient parfois son jugement, sa formation toute française garantissait un minimum d'harmonie préétablie.

L'*Histoire universelle* dans les *Œuvres complètes* publiées par Cramer possède à ses yeux assez de qualités pour faire oublier le jacobitisme et les erreurs sur l'Angleterre, mais il ne peut admettre l'absence d'autorités et de preuves qui ravale l'auteur, selon lui, au rang d'un La Beaumelle (Walpole 8, xxxv.283). Déçu par l'*Histoire de l'empire de Russie*, il soutient que Voltaire écrit encore mieux l'histoire sans documents qu'avec eux. Prompt à déceler les consignes de Catherine II, il se livre à d'amusants sarcasmes sur ce grand douteur brusquement saisi par la crédulité (*ibid.*, xxii.253). Tout en appréciant la philosophie sous-jacente à son juste prix, il

---

[91] Best.D12141. Le billet fut envoyé à Vaillant, correspondant habituel des Cramer à Londres, qui transmit (cf. Best.D12142, du même jour). La revue ne publia pas les remerciements de Voltaire, mais en accusa réception en mars 1765 (xxxii.240), en tenant compte également de la lettre de Voltaire à Vaillant.

n'approuvera jamais la méthode: 'Voltaire, with his "N'est-ce pas mieux comme cela?"', avowed treating history like a wardrobe of ancient habits, that he would cut and alter and turn into what dresses he pleased' (*ibid.*, xxxiv.208-209), pratique acceptable chez un esprit supérieur, détestable chez les imitateurs, qui ont dépouillé l'histoire de l'humanité, hommes et femmes, au point qu'il ne leur reste même plus une feuille de vigne! Par cette métaphore saugrenue, Walpole définit le défaut majeur de ces écrivains, tantôt philosophes et tantôt stylistes, qui n'ont pas voulu ou pas pu devenir des historiens érudits, critiques, objectifs et sérieux. Il est certain qu'au moment où naissait en Angleterre, comme dans l'Europe des Lumières, une histoire scientifique et critique, le ton voltairien et la manipulation désinvolte des faits défendaient la meilleure des causes avec des moyens déconcertants. De ces contradictions naîtra un malaise dont Gibbon sera le plus bel exemple.

Critiquer les sources et juger de la validité des faits suppose une compétence de spécialiste, alors que tout lecteur sera à même de juger 'l'esprit' du texte et de critiquer les 'réflexions', qui doivent, ou ne doivent pas, accompagner le récit, suivant les écoles. A vingt-cinq ans, Richard Rolt encore débutant, à la seule lecture de l'*Histoire de Charles XII* et des quelques extraits connus du grand public avant 1749, montre qu'il a fort bien compris dans quelle voie s'engageait Voltaire: 'It is not the true intent of history so much to load the memory of the reader with a copious collection of public records, as it is to elevate his thoughts and enrich his understanding; and the ingenious Voltaire has delivered it as his opinion, that historians should incorporate reflections with the series of events related, because the dry way of writing is neither so instructive or pleasing as when the author intersperses a moral disquisition or animates the reader by a bold and beautiful expression' (Rolt 1, *Préface*, p.xiv).

Il ne s'agit pas de réflexions morales sur les hommes ou sur la destinée, comme tout historien traditionnel en glisse dans son texte, mais d'un commentaire interprétatif continu. Le *Siècle de*

Louis XIV inaugure la nouvelle présentation, dont l'intérêt ne sera plus contesté par la suite. On ne se divisera que sur l'aspect, la place et les proportions à donner à l'appareil philosophique. Même les partisans de la méthode narrative classique seront obligés de lui donner une place, les uns préférant mêler les remarques au récit, comme Hume; d'autres, comme Gibbon, les renvoyant à sa suite. Mais tous en reconnaissent la paternité à Voltaire (Ogilvie 2, i.86; n. de la p.84 continuée).

La méthode ne vas pas sans excès. Pour amener une 'réflexion', l'historien choisira les faits les plus singuliers sans s'occuper des exigences de la narration. C'est Goldsmith, dans une longue lettre à la *Monthly review*, exceptionnellement signée, qui analyse cette technique de l'anecdote incongrue, mais philosophiquement utile (*MR* (1757) xvii.154-164). Le même reproche se retrouve chez Walpole, qui doutera fortement des dires de mme de Boufflers sur Cromwell, histoire invraisemblable que Voltaire, n'en doutons pas, avec sa passion de l'absurde, ira s'empresser de reproduire à la première occasion (Walpole 1, vi.124-125).

Des centaines de recueils attestent le goût dévorant de ce siècle pour les anecdotes. En les rassemblant pour son *Siècle de Louis XIV*, Voltaire mesura en même temps leur portée et leur faiblesse. Toutes sont bonnes à condition de nous faire connaître le genre humain: 'Il faudrait donc, me semble, incorporer avec art ces connaissances utiles dans le tissu des événements. Je crois que c'est la seule manière d'écrire l'histoire moderne en vrai politique et en vrai philosophe', écrit-il dans les *Nouvelles considérations sur l'histoire*. Premier exemple génial de pointillisme, l'*Essai sur les mœurs* ne doit pas se lire comme un dictionnaire de curiosités, mais comme un réseau de traits significatifs constituant le langage profond d'une époque.

A quel point l'anecdote cesse d'être un détail pour devenir un document, c'est au maître d'œuvre d'en décider. Boswell, qui créait de l'éternel avec les boutades du dr Johnson, eut un jour avec ce dernier, avec l'historien Robertson et quelques autres, un entretien sur Voltaire. Selon Johnson, l'historien peut composer son livre rien qu'en notant les propos des différents acteurs. Toute histoire a commencé par être orale, et Voltaire n'aurait pas autrement procédé pour son *Louis XIV*. Robertson acquiesca: 'He lived much with all the great people who were concerned in that reign, and heard them talk of everything; and then either took Boswell's way of writing down what he heard, or, which is as good, preserved it in his memory; for he has a wonderful memory' (Boswell 5, v.393). Voltaire considéré comme le Boswell de Louis XIV, l'idée l'aurait indigné, mais c'est bien ainsi que les Anglais le considérèrent souvent.

Anecdotes et remarques tendent le piège d'un style spirituel et brillant, point sensible, car il touche au caractère national. Pour l'Anglais du XVIIIème siècle, le Français reste l'homme qui court après un bon mot, sans égard ni pour la charité ni pour la vérité. Il veut éblouir, parader, faire son effet, par la seule ressource du language, tant il est habitué à se faire juger par un public mondain, qui le reconnaîtra pour sien et met ce critère avant tous les autres. A ce compte, Voltaire serait le Français par excellence. Quand Warburton le qualifie de 'poète' composant 'une grande fable' au lieu d'histoire, il traduit une opinion courante: un poète remplace la vérité par les jeux du style et reconstruit la réalité avec des mots (cf. encore *GM* (1753) xxiii.270-272; 318-319), suprême injure envers un disciple de Locke, ennemi des systèmes et ne voulant raisonner que sur des faits.

Un *Essay* ironique sur la nouvelle méthode française d'écrire l'histoire (*LM* (1755) xxiv.335; *Wo*, n°107) développe l'idée d'un ouvrage 'plus beau que la vérité': 'History void of wit is an empty shadow'. Il faut tour à tour charmer et contrister un lecteur toujours surpris et cultiver le paradoxe. Et de citer Walpole comme disciple de l'école française. Vers la même date, dans un court essai rédigé après son départ de Trinity college, Edmund Burke note que seules l'aisance et l'élégance du style de Voltaire ont pu faire accepter tant d'erreurs et tant d'absurdités: 'A levity, an inconclusive way of treating difficult points, a decisive tone and a sententious manner of saying common things created a multitude of admirers and imitators all over Europe' (Burke 2, pp.118-120). Lord Lyttelton fit preuve d'une belle honnêteté intellectuelle, malgré la dispute qui l'avait opposé à Voltaire sur sa qualité d'exilé, quand il ajouta un éloge de l'historien dans l'édition corrigée de son quatorzième *Dialogue*. Historien lui-même, il approuve sans réserves l'esprit nouveau insufflé par la peinture des arts, des sciences et des mœurs, l'universalité du génie voltairien, l'objectivité des faits et une indépendance de pensée authentiquement philosophique. Mais il se heurte à une difficulté: 'I would however exhort the French and English youth to take a fuller survey of some particular provinces, and to remember that although in travels of this sort a lively imagination is a very agreeable companion, it is not the best guide. To speak without a metaphor, the study of history both sacred and profane, requires a critical and laborious investigation. The composer of a set of lively and witty remarks on facts ill-examined, or incorrectly delivered, is not an historian' (Lyttelton 1, pp.146-150).

Sauf au théâtre, dont l'essence est dans le langage, du moins dans une esthétique non-shakespearienne, Voltaire sera de plus en plus attaqué pour son style qui, pour les Anglais, ne suffit plus à soi seul à faire pardonner les faiblesses du reste. Quand les campagnes contre Shakespeare et contre l'*infâme* auront miné son autorité, l'historien ne sera plus épargné: 'In historical productions, he is wantonly hazardous of conjectures which, in many reflections as well as that upon the forest-work of William I[92], are introduced in defiance of proof. His *History of Charles XII of Sweden* is a jumble of wild absurdities, decorated with a lively but fantastic style, and so little drawn from truth that this historian degenerates into the mere novelist' (Greene 1, *Préface*, pp.ix-xi). Cette virulente attaque d'E. B. Greene, en prenant pour cible le *Charles XII* ordinairement considéré comme un chef-d'œuvre, traduit implicitement le changement opéré dans la manière d'écrire l'histoire. Tout ce que W. Jones trouvera à reprendre, alors qu'il fermerait

[92] ce détail a été longuement commenté par Gilpin, ii.4.

volontiers les yeux sur les inexactitudes, c'est que Voltaire court après l'esprit: 'His distinguished excellence is wit, which, however, sometimes gets the better of his judgment. . . . It should be utterly banished from historical compositions'[93]. Gibbon non plus n'échappa pas à une censure analogue. Pour beaucoup de ses compatriotes, la vérité doit être 'smooth, flowing and natural, without any graces but perspicuity', sans aucune concession au plaisir et à la beauté.

Après 1778, quand la polémique se fut apaisée et que de nombreux imitateurs eurent familiarisé les lecteurs avec la leçon, mais sans jamais l'égaler en verve, on commença à y voir plus clair. En 1782, William Hayley consacra entre autres un essai au genre historique. Après un dédaigneux début sur Hume, bâtisseur sur le sable, une réelle admiration pour Voltaire se tempère d'une méfiance toute britannique devant le brillant français (*Essay on history*, vv.458-477; Hayley 2, ii.54-55):

> From the long annals of the world thy art
> With chemic process drew the richer part;
> To history gave a philosophic air
> And made the interest of mankind her care;
> Pleased her grave brow with garlands to adorn,
> And from the rose of knowledge strip the thorn.
> Thy lively eloquence, in prose, in verse;
> Still keenly bright, and elegantly terse,
> Flames with bold spirit, yet is idly rash;
> Thy promised light is oft a dazzling flash;
> Thy wisdom verges to sarcastic sport,
> Satire thy joy! and ridicule thy fort!
> But the gay genius of the Gallic soil
> Shrinking from solemn talks of serious toils,
> Though every scene his playful air maintains
> And in the light memoir unrivalled reigns,

[93] *LM* (1774) xliii.35-36. Ce même volume contient la première description imprimée de la grotte de Fingal.

L'ANGLETERRE ET VOLTAIRE

Thy wits, o France! (as e'en thy critics own),
Support not history's majestic tone.
They, like thy soldiers, want, in feats of length,
The persevering soul of British strength.

Cependant, la plupart n'hésiteront bientôt plus à franchir le dernier pas. Dans les vingt dernières années du siècle, la véritable image de Voltaire historien se révele enfin. Le long éloge d'un John Andrews aurait été inconcevable pendant la période de Ferney: 'His language is elegance itself and his style is full of grandeur and energy' (Andrews 2, pp.124-125). Pour Alves, qui prétend écrire une histoire de la littérature moderne, le style de Voltaire est Voltaire tout entier, et l'apparente à Thucydide par l'ironie, dont il possède 'la grâce attique, la concision et la force' (Alves, p.233). A l'extrême fin du siècle, la décantation est achevée. Jackson peut écrire en 1798 que l'histoire vient de connaître un âge d'or avec Hume, Robertson, Henry et Watson en Angleterre; du côté français, la liste serait trop longue, mais il faut nommer Voltaire, 'who must not be thought deficient in truth because he abounds in vivacity' (W. Jackson, p.46).

Montesquieu n'est pas cité, et pourtant, c'est à partir de lui que s'instaure une divergence entre Voltaire, Robertson, Gibbon, et les autres. Entre ces trois historiens, il existe plus d'une affinité profonde: croyance en l'existence d'une histoire universelle, défense de la vraisemblance, c'est-à-dire d'une cohérence causale et d'une logique des faits permettant de construire des raisonnements de type scientifique, intérêt pour les problèmes économiques et sociaux, répugnance pour les faits détachés de leur contexte explicatif. Mais le dégoût progressif de Gibbon à l'égard de Voltaire trahit le clivage entre deux grandes écoles (Warburton, 7, p.134): celle des Encyclopédistes et celle de Montesquieu. En accusant les Encyclopédistes de subordonner les faits et la recherche de la vérité au style et surtout à la polémique et à la propagande, Gibbon manifestait la différence radicale de situation entre les historiens français et anglais au sein de la société de leur temps: les uns entendaient agir comme des réformateurs militants toujours plus ou moins sur la brèche; les autres pouvaient se permettre de se cantonner dans la dissertation érudite et contemplative. Les Français voulaient et devaient combattre, les Anglais se contentaient de comprendre.

3. L'école historique anglaise et Voltaire

Lorsque les Anglais dressaient un bilan de leurs travaux historiques dans la première moitié du siècle, l'extrême modestie était de rigueur. Ce qui prévalait était un sentiment d'infériorité, voire de nullité. En 1716, Addison parlait crûment de stérilité (*The Free-holder*, n° 35). L'immense succès de Rapin de Thoyras, la seule histoire complète de la Grande-Bretagne et même, selon Voltaire, la seule bonne histoire écrite en Europe avant celle de Hume (*Catalogue des écrivains français . . . du SLXIV*, art. *Rapin de Thoiras*), décourageait toute émulation. En 1727, dans *A Critical and philosophical inquiry* (Warburton 7, p.134), Warburton gémissait sur l'abjecte condition de l'histoire britannique. Toujours selon Voltaire, le génie anglais, froid ou impétueux, 'n'a pas encore saisi cette éloquence naïve et cet air noble et simple de l'histoire' (*LPh*, ii.138). L'esprit de parti joue également son rôle. Un peu plus tard, au moment de méditer sur les leçons de l'histoire, Bolingbroke manifestait le même pessimisme (Bolingbroke 3, iii.454).

Enfin David Hume parut. Il est facile de dater le début de l'ère nouvelle: 1754, publication du premier volume de l'*History of the house of Stuarts*, un véritable événement, dont la portée n'échappa pas à l'auteur lui-même[94], avec cette réserve que cette date ne s'imposera qu'un peu plus tard, car l'ouvrage passa d'abord complètement inaperçu. On en vendit quarante-cinq exemplaires la première année! Le succès vint enfin avec la deuxième livraison. Peu de temps après, Burke enregistre cet exploit des lettres anglaises, désormais dotées de leur historien de génie (*AR* (1761) iv.301). En 1760, Voltaire à son tour doit constater que 'si la

[94] *History of England*, éd. de 1773, vi.195 (texte écrit en 1754).

France a quelques historiens, les Espagnols, les Italiens, les Anglais même, nous disputent la supériorité dans ce genre'[95]. Désormais, l'école anglaise ira s'affirmant en variété, quantité et qualité, atteignant son apogée avec Gibbon, qui n'est nullement un produit isolé, mais le plus grand d'un groupe nombreux.

Il serait tentant, et les dates semblent s'y prêter, d'attribuer à Voltaire la paternité quasi exclusive de cette renaissance. Condorcet, pour sa part, n'hésite pas à le proclamer: 'Il a l'honneur d'avoir fait dans la manière d'écrire l'histoire une révolution dont, à la vérité, l'Angleterre a presque seule profité jusqu'ici. Hume, Robertson, Gibbon, Watson peuvent, à quelques égards, être regardés comme sortis de son école' (M.i.244). Paragraphe si simple dans sa clarté dogmatique qu'il a déterminé toute la critique ultérieure. Renforcée par les conclusions de Fueter, le seul à avoir étudié la naissance de l'historiographie britannique, mais voici déjà plus d'un demi-siècle, cette affirmation passe pour une évidence. La vérité n'est pas si simple.

A. David Hume

A peine l'histoire anglaise était-elle donc née avec Hume que l'on y vit la trace de Voltaire. La mévente du premier volume fut attribuée par l'auteur à ses idées politiques et à une conspiration des libraires (cf. Mossner, Ransome), mais surtout à ses opinions religieuses. 'He is an atheistical jacobite', dira Warburton,' a monster as rare with us as a hipogriff' (Mossner 9, p.309, n2). Comme Voltaire, Hume dut d'abord se défendre contre les 'enthousiastes' et les sectes, les Presbytériens surtout[96], qui détournèrent l'attention des problèmes proprement historiques. Pour ses adversaires, l'affaire était claire: Voltaire se cachait derrière cette œuvre, la conspiration des philosophes gagnait peu à peu du terrain et envahissait l'Angleterre.

---

[95] *Epître dédicatoire du traducteur de 'l'Ecossaise' à m. le comte de Lauraguais.* Le mot 'même' fait écho au constat de carence de la 22ème *LPh*.

[96] du moins projeta-t-il une défense dans la préface du deuxième volume, où il fait profession de déisme. Mais le texte ne fut jamais publié et fut réduit à une note assagie renvoyant non-conformistes et protestants dos-à-dos.

Ce qui n'était qu'une illusion d'optique apparaît presque simultanément chez des lecteurs aussi différents que Jeffreys et Walpole. Le 30 octobre 1754, le premier écrit à Philip Yorke: 'I have heard mr Hume's intended history mentioned by some of his countrymen here [à Paris]. They say it is writ in the manner of the Siècle de Louis XIV' (BM add. MS 35360, f.173b). En 1755, Walpole affirme que Hume a pris son style et sa manière de Voltaire (Walpole 8, xxxv.214). Johnson, dont les saillies avaient force de loi, ne contribua pas peu à l'enracinement du préjugé: 'You think yourselves very great men', dit-il un jour à l'adresse des Ecossais et de Boswell, dont le patriotisme celte l'exaspérait souvent; 'Hume would never have written history, had not Voltaire written it before him. He is an echo of Voltaire' (Boswell 5, ii.53; cf. Johnson 6, ii.10), formule bien frappée dont la mémoire se déprend avec peine. Plus soucieux d'injures que d'exactitude, les ennemis des Lumières ont très souvent mêlé les noms de Hume et de Voltaire, de Bayle et de Bolingbroke, voire de Toland et de J. J. Rousseau, dans une réprobation globale et grossière[97]. Enfin bien que Voltaire ne nomme pas Hume dans son œuvre avant 1752—et encore très obliquement (*Catalogue des écrivains français... du SLXIV*, art. *Rapin de Thoiras*) — et avant 1757 dans sa correspondance (Best.D7362), quand l'édition de Kehl révéla le nom de l'auteur du compte-rendu élogieux de l'*Histoire complète d'Angleterre* (*Gazette litt. de l'Europe*, 2 mai 1764), on put y voir la reconnaissance du maître envers le disciple. En 1763, en tout cas, dans la 3ème *Remarque pour servir de supplément à l' 'Essai sur les mœurs'*, Voltaire affirmait que sa méthode, qui consistait moins à recueillir les faits qu'à les trier et à faire reconnaître par le lecteur l'esprit de chaque nation et les progrès de l'esprit humain, avait été 'aussitôt adoptée par le philosophe qui écrit l'histoire particulière d'Angleterre', qu'une note désignait éloquemment par on nom.

[97] 'Lord Auchinleck is more worthy of esteem than Hume, Voltaire or Rousseau', écrit le rév. Temple à Boswell (Abbott, p.144, n°908). Pour Gray, ce sont tous des athées qui se valent, et entre lesquels il ne cherche même pas à distinguer (Walpole 6, i.95).

Chronologiquement, Hume a pu, en effet, emprunter directement à Voltaire. Son histoire marche à reculons, commençant par les Stuarts en 1754 et en 1756, pour l'étude desquels il disposait du *Siècle de Louis XIV*, précisément acheté par la bibliothèque des avocats à Edimbourg dès l'arrivée de Hume en 1752, ainsi que l'*Abrégé de l'histoire universelle*[98], continuant par les Tudors (les volumes iii et iv parurent en 1759) et finissant par la période qui sépare l'invasion normande du règne de Henry VIII (volumes v et vi publiés en 1762), tous ces volumes étant postérieurs à l'*Essai sur les mœurs*. En 1760, Hume demande ce dernier ouvrage à lord Minto. C'est l'époque où il s'occupe du haut moyen âge et se heurte au problème de la critique des sources. 'I know that author', écrit-il de Voltaire, 'cannot be depended upon with regard to facts, but his general views are sometimes sound and always entertaining' (Hume 2, i.325-326). Un fait reste acquis: Hume avait en main les ouvrages de Voltaire au moment où il rédigeait.

Si maintenant nous ouvrons ces six volumes, nous trouvons les chapitres groupés en deux sections: narration des faits, études des 'mœurs'. Ces dernières sont rejetéees en appendice à quatre reprises, afin de ne pas rompre le fil. En raison du très grand intervalle séparant les quatre tableaux, Hume a regroupé, sans grand ordre, à la fin de chaque règne, diverses remarques sur la civilisation intitulées *Miscellaneous transactions*, premier exemple en anglais d'une synthèse pouvant devenir à volonté, suivant la manière dont on en découpe la lecture, une histoire des lois, des finances, etc., et même une histoire de la littérature moderne[99].

[98] c'est ce que souligne Burton 2 (ii.129) qui ignore malheureusement la genèse de l'œuvre.

[99] Black nous paraît beaucoup trop sévère quand il écrit: 'Voltaire's chapters on *mœurs* are among his most brilliant; Hume's *register* his most signal failure. To the modern mind, they exhibit no vestige of order or connection; on the contrary, they are merely chaotic catalogues of casually selected facts dealing with social and economic phenomena, literature or uncommon occurences, which have struck the author in the course of his reading; rag-bags, as it were, specifically invented to receive whatever odds and ends cannot be utilized in the main body of the history . . ., a reflection on the extreme narrowness of his outlook as a historian' (p.98).

Cette disposition purement matérielle fournit un premier indice, sans qu'il faille en exagérer l'importance. Lorsque l'abbé Le Blanc voulut traduire *The History of England* en 1755, Hume lui écrivit en le priant de faire à Voltaire l'hommage d'un exemplaire: 'In this country, they call me his pupil, and think that my history is an imitation of his *Siècle de Louis XIV*. This opinion flatters very much my vanity, but the truth is, that my history was planned, and in a great measure, composed, before the appearance of that agreeable work' (Hume 2, i.236). Qui faut-il donc croire? En fait, on a retrouvé trois longs mémoires auxquels il faut ajouter des notes de lecture couvrant une période encore plus ancienne, allant de 1729 à 1740[100]. En datant de sa nomination comme bibliothécaire de la Faculté des avocats, en 1752, le point de départ de ses recherches historiques, Hume lui-même égarait les lecteurs de *My own biography*. Ces mémoires révèlent une vive curiosité pour la civilisation, les mœurs, l'économie, la littérature. Dans l'index des auteurs cités, en tout cas, si l'on trouve Bayle, Du Bos, Le Cclerc, Rollin, l'abbé de Saint-Pierre, Savary et Vauban, on ne relève, à la date de 1740, aucune mention de Voltaire, ce qui n'a rien d'étonnant à une date aussi précoce. Les vrais modèles de Hume sont Bacon, dont *The Advancement of learning* esquisse l'idée d'une histoire des civilisations et des grands hommes (la même source valant pour Voltaire, si l'on en juge par la douzième *Lettre philosophique*), et surtout Charles Mackie, professeur d'histoire à l'université d'Edimbourg, dont Hume avait suivi les cours en 1725 et en 1726, et qui n'hésitait pas à traiter de l'histoire littéraire au sein de l'histoire politique.

Comme Burton l'a déjà souligné (Burton 2, ii.129), le public en général pouvait fort bien connaître les idées du philosophe, répandues, bien avant *The History of England*, par divers essais publiés entre 1742 et 1751[101]. Perdus au milieu de recueils dis-

---

[100] Nat. Libr. of Scotland, MS 733-734. Publiés par Mossner. En revanche, l'on n'a pas retrouvé un premier essai sur l'histoire anglaise jusqu'en 1739, rédigé au retour de Turin en 1749

(Mossner 9, p.301).

[101] *Of the rise and progress of the arts and sciences; Of superstition and enthusiasm* (tous deux de 1742); *Of national characters* (1748); *Of the*

parates[102], ces essais furent peu ou mal remarqués. Mais, en réalité, le traité historique n'est que la suite logique et l'application d'un cheminement théorique commencé depuis longtemps. Magasin de faits humains particuliers plus convaincants que des exemples abstraits, elle doit cependant rester subordonnée à la philosophie.

Sauf Montesquieu qui, le premier sur le continent, découvrit le génie de Hume[103], les Français ne connurent guère ces *Essais* qu'avec la traduction de leur première édition collective[104]. Selon une lettre que J. B. R. Robinet de Châteaugiron, l'un des traducteurs engagés pour ce grand travail, envoya à Hume, Voltaire avait corrigé de sa main une première ébauche, dont le manuscrit passa sous les yeux de Robinet lui-même (Hume 2, ii.344-345, app. B). S'il faut parler d'influence, elle se serait plutôt paradoxalement exercée en sens inverse, car Voltaire modifia certains chapitres de l'édition de 1761 de l'*Essai sur les mœurs* postérieurement à sa lecture de Hume[105], dont il possédait les ouvrages en anglais ou en français, suivant le cas[106]. Mais, comme il ne s'agit que de points de détail, non de l'esprit général, la question reste négligeable. Somme toute, les deux hommes ont évolué parallèllement et, par une singulière coïncidence chronologique dans la publications de leurs ouvrages, purent donner l'impression d'une influence.

Prises globalement, les deux œuvres frappent par leurs

populousness of ancient nations (1751); *Of the study of history* (1742). Ce dernier fut plus tard rejeté par Hume lui-même comme superficiel. On y trouve cependant, deux ans avant les *Nouvelles considérations sur l'histoire*, l'idée plus nettement reprise dans l'*Histoire d'Angleterre*, d'une étude de l'évolution des peuples dans les arts et dans les sciences, et l'affirmation d'une philosophie de l'histoire.

[102] quatre recueils entre 1742 et 1752.

[103] il lui envoya l'*Esprit des lois*. Hume, de son côté, fit l'hommage de ses *Philosophical essays*. Il aidera à une traduction de l'*Esprit des lois* en 1749.

[104] *Œuvres philosophiques de mr Hume* (Amsterdam 1760), fondé sur *Essays and treatises on several subjects* (1753-1756).

[105] massacres d'Irlande, exécutions de Montrose et de lord Stafford, meurtre de l'archévêque de St Andrews, Popish plot, Exclusion bill, expédition de lord Monmouth en Ecosse (*EMo*, ch.clxxxii).

[106] *BV* 1478-1484. Best.D11133 est le remerciement de Voltaire à mme Belot, la traductrice, pour l'envoi de son *Histoire des Tudors*.

ressemblances. Pour expliquer le monde contemporain, seul vraiment digne d'intérêt, l'historien devra commencer par les temps les plus proches, donc les mieux connus, et, entraîné par l'impitoyable chaîne des causes et des effets, finira par embrasser toute l'histoire de l'Europe depuis Rome, quelque répugnance qu'il ait pour un passé barbare ou douteux. Voltaire conclut même par un panorama de l'humanité tout entière. Plus réaliste, Hume se borne à son île natale.

Ni l'un ni l'autre ne prétendent faire œuvre scientifique originale, ni attacher trop d'importance aux documents ou aux manuscrits. Pas plus que Voltaire, Hume, au début du moins, ne jugea bon de préciser ses sources. Attaqué sur ce point, il cédera à partir de 1762, complétant plus tard les premiers volumes, mais on le devine sans peine, avec peu de conviction. Sceptiques tous deux, il leur arrive d'obéir à une certaine crédulité, ou plutôt une même indifférence à l'authenticité des faits lorsque la leçon en vaut la peine. A tout prendre, le moins critique des deux serait encore Hume, qui hésite à écarter un fait absurde lorsque son absurdité même, mais aux yeux du philosophe, non de l'historien, garde tout son prix. Miracles et prodiges, Jeanne d'Arc en particulier, sont englobés dans les mêmes sarcasmes. Au fond, s'ils croient à quelque chose, c'est à l'opinion, qu'ils ne confondent pas avec les réactions populaires qu'ils abhorrent autant que la foule dont elles sont issues, cette opinion de la fraction éclairée, dont ils ont les premiers, si l'on excepte ce précurseur que fut Gilbert Charles Le Gendre, marquis de Saint-Aubin, discerné la nature et défini la puissance, Hume ayant ici précédé, et peut-être influencé, Voltaire par son essai *On the first principles of government*, de 1741. Des deux, Voltaire est le plus méfiant, car il sait l'opinion souvent aveugle et destructrice, tandis que Hume se reposerait volontiers sur son inertie.

Par des voies parallèles, ils poursuivent contre l'*infâme* une action identique, dont les différences restent de simples nuances. Positifs, ils condamnent l'héroïsme et l'aventure, la guerre avant tout qui, même glorieuse, est toujours néfaste. Pour le lecteur moyen, ces deux philosophes servent une même cause, chacun, dans sa patrie, se trouvant le premier à écrire une histoire agréable, claire, bien rédigée, sans pédantisme ni érudition, et qui fasse penser. Les différences sont moins apparentes, mais plus importantes. Si l'on met en parallèle l'évolution de la pensée historique de chacun des auteurs, on constate qu'ils ont assez tôt divergé. Voltaire, malgré ses efforts pour saisir le courant de l'histoire dans sa multiplicité anonyme, croit au grand homme, qu'il s'appelle Charles xii, Louis xiv, Pierre ou Frédéric. Simple, cette conception de l'histoire concilie le progrès et les catastrophes, le hasard et le déterminisme, les grandes figures nationales et le cosmopolitisme. Le héros, retrouvant en lui-même les principes fondamentaux de la loi et de la religion naturelles, multiplie les Lumières par sa puissance. Par lui s'accomplissent les réformes, autrement désordonnées ou improbables. Esthétiquement—le point n'est pas négligeable—le héros réunit en sa figure la tragédie et l'histoire, la pratique des anciens et la science des modernes, le récit et l'analyse.

Il est maintenant plus facile d'opposer Hume à Voltaire point par point: son sens de la complexité et son analyse critique des phénomènes de tous ordres, poussée jusqu'à une conception 'atomique' de l'histoire, qui le rend aveugle à l'évolution organique et originale, remplacée par des lois psychologiques si abstraites que la notion même de passé disparaît. Pour Hume, l'histoire a pour tâche de fournir les données qui permettent les généralisations nécessaires à une science exacte de la société. L'homme, fluctuant, divers, irrationnel, le gêne: 'What depends upon a few persons is, in a great measure, to be ascribed to chance or to secret and unknown causes; what arises from a great number may often be accounted for by determinate and known causes' (Hume 4, iii.124-125).

Plus sensible que Voltaire au relatif et au particulier, il est gêné par l'existence de différences considérées comme des erreurs ou des caprices sans intérêt. Mais il retient tout ce qui confirme les vues du philosophe sur la nature humaine en général. International de tempérament, il se trouve à l'aise dans l'économie politique ou le droit constitutionnel, la statistique et la démographie, tous domaines prompts à exciter les railleries de Voltaire dès qu'on s'élève à un certain degré de technicité. Plus curieux d'observation et de généralisation que d'action, il ne croit pas au progrès, mais note des cycles constitués de hauts et de bas, que l'historien peut expliquer sans les prévoir, encore moins les provoquer (Hume 1, éd. de 1792, iii.298; iv.149), bien avisé de s'abstenir d'éclairer l'humanité ou d'améliorer son sort; au demeurant, satisfait d'appartenir à un âge civilisé et heureux. Indifférent jusqu'à l'objectivité pure (il n'hésite pas à reconnaître l'œuvre bienfaisante de l'église au moyen âge), il passera sans peine pour conservateur, soucieux d'aider prudemment plus que de bouleverser une saine évolution naturelle.

Pour qui se place dans la perspective d'un lecteur antérieur à la Révolution française, l'expérience n'ayant encore ni infirmé ni confirmé l'une ou l'autre philosophie de l'histoire, les affinités l'emportent. Voltaire lui-même les a soulignées plus d'une fois avec insistance[108]. L'attribution de l'*Ecossaise* au révérend Home, 'cousin' du philosophe (les deux noms ont d'ailleurs la même prononciation, un détail qui n'était peut-être pas ignoré de Voltaire) permit des allusions flatteuses[109]. Quand il veut nommer un historien anglais, c'est toujours Hume que cite Voltaire, parfois en

[107] cf. 6ème et 7ème *Remarques pour servir de supplément à l'EMo* (1763).

[108] Best.D11490, D11496. Voltaire envoya à Hume ses *Remarques pour servir de supplément à l'EMo*.

[109] la *Requête de Jérôme Carré aux Parisiens* (1761) répond à Fréron, qui l'avait accusé d'avoir confondu Home et Hume. La préface de l'*Ecossaise* sert de prétexte à un éloge du philosophe qui 'a creusé avec tant de hardiesse et de sagacité les fondements de la métaphysique et de la morale'. Le rapprochement de Home et de Hume, toute question de prononciation mise à part, est moins saugrenu qu'il n'y paraît. Hume avait dédié ses *Four dissertations* à Home, avec un parallèle entre *Douglas* et *Mérope*. John Home, pasteur presbytérien, avait fait scandale avec sa tragédie de *Douglas* qu'il avait fait jouer devant des pasteurs. Ceci déchaîna une furieuse guerre de pamphlets entre rigoristes et libéraux de l'église d'Ecosse. La dédicace de Hume vint apporter du renfort au parti de la tolérance. L'analogie avec la position de Voltaire à Genève est assez frappante pour que le choix du pseudonyme puisse ne pas avoir procédé du hasard.

compagnie de Robertson (*Gazette litt. de l'Europe*, 4 avril 1754), mais sans jamais sous-entendre une supériorité ou une influence, ni dans un sens ni dans l'autre. L'Anglais n'est pas un rival ou un disciple, mais un 'frère' de la grande famille philosophique (Best.D11879).

Pour le grand public, les différences perceptibles n'étaient pour ainsi dire que des différences entre leurs ressemblances. Hume écrivait une histoire politique, qui ne se concevait pas sans les mœurs, Voltaire une histoire des mœurs, où la politique devait avoir sa place. Tous deux se dressaient contre le surnaturel et contre le rôle politique de l'église. Etant français, Voltaire se montre plus radical et plus agressif, Hume plus tolérant envers un anglicanisme dont la fonction sociale était rationalisée, et envers des catholiques plus persécutés que persécuteurs. L'opinion a pu se tromper sur les dates et sur les emprunts secondaires; elle ne s'est pas égarée sur l'essentiel.

L'histoire des relations entre les deux hommes confirme cette impression: harmonie profonde, mais secrète; discrétion à l'extérieur, avec une certaine réticence du côté de Hume, des bouffées d'enthousiasme militant chez Voltaire. Hume n'est pas indifférent aux ouvrages de son confrère, mais n'en parle que dans sa correspondance. Le nom de Voltaire apparaît pour la première fois dans une lettre à l'abbé Le Blanc du 24 octobre 1754. Hume se demande pourquoi ce libre-penseur s'est cloîtré dans l'abbaye de Senones, comme le bruit en court: 'I should be sorry if this last accident should so crush his spirits as to disqualify him from any further productions or even damp the boldness and freedom of his reasonings, or more properly speaking, of his decisions. He has the art of couching his determinations in such lively terms that they often carry conviction, as much as if they were supported by the strongest arguments' (Hume 2, i.207-208). Il ne pouvait deviner que Voltaire était à Senones comme le loup dans la bergerie. Malgré le ton flatteur de la missive, on sent percer le philosophe rigoureux beaucoup plus exigeant que le Français sur les questions de méthode.

L'affaire du débarquement de Lorient, au début de 1756, le piqua au vif. Il ne parla plus guère de Voltaire jusqu'à son voyage à Paris[110]. Là, il lui fut difficile d'éluder plus longtemps la question d'une rencontre. 'Are you to visit Voltaire?', lui demanda en décembre 1763 le colonel Edmonstoune, frère d'armes de l'expédition bretonne, depuis deux ans en résidence à Genève comme précepteur de lord Mountstuart, et bien placé pour servir d'agent de liaison (Hume papers, v.2, du 30 déc. 1763; cf. *VBV*, p.68). Diverses tractations durent avoir lieu[111], car, le mois précédent, Voltaire avait fait montre de bonne volonté en se proposant d'envoyer à Hume ses *Remarques* sur l'*Essai sur les mœurs* (Best. D11490, D11496). Finalement, la rencontre historique n'eut pas lieu. Dans sa réponse à Edmonstoune du 9 janvier 1764, Hume résume toute l'affaire: 'When I arrived here, all m. Voltaire's friends told me of the regard he always expressed for me; and they persuaded me that some advances on my part were due to his age and would be well taken. I accordingly wrote him a letter[112], in which I expressed the esteem which is undoubtedly due to his talents, and among other things, I said that, if I were not confined to Paris by public business, I should have a great ambition to pay him a visit at Geneva. This is the foundation of the report you mention' (Hume 3, pp.78-79).

L'allusion à ses obligations à l'ambassade sentent le prétexte, dans une lettre qui ne respire, par ailleurs, ni l'enthousiasme, ni la curiosité. L'hésitation de Hume peut surprendre. De plusieurs parts, Voltaire lui était présenté sous le jour le plus favorable. Milord Maréchal lui avait vanté son zèle contre l'*infâme* (Hume papers, v.105), mme Du Deffand pouvait témoigner de l'estime du sage de Ferney. Faut-il accuser lord et lady Stanhope? Installés à Genève de 1764 à 1774, ils furent parmi les opposants systématiques, menant contre Voltaire une campagne sournoise et tenace. Un peu plus tard, de Lucerne, lady Stanhope se fera un

[110] à l'exception d'une allusion à *Candide* en 1760. Cf. aussi Hume 2, iii.53.
[111] Best.D11372, D11939, D11948.

Mme Du Deffand servit d'intermédiaire. [112] perdue, mais Voltaire écrira à Argental le 12 novembre qu'elle lui est bien parvenue (Best.D11496).

malin plaisir de signaler à Hume l'hostilité de la société suisse envers le philosophe, qui a dû décamper et se réfugier en France (*ibid.* vii.42). Mais on ne persuade que des convertis. En réalité, fêté et reçu partout à Paris (cr. Mertz 2), Hume n'avait pas besoin de courir à Ferney pour recevoir l'encens de la France. Fort satisfait de son rang dans le monde littéraire parisien, il n'était pas fâché de pouvoir se dispenser d'un pélerinage comportant des risques de malentendu et d'humiliation. A Paris, il parvient, non sans peine, à se procurer le *Traité sur la tolérance* (Hume 2, i.426), lit avec plaisir le *Commentaire sur Corneille* (*ibid.*, i.436), a le beau geste d'intervenir en faveur de lord Kames, en essayant d'empêcher la publication du cinglant compte-rendu des *Elements of criticism* envoyé par Voltaire à la *Gazette littéraire de l'Europe*; non qu'il aimât son compatriote, homme caustique, impérieux et bizarre, mais par solidarité écossaise, pour éviter à Voltaire une méchante querelle (en vain, d'ailleurs, car les éditeurs n'osèrent pas refuser l'article et mécontenter son auteur (*ibid.*); quant à Hume, il se consola promptement à la pensée de laisser les loups se dévorer entre eux). A la longue, il aurait peut-être cultivé davantage son entente avec Voltaire, s'il ne s'était trouvé emporté dans un tourbillon plus flatteur, plus violent et plus dangereux aussi. Délaissant Voltaire, il décida d'acquérir de l'importance en se faisant l'homme de Rousseau (*ibid.*, i.529). Voltaire, en tout cas, ne lui tint aucune rigueur de ce contretemps. Comme le comte de Creutz, qui passa par Ferney en 1765, put le lui rapporter, 'Monsieur de Voltaire est plein de Vous, mon cher philosophe. Il vous apelle son St David' (Best.D12380).

Après la crise provoquée par l'affaire Rousseau, Hume, dégoûté des deux partis, choisit de n'être plus l'homme de personne (Hume 2, ii.70). En publiant sa lettre à Hume du 24 octobre 1766[113], Voltaire savait cependant que le prétendu destinataire ne risquait pas de protester contre l'usage fait de son nom[114]. Désormais,

[113] Best.D13623, qui la donne comme authentique.
[114] cette lettre connut quelques mésaventures. Voltaire affirma l'avoir expédiée (Best.D13808). Hume jura ne point l'avoir reçue et n'avoir 'eu con-

le philosophe anglais se cantonna dans un scepticisme amusé. Quand Boswell publia sa pochade *The Savage man*, où Hume figure en fermier offrant de l'avoine au Yahoo Jean Jacques, Hume trouva l'idée beaucoup plus divertissante qu'absurde ou impertinente (Hume 2, ii.120).

Dès 1766, mme de Boufflers notait que les deux écrivains avaient 'peu de liaison' (*ibid.*, ii.418). Hume fut-il gêné d'avoir été naguère si tiède, et maintenant si froid? En 1768, il chargea Alembert de le rappeler au souvenir de leur ami commun, et de l'assurer de ses sentiments et de son admiration (Best.D14691), mais il ne prit pas la plume lui-même. L'exemplaire français de l'*Histoire des Plantagenets* de la bibliothéque de Ferney, porte en signet un fragment de brouillon d'une lettre à Hume datée du 27 avril 1769 (Lublinsky 3, p.151). Ne serait-ce pas une réponse à cet appel indirect, et un effort pour renouer? En 1772, une dernière tentative oblique n'eut pas plus de succès (*VBV*, p.58). En 1776, Voltaire déclara à Sherlock: 'David Hume wrote his history to be applauded, Rapin to instruct and both obtained their ends' (*VBV*, p.182). Or, en 1764, à l'époque de l'enthousiasme, Morgan, un autre visiteur, avait enregistré l'aveu que Voltaire préférait Hume à Robertson, trop peu 'philosophe' à son gré. 'He has given us a good history of England. It is not so full of minute facts as that of Rapin, who smells indeed of the Presbyterian, while m. Hume throughout smells of the philosopher' (*VBV*, p.76). En treize ans, l'approbation s'est nettement dégradée. Jalousie d'auteur, ou petite revanche envers un concurrent trop indépendant, qui

noissance de cette lettre que par l'impression, chez un libraire d'Ecosse, où il l'a trouvée, longtemps après qu'elle eût paru, et qu'il était trop tard pour y répondre; d'autant plus qu'il n'avoit aucune preuve que cette lettre lui fût réellement adressée par vous', écrivit Alembert à Voltaire (Best.D14691). En réalité, comme on peut le voir par la correspondance de Hume (Hume 2, ii.115, 125), Bladon publia la traduction de la lettre sous forme de brochure, dès novembre (*BAV* 426). Aussitôt après, Hume donna permission à son éditeur, Thomas Becket, de la joindre à sa propre correspondance comme authentique. La bonne foi de Hume ne fait pas de doute, même s'il fabriqua l'excuse du retard pour apaiser ce qu'il imaginait le dépit possible de Voltaire devant l'absence de réponse. Une chose demeure certaine: il tenait absolument à rester en bons termes avec Voltaire.

n'avait pas daigné lui faire sa cour en dépit de ses avances? Dans son œuvre publiée, Hume nomme très rarement Voltaire[115], et n'en donne, à notre connaissance, qu'une seule citation[116]. Certains essais (*Of superstition and enthusiasm*, *The Sceptic*) sont très voltairiens de tour et d'esprit, mais on ne saurait y déceler d'influence directe. Hume était un penseur trop original pour avoir besoin des philosophes français. Quoique son système, déjà tout entier dans son monumental traité de 1739, se fût développé en France pendant son séjour à La Flèche, de 1735 à 1737, où flottait encore un air de cartésianisme, puis à Paris et à Reims, auprès de Lévesque de Pouilly qui terminait alors sa *Théorie des sentiments agréables*, Hume propose en histoire un empirisme sceptique et scientifique entièrement original: 'Its chief use [of history] is only to discover the constant and universal principles of human nature, by shewing men in all varieties of circumstances and situations, and furnishing us with materials from which we may form our observations and become acquainted with the regular springs of action and behaviour. These records of war, intrigues, factions and revolutions are so many collections of experiments by which the politician or moral philosopher fixes the principles of his science' (Hume 4, iv.68). On ne saurait s'éloigner davantage du moralisme humaniste de Voltaire, nettement plus proche d'un Montaigne, à tout prendre, avec cette différence, toutefois, que pour Voltaire, une histoire purement spéculative ne débouchant pas sur l'action, ou sur une espérance d'action, reste une perte de temps, tandis que Hume se complaît le plus souvent dans le point de vue de Sirius. Un parallèle entre Hume et Voltaire n'est donc pas une simple métaphore: ils

---

[115] Voltaire est placé parmi les grands poètes dans l'*Essay on the middle station in life* (Hume 4, iv.555). Une seule allusion, très ténue, à *LaH* dans l'*Enquiry* (Hume 4, iii.28).

[116] il s'agit de deux vers de *LaH*:

Et fit aimer son joug à l'Anglais indompté

Qui ne peut ni servir, ni vivre en liberté,

dans l'essai *On the liberty of the press* (Hume 4, iii.10). Précisons que Hume cite peu les philosophes français contemporains: Rousseau et Alembert, chacun une fois; Montesquieu, quatre; Montaigne, deux, beaucoup trop peu pour fonder une statistique.

cheminèrent côte à côte dans la même direction sans se rencontrer.

B. *Tobias Smollett*

Mettant à profit le silence de plusieurs années qui suivit la deuxième livraison de l'*Histoire* de Hume, Smollett en journaliste avisé, réussit à détourner à son profit la vogue croissante des récits d'histoire. En deux ans, il jeta sur le marché cinq volumes d'une histoire complète d'Angleterre, dont le succès fut prodigieux. Le plan de Smollett avait l'avantage de descendre la chronologie, au lieu de la remonter, et d'offrir un ensemble complet, homogène, sans prétention et facile à lire. Quand Hume eut repris l'avantage, Smollett réussit à reconquérir les lecteurs avec une *Continuation* reprenant le fil du récit en 1688, au point où il l'avait laissé[117]. Comme Voltaire, il sut tirer parti de l'actualité, mais si, en Angleterre, il comblait une lacune, il se heurtait en France à la concurrence de l'*Histoire de la guerre de 1741* et du *Précis du siècle de Louis XV*. Sa première partie, traduite par J. B. Targe, connut un succès immédiat; la suite intéressa si peu que le même traducteur, après un début d'adaptation, le remplaça par un ouvrage de son crû[118].

Ce n'est qu'après son *History of England* que Smollett se tourna vraiment vers Voltaire. Il avait déjà traduit *Micromégas*. Entre 1760 et 1765, il abattit une immense besogne. Outre la *Continuation*, il rédigea plusieurs volumes de la gigantesque *Universal history*, dont la partie moderne commence à paraître en 1759, et toutes les notes des volumes de prose des *Complete works* de Voltaire, qu'il est difficile d'imaginer sans influence sur sa propre production.

Une comparaison de l'*Universal history* et des notes en question (Martz 2) montre que Smollett se servit souvent des données de la première pour reprendre le travail de Voltaire historien. Elles lui

---

[117] ce n'est qu'en 1789 qu'un libraire s'avisa de réunir les deux séries en un tout, des origines à 1748. L'ouvrage continua à bien se vendre pendant tout le XIXᵉᵐᵉ siècle.

[118] ce fut l'occasion d'une correspondance avec Voltaire au sujet de Byng (Best.D13471).

étaient fournies par les compilateurs à gages employés pour rassembler, puis coudre bout à bout, les chapitres de cette encyclopédie. C'est ainsi qu'il se montre plus compétent et plus pertinent à propos de l'empire d'Allemagne, mais le recours à l'*Universal history* ne se limite pas à ce secteur. Inversement, grâce au décalage chronologique, les fabricants de celle-ci ne se gênèrent pas pour piller l'*Histoire de l'empire de Russie*, texte que Smollett connaissait s'autant mieux qu'il en avait traduit le premier volume en 1761. Par ruse, par malice ou par étourderie, il alla même jusqu'à dénoncer les plagiats de ses propres collaborateurs dans le compte-rendu qu'il fit du volume de l'*Universal history* consacré à la Russie (*CR* (1762) xiii.381-392). Ainsi se trouvèrent imbriquées l'œuvre historique de Voltaire et cette compilation dont il disait tant de mal.

Quiconque cherche à retrouver l'esprit de Smollett, romancier, lecteur de l'historien Voltaire, devra analyser les notes des *Complete works*, beaucoup plus révélatrices que le reste de ses œuvres, d'où Voltaire est à peu près absent[119]. Un premier coup d'œil sur la collection, dont les dix premiers volumes sont consacrés à l'histoire ancienne et moderne (sauf *The Age of Lewis XV*, chronologiquement postérieur), indique que les notes des œuvres historiques constituent à elles seules au moins les quatre-cinquièmes de la totalité des notes des trente-huit volumes, le reste appartenant presque entièrement aux contes, tandis que le théâtre et la poésie, entre les mains de Francklin, ne suscitent aucun commentaire, et que les *Mélanges*, même philosophiques, sont à peine annotés. Ces proportions reflètent la personnalité de l'annotateur. Romancier, il ne peut s'empêcher de réagir devant des textes que l'usage du temps aurait normalement dû laisser intacts. Encyclopédiste professionnel, il a beaucoup à dire, et à redire, dans le domaine de l'érudition.

L'*Essai sur les mœurs*, par son ampleur et sa variété, provoque

---

[119] la correspondance de Smollett ne contient qu'une seule mention de Voltaire en 1757 (Smollett 4, p.61), où il se plaint d'avoir gémi 'all day under the weight of Tindal . . . and Voltaire'.

une vague de réflexions. Les forces de Smollett étaient encore intactes. Tout en se contentant le plus souvent d'éclaircissements de fait, il parvient, par petites touches, à distiller ses vues personnelles. Il se dérobe aux disputes érudites sur les sources, Du Halde, Daniel et Mézeray, par exemple, qu'il connaît mal (iv.276). Très prudent dans l'*Essai sur les mœurs*, gêné, faute de documents, pour discuter à fond du *Siècle*, il prend sa revanche avec le xviiième siècle, dénonçant de nombreuses erreurs en matière diplomatique et militaire. L'*Histoire de l'empire de Russie* est la seule partie qu'il complète par des documents originaux. Les états scandinaves sont assez bien connus, et il en prend plusieurs fois la défense (i.275; iii.260-270), mais sa connaissance de Charles xii se borne à La Mottraye et à Nordberg. Quant à la grandeur de ce prince, elle lui échappe complètement: 'An insensibility of danger, a contempt of wealth, a clownishness of manners, a brutality of disposition, an implacable thirst of revenge and domination without taste, sentiment or humanity' (xi.221), telle est son oraison funèbre, dictée, par l'admiration pour Pierre le grand plus que par un souci d'objectivité.

Rarement discerne-t-on chez Smollett une philosophie de l'histoire[120]: 'We must not imagine that the conduct of princes is always influenced by matters of policy. They, as well as individuals, have their passions, their prejudices, their fears and their weaknesses' (ii.289). Ou encore: 'Yet, those very events, the recital of which our author seems to despise, have not only influenced the destiny of empires, but even strongly marked the character and understanding of the times in which they happened' (vi.168). Remarques de psychologue, curieux d'humanité plus que de haute politique. Manifestement, le dessein philosophique lui échappait.

Il fit pourtant un effort à la lecture de l'*Essai sur les mœurs*. Les premiers volumes sont copieusement annotés, car l'éditeur a

---

[120] cf. cependant v.236, où une explication politico-sociale est préférée à une cause fortuite.

l'indignation facile. Il se choque de la partialité de Voltaire envers la Chine, les Indes et la Perse, de son idéalisation de l'orient en général. Il s'irrite quand on en vient au peuple juif, à l'établissement du christianisme et aux premiers empereurs. Traditionaliste, il admet la mission divine d'Israël, le plan providentiel, défend Constantin. Quand Voltaire nie la croyance des Juifs à l'immortalité de l'âme, il signale l'existence d'une controverse, et, à la suite de Leland, penche au contraire pour l'affirmative. Mais ce qui l'exaspère et provoque ses sarcasmes, c'est la constante dévotion de Voltaire envers l'Islam (i.59, 171, 187; ii.106, 131; iii.113; 118; vi.96; xi.237; xvi.178). 'M. de Voltaire seems to be so enamoured of the Musulmans in Barbary, that we should not be surprised to hear that he had moved his residence from Lausanne to Morocco' (i.282). Ce disant, Smollett parlait, pour une fois, au nom de tous ses compatriotes.

C'est surtout le citoyen britannique qui se révèle dans ces notes, et d'abord le protestant. Maintenant, il trouverait volontiers son auteur trop tiède, et ne se lasse pas de renchérir sur toutes les attaques contre l'Inquisition, saint Dominique, Ravaillac (iv.132; v.112), la Saint-Barthélemy, dont il refait complaisamment une horrible description (v.54). Il s'en prend sans relâche aux catholiques irlandais, à Becket, aux papes[121]. Le patriotisme vient souvent se mêler à la religion. A l'en croire, une bonne partie des pages sur la Grande-Bretagne serait à refaire[122]. Dans l'ensemble, son Angleterre médiévale est plus civilisée, plus chrétienne, plus éclairée et plus heureuse que celle de Voltaire.

En abordant l'époque moderne, il insiste sur la perfection politique, la richesse, la puissance militaire et navale de son pays, flattant un public imbu des succès de la guerre en cours. Au passage, il réaffirme sa fidélité aux Hanovre et aux whigs[123] et, comme tant d'autres, s'en prend au jacobitisme de Voltaire et à son coupable

[121] tout le chapitre cl dans v.253 sqq; ix.116; xv.48.
[122] cf. surtout les ch.xxxii, xcvi, cxlix-cli, cxcii de l'*Emo*, et i.125, 139, 169, 206, 273; ii.47, 48, 277, 301; iii.188, 229, 240, 287; iv.185; v.13, 14, 31.
[123] vi.179; vii.169, sur Guillaume d'Orange; viii.41, contre Charles Edouard; cf. encore vii.262; viii.2; ix.96.

attachement aux Stuarts (xxxviii.8). Il ne veut moins à l'homme, d'ailleurs, qu'aux Français en général, dont Voltaire n'est que le type accompli, tous pourris de vanité chauvine[124], sottement infatués de leur roi-soleil, 'that idolized monarch sinking under distemper and overwhelmed with disgrace', 'with no real wisdom and policy' (vii.77, 89). 'If greatness of soul consists in love of pageantry, an ostentation of fastidious pomp, a prodigality of expense, an affectation of munificence, an insolence of ambition, and a haughty reserve of deportment' (viii.162; cf. vii.170), alors Louis xiv peut être appelé 'le Grand', mais qu'on ne parle pas d'héroïsme sublime.

Tous ces jugements peuvent paraître mesquins, partiels et gratuits, d'autant plus facile à prononcer qu'ils sont détachés de tout contexte, mais ils reflètent fidèlement une importante fraction de l'opinion anglaise, contribuant à leur tour à la former dans la mesure où les *Complete works* eurent une très importante diffusion. De cette poussière de notes, le lecteur pouvait il retirer une idée claire de Voltaire historien? Smollett ne se privait pas de qualificatifs tendancieux, mais contradictoires. Tantôt il l'appelle 'puéril', 'injuste' ou 'frivole', voire 'jaloux' et 'âme sordide' (i.66, 69, 71, 144; iii.116). Ailleurs, ce ne sont que compliments, éloges de 'l'indépendance, de la loyauté, de la modération' (viii.167; ix.81), puis tout-à-coup: 'After having perused this tedious and confused detail, one is surprised to find m. de Voltaire exclaiming against those historians who take up the reader's time in describing the incidents of battles from which nothing is to be learned but an imperfect idea of carnage and desolation' (xiv.294).

La vérité est que Smollett, d'abord moraliste et chrétien quand il lit l'*Essai sur les mœurs*, puis historien sachant le prix du *Siècle de Louis xiv*, redevient échotier et journaliste pour les années les plus récentes. Il n'a pas su s'élever à une vue d'ensemble, lui qui, le premier pourtant, eut sous les yeux toute l'œuvre de Voltaire en

---

[124] vii.46 sqq (sur le ch.cxci), 71 sqq (sur le ch.cxcvi); xiv.97; iii.297 est une exception.

même temps. Malgré son expérience, il n'a pas l'autorité requise pour trancher[125]. Avec une façade de connaisseur, ses opinions ne s'élèvent pas au-dessus de celles du lecteur moyen. Critique et non créateur, obnubilé par les détails, incapable de dégager ses propres idées au contact de celles d'autrui, il mérite cependant d'être cité à chaque fois que médiocrité est synonyme de moyenne.

C. Oliver Goldsmith

La comparaison avec Goldsmith, dont le rang comme historien n'est pourtant guère meilleur (Quintana, pp.184-190; cf. Angus-Butterworth et Seitz), fait aussitôt apparaître l'importance des affinités personnelles. Goldsmith connaissait bien l'*Essai sur les mœurs* pour en avoir rédigé le compte-rendu. Entraîné par l'exemple de Hume et de Smollett, il se mit à publier à son tour une *History of England*, en 1764, restée anonyme de son vivant[126]. Elle sera refondue en 1771, la narration étant alors amenée jusqu'en 1760, et grossie pour en faire quatre volumes[127]. Par ailleurs, Goldsmith produisit encore une *Roman history* en 1769 (abrégée en 1772 en un manuel scolaire qui connaîtra des centaines d'éditions au xixᵉᵐᵉ siècle et formera des générations de petits Anglais), ainsi qu'une *Grecian history* sur le même modèle, tout en collaborant à *The General history of the world* de Guthrie. C'est dire que par la masse et la variété, Goldsmith fut l'écrivain le plus prolifique de son siècle, et le plus lu aussi pendant au moins cinquante ans, comme un classique. Quoique bien oublié aujourd'hui dans ce

---

[125] voici ce qu'écrit Belsham de Smollett, à la fin du siècle: 'He had unquestionably talents, but his genius was entirely turned to the low and the ludicrous. Of the dignity and beauty of historic composition he had no conception, and much less could he boast of possessing any portion of its all-pervading and philosophic spirit' (Belsham 2, i.p.vii).

[126] le titre complet était *A History of England in letters from a nobleman to his*

son. Le prenant à la lettre, le public l'attribua à divers seigneurs, dont Chesterfield, et ce mystère contribua au succès. Goldsmith lui-même a analysé cette méthode publicitaire dans *The Citizen of the world*, Lettres 57 et 93 (Goldsmith 1, ii.236-238, 346-348). Nous sommes très loin de Voltaire.

[127] il faut y ajouter l'introduction et six chapitres d'une histoire de la guerre de Sept ans, qui ne fut jamais achevée (Goldsmith 6, v.7-59).

domaine, il devint l'un des plus puissants agents de diffusion des idées des autres et mérite donc une attention particulière.

C'est, en effet, le type achevé du compilateur servile, mais doué. A la veille de relater un événement, il se met à relire Rapin, Hume et Voltaire, ses trois sources principales, puis, d'un seul jet, rédige un texte synthétique. Tantôt il glane des phrases chez l'un ou chez l'autre, qu'il recoud ensuite. Tantôt il se contente de traduire sans vergogne des passages entiers[128]. Il se garde bien d'indiquer l'emprunt ou le plagiat autrement que par un vague et discret 'says a foreign writer', quand il y pense! Sans la connaissance de sa méthode de composition, on ne saurait jauger exactement l'apport extérieur, ni évaluer la part d'authentique Voltaire ainsi mise en circulation.

Lorsqu'il recopie Voltaire—ce qui arrive souvent—il omet les réflexions, ne gardant que la substance, dont il disloque les fragments avant de les ressouder en une nouvelle chaîne, les subordonnant les uns aux autres en altérant complètement le rythme et le raisonnement, sans parler du ton et du style. Mais on devine encore quelque chose de l'original dans le choix et la présentation des faits. Pressé par des besoins d'argent, Goldsmith ne faisait pas mystère de ses procédés. Aucun système ne l'emporte; seule la commodité, non le jugement critique, lui fait préférer telle méthode ou telle source.

Le genre des lettres instructives à un fils, adopté pour le cadre général, voulait que l'auteur s'interrogeât d'abord sur l'utilité de l'histoire comme activité intellectuelle. Les deux premières lettres fournissent donc un exposé doctrinal en règle, auquel on joindra plusieurs préfaces, comptes-rendus et articles, qui s'organisent en un tout très cohérent où l'influence de Voltaire est prépondérante.

En face des récits traditionnels, 'chiefly a collection of facts totally dry and unentertaining' (Goldsmith 1, v.292), l'histoire est définie comme école d'éducation civique par la connaissance de

---

[128] pour plus de détails, cf. Crane 1, qui donne une liste complète des emprunts les plus importants pour chaque règne, et se livre à une analyse détaillée de la méthode sur un exemple limité (Mary Stuart).

l'homme, son véritable objet: 'The end of your labour should not be to know in what year fools or savages committed their extravagancies, but by what methods they emerge from barbarity' (*ibid.*, v.296-297). L'érudition pure est considérée comme stérile, négligeables les rois obscurs, les héros simplement brillants, les aventures singulières. Les faits comptent moins que l'analyse des causes et des effets: 'Without a philosophical skill in discerning, the very narrative must be frequently false, fabulous and contradictory' (*ibid.*, v.297). Il s'agit bien là d'un principe voltairien: discerner l'esprit et tirer la leçon, non relater des événements. Goldssmith insiste sur la distinction entre le détail et l'essentiel, celui-ci paradoxalement résidant souvent dans les détails, dès lors qu'ils sont significatifs: 'To a philosopher, no circumstance, however trifling, is too minute; he finds instruction and entertainment in occurrences which are passed over by the rest of mankind as low, trite and indifferent; it is from the number of these particulars, which to many appear insignificant, that he is at last enabled to form general conclusions; this, therefore, must be my excuse for sending so far as China, accounts of manners and follies, which, though minute in their own nature, serve more truly to characterize this people than histories of their public treaties, courts, ministers, negotiations and ambassadors' (Goldsmith 1, ii.134), théorie très voisine de celle des *Nouvelles considérations sur l'histoire*. Comme en géographie, quiconque se passe de vue d'ensemble, ne peut rien comprendre aux parties (Goldsmith 1, v.276). Cette unité dans la diversité se trouve plusieurs fois exprimée par la formule 'a concatenation of events', opposée aux 'trivial particulars' (*ibid.*, v.292). En guise d'application, l'*History of England* (1764) fait une large place au commerce, à la littérature et à l'opinion. Même lorsque Goldsmith se contente de traduire des pages de Voltaire, il le fait explicitement dans cette perspective[129].

129 le tableau de la civilisation élisa-béthaine du t.i, pp.295-298, est la traduction de *EMo*, ch.lxxv, *in fine*, et ch.clxvii, début, mais la lettre consacrée aux écrivains de l'Augustan age, bien qu'inspirée du *SLXIV*, fait œuvre originale.

Les temps reculés posent aux deux historiens des problèmes analogues. L'histoire idéale, affirme Goldsmith[130], doit s'appuyer solidement sur des documents et des témoignages directs ou authentiques. Smollett esquivait la difficulté en gardant le silence sur ses sources. Goldsmith ne travaillait pas moins de seconde main, mais il avait au moins conscience de l'obstacle[131]. Comme Voltaire, il ne voit pas pourquoi l'on s'obstinerait à préférer les historiens anciens aux modernes, mieux informés et plus expérimentés (Goldsmith 1, i.190). Creusant cette idée, il finit par plaider en faveur des historiens du xème siècle, plus consciencieux que les compilateurs alexandrins et injustement critiqués par certains historiens français récents (*ibid.*, i.270).

Tableau des mœurs et de l'opinion, utilisation philosophique des détails, scepticisme critique à l'égard des fables, excellence des modernes, tout ceci est de Voltaire. Quand il répète sa leçon, Goldsmith manque pourtant de conviction. Sa véritable pente le dirigeait ailleurs. Sans parler de sa méthode de travail, qui fait la part plus que chiche à l'intelligence, son tempérament, son instinct, son cœur allaient déformer les enseignements du maître.

L'ambition d'une histoire universelle, la seule logique après de telles prémisses, l'effraya dès 1764 comme démesurée et inhumaine (*ibid.*, v.298-299). Par son isolement, par sa variété dans l'unité, l'Angleterre suffit à enseigner la sagesse, rêve secret de Goldsmith, par l'étude d'une constitution idéale. Patriotisme et insularité se combinent pour restreindre, c'est-à-dire pour rétrécir, l'horizon. La préface de l'édition de 1771 consacre ce repli. Le livre se contentera d'être 'a plain, unaffected narrative of facts, with just ornament enough to keep attention awake and with reflection barely sufficient to set the reader upon thinking'. Désormais, le

---

[130] dans son compte-rendu de l'*History of England* de Smollett (*MR* (juin 1757) et Goldsmith 1, i.44-49.
[131] pour l'histoire ancienne, *The Citizen of the world*, Lettre 16 (Goldsmith 1, ii.69-71); pour l'histoire moderne, compte-rendu des *Mémoires* de mme de Maintenon (Goldsmith 1, i.80-81). A titre d'exemple, pillant la préface de l'*HER*, la lettre 89 du *Citizen* raille l'absurdité de faire descendre la civilisation chinoise des Egyptiens (Goldsmith 1, ii.360-363).

compilateur ne cherche plus à dissimuler ses emprunts, sauf lorsqu'il pille Voltaire, qui a vraiment trop fourni. Le beau programme du début le cède à un moralisme traditionnel. Goldsmith
s'en prend maintenant à Hume, qu'il avait naguère encore admis
dans son Temple de la Renommée malgré son irréligion, par égard
pour l'historien.

En rééditant sa première *Histoire*, cette même année 1771,
Goldsmith s'était épanché dans une préface analogue. Il ne
cherche plus qu'à écrire 'to dispel the prejudice of party and soften
the malevolence of faction', modeste dessein irénique plus promptement annoncé que mis en pratique[132]. Le lecteur sera content
d'exercer son jugement sans charger sa mémoire, et visera d'abord
à recherche de la vertu[133]. Le mot est lâché. Profit commercial et
sincérité morale s'unissent dans la vulgarisation pédagogique,
agréable autant qu'inoffensive. Insensiblement, Goldsmith s'est
mis au niveau du manuel scolaire (Goldsmith 6, v.165; 1, i.463-
464). L'historien ne s'intéressera pas plus aux intrigues de cour et
aux ravages des armées qu'aux querelles d'un village ou au destin
d'un brigand. Grands et petits sont hommes de la même manière:
'Thus none can properly be said to write history, but he who
understands the human heart, and its whole train of affections and
follies' (Goldsmith 1, iii.290). On préférera donc la vie quotidienne et humble aux événements surprenants. L'historien devra
montrer à la jeunesse 'not how men learned to conquer, but how
they endeavoured to live—not how they gained the shout of the
admiring crowd, but how they acquired the esteem of their friends

---

[132] d'autant plus que la même
préface (*ibid.*, v.339-340) se termine
par un dithyrambe en faveur de la
monarchie traditionnelle, qui souleva
une tempête.
[133] R. W. Seitz a étudié ce changement de philosophie en prenant un
détail comme exemple: dans son récit
du périple d'Anson (Goldsmith 3,
ii.172-177) Goldsmith traduit mot
pour mot *PSLXV*, ch.xxvii. En 1771

(Goldsmith 2, iv.278-281), le passage
devient: 'Thus after a voyage of three
years, conducted with amazing perse-
verance and intrepidity, the public
sustained the loss of a noble fleet; but a
individuals became possessed of immense riches'. La première rédaction
attribuait principalement l'expédition à
la 'fureur d'acquérir des richesses',
encouragée par le gouvernement; la
seconde souligne les vertus héroïques.

and acquaintances'[134]. L'éducation du cœur devient l'objet principal et doit précéder la culture de l'intellect[135].

Ces idées, Goldsmith les portait en germe avant 1760, mais elles ne passèrent dans les textes qu'après 1765. Rien n'était plus contraire à la propagande voltairienne, qui réservait au théâtre le soin d'ébranler les sensibilités, mais rien n'allait mieux dans le sens de la mentalité britannique, résolument vertueuse, patriotique et pratique à partir des années soixante. Johnson le comprit bien, qui, en dépit des productions de Goldsmith, n'en prononça pas moins son éloge en lui attribuant un rôle décisif dans la vogue des ouvrages d'histoire, parce qu'il était à la fois agréable et humain. Moins philosophique et critique que celle de Hume, moins plate, mieux écrite, plus gracieuse que celle de Smollett[136], l'histoire à la manière de Goldsmith, voltairienne par les principes premiers, sombra dans le sentimental et l'édifiant.

D. *William Robertson*

Malgré leur réputation nationale, Smollett et Goldsmith n'appartenaient pas à l'aristocratie intellectuelle européenne. Venant un peu après ces artisans besogneux, Robertson allait atteindre d'un seul coup à la gloire internationale avec son *History of Charles V* (notre Charles-Quint), publiée en 1769. Ce n'était pas son coup d'essai.

Né en 1721, après de fortes études à l'université d'Edimbourg où, comme Hume, il suivit les cours de Charles Mackie, fondateur de la chaire d'histoire civile en 1739, il s'était mis à écrire l'histoire par simple goût personnel. Membre de la Select society fondée en 1754 par Allan Ramsay, un club fréquenté par l'élite intellectuelle écossaise, il connaissait Monboddo, Adam Smith,

---

[134] Goldsmith 1, ii.290. Pour ces deux passages, Goldsmith doit beaucoup à un article de Johnson dans *The Idler*.

[135] 'Our best historians may be termed the truest teachers of wisdom', écrivait déjà Goldsmith dans *The Bee* en 1759 (Goldsmith 1, i.459).

[136] Goldsmith fit la connaissance de Smollett au moment de la publication de *The Bee* en 1759. Il lui succédera comme professeur d'histoire ancienne à la Royal academy, poste purement honorifique et bénévole.

Hume, lord Kames, Home[137], et Ferguson, tous passionnés d'histoire, de droit et de philosophie, qui firent réellement d'Edimbourg 'l'Athènes du nord'. Avec Smith et Blair, il fut l'un des fondateurs de l'*Edinburgh review*, dont les deux seuls numéros de la fin de 1755 nomment Voltaire presque à toutes les pages. Poussé par ses amis, Robertson conçut en 1748, et publia en 1759, une *History of Scotland*, qui eut quatorze éditions de son vivant en dépit du sujet limité. Encouragé, il examina d'autres projets avec Hume et Walpole, hésitant entre la Grèce et Charles-Quint. Ni l'un ni l'autre ne plaisant à ses amis, Walpole proposa *A History of learning*, idée ambitieuse qui révèle la force de la mode lancée par Voltaire (Stewart, p.54). Malgré l'appât d'une pension royale, il refusa d'écrire une histoire d'Angleterre après Hume, et en revint finalement au Charles-Quint primitif, à la fois pour ne pas se faire anglais et pour rester dans la ligne de Mackie, spécialiste de la Renaissance. Plus tard, les distinctions officielles ne lui manquèrent pas[138]. C'est donc un personnage bien différent de nos laborieux journalistes, compilateurs et vulgarisateurs sans vrai talent ni vocation. Par le rang, la fortune et le prestige, Robertson se rapprochait davantage d'un Voltaire.

Il se mit à la tâche en 1764. La publication, en 1769, fut aussi triomphale que rémunératrice. 'Je voudrais que chacune de vos lignes vous fût paiée comme aux Robertsons', écrivait Voltaire à La Harpe (Best.D16115). Dans son compte-rendu de lord Kames d'avril 1764, Voltaire raille les prétentions des Ecossais aux Lumières, mais ajoute qu'on trouvera toujours 'plus d'écrivains en état de faire des éléments de critique, comme milord Kames, qu'une bonne histoire comme ses compatriotes, MM. Hume et Robertson' (*Gazette litt. de l'Europe*, 4 avril 1764). La même année,

---

[137] dans la querelle qui opposa Home aux pasteurs, Robertson prit le parti de l'auteur de *Douglas*.

[138] aumônier de sa majesté, historiographe royal pour l'Ecosse, titre tombé en désuétude depuis la reine Anne, rétabli pour lui, constamment pourvu d'un titulaire depuis lors, et jusqu'à nos jours. De plus, pour son *Charles V*, Robertson avait reçu £3500, non loin de la plus forte somme, jamais encaissée pour un seul ouvrage dans l'Europe du XVIIIème siècle.

devant John Morgan, il compare encore les deux hommes, préférant Hume, plus philosophique, c'est-à-dire, comme le contexte l'indique, plus ardent contre l'*infâme* (*VBV*, p.76). Avait-il vraiment lu Robertson? Un exemplaire de *The History of Scotland*, de 1761, figurait dans sa bibliothèque (*BV* 2995). Mais, à son visiteur qui sollicitait un parallèle avec Hume, Voltaire répondit évasivement que 'both were men of merit', et se contenta de l'éloge de Hume[139].

Quant eut paru l'*History of Charles V* huit ans plus tard et que les amis de Robertson eurent lu la dernière page du premier volume entièrement consacrée à Voltaire, ils voulurent à tout prix combiner un rapprochement entre les deux hommes. Craufurd servit d'entregent et mme Du Deffand prêta sa plume: 'Il [Craufurd] m'a priés de vous parler de luy, de vous faire souvenir du tems qu'il a passé avec vous', écrivit-elle à Voltaire, 'il à un ami dont la réputation ne vous est pas inconnüe, c'est Mr. Robertson; vous savez qu'il a fait l'histoire d'Ecosse et la vie de Charlequint; cet auteur voudrait vous faire hommages de ses ouvrages; je me suis chargée de vous en demander la permission' (Best.D16051).

La réponse tarda un peu et n'excéda pas un intérêt poli, que l'on peut attribuer à la qualité des deux parrains (Best.D16118). Encouragée, malgré cette tièdeur, mme Du Deffand expédia le livre[140]. Huit jours plus tard, elle transmettait à Craufurd rentré à Londres un extrait de la lettre de Voltaire destinée à Robertson. Quand Voltaire avait reçu le paquet (Best.D16167), il avait d'abord répondu que ses yeux malades l'empêchaient de lire (Best.D16170), puis, se ravisant quelques jours plus tard, avait enfin destiné à son confrère le billet tant attendu par les auteurs de ce petit complot. Il a lu le livre malgré ses fluxions: 'C'est à vous et à Mr Hume qu'il apartient d'écrire l'histoire. Vous êtes éloquent, savant et impartial. Je me joins à l'Europe pour vous estimer' (Best.D16183).

---

[139] c'est en vain que Hume et Helvétius avaient essayé de la faire traduire par l'abbé Prévost (Stewart, p.251). Le sujet paraissait trop marginal aux Français, l'Ecosse n'étant pas encore à la mode.

[140] maintenant *BV* 2996. L'envoi eut lieu le 7 février, et non à la fin de janvier, comme elle l'écrivit à Walpole (Walpole 8, iv.357).

Billet courtois, mais bref et banal. On y sent le désir d'obliger, mais sans flamme. Voltaire ne soufflait mot de la fameuse page, peut-être tout simplement faute de l'avoir trouvée. Comme elle est partout mentionnée et jamais reproduite, nous en donnons le texte: 'In all my enquiries and disquisitions concerning the progress of government, manners, literature and commerce during the Middle Ages, as well as in my delineations of the political constitution of the different states of Europe at the opening of the xvith century, I have not once mentioned m. de Voltaire who, in his *Essai sur l'histoire générale* has reviewed the same period and has treated of all these subjects. This does not proceed from inattention to the works of that extraordinary man, whose genius, no less enterprising than universal, has attempted almost every species of literary composition. In many of these he excels. In all, if he had left religion untouched, he is instructive and agreeable. But as he seldom imitates the examples of modern historians in citing the authors from whom they derived their information, I could not, with propriety, appeal to his authority in confirmation of any doubtful or unknown facts. I have often, however, followed him as my guide in these researches; and he has not only pointed out the facts with respect to which it was of importance to inquire, but the conclusions which it was proper to draw from them. If he had, at the same time, mentioned the books which relate these particulars, a great part of my labour would have been unnecessary, and many of his readers, who now consider him only as an entertaining and lively writer, would find that he is a learned and well-informed historian' (W. Robertson, v.368).

Attentivement analysé, cet éloge ne vas pas sans un goût assez acide. Sans parler de l'allusion au miroir déformant de l'irréligion —qui confirme la relation de Morgan déjà citée—ce plaidoyer souligne autant qu'il atténue, le caractère brillant plus que solide, plaisant plus qu'instructif, des œuvres historiques de Voltaire, qui avait grand besoin qu'on volât à son secours auprès du public britannique. Cette interprétation, qui peut paraître paradoxale, a pour elle la place de ce morceau à l'issue de la quarante-cinquième et dernière des 'Proofs and illustrations', longs appendices d'une minutieuse érudition complétant le premier volume consacré à l'introduction générale. Accoutumés à voir Voltaire vilipendé dans la presse pour son manque de sérieux, les Anglais purent en effet lire cette page comme 'a liberal and handsome conclusion and (so little are we in the habit of seeing justice done to that extraordinary man in this country) to me', avouera plus tard Thomas Green, 'quite unexpected' (Th. Green of Ipswich, p.18). Des trois grands historiens anglais, tandis que Hume se tait et que Gibbon ironise dans ses notes par petites piqûres d'épingle, Robertson est bien le seul à s'arrêter pour rendre un solennel hommage. Gageons que Voltaire trouva dans cette condescendance obligeante autant de fiel que de miel.

Eminemment moderne est l'introduction de l'*History of America*, la dernière œuvre de Robertson (1777). Il y montre quel prix il attache aux recherches originales, par un bilan de ses travaux et par les remerciements adressés à tous ceux qui l'ont aidé dans les diverses capitales européennes. Moyennant quoi, dans le chapitre xv de la première partie, ces lignes pourraient encore viser Voltaire: 'He who delineates the transactions of a remote period, has no title to claim assent, unless he produces evidence or proof of his assertions. Without this, he may write an amusing tale, but cannot be said to have composed an authentic history'.

Erudit et méthodique, inventeur de la bibliographie et des notes savantes placées à la fin de chaque chapitre au lieu des traditionnelles références en marge, Robertson ne se trompe pas lorsqu'il déclare avoir systématiquement dédaigné la prétendue autorité de Voltaire. Il préfère Mézeray ou Mably, ce qui n'empêcha pas ce dernier, irrité sans doute par les pages trop peu 'éclairées' sur le moyen âge, de traiter l'*History of Charles V* de 'parfait galimatias historique'[141]. Le maître français de Robertson demeure Montesquieu, vénéré pour son érudition, sa pénétration

---

[141] dans son *Essai sur la manière d'écrire l'histoire*. Robertson l'apprit et s'enquit de cet inconnu.

et sa philosophie. Mainte page du *Charles V* s'inspire de lui, sans aucune dissimulation. Il est un fait que l'école historique et sociologique écossaise n'aurait pas existé sans Montesquieu, alors qu'elle eût été sensiblement la même sans Voltaire. Celui-ci s'en rendit-il compte? Il ne parlera plus de son confrère historiographe qu'une seule fois. 'Robertson is your Livy, déclara-t-il à Sherlock (*VBV*, p.182); 'his *Charles V* is written with truth. Hume wrote his history to be applauded'. Six ans de silence pourraient prendre figure de blâme. Ce dernier jugement, qui renverse curieusement les valeurs, nous invite à la prudence et montre que Voltaire n'avait pas été insensible à ce qui fait la principale originalité de Robertson.

'It became fashionable, after the example of Voltaire', note Stewart dans sa *Life of Robertson*, 'to connect with the view of political transactions, an examination of their effects on the manners and condition of mankind; and to blend the lights of philosophy with the appropriate beauties of historical compoisition' (p.139). Robertson s'est-il lui aussi conformé à cette mode? Lorsqu'il traite du 'progress of government, manners, literature and commerce during the Middle Ages', il applique la méthode voltairienne à une période qui l'est beaucoup moins. De Mackie, il tenait sa croyance en la valeur des archives pour établir le lien étroit et nécessaire entre le moyen âge et les temps modernes, idée finalement proche de celle d'un Michelet. Sans doute, les premiers âges de l'humanité ne méritent pas d'être rappelés, mais le moyen âge se situe après cette époque barbare, et ne la constitue pas.

Ayant justifié le choix de son sujet par le besoin d'expliquer l'époque contemporaine, Robertson place une introduction de 172 pages, *A View of the progress of society in Europe, with respect to interior government, laws and manners*. Si l'ignorance et la barbarie ont régné jusqu'au XIème siècle, l'aube d'une ère nouvelle se lève alors. Des raisons avancées pour justifier cette interprétation (les croisades[142], le mouvement communal et les libertés municipales,

---

[142] une paragraphe s'intitule: *Beneficial effects of the crusades on manners*.

les progrès de la justice et du droit, la chevalerie génératrice de politesse et de générosité), seule la deuxième serait admise par Voltaire. Quant à la section suivante, qui traite de l'histoire militaire, entendue non au sens des batailles, mais de l'organisation de l'armée, la leçon voltairienne a porté ses fruits. Une dernière section, politique cette fois, critique en particulier le pouvoir temporel des papes avec une sérénité que les 'philosophes' pouvaient estimer bien complaisante. Robertson, en réalité, ne cherche qu'à comprendre, sans aucune intention réformatrice ou polémique. Il ne veut rien écraser, et aurait volontiers fait sienne la maxime de Bolingbroke: 'History is philosophy teaching by examples'.

Infidèle par l'esprit, Robertson redevient proche de Voltaire par la distribution des matières. Son *History of Scotland* ne s'écartait encore en rien de la chronique: résumé courant des événements, sources données en marge, pièces justificatives à la fin. La civilisation n'apparaissait nulle part. Dix ans plus tard, tout a changé. Plutôt que d'interrompre le fil du récit par une poussière de menues réflexions, l'auteur profite de certains grand événements pour disserter sur un problème général: au livre vi, les Jésuites, leur fondation, leurs progrès, leur influence; au livre xi, le rôle de l'imprimerie dans la Réforme et dans la Renaissance. L'*Introduction* et les *Preuves*, en revanche, ne traitent que des mœurs.

Cet effort, aux yeux de critiques modernes, a pu passer pour 'a rather half-hearted attempt to include social in general modern history' (Horn 3). C'est juger en lecteur du xxeme siècle. Chez Robertson, nous trouvons l'essentiel de la révolution voltairienne, accrue de l'objectivité scientifique. La disposition, certes, est encore maladroite. Mais qui faisait mieux à l'époque? Le plus loin qu'il est allé, dans l'*History of America*, ne s'éloigne pas tellement des pratiques actuelles. La narration classique a totalement disparu, remplacée par des dissertations spécialisées: une histoire de la navigation jusqu'à Christophe Colomb, un tableau géographique complet de l'Amérique, une étude des mœurs des indigènes, de leur culture, de leur psychologie. Enfin, comme il faut bien en venir aux événements, ceux-ci ne sont pas rapportés comme les épisodes d'un roman ou d'une épopée, mais comme la face immédiatement visible d'une entreprise souterraine à base essentiellement économique. Dans cet ouvrage, Robertson déploie tous ses talents d'historien, et démontre la fécondité de la méthode voltairienne débarrassée de toute propagande.

La même année, Edward Gibbon lui envoyait une lettre—la première selon toute probabilité—en lui avouant son unique ambition: se montrer digne de ses grands modèles: Hume et Robertson (Gibbon 2, ii.152-154).

E. Edward Gibbon

Lausanne and Ferney! ye have been the abodes
Of names which unto you bequeathed a name;
Mortals, who sought and found, by dangerous roads,
A path to perpetuity of fame;
They were gigantic minds, and their steep aim
Was, Titan-like, on daring doubt to pile
Thoughts which should call down thunder, and the flame
Of Heaven again assailed, if Heaven the while
On man and man's research could deign do more than smile.

The one was fire and fickleness, a child,
Most mutable in wishes, but in mind,
A wit as various, —gay, grave, sage or wild—
Historian, bard, philosopher combined;
He multipled himself among mankind,
The Proteus of their talents; but his own
Breathed most in ridicule,—which, as the wind,
Blew where it listed, laying all things prone,
Now to o'erthrow a fool, and now to shake a throne.

The other, deep and slow, exhausting thought,
And living wisdom with each studious year,
In meditation dwelt, with learning wrought,

785

And shaped his weapon with an edge severe,
Sapping a solemn creed with solemn sneer;
The lord of irony,—that master spell—,
Which stung his foes to wrath, which grew from fear,
And doomed him to the zealo'ts ready hell,
Which answers to all doubts so eloquently well.[143]

Ces strophes superbes de Byron ont frappé pour l'éternité la double médaille de Voltaire et de Gibbon réunis par les rives du lac Léman. Derrière l'écrivain académique, une critique récente a ressuscité le curieux personnage que fut Gibbon (D. M. Low, G. Bonnard). Ni sa personne—il était petit, rond et poupin—ni l'austère sujet de l'histoire de l'Europe depuis le Bas-Empire jusqu'à la prise de Constantinople, ni son style, d'un académisme fin, mais désuet, n'étaient de ceux qui enflamment. On l'a constamment rapproché de Voltaire, son contemporain, quoique le parallèle avec Renan paraisse aujourd'hui mieux venu, sans jamais outrepasser une vague comparaison où la célèbre note sur le fanatisme intolérant de l'auteur du *Traité sur la tolérance*, seul texte jamais cité, introduit le paradoxe et le piquant à défaut de raisons. A la différence des historiens qui précèdent, Gibbon a écrit son chef-d'œuvre au moment où Voltaire vivait ses dernières années. Seul le premier volume paraîtra avant 1778, en 1776; les autres ne suivront qu'en 1781 et 1788. La chronologie, cette fois, interdit toute étude d'influence réciproque et favorise la vue simpliste d'un Gibbon nourri de Voltaire pendant sa jeunesse et rendant à son maître ce qu'il lui aurait prêté. En réalité, les

---

[143] *Childe Harold's pilgrimage*, ch.iv, str.cv-cvii. Le 18 septembre 1791, de Vevey, le prince de Galles écrivait à George III: 'Here properly begins the most interesting part of my journey. We took a boat the next morning and went up the lake Thun. The different views which presented themselves from thence to the traveller's attention are at once enchanting and grand, the glacieres present themselves to great advantage, and truly verify Voltaire's expression, 'They crush as it were Hell, and split the Heavens with their tops' (George III, i.564). Voici donc un voyageur anglais chez qui les Alpes sont associées à Voltaire, non à Rousseau, signe d'une culture aristocratique traditionnelle.

notes de *Decline and fall* ne sont que la partie la plus apparente d'un long travail invisible et de relations très complexes.

Avant son premier séjour à Lausanne de 1753 à 1758, Gibbon s'était converti au catholicisme à Oxford, en 1753, à l'âge de seize ans. A ce bizarre revirement, dont la cause semble avoir été purement intellectuelle, la dialectique paternelle du pasteur Pavillard, de Lausanne, devait rapidement remédier. Polier de Botens, en tant que grand ministre du Consistoire, reçut à nouveau l'adolescent dans la foi protestante de ses pères. L'autre effet de ce long séjour à Lausanne fut de rompre Gibbon à la pratique du français. Parfaitement bilingue, pensant même en français pendant de longues années, c'est en français qu'il publiera jusqu'en 1770[144]. Admirable latiniste, mal à l'aise dans le grec, ignorant l'italien et l'allemand[145], à l'âge où se forment la personnalité et l'esprit, il est de culture toute française. Avec Chesterfield, Walpole et Beckford, il appartient à une certaine société anglaise greffée sur le tronc français. C'est alors que va survenir la révélation de Voltaire.

Comme tout le monde, il en connaissait les œuvres. A Oxford, en 1752, n'ayant que quinze ans, désireux d'écrire pour s'affirmer et se faire connaître, il songe à une étude sur le *Siècle de Sésostris*. 'The title of this first essay ... was perhaps suggested by Voltaire's *Age of Lewis XIV* which was new and popular; but my sole object was to investigate the probable date of the life and reign of the conqueror of Asia' (Gibbon 10, p.55). Puissance des formules et des titres, dont Voltaire avait le secret, mais aussi témoignage significatif: chez Gibbon, l'érudition bénédictine le dispute déjà aux vues générales. Le hasard allait tout à coup le mettre en présence de l'homme.

Dès les premières pages de la correspondance, le nom de Voltaire apparaît: 'The only news I have to tell you', écrit-il à son père en mars 1755, 'is that the famous m. de Voltaire is come to spend (as he says) the rest of his days here. He has bought an

---

[144] Gibbon inaugura son œuvre en anglais avec un pamphlet contre Warburton: *Critical observations on the 6th book of the Aeneid.*

[145] Deyverdun et Holcroft, qui savaient l'allemand, comblèrent en partie cette lacune.

estate near Geneva, where he proposes to spend the summer and to pass the winter at a country house he has hired near Lausanne' (Gibbon 2, i.6). Deux années s'écoulèrent encore avant que la rencontre eût lieu. Avant de quitter Lausanne, Gibbon connut la satisfaction de voir 'l'homme le plus extraordinaire de son siècle, poète, historien et philosophe'[146]. Présenté sans doute par Clavel de Brenles, il rencontra une réception courtoise sans plus (*VBV*, pp.32-35), et crut bien faire de réciter à son hôte le poème 'O maison d'Aristippe! O jardin d'Epicure!', qu'il savait par cœur[147].

En février et en mars 1757, il eut le privilège d'assister souvent à la comédie jouée sur le théâtre de Monrepos. C'est ainsi qu'il vit *Zaïre*, *Alzire*, *Zulime*, *L'Enfant prodigue*, et nous a laissé un pittoresque portrait de la troupe, avec la 'grosse et laide' mme Denis, et Voltaire lui-même, pompeux et déclamateur. 'My ardour, which soon became conspicuous, seldom failed of procuring me a ticket; the habits of pleasure fortified my taste for the French theatre, and that taste has perhaps abated my idolatry for the gigantic genius of Shakespeare, which is inculcated from our infancy as the first duty of an Englishman' (Gibbon 10, pp.82-83). Aveu important, car l'on devine l'enthousiasme d'un jeune homme introduit dans la société la plus spirituelle et la plus frivole, dont les traces resteront indélébiles jusque dans la réaction qui suivra.

Les mêmes plaisirs revinrent l'hiver suivant, quand Gibbon fut rentré de son voyage à Paris en février 1758[148]. Le départ pour l'Angleterre mit fin aux cérémonies de ce culte dramatique, mais non au zèle qui les inspirait. Nourri de tragédie française, Gibbon

---

[146] on notera que Byron reprend terme pour terme cette classification, qui correspond à la vision du XVIIIème siècle.

[147] mais sa mémoire l'abuse lorsqu'il affirme avoir déplu à Voltaire en en faisant circuler des copies. L'épître avait été imprimée dix-huit mois plus tôt. Mais comme Clavel de Brenles en

avait reçu un manuscrit dès juin 1755, Gibbon, qui avait appris son texte d'après cette copie, avait dû s'imaginer qu'elle était encore inédite.

[148] *VBV*, p.38. Cf. encore: 'I enjoyed the singular amusement of seeing Voltaire an actor in his own tragedies' (Gibbon 1, p.297).

en subira toujours le charme. *Zaïre* surtout avait acquis ses suffrages. Dans les *Mémoires littéraires pour l'année 1767*, écrits en collaboration avec le fidèle Georges Deyverdun, un compterendu de *The History of Henry II* de lord Lyttelton et de l'*Essay on the history of civil society* de Ferguson, sert de prétexte à une esquisse de l'histoire du théâtre anglais. On y lit que tout a bien dégénéré depuis Shakespeare. On en est arrivé, en Angleterre, à traduire des pièces étrangères, heureusement tirées de Voltaire, 'qui a écrit pour toutes les nations et pour tous les temps'; et de commenter les adaptations de Hill, de Murphy et de Colman, dont le plus grand mérite est d'honorer la gloire du dramaturge français (pp.156-168).

Les années suivantes, que Gibbon passa, l'été à la campagne chez son père, l'hiver à Londres d'abord, puis comme officier itinérant d'une morne milice, firent de lui un Anglais plus authentique. Le théâtre demeura sa passion, mais Garrick vint corriger son goût. Il n'oubliait pas ses amis vaudois, dont il invoqua le souvenir, au cours de l'été 1760, pour prier son père de le laisser repartir pour la Suisse, car, à l'en croire, on le réclame presque à Ferney (Gibbon 2, i.126). Gibbon tient à rester l'homme du meilleur monde, aux loisirs littéraires distingués, dont Walpole lui représente le modèle accompli.

En 1761, pour son coup d'essai, Gibbon publia en français son *Essai sur l'étude de la littérature*, entrepris dès 1758. Dans cet opuscule, riche d'une substance trop souvent négligée, il avoue son ambition d'être un écrivain unique en son genre, un Anglais figurant dans la littérature française. Quel est donc son thème? Selon un exorde très voltairien, 'l'histoire des empires est celle de la misère des hommes; l'histoire des sciences est celle de leur grandeur et de leur bonheur' (p.1). L'auteur entreprend ensuite de justifier son titre: seule une critique littéraire de l'antiquité fondée sur une solide connaissance de la géographie, des mœurs et de l'économie, peut aboutir à de justes conclusions, car 'elle nous donne à son égard les yeux des Anciens' (p.33). C'est ainsi que les *Géorgiques* ne se comprennent qu'en liaison avec l'œuvre sociale et économique d'Auguste. Comme Fontenelle et comme Hume, Gibbon estime que le polythéisme des anciens ne s'explique qu'après une étude sociologique et psychologique de l'origine des religions.

Tout ceci est neuf et fécond. Bien que les belles-lettres en soient le sujet apparent, cet *Essai* propose la première méditation philosophique de Gibbon sur l'histoire et sur les historiens. Voltaire y est plus d'une fois nommé (pp.17, 26, 161), et déjà réfuté avec prudence et courtoisie. Quand il s'agit de définir l'esprit philosophique, son nom, en revanche, disparaît au profit de celui de Montesquieu, rangé parmi les vrais génies.

Si Gibbon croit, lui aussi, au déclin des arts après Louis xiv, il l'attribue au discrédit des anciens consécutif à la fameuse querelle. Les mœurs peuvent également se corrompre par le luxe, tandis que les sciences les perfectionnent. Les grandes idées du futur *Decline and fall* sont ici esquissées. La philosophie de l'histoire commence à entrer en conflit avec le goût du littérateur. L'exemple de Voltaire se colore d'ambiguïté. Quand il en vient à la méthode, Gibbon n'est même plus du tout voltairien. 'Science des causes et des effets', l'histoire doit éviter de 'bâtir sur l'action d'un homme, le caractère d'un siècle'. On préférera 'souvent les petits traits aux faits brillants', en se gardant d'attribuer de grands effets à des causes minimes. Tacite sera pris comme modèle ancien, Montesquieu comme idéal moderne (pp.124, 125, 138).

Une phrase surtout, jetée comme en passant, marque la première expression d'une idée fondamentale, qui ira cheminant lentement jusqu'à provoquer un renversement radical. Après avoir critiqué le poète prenant des libertés avec l'histoire, il ajoute: 'La versification harmonieuse de Voltaire ne nous réconciliera jamais avec César lâche, Catilina vertueux, Henry iv vainqueur des Romains' (p.87). Sont ici frappées d'anathème dix années d'admiration sans bornes pour la tragédie classique, où l'appréciation des beautés du style et du vers coïncidait avec une sympathie profonde pour une esthétique humaniste. Le dramaturge, le poète, au sens le plus plein du terme, auront beau reconstruire le passé suivant leurs voix intérieures, ils ne trouveront plus grâce devant l'historien. Murphy, par exemple, pourra bien améliorer la vraisemblance de son *Orphan of China* en restituant à l'orphelin l'âge viril qui fut le sien au dernier acte, sa pièce reste débile (Gibbon 8, p.162). Il n'est plus question de vraisemblance, mais de vrai.

C'est dans un carnet manuscrit que cette idée trouve sa plus forte expression. Là où Voltaire avait loué Corneille et Racine d'avoir évité de marquer, dans leurs *Bérénices* respectives, le mépris des Romains pour les Juifs, Gibbon l'invite ironiquement à les féliciter également d'avoir rajeuni Bérénice de trente ans, quand il est avéré qu'elle avait en réalité dépassé la cinquantaine : 'History MUST receive and CAN only explain the most improbable facts when they are properly averred. Poetry ought always to prefer agreeable probabilities to harsh and unlikely truths'[149]. Ce choix entre la poésie belle, mais fausse, et la vérité historique austère, peut nous paraître aujourd'hui un problème banal et purement formel. Pour Gibbon, il offrait tous les affres d'un drame de conscience. En lui, un homme nouveau se dressait contre les blandices envoûtantes de la tragédie voltairienne. L'*Essai sur l'étude de la littérature* posait le premier jalon d'une décision capitale.

Le reste s'enchaînait impérieusement. Tout en lisant Homère et Horace pendant son année de milice, Gibbon s'était mis en quête d'un sujet historique. Il hésitait entre l'expédition de Charles VIII en Italie, la croisade de Richard Iᵉʳ, le Prince noir, sir Philip Sidney ou sir Walter Raleigh. 'The old reproach that no British altars had been raised to the Muse of history was recently disproved by the first performance of Robertson and Hume' (Gibbon 10, pp.98-99), écrit-il avec un certain soulagement. Il sait maintenant qu'en imitant la composition et la langue du premier, la sérénité du second, il pourra rédiger une histoire philosophique sans renier son idéal de style classique, réconcilier les agréments

---

[149] BM add. MS 34882, f.46b. Cf. encore, à propos de l'*EMo* : 'Le coloris en est toujours brillant, mais le dessin incorrect' (Gibbon 12, éd. de 1814-1815, iii.272n).

de la poésie et la rigueur de l'historien, bref, être plus voltairien que Voltaire qui vivait son histoire ou pensait sa poésie, quand il ne faisait pas l'inverse, mêlant les genres, confondant la fable et la réalité, rejouant et réincarnant trop confusément le passé quand il arpentait les planches, tombait en transes le jour anniversaire de la saint-Barthélémy ou brocardait la Pucelle en vers.

Le deuxième séjour à Lausanne, entre un arrêt d'un mois à Paris en janvier 1763 et un long tour d'Italie, marqua un tournant décisif[150]. Après son *Essai*, Gibbon s'était senti devenir quelqu'un. Aux yeux des contemporains anglais, pourtant, l'ouvrage n'était apparu que comme une morne et plutôt prétentieuse plaquette, injurieusement écrite en français en pleine Guerre de sept ans. Aigrement, la critique avait dénoncé l'influence outrée de la vive imagination de Voltaire, dont on avait gauchement imité le style[151]. Gibbon avait envoyé des exemplaires à certains seigneurs français (Gibbon 10, p.126). Il ne les nomme pas, mais nous connaissons par une autre voie et leurs noms et leurs réactions très favorables, ce que confirme une presse unanimement élogieuse en France quand eut paru l'édition parisienne (D. M. Stuart, pp.186-187). Si Caylus figurait parmi les destinataires, Voltaire en était étrangement absent[152]. Etait-ce négligence, oubli, appréhension ou conseil d'un ami? Nous sommes ainsi privés d'une précieuse réponse.

Pendant la durée des négociations menées à Paris par le duc de Bedford pour la conclusion du futur traité de Paris signé en février, le nom d'Anglais, constate Gibbon avec une suffisante vanité 'inspirait . . . une aussi grande idée que le nom de romain à Carthage après la défaite d'Hannibal'[153]. Au prestige diplomatique

---

[150] la démonstration en a été donnée par G. A. Bonnard.

[151] *MR* (1761) xxv.224-225. L'*Essai* fut traduit en anglais en 1764. Les exemplaires originaux sont très rares. Pour une étude bibliographique de cet ouvrage, cf. J. B. Thompson, p.351.

[152] aucun ouvrage de Gibbon dans *BV*, lacune en grande partie explicable

par la chronologie.

[153] on saisit l'un des traits fondamentaux de l'esprit de Gibbon, pour qui présent et passé composent une seule et même réalité psychologique. A rapprocher de la 8ème *LPh*: 'Les membres du Parlement d'Angleterre aiment à se comparer aux anciens Romains autant qu'ils le peuvent' (*LPh*, i.88).

de sa nation, s'ajoute le crédit de l'*Essai* qui valait à son auteur maint éloge et force politesses. 'Il décida de mon état; j'étais homme de lettres reconnu, et ce n'est qu'à Paris que cette qualité forme un état' (Gibbon 11, pp.105-106). Gibbon aurait bien voulu y adjoindre une réputation d'homme de condition, craignant que l'écrivain ne portât ombrage au 'gentleman'. Poussé par cette vanité, et sans doute aussi par les flatteries plus ou moins sincères de ses relations parisiennes, par Diderot, par Helvétius, par Holbach, par Alembert, par mme Geoffrin et mme Bontemps, il commença à rougir intérieurement de son culte juvénile pour l'idole illusoire de Ferney.

Quand enfin il regagna Lausanne en mai 1763, Voltaire ne s'y trouvait plus. Une seule fois, en août[154], au cours d'une excursion à Genève, il assista à une représentation de l'*Orphelin de la Chine*. Après un portrait de son hôte, il continue à l'intention de sa mère: 'Voltaire himself acted Gengis et madame Denys Idamé; but I do not know how it happened: either my taste is improved or Voltaire's talents are impaired since I last saw him. He appeared to me now a very ranting unnatural performer. Perhaps indeed as I was come from Paris, I rather judged him by an unfair comparison than by his own independent value. Perhaps too I was too much struck with the ridiculous figure of Voltaire at seventy acting a Tartar conqueror with a hollow broken voice, and making love to a very ugly niece of about fifty' (Gibbon 2, i.154-155). L'on soupa et l'on dansa jusqu'à l'aube, mais en dépit d'une admiration durable pour la vitalité du vieillard, on sent bien que le charme s'était rompu. De son propre aveu, Gibbon ne chercha même pas à nouer des relations auxquelles son *Essai* lui donnait pourtant désormais, pensait-il, un meilleur titre que naguère (Gibbon 10, p.129).

Au moment de quitter la Suisse en mars 1764, il vit encore une représentation de *Zaïre* jouée sur le théâtre de Monrepos par des amateurs. L'avaient accompagné des amis anglais, parmi lesquels

---

[154] en juin, d'après la récapitulation du *Journal*. Mais la correspondance ne laisse aucun doute sur le mois (*VBV*, p.61).

John Baker Holroyd, plus tard comte de Sheffield et son futur éditeur. Mais, au lieu de se laisser toucher par le texte, il ne songea qu'à s'indigner des larmes hypocrites versées par Suzanne Curchod, son ancienne fiancée, qui se trouvait présente de même qu'elle l'avait jadis accompagné à Ferney, et n'était pas encore mme Necker (Gibbon 7, pp.233-234). Voilà donc le théâtre de Voltaire devenu simple prétexte à expériences sentimentales! Gibbon reviendra encore à Lausanne, à La Grotte, chez son ami Deyverdun, mais ce sera en 1783. Il y serait même mort en 1794 sans un ultime voyage à Londres auprès de lord Sheffield. Ainsi Byron avait-il raison d'invoquer les deux génies tutélaires de ces rives[155].

A Lausanne en 1763-1764, préparant son voyage en Italie, Gibbon travailla à fond l'histoire romaine, en philologue et en archéologue. S'il lit Voltaire alors, c'est en passant, par besoin de relâche et de récréation, comme il usait déjà du *Siècle de Louis XIV* et de 'son ami Voltaire' pendant les quatre années de milice (Gibbon 6, pp.122-123). Dans son jugement perce un certain dédain pour la production historique: 'I finished the Siècle de Louis XIV. I believe that Voltaire had for this work an advantage which he has seldom enjoyed. When he treats of a distant period, he is not a man to turn over musty monkish writers to instruct himself. He follows some compilation, varnishes it over with the magic of his style, and produces a most agreeable, superficial,

---

[155] deux revues, la seconde copiant manifestement la première à trente-six ans de distance (*New monthly magazine* (1840) lviii.558-561 et Vandam dans *Tinsley's magazine* (1876) xix.10-15) donnent une anecdote suspecte rapportée par le doyen Bridel, curé de Montreux, qui avait connu les protagonistes. En 1768 selon l'une, en 1776 selon l'autre, Gibbon serait revenu à Ferney, bien que Voltaire lui eût voué une haine mortelle depuis la publication de l'*Essai sur l'étude de la littérature* et eût donné des ordres pour ne pas le recevoir. Ayant réussi à attirer Voltaire à l'extérieur en détachant son poney, Gibbon, invité malgré tout à dîner, aurait reçu ce billet: 'M. de Voltaire est comme le dieu des chrétiens; il se laisse boire, il se laisse manger, mais il ne se laisse pas voir'. Aucune des deux dates n'est possible. Les circonstances sont romanesques et outrées, mais on en connaît d'analogues. Le texte du billet rend un son d'indéniable authenticité. Nous croyons à un incident réel, déformé par la légende ou le souvenir, qu'il est actuellement impossible de vérifier ou redresser, faute d'autres témoignages.

inaccurate performance. But there, the information both written and oral, lay within his reach and he seems to have taken great pains to consult it' (Gibbon 12, v.247; août 1762).

Ces 'moines moisis' n'effrayaient pas Gibbon. Plus il s'en délectait, plus il devenait sévère pour l'historien français, digne tout au plus d'une indulgence méfiante[156]. D'après le catalogue sa bibliothèque, Gibbon possédait deux collections complètes des *Œuvres* (éditions de 1768-1777 et de 1780), auxquelles il faut ajouter une *Histoire de la guerre de 1741*, absente des *Œuvres complètes*, un *Siècle de Louis XIV* acheté à Londres dès 1752 et les *Mémoires* de 1785 (Keynes, p.279). Ces volumes, dont l'emplacement actuel est parfois connu, ne portent aucune annotation, car il usait de petits cahiers, dont l'un au moins nous a été transmis[157].

Ce cahier renferme plusieurs extraits recopiés des *Annales de l'Empire*, traitant de l'histoire politique et religieuse, ainsi que des passages de l'*Abrégé de l'histoire universelle* (Nourse, 1753)[158]. Plusieurs pages sur l'homme au masque de fer sont révélatrices de la manière dont Gibbon lisait Voltaire. Après avoir cité le *Siècle*

---

[156] 'When I meet Voltaire upon Grecian, Roman or Asiatic ground, I treat him with the indulgence he has so much occasion for; but we might have expected to have found him better acquainted with one of the finest writers of his own country [*Pascal*]' (BM add. MS 34882, f.35). Cf. aussi Gibbon 7, p.85, en date du 8 oct. 1763, à propos d'Adlerfeld, préféré à l'*HChXII* pour l'exactitude.

[157] BM add. MS 34880 et 34882. Le premier (*Common-place book*), commencé à Lausanne le 18 mars 1755, n'est, comme son titre l'indique, qu'un recueil d'extraits recopiés de la main de Gibbon, avec la référence précise et classés par rubriques alphabétiques (*Croisades, Despotism, Guelfs, Pope*, par exemple). Le second se compose d'une liasse de petits feuillets portant des notes numérotées avec leur référence. Deux index en permettent la consultation. S'y ajoutent des notes

diverses, et une liste des sources de *Decline and fall*, avec renvois au manuscrit. Sous Voltaire, l'index donne: 'Louis XIV, Hist. Gen., Hist. Pierre le Grand, Henriade'. Parmi les sources, on trouve une première liste de références à Voltaire (mais très incomplète) notées comme suit (nous donnons à chaque fois le folio du manuscrit):

Siècle de Louis XIV   i.23   f.108b
Vol.14, 297   i.32   f.109
de Histoire Générale   i.52   f.109b
Histoire de Pierre le
Grand   ii.84   f.116b
Henriade   iii.221 f.121

[158] sur le concile de Constance (BM add. MS 34880, f.12v); sur la papauté à diverses périodes (*ibid.*, f.13v); sur Othon Ier (*ibid.*, f.14v); sur les Guelfes (*ibid.*, f.15v); sur les croisades (*ibid.*, f.41v, 54v, 55). L'édition des *English essays* par P. Craddock ne dispense pas, tant s'en faut, de la consultation du manuscrit.

et les *Questions sur l'encyclopédie*, il n'est satisfait qu'à l'issue d'une longue et méthodique dissertation en sept points, pour conclure par un frère adultérin de Louis XIV. De l'exposé primitif, il déclare simplement : 'That writer, the most sceptical and lively of his age, never attempts either to contest the truth or to reveal the secret of that wonderful affair' (BM add. MS 34880, ff.261-263, et Craddock, pp.204-208). Mieux qu'aucun autre, par sa scolastique passionnée, ce passage nous dépeint le contraste entre les deux esprits, l'un avide d'extraordinaire et curieux d'humanité, l'autre minutieusement critique et soucieux de positif. D'autres réflexions, de dates diverses, dénotent la même méfiance à l'égard du jugement de Voltaire (Craddock, pp.115, 116-117, 122, 365), au point de prendre la défense de Larcher (*ibid.*, p.549). 'When I meet Voltaire upon Grecian, Roman or Asiatic ground, I treat him with the indulgence he has so much occasion for' (*ibid.*, 114; texte écrit entre 1768 et 1778).

Gibbon se montre-t-il plus libre—et plus libéral—lorsqu'il s'agit d'ouvrages autres qu'historiques, où le goût reprend ses droits? Du *Traité sur la tolérance*, en dépit d'un louable dessein de 'réveiller dans tous les cœurs les sentiments de l'humanité', il ne retient qu'un 'petit recueil de lieux communs', et un monument de la naïveté d'un auteur prêt à avaler les fables les plus grossières de l'Antiquité, pourvu qu'elles servent sa polémique (Gibbon 7, p.239; 14 mars 1764); et de ponctuer sa lecture de remarques hautement érudites. *Ce qui plaît aux dames*, au lieu de le divertir, lui semble lourd et forcé (*ibid.*, p.218; 18 févr. 1764). Ne trouve grâce que le défenseur du droit et de la justice dans le *Commentaire sur Beccaria* (Gibbon 8, p.229). Contre le *Dialogue de Marc-Aurèle et d'un récollet*, il affirme l'intolérance de cet empereur, une fois de plus embelli par le poète dans cet 'ingenious trifle'[159]. Dans son *Journal* enfin, le cas de Calvin et de Servet nous vaut, comme pour l'homme au masque de fer, un examen méthodique, dont l'issue ne fait pas de doute : 'Un cœur dur et farouche, une âme

---

[159] BM add. MS 34882, f.36, et Gibbon 3, p.116. Mais (p.123), Horace Walpole est lui aussi qualifié d' 'ingenious trifler'.

ambitieuse, la haine pour un homme qui frondait ses opinions et qui méprisait ses instructions, se sont joints au zèle religieux pour engager Calvin à poursuivre le malheureux Servet. M. de Voltaire avait donc raison quand il a dit que Calvin avait l'âme atroce et l'esprit éclairé' (Gibbon 7, p.133; 2 nov. 1763).

La sympathie, cette fois, demeure totale. Horreur de la violence et du fanatisme, scepticisme radical allant jusqu'au plus froid mépris, forment le fond du caractère de Gibbon. En dépit d'une opposition de tempérament[160], il lui arrivait donc de se rencontrer avec Voltaire sur le terrain des idées. La coïncidence n'est pas trop fréquente, mais a quand par hasard elle a lieu, elle est vraiment totale.

Pour le public, à qui tous ces textes étaient inconnus, ou à peine connus, l'opinion de Gibbon sur Voltaire se résumait par les notes du *Decline and fall*. Rassemblées, les centaines de notes de ce gros traité composeraient à elles seules un opuscule aussi divertissant qu'instructif, dont l'étude complète et détaillée reste encore à faire[161]. Comme Bayle—prolixité en moins, car un siècle a décrassé le pédant—l'auteur y dialogue inlassablement avec lui-même et avec ses sources, révélant les dessous de la genèse de l'œuvre, mais aussi donnant beaucoup à penser, au besoin par la pure et simple provocation. On y cultive l'épithète de nature: 'the pious Tillemont', 'the artful Bossuet and the malicious Bayle', 'Boulain-villiers's free spirit', 'Dubos's learned ingenuity', Warburton armé de son 'télescope critique' y défilent sous nos yeux amusés. Ici, l'historien solennel et glacé le cède à l'homme, soliloquant tout haut dans son cabinet, pestant ou triomphant, en robe de chambre. Maint lecteur s'offusqua de cet accompagnement débridé et souvent cynique à un ouvrage par ailleurs majestueux ou même compassé. N'y lit-on pas que Tillemont joue le rôle d'un utile chiffonnier

---

[160] 'I am still more offended at the haughtiness of his unbelief than at his unbelief itself' (Gibbon 3, p.117). De la part d'un sceptique comme Gibbon, la remarque ne manque pas d'ironie révélatrice.

[161] I. W. J. Machin a exécuté la tâche préliminaire, la plus ingrate, sous forme de tableaux statistiques des 3000 références de l'œuvre. Mais l'interprétation exigerait un volume entier.

des détritus des pères de l'église? (*D & F*, iii.153). Si Gibbon donne parfois dans le ton mélancolique[162], il lui arrive plus souvent par ce biais bonhomme, de satisfaire sournoisement plus d'une vieille rancune[163]. Plus sérieusement, il place à l'occasion une bibliographie complète[164]. Une fois défini le caractère apparemment frivole, au fond très pertinent, toujours très nécessaire de ce commentaire continu en mineur, quelle image de Voltaire peut-on y recueillir?

Voltaire est nommé quarante-et-une fois, chiffre très faible comparé aux sources érudites comme Tillemont (251 fois), Du-cange ou Anville, dont les noms reviennent presque à chaque page. Dix-sept auteurs, parmi lesquels onze Français, sont cités plus de 40 fois, Voltaire venant le dernier de ce lot, dépassé par Montesquieu (51 fois), mais plus souvent cité que Bayle. La France, d'ailleurs, réunit plus de la moitié du nombre global des références. Gibbon s'arrange pour citer tous les contemporains, Jean Jacques Rousseau compris[165]. C'est en France, en particulier, que le formidable érudit que fut Gibbon trouva les savants selon son cœur en la personne des Bénédictins du xviième siècle, dont il est toujours prêt à vanter la science, la sagacité et la solidité, sans nulle jalousie. Lorsqu'il s'agit de maîtres à penser comme Montesquieu ou Bayle, il se montre beaucoup plus discret, balançant toujours l'éloge par quelque critique ou couvrant soigneusement leurs traces[166].

---

[162] 'Here I must take leave for ever of that incomparable guide, whose bigotry is overbalanced by the merits of erudition, diligence, veracity, and scrupulous minuteness', déclare-t-il de Tillemont, après l'avoir cité plus de 200 fois (*D & F*, v.132).

[163] sur le dr Johnson, 'a bigoted though vigorous mind, greedy of every pretence to hate and persecute those who dissent from his creed' (*ibid.*, vi.266). Le ton et la manière de Gibbon ne vont pas souvent sans évoquer le Sainte-Beuve de *Mes poisons*.

[164] sur la Chine, *ibid.*, iii.81; l'Arabie,

v.370; Mahomet et le Coran, v.351-352; l'origine franque de la monarchie, iv.121, 130; les croisades, vi.266, etc.

[165] ch.xxvi (iii.72). Ailleurs (v.103), son parallèle entre le Christ et Socrate est jugé éloquent, mais inconvenant.

[166] pour Montesquieu, par exemple, on lira: 'contre', i.288 (*lively fancy*); ii.425; iii.79, 132; iv.128; 'pour', i.247 (*his usual ingenuity and uncommon precision*); ii.391 (vigoureusement défendu contre Raynal dans le corps du texte, ce qui est exceptionnel); iii.353; iv.180, 506, 129 (*skilful*). Selon Trevor-Roper (pp.420-421), Montesquieu fut

Pour mieux évaluer la portée de ces notes, notons également que les historiens anglais ne sont guère cités, faute d'ouvrage de fonds sur la période étudiée. Gibbon rendit toutefois hommage à Robertson, son ami personnel, et se sentait tout proche de Hume (30 références), dont il apprécie l'impitoyable scepticisme appliqué à la religion[167]. S'il méprise l'*Universal history*—et pour cause —il place très haut Adam Smith, bien qu'il soit plus sociologue et économiste qu'historien. C'est dire la variété de ces jugements, riches parfois de malicieux et stimulants rapprochements, tel celui de Voltaire et de Hume ici renvoyés dos-à-dos (vi.312), ailleurs finement caractérisés à propos du miracle de la sainte-épine: 'Voltaire strives to invalidate the fact, but Hume, with more skill and success, seizes the battery and turns the cannon against his enemies' (vi.438).

A la différence des autres références assez uniformément distribuées, les notes concernant Voltaire sont singulièrement réparties. Très rares au début, elles sont presque toutes groupées dans les deux derniers volumes[168]. Ni le sujet traité, ni les dates ne semblent avoir de rapport avec cette distribution irrégulière. Nous croirions plutôt que Gibbon, qui possédait déjà les œuvres complètes de Voltaire sous la forme où elles existaient au moment de la rédaction du premier volume, en racheta une seconde collection après la mort de leur auteur, afin d'en dresser un bilan définitif. La rédaction des volumes ii et iii étant terminée quand il fit cet achat en 1784[169], il se vit contraint de publier toutes ses observations coup-sur-coup en même temps que la dernière livraison.

Cette explication est confirmée par les contenus. Bien que les

la grande découverte de Gibbon à Lausanne, un modèle pour la méthode, la pensée et même le style. Omettre complètement l'influence de Voltaire comme il le fait, n'en reste pas moins excessif.
[167] ii.436; iii.214, 307; vi.445. Les autres Anglais souvent cités sont Pocock (55 fois), Sale (36) et Ockley (29), tous érudits inconnus du grand public.

[168] quatre dans i, deux dans ii, une dans iii, deux dans iv, soit neuf pour quatre volumes, contre treize pour v, et seize pour vi, soit vingt-neuf pour deux volumes.
[169] le libraire Lacombe fournit les *Œuvres* de Voltaire (57 vol.8°) le 7 octobre 1784, en s'engageant à les reprendre pour 75% de leur valeur si Gibbon désirait acheter d'autres livres (BM add. MS 34715, f.1).

pages annotées se rapportent surtout à l'orient et ux croisades, les notes ne citent pas seulement l'*Essai sur les mœurs,* leur source la plus normale, mais font parfois appel au *Siècle de Louis XIV*, au *Précis*, et même à *Zadig*, sans parler du théâtre. On y perçoit plus que la lecture purement utilitaire de quelques chapitres historiques. Ce sont souvent des opinions générales, sans liaison organique avec le texte. A trois reprises même, Gibbon est si plein de Voltaire qu'il le cite dans le corps du texte, au lieu de le renvoyer en note, pratique chez lui extrêmement rare[170]. Nous pouvons donc considérer l'ensemble de ces notes non comme un commentaire marginal purement technique, mais comme la somme de son jugement sur Voltaire.

Dire que Gibbon traite Voltaire cavalièrement sans jamais lui emprunter de données factuelles comme il le fait pour des sources plus banales, serait exagéré. Il lui arrive d'en extraire quelques chiffres, ou de renvoyer à son texte pour plus amples détails (i.18, 42, 240; ii.210). Il sait aussi exprimer un simple désaccord courtois à propos d'un fait (i.26; v.150; vii.59, 180). Cependant, la plupart des remarques s'adressent à l'esprit plus qu'à la lettre. Le pyrrhonisme voltairien ne manque jamais de le délecter, surtout lorsqu'il s'applique à de prétendus miracles[171]. Le sourire de notre ironiste délicat se crispe même une fois en rictus à l'exemple du Français (vii.161). Toutefois, malgré l'atmosphère sceptique du *Decline and fall*, nous ne nous trouvons pas en face d'un système monolithique. Gibbon éprouve trop d'horreur des dogmes, quels qu'ils soient, et sait que l'excès de doute est aussi néfaste en histoire que l'extrême crédulité. Aussi prend-il toujours d'infinies précautions: 'The scepticism of Voltaire', écrit-il à propos de la cage de fer où Tamerlan aurait enfermé Bajazet, 'is ready in this, as in every occasion, to reject a popular tale, and to diminish the magnitude of vice and virtue; and, on most occasions, his incredulity is reasonable' (vii.60-61). *Most* et non *all*, notons-le bien.

---

[170] vi.362; vii.8, 170. Suivant l'usage du temps, le texte se contente de dire, 'says a lively writer', 'a philosophical writer', mais les notes sont explicites.
[171] tel l'ange de Licinius vaincu par le labarum de Constantin (ii.302).

Quand il s'agit de tolérance, le lecteur est surpris de ne pas trouver Voltaire associé aux trois défenseurs patentés de cette cause: Bayle, Leibniz et Locke (vi.128). Tout réflexion faite, en effet, il ne semble pas toujours pratiquer les sains principes qu'il professe énergiquement. Faute de 'savoir' et de 'réflexion', il lui arrive de se laisser aveugler plus qu'un Jésuite! (vi.22, 287). Quelques pages plus loin, la sentence se fait encore plus dure (vi.309). Gibbon se rend mal compte du tort que son excès de méfiance peut causer à la réputation des philosophes éclairés. On n'est jamais assez pur à ses yeux. Comme Smollett, mais avec tellement plus de finesse, il dénonce la tendance de Voltaire à favoriser les religions orientales au détriment de celle du Christ, et ce qui est plus grave pour un Anglais, à exalter les civilisations grossières et despotiques (v.325; vii.202-203). Ravi d'avoir pu saisir une fois Voltaire en flagrant délit d'hostilité à Mahomet, 'the victorious impostor' (v.397), il constate en une autre occasion que 'as usual, [he] prefers the Turks to the Christians' (vii.203).

Avant de prendre congé de Voltaire par cette petite phrase toute sèche, la dernière effectivement qu'il lui consacre, il s'était emporté au chapitre lxvii contre 'the pious zeal of Voltaire . . . , excessive and even ridiculous' (vii.188). Parvenu à la noble abdication du sage Amurath, il s'écrie: 'Voltaire (*Essai sur l'hist.gén.*, ch.lxxxix, pp.283-284) admires *Le philosophe turc*: would he have bestowed the same praise on a Christian prince for retiring to a monastery? In his way, Voltaire was a bigot, an intolerant bigot' (vii.139). Injure étonnante, stupéfiante, qui atteignit très vite à une célébrité méritée, blâme somme toute tendancieux, puisqu'il prête à Voltaire le crime pour lequel on le condamne sur une simple hypothèse, ce jugement serait inacceptable sous une autre plume que celle de ce maître en ironie. Résumer par cette courte phrase toute l'opinion de Gibbon sur Voltaire, comme on l'a souvent fait[172], revient à faire de lui un fanatique, un *bigot*, aussi borné que

---

[172] examinant en 1791 les trois derniers volumes de *D & F*, Whitaker donne de cette note un commentaire qui mérite une citation intégrale: 'We

have produced this passage in order to honour the fairness of it. It is indeed an astonishing proof of fairness in mr Gibbon. It is a vivid flash of ingenuous-

celui qu'il prétend censurer. Heureusement, il n'a pas que ce grief à formuler.

Une allusion oblique laisse entendre que Voltaire ne sait pas le grec (vi.65-66). Net et tranchant quand il parle en historien, non en philosophe, Gibbon raille les prétentions de Voltaire à une science encyclopédique (vii.170) : un seul homme ne peut être à la fois astronome, chimiste et . . . artificier! En oubliant ainsi un peu vite les travaux scientifiques de Voltaire, pour l'époque des plus honorables, Gibbon partage l'ignorance de ses compatriotes. Il a pour excuse la date reculée de ces publications.

Au total, les ouvrages de Voltaire contiennent 'much general sense and truth, with some particular errors' (vii.8). La vraie raison de sa méfiance, qui finit par l'emporter presque malgré lui, nous est connue depuis l'*Essai sur l'étude de la littérature*: laissons aux poètes l'art de plaire, aux historiens le devoir d'être vrai[173]. Voltaire, c'est là son seul crime, tolère un mélange des deux fonctions. Portant alors la guerre chez l'adversaire, Gibbon s'en prend aux tragédies (v.367). A l'auteur de *Tancrède*, il reproche d'avoir infusé 'into the Greek subjects the spirit of modern knights and

ness breaking through the deep gloom of his anti-Christian prejudices. And we therefore behold it with wonder, and mark it with applause. But it is the more astonishing when we consider the character to be equally adapted to mr Gibbon himself as to Voltaire. The keen atmosphere of severity which continually wraps mr Gibbon round when he speaks of Christianity shows clearly the inclement rigour of his spirit towards them. The saucy strain of authority too, with which he presumes to dictate upon points of divinity; to penetrate with a glance through all the folds of the most complicated doctrines; and to decide in an instant upon mysteries that he has never familiarised to his mind, marks plainly that high conceit and overweening confidence of opinion, which always form the stuff and substance of

a persecutor. And the imperious tone of insolence with which he speaks of the divines, even in their own province, men likely to have as good talents from nature as any infidel in the kingdom, men sure to improve them in the business of their own profession by a general habit of scholastick education . . . is not merely to insult the common sense of mankind, but to betray the violence of the inquisitor under the philosopher; beneath the gown and furs of religious apathy to disclose the flame-coloured vest of persecution, and to prove mr Gibbon 'in *his* way' to be equally with Voltaire in *his* 'a bigot, an intolerant bigot' (cité par McCloy, 91).

[173] iv.55; v.63. Selon Gibbon, Gray seul aurait une fois réussi à concilier les deux (iii.232).

ancient republicans' (vi.39). Gibbon se révèle incapable de comprendre le rôle de la tragédie historique comme instrument de
propagande. De la même façon, à beaucoup de ses compatriotes
échappera le dessein analogue des contes. A vérité égale, toute sa
sympathie va vers l'historien: 'The same horrid circumstance
[*des mères auraient mangé leurs enfants au cours du blocus de
Rome par les Goths*] is likewise told of the sieges of Jerusalem
and Paris. For the latter, compare the 10th book of the *Henriade*
and the *Journal de Henri IV*, tome I, pp.47-83; and observe that a
plain narrative of facts is much more pathetic than the most
laboured descriptions of epic poetry' (iii.310). Le problème est
central, car il implique toute une esthétique. On pourrait croire,
après cette déclaration, que Gibbon rêve d'un style sec et abstrait
de code civil. Il n'en est rien: 'The unanimous choice of Pope Leo
IV was the safety of the church and city. This pontiff was born a
Roman: the courage of the first ages of the republic glowed in his
breast; and amidst the ruins of his country, he stood erect, like one
of the firm and lofty columns that rear their heads above the fragments of the Roman forum' (vi.41). Après cette envolée, Gibbon
se sent si bien coupable de lyrisme gratuit et de poésie déplacée
qu'il ajoute en note l'aveu d'un emprunt à Voltaire pour l'idée
générale du passage, animée et embellie par une image jaillie spontanément du souvenir du séjour à Rome, un ornement que le
lecteur voudra bien excuser. Formé par la rhétorique antique,
Gibbon conçoit la poésie comme l'ornement surajouté à la vérité
abstraite et nue afin de la rendre plus agréable au lecteur. Dans
les meilleurs des cas, Voltaire avait su intimement mêler le contenu
et l'expression. Par ses images et ses pointes, dont certaines sont
restées célèbres, Gibbon préfère se contenter de décorer une pensée qui serait autrement trop austère. Le temps a parfois effrité les
élégantes figures de stuc plaquées sur son temple, dont l'ossature a
heureusement mieux résisté.

Les annotations de *Decline and fall*, où la recherche de l'esprit
l'emporte assez souvent sur la justesse, et même sur la justice,
risquent-elles de fausser l'appréciation d'une réelle influence de

Voltaire? La lecture du texte, tout en révélant mieux d'autres points, confirme cette première impression. Souvent accusé d'aimer l'absolutisme et de prôner le despotisme éclairé de type voltairien, Gibbon demeure plus démocrate qu'il n'y paraît, estimant que le privilège du prince paralyse la minorité éclairée d'une nation et conduit infailliblement à la tyrannie. Comme les intellectuels de son temps, imitateur des Romains cultivés, il méprise et il craint à la fois les foules barbares qu'il n'a que trop étudiées, dussent-elles se polir à la longue. Ce qu'il appelle 'popular spirit' n'a rien à voir avec le 'Volksgeist' ou avec la volonté du peuple. Par un emprunt fait à Montesquieu plus qu'à Voltaire, il s'agit de traits particuliers aux nations, définissables objectivement, sans la moindre intention de réforme ni de panégyrique. Quand l'âme populaire, pure et anonyme, se manifeste avec éclat au cours des grandes invasions, des croisades ou des vastes mouvements du moyen âge, Gibbon recule, horrifié.

Aussi le choix même de son sujet et de la période l'empêchet-il-d'écrire une histoire de la société ou de la civilisation. Indifférent aux beaux-arts, d'ailleurs, incapable de goûter et de comprendre d'autres littératures que classique et gréco-romaine, il reste bien en deçà de Voltaire qui, malgré sa répugnance et ses préjugés, s'efforce de dépeindre à sa manière tous les visages d'une société, fût-elle 'gothique' et 'dégoûtante'.

Mais Gibbon se montre voltairien lorsqu'il refuse les simples catalogues de faits: 'To the eyes of a philosopher, events are the least interesting part of history. It is the knowledge of man, morality and politics he finds there, that elevates his mind' (Gibbon 12, iii.126). 'L'homme, son esprit et la politique', est-il un idéal de connaissance plus traditionnellement classique? Toute érudition mise à part, la philosophie de l'histoire de Gibbon se fonde sur les comparaisons de psychologie à psychologie supposant l'identité de l'homme à travers les âges[174]. Quand Voltaire

---

[174] typique est la note de vi.172 sur la 'situation éternelle' du prisonnier qui se sacrifie en alertant bruyamment ses camarades. Nous sommes au Xe siècle, mais Gibbon ne craint pas d'évoquer le chevalier d'Assas.

réussit un parallèle entre le siège de Damas et celui de Troie, par exemple, il est félicité pour ce qui nous paraît aujourd'hui de la mauvaise rhétorique (v.419).

L'historien aura beau multiplier les rapprochements entre les situations et les hommes, son tableau manquera d'une dimension. Gibbon sent bien que l'histoire moderne ne peut plus se contenter d'un commentaire d'humaniste sur les batailles, la diplomatie et même, ce qui fut la conquête de son siècle, sur la psychologie religieuse. Moins hardi, ou moins présomptueux, que Voltaire, il ne sait comment traiter l'histoire des civilisations. Il craint, en la distribuant en chapitres séparés, comme dans le *Siècle de Louis XIV*, d'en rompre l'unité vivante (Gibbon 12, ii.69). Finalement, son récit des événements sera interrompu après chaque grande période, pour permettre des panoramas immobiles assez gauchement consacrés aux 'mœurs'.

Chacun de ces panoramas, comparé au précédent, fait-il apparaître un certain progrès de l'humanité? A peindre le long crépuscule de la raison et de la tolérance dans l'Europe médiévale, Gibbon souffre, mais sa douleur s'assortit d'une volupté déjà romantique à la vue de cette majestueuse décadence. Voltaire eût été incapable de tirer d'une barbarie envahissante la moindre délectation morose. 'Le Sicambre Clodvich ou Clovis vint environ cinq cents années après exterminer une partie de notre nation, et subjuguer l'autre. On n'entendit parler de raison ni dans son armée ni dans nos malheureux petits villages, si ce n'est de la raison du plus fort.

Nous croupîmes longtemps dans cette horrible et avilissante barbarie. Les croisades ne nous en tirèrent pas. Ce fut à la fois la folie la plus universelle, la plus atroce, la plus ridicule et la plus malheureuse. L'abominable folie de la guerre civile et sacrée qui extermina tant de gens de la langue de *oc* et de la langue de *oueil* succéda à ces croisades lointaines. La Raison n'avait garde de se trouver là. Alors la Politique régnait à Rome; elle avait pour ministres ses deux sœurs, la Fourberie et l'Avarice. On voyait l'Ignorance, le Fanatisme, la Fureur, courir sous ses ordres dans l'Europe; la Pauvreté les suivait partout' (*Eloge historique de la Raison*, début).

Cette sobre allégorie de Voltaire ne respire que l'indignation et le dégoût. Pas plus que Gibbon, il ne croit à la bonté foncière de l'animal humain, mais il commence à respirer lorsque les institutions et les croyances s'améliorent malgré d'inévitables rechutes, à partir de la Renaissance. 'History is little more than the registers of the crimes, follies and infortunes of mankind'. La formule est de Gibbon, mais l'idée pourrait être aussi bien de Voltaire. Cependant, ce dernier ne consent à s'attarder sur un aussi sinistre tableau qu'avec l'espoir d'y voir poindre une ère nouvelle ou d'y trouver un réconfortant repoussoir. Pour Gibbon, il faut jeter sur ce triste passé,' a smile of pity and contempt of the crimes and follies of human ambition, so eager, in a narrow span, to grasp at a precarious and short-lived enjoyment'.

Identifiant l'ambition des fanatiques et la force brutale, Gibbon met tout son espoir dans les progrès de l'art militaire qui les tient en respect à distance. Visant un passage du *Siècle de Louis XIV*, qu'il vient de citer, il continue: 'Historians may indignantly observe that the preparations of a siege would found and maintain a flourishing colony: yet, we cannot be displeased that the subversion of a city should be a work of cost and difficulty, or that an industrious people should be protected by those arts which survive and supply the decay of military virtue' (iv.166). Tel est tout l'intérêt des inventions humaines, et de la poudre à canon en particulier, pour notre érudit plongé sans passions dans le cycle monotone des ascensions et des chutes des grands empires: lui permettre de jouir égoïstement, en patricien retranché dans sa bibliothèque, d'un précaire et délicieux triomphe de l'esprit, sous l'œil impuissant des barbares.

Il y a du Renan chez Gibbon. Tantôt ironique (mais le mot ne doit pas tellement le rapprocher de Voltaire, comme Sainte-Beuve[175] l'a bien perçu), tantôt olympien: 'How calm is the voice

---

[175] *Causeries du Lundi*, 29 août 1853; viii.368. Voici deux exemples qui rendent un son très peu voltairien: 'A martyr! how strangely has that word

of history compared with that of polemics' (vi.323)—une voix à laquelle le zélé Voltaire demeurait sourd; tantôt enfin, libertin dans l'érudition. Ce dernier trait ne lui appartient pas en propre. Quand le *Gentleman's magazine* publia hypocritement un recueil des notes et des passages grivois de *Decline and Fall*[176], les lecteurs s'indignèrent, mais l'un d'eux ne manqua pas de rapprocher Gibbon de Voltaire, notant que l'abandon du christianisme par les esprits supérieurs les fait aussitôt tomber dans la basse sensualité. Vieille rengaine, qui n'émut guère l'accusé: 'My English text is chaste, and all licentious passages are left in the obscurity of a learned language' (Gibbon 12, i.181). Loin de s'offusquer du rapprochement avec l'auteur de *La Pucelle*, il prit un malin plaisir à le souligner (*D & F*, v.473). Comme tant d'autres Anglais, il avait besoin d'être gaulois pour se sentir français.

Pour l'opinion publique, c'est encore l'incrédulité religieuse qui fournit le trait commun le plus saillant. On sait le scandale que causèrent les chapitres xv et xvi, où l'auteur, avec une froideur méthodique, analysait les causes purement humaines du lugubre triomphe du chrétien barbare sur la splendide civilisation romaine. Son intention était de préserver une 'philosophical indifference', sans ignorer que 'in the field of controversy, [he] always pit[*ied*] the moderate party, who stands in the open middle ground exposed to the fire of both sides' (v.257). Pour être tout-à-fait juste, il faut noter qu'un seul des deux partis ouvrit le feu, mais avec une telle violence que le paisible Gibbon dut, bien à contre-cœur, entrer en lice en 1779 avec *A Vindication of some passages in the 15th and 16th chapters, etc.* Nous n'entrerons pas dans le détail de cette guerre de brochures et de traités, qui fit rage pendant vingt années (cf. McCloy). Dans ce tourbillon d'arguments historiques, théologiques ou tout simplement *ad hominem*, retenons seulement

been distorted from its original sense of a common witness' (iv.112); 'In the narrative of this persecution . . ., Spanheim is happy to compare the Draco of Leo with the dragoons (Dracones) of Lewis xiv and highly solaces himself with this controversial pun' (v.254-255).

[176] *GM* (1788) lviii.475-478. A titre d'exemple, on lira le chapitre 1 sur la puissance virile de Mahomet, et ii.37.

d'abord la fréquente association des noms de Voltaire et de Gibbon.

Certains de ces pamphlétaires se contentent de dénoncer un emprunt tendancieux ici et là, comme le récit du centurion Marcellus, ou la critique des ténèbres qui accompagnèrent la mort du Christ[177]. Plus perspicace, Priestley remarque que les deux auteurs se font des Juifs une idée très voisine (Priestley 2, ii.445). Pour Richard Watson, ils méritent un ironique compliment pour leur belle apologie de la tolérance païenne, dussent ces fanatiques de chrétiens en faire les frais (R. Watson, pp.177-178). Ceux qui cherchent le positif de ce parti-pris invoquent aussitôt Hume et Voltaire. Les visites de Gibbon à Monrepos étaient connues. Le premier, le *Gentleman's magazine* rapproche les abjurations successives des noms de Lausanne et de Ferney (*GM* (1776) xlvi. 441-442). Pour le révérend George Horne, le cas est aussi simple que pendable: 'A young gentleman some years ago suffered himself to be seduced to Popery. His friends sent him to the Sage of Ferney for a cure; and a most effectual one was wrought. He came home a confirmed infidel and has employed himself ever since in writing against Christianity'[178]. Nous n'avons pas trouvé le moindre indice d'une telle influence exercée directement par Voltaire sur Gibbon lors de ses séjours en Suisse, encore moins d'une manœuvre aussi machiavélique. Gibbon n'admira que l'homme de lettres et ne laissa pas le philosophe diriger sa vie intime.

D'autres, forcés de constater dans les notes de *Decline and fall* plus d'une divergence de vues avec Voltaire, s'en tirent par un raisonnement non moins fantaisiste: 'This vain old man of Ferney, the perpetual prater of infidelity to his numerous visitants, had shewn some disrespect to mr Gibbon (I suppose) during his last retreat in Switzerland, had stung his pride and provoked his

---

[177] deux passages inspirés de l'*EMo* et du *DPh*. Signalés par Chelsum, pp.62-64, 115-117.

[178] Horne 2, vi.410. Reproduit dans *EM* (1794) xxv.95. Dirigé contre Hume et Adam Smith, les *Letters on infidelity* (1784) contiennent deux autres allusions sarcastiques à Voltaire (*ibid.*, pp.354, 373).

choler. And mr Gibbon himself becomes half a Christian at times, we see, in mere opposition to Voltaire. Such are the principles and practices of these mock-doctors in philosophy' (Whitaker, p.242).

Le délit étant rarement aussi flagrant, on se contente en général d'englober Gibbon et ses acolytes, Voltaire, Hume et Boling-broke, dans une réprobation collective. C'est l'époque où l'orthodoxie et le conservatisme politique commencent à mener contre les philosophes des Lumières une vigoureuse campagne, qui devait culminer peu après le début de la Révolution[179]. William Disney associe les desseins subversifs des deux œuvres. Kett ajoute celle de Paine pour obtenir le trio de railleurs prophétisés par saint-Pierre. Milner (pp.238-239) complète la liste avec Jean Jacques, en faisant remarquer que ces papes du dogme nouveau se donnaient pour plus infaillibles et plus dogmatiques que ceux de Rome. Le nom de Bolingbroke, enfin, s'étale en 1806 dans un étrange commentaire anonyme du *Nouveau testament*, intitulé *An Historical view of Christianity*, présenté comme un ouvrage posthume de Gibbon, en fait un pot-pourri de phrases authentiques détachées de leur contexte, dont les sources données en note, pour la plupart tirées de Bolingbroke et de Voltaire, en effet, offrent des parallèles assez plausibles.

Si l'on excepte la prompte réponse de Gibbon à Davis et à son *Examination of the 15th and 16th chapters* de 1778, l'historien laissa superbement aboyer ses adversaires. Sans illusion sur les effets réels de son effort, il imaginait un dialogue des morts où Lucien, Erasme et Voltaire tombaient d'accord sur le danger d'exposer une vieille superstition au mépris de la multitude aveugle et fanatique (Gibbon 12, i.181; Gibbon 10, p.195).

Les lecteurs que laissaient indifférents ces disputes religieuses, opposèrent immédiatement *Decline and fall* à Voltaire comme un ouvrage solide et érudit en face de la partialité prétentieuse d'un diseur de phébus, 'a truly classic work ..., not pointed like Voltaire, but as accurate as he is inexact, modest as he is tranchant,

---

[179] cf. Schilling pour l'étude de toute cette période.

and sly as Montesquieu without being so recherché' (Walpole 8, xxviii.243). Dans le long parallèle envoyé par Walpole à Mason dont ces lignes sont extraites, est inauguré un poncif renouvelé du parallèle centre Hérodote et Tite Live ou Thucydide et Tacite. En France, Gibbon redouta, bien à tort, la censure et l'interdiction de la traduction française. Elle fit si peu de bruit que la publication s'interrompit avec le quatrième volume, signe flagrant du progrès des Lumières sous l'Ancien régime. Les 'solemn sneers' avaient fait long feu. Contrairement à la situation qu'avait connue autrefois Voltaire, c'était maintenant à l'opinion anglaise de s'enflammer pour ou contre celui que l'on pourrait qualifier de Voltaire calculé pour le méridien de Greenwich.

F. 'Minores' : Richard Rolt, Horace Walpole, George Keate

Par un étrange paradoxe, ni Hume ni Gibbon n'ont eu avec Voltaire des relations d'historien à historien. Smollett et Goldsmith ne cherchèrent pas à se faire connaître. Robertson tenta l'aventure sans grand succès. A vrai dire, seul un débutant ou un amateur pouvait naïvement espérer attirer l'attention du grand homme.

On sourira de ce que Walpole pensait des relations de Rolt et de Voltaire: 'Voltaire sometimes fell into strange mistakes. One Rolt, an obscure author, having published a *History of the war of 1741*, a subject also treated by the French philosopher, Voltaire wrote to him the most fawning letters, styling him the first historian of the age' (Walpole 6, i.110). Mais l'étendue de son information a de quoi surprendre. En réalité, la deuxième édition du livre de Rolt, en 1753, reproduisait trois lettres de cette correspondance, mais aucune n'exprimait de flatterie aussi outrée[180]. Voici les faits exacts.

---

[180] Best. ne donna primitivement que trois lettres de Voltaire à Rolt, en se trompant sur la date de la deuxième. Des trois lettres de Rolt à Voltaire, deux sont perdues; mais nous avons retrouvé la deuxième, maintenant Best.

D4189. D'où la récapitulation suivante: Rolt à Voltaire, début 1750 (perdue). Voltaire à Rolt, 1er août 1750 (Best. D4177). Rolt à Voltaire, 7/18 août 1750 (Best.D4189).

Auteur à vingt-quatre ans de *An Impartial representation . . . of the war 1739-1748*, publié en 1749-1750, cet Irlandais en envoya un exemplaire à Voltaire comme à l'historiographe officiel de cette période. Il se trouvait alors à Postdam. La lettre lui parvint, non sans difficultés, mais non les livres. Frappé par la 'sagesse' de son correspondant et toujours bienveillant envers les jeunes auteurs, il répondit cependant le 1er août 1750. A défaut du contenu, il connaissait au moins le titre de l'ouvrage et sa profession d'impartialité. Dans sa lettre, aujourd'hui perdue, Rolt exaltait sans doute les libertés anglaises, puisque Voltaire lui répond aussi sur ce point en prenant la défense de la monarchie française. En historien chevronné, il montre au jeune homme qu'il a lui-même, bien avant lui, usé de toutes les sources possibles pour établir la vérité (Best.D4177).

Quelle avait pu être l'intention de Rolt en recherchant un aussi illustre patronage? Certes pas de mettre sous les yeux de Voltaire le début de la préface, profession de foi anti-jacobite peignant avec horreur un Stuart vice-roi de Louis xv au mépris des droits sacrés des Anglais; non plus, peut-on supposer, que la septième partie consacrée à la rébellion de 1745 dans un esprit purement hanovrien[181], mais plus probablement les lignes suivantes: 'It is not the true intent of history so much to load the memory of the reader with a copious collection of public records as it is to elevate his thoughts and enrich his understanding; and the ingenious Voltaire has delivered it as his opinion that historians should incorporate reflections with the series of events related, because the dry way of writing is neither so instructive or pleasing as when the author intersperses a moral disquisition or animates the reader by a bold and beautiful expression. How far the present undertaking is agreeable to the sentiments of this eminent

---

Rolt à Voltaire, décembre 1750 (perdue).
Voltaire à Rolt, 3 août 1751 (Best. D4536).
Voltaire à Rolt, 20 février 1754 (Best.D5684, mais sans texte).

[181] Rolt, qui avait perdu son poste dans le service des impôts directs en raison de ses sympathies jacobites, a évidemment retourné ses idées politiques pour rentrer en grâce.

Frenchmen, will be more proper to be considered by the reader than asserted by the writer' (*Préface*, p.xiv).

Rolt était-il sincère? Nous ne le croyons pas. Sa lettre devait faire le calcul suivant: 'Je veux être complet et impartial, mais je débute et je manque de moyens d'information. Les historiens, qui sont de tous les temps et de tous les pays, doivent s'entraider. Ne suis-je pas le premier, malgré mes opinions politiques, à rendre hommage à l'historiographe du roi de France, dont on connaît les recherches sur la guerre récente?' Rolt n'aurait pas été fâché de pouvoir faire état de documents communiqués par un aussi illustre confrère, mais Voltaire ne donna pas dans le piège. D'un ton noblement protecteur, il se contenta de conseils généraux en concluant finement: 'j am at leisure, i'll publish my history as late as j can, but j'll read yᵣ as soon as possible' (Best.D4177).

Dès réception de cette réponse, une quinzaine de jours plus tard, Rolt reprit la plume pour s'excuser de la perte du paquet. Il préférait maintenant attendre décembre, quand le quatrième et dernier volume aurait paru. Craignant d'avoir irrité Voltaire, il s'applique gauchement à démontrer qu'un éloge de la liberté anglaise ne signifie pas nécessairement un blâme à l'adresse de la monarchie française. D'autre part, loin de solliciter des renseignements, il en propose au contraire sur des points peu connus. Voltaire ne reçut le billet et les livres qu'un an plus tard. Il déclare avoir déjà lu l'ouvrage avec plaisir, et félicite 'the good patriot and the faithful historian' (Best.D4536), compliment hypocrite ou hâtif.

Rolt devra se contenter de ces banales politesses. Les échanges, cependant, durent continuer, car on connaît l'existence d'une lettre de Voltaire de 1754 se rapportant sans doute aux *Annales de l'Empire* ou à l'*Essai sur l'histoire générale*, alors en cours de rédaction. Quand l'*Histoire de la guerre de 1741* finit par paraître à la fin de 1755, nous avons vu comment Rolt en fit un long compte-rendu élogieux.

En dépit de la publication de sa correspondance avec Voltaire[182],

---

[182] grâce à Perry, protecteur de la veuve de Rolt, chez qui Boswell avait pu lire les originaux en 1775 (Boswell 9, ix.194).

Rolt ne parvint pas à se faire connaître, faute de fécondité. Son second et dernier ouvrage. *The Lives of the principal reformers* (1759) est une sorte de dictionnaire biographique des principaux réformateurs religieux. Dans la préface, l'anti-papisme a pris le dessus: 'The following work will shew that England has produced many glorious martyrs for the Christian faith. But how very different is the state of Christianity in this country at present if Voltaire is to be credited in his discourse on theism' (*Préface*, p.xi). Le texte auquel il est fait ici allusion affirme que l'Angleterre compte plus d'athées qu'aucun autre pays. Voltaire veut parler des esprits forts de la Renaissance, mais ce qu'il propose comme un compliment fut interprété comme une insulte en un siècle et un pays où les opinions les plus hardies pouvaient s'exprimer librement, à condition de ne jamais prononcer le mot infâme et honni d'athée. 'This is a severe charge upon our nation', poursuit Rolt. 'Voltaire may be inclined to epicurism, but his charge may have too much truth in it, if he was a Mahometan. However, his partiality to the Romish church is more glaring than could be expected from his pen, when he says that God has endued men with that instruction which the law of nature has founded, and that the man who thinks thus of God has a religion much better than all the sects out of the Romish church, for all these sects are false, and the law of nature is true' (*Préface*, p.xii). L'argument ne manque pas d'intérêt, car Rolt partage ici la rancune de certains protestants anglais contre Voltaire qui n'avait pas épargné les sectes dissidentes, et même les Anglicans, dans ses pages sur Cromwell. Gageons cette fois que notre Irlandais, devenu arrogant et caustique, n'a pas envoyé son livre à Ferney.

C'est Voltaire qui aura le dernier mot. A la fin du chapitre xv du *Précis du siècle de Louis XV*, à propos de Fontenoy, il ajouta une longue et véhémente note contre 'une histoire aussi ample qu'infidèle imprimée à Londres en quatre volumes'. Le pauvre Rolt en avait été pour ses frais. Voilà ce qu'il en coûtait à un huguenot ennemi des Stuart.

Riche avocat, excellent dessinateur, essayiste et poète à ses heures, George Keate (1730-1797) nous offre un personnage entièrement différent. Très lié avec Voltaire, il ne manqua jamais une seule fois de lui envoyer ses productions. Nous avons vu le peu d'encouragement accordé par Voltaire à son *Helvétiade*[183]. Ne se tenant pas pour battu, il fit le sacrifice des vers, mais conserva le thème pour la rédaction de *A Short account of the ancient history, present government and laws of the republic of Geneva* (1756), petit ouvrage sans prétentions, qui ne se fit guère remarquer (*CR* (1761) xi.237) que par sa dédicace à Voltaire (*Préface*, sig.a₂—a₃):

Dear Sir,

Among the many marks of esteem you have honoured me with, the permitting me to dedicate you this little work, I regard not as the least; my concern is, that I shall be unable to make you an adequate return as, I fear, I can inform you of nothing with which you are not already conversant. But when I reflect that it was in this republic (whose government I have attempted to describe) that I was first introduced to your acquaintance, when memory renews the hours of social mirth and refined entertainment which your hospitality and conversation afforded me, I cannot but rejoice in this occasion of expressing my gratitude; proud, that as your friendship distinguished the author of these pages in a foreign country, your name may at home adorn his labour'.

Ce texte, jamais reproduit, répond mieux qu'aucun autre aux reproches d'ingratitude souvent adressés aux Anglais par le seigneur de Ferney[184]. Le livre fut estimé 'excellent en son genre, sage, vrai, et écrit précisément du stile dont il le fallait écrire' (Best.D9723). Voltaire s'empressa d'en informer le Conseil de

---

[183] ajoutez les comptes-rendus dans *LM* (1761) xxx.142-143; *MR* (1761) xxiv.205-217; *ScM* (1761) xxiii.473-478.

[184] la complaisance avec laquelle Voltaire accepta de telles flatteries ne doit surprendre que ceux qui méconnaissent certains replis de sa personnalité. De plus, Keate, en tant qu'Ang-lais, n'était pas suspect d'insincérité. 'Vous savez que Mʳ Keat, gentilhomme anglais', écrivait Voltaire (or Keate ne porta jamais aucun titre, et 'gentil-homme' pour 'gentleman' est plutôt forcé), 'plein de mérite, me fit l'hon-neur de me dédier il y a quelques années son ouvrage sur Genève' (Best. D12976).

Genève pour le féliciter d'avoir été l'objet d'une si belle étude, avec la secrète pensée d'obtenir une subvention pour l'impression d'une traduction qu'il se déclarait prêt à entreprendre (*EM* (1797) xxxii.20-22; lettre perdue). La tentative ayant échoué, il put écrire à Keate qu'il avait 'travaillé pour des ingrats' (Best.D9911), ce qui permit à ces deux victimes de l'ingratitude des nations de communier dans un semblable dépit[185].

Que s'était-il donc passé? Keate s'était trouvé à Genève au plus fort moment de la crise de l'article 'Genève' de l'*Encyclopédie*. Dans son tableau de la république, il affichait l'orthodoxie la plus prudente, insistant sur le soin avec lequel les Genevois assuraient l'instruction religieuse de la jeunesse. Aussi le livre fut-il malmené par le *Journal encyclopédique* en même temps que les *Lettres d'un voyageur anglais* de Vernet (15 mars 1762). Une brochure anonyme (Anon.25) répondit par un éloge du style de Keate, dont les vues saines et solides l'emportaient sans peine, disait-on, sur les audaces de l'article 'Genève', hâtif et superficiel, 'un bon canevas gâté par une broderie voltairienne', et fit si bien que Keate se trouva enrôlé dans la bataille. En soi, l'ouvrage était propre à plaire aux citoyens, mais le patronage de Voltaire, la révélation de rapports étroits et suivis avec Ferney lors du séjour de l'auteur, l'atmosphère de polémique provoquée autour de cette plaquette, tout se combinait pour provoquer le revirement de la ville. Voltaire en fut donc pour ses frais.

Une traduction parût bel et bien, mais seulement en 1774, de la main d'un certain A. Lorovich. Keate n'avait pas écouté les appels véhéments de Voltaire à la révolte (Best.D10322). Il ne fit connaître son livre qu'à Edward Young, qui le remercia sans faire de commentaire sur le dédicataire (BM add. MS 30992, f.4). Keate n'était pas homme à faire une affaire de cette petite mortification.

Walpole ne manqua la lecture d'aucune œuvre historique de

---

[185] en 1765 parut à Londres, en français, un poème sur les révolutions de Genève intitulé *La Liberté*. Il était également dédié à Voltaire, qui remarqua (Best.D12976) qu'on lui offrait maintenant 'un recueil de plaintes amères', au lieu du charmant ouvrage de Keate.

Voltaire. S'il se contredit dans ses appréciatons, ce n'est qu'en apparence. L'*Histoire de la guerre de 1741* et le *Précis du siècle de Louis XV* concernaient de trop près l'actualité pour échapper à la controverse et à la critique[186]. Pour la partie contemporaine, l'*Histoire de l'empire de Russie* présentait les mêmes risques. L'exaspération presque maniaque avec laquelle Walpole revenait sur la flagornerie complaisante de Voltaire envers Catherine II[187] trahit moins un mépris pour l'impératrice que le dépit devant cette éclipse de l'esprit critique chez le meilleur historien du siècle, aveuglé par les documents truqués. 'As Voltaire has unpoisoned so many persons of former ages, methinks he ought to do as much for the present time, and assure posterity that there never was such a lamb as Catherine II and that, so far from assassinating her own husband and czar Ivan, she wept over every chicken she had for dinner. How crimes like fashions flit from clime to clime' (Walpole 8, xxii.253). Ne serait-ce pas ici le germe des *Historic doubts on the life and reign of king Richard III*, publié quatre ans plus tard?

L'initiative vint de Voltaire. Le 20 juin 1768, Walpole reçut soudain une lettre datée du 6[188]. Le *Journal encyclopédique* (15 avril 1768, p.78) venait de placer à côté de Lyttelton et de Hume cet 'excellent ouvrage sur le pyrrhonisme de l'histoire'. Se donnant donc aussi pour douteur, invoquant le souvenir de l'oncle et du père de l'auteur, Voltaire le priait dans les termes les plus flatteurs de bien vouloir lui offrir son livre (Best.D15063). Surpris, mais charmé, Walpole s'exécuta[189]. Pourquoi fallut-il qu'il

---

[186] Walpole 8, xxii.85, xxiii.85 et iii.378 ('When poets write history they stick as little to truth in prose as in verse'). A cette date de 1755, Walpole n'avait pas encore compris la portée des innovations voltairennes.

[187] Walpole 2, ii.25; 4, p.75; 7, ii. 208; 8, ii.299, vii.287, xxii.570, xxiii. 195, 208; xxviii.475.

[188] Best.D15603. Pour une relation complète des faits, cf. *Short notes of the life of Horace Walpole*, dans Walpole 8,

xiii.43.

[189] Best.D15089. Mme Du Deffand avait reçu une caisse d'exemplaires dès le 1er mars (Walpole 8, iv.31). Le colis destiné à Voltaire arriva chez elle le 4 juillet (cf. sa lettre à Walpole du 6, *ibid.*, iv.99). Elle le fit suivre sur-le-champ. A la prière de Walpole, elle joignit aux *Historic doubts* et au *Castle of Otranto* un exemplaire de la *Cornélie vestale* de Hénault sorti des presses de Strawberry Hill, mais la lettre d'envoi

y joignît un exemplaire de la deuxième édition du *Castle of Otranto*, mettant ainsi, comme nous l'avons vu, le feu aux poudres shakespeariennes? Voltaire se donna le beau rôle de plaider la légitime défense (Best.D15141). La bile échauffée par la querelle autour de Shakespeare, il en oublia presque les *Historic doubts*, dont il loua cependant la préface, trop courte à son gré, qui lui plaît par son esprit critique. Mais il reproche à Walpole une secrète inclination pour le roi bossu qui, comme tous les monarques de ce temps-là, tenait davantage du bandit de grand chemin, une comparaison fréquente sous sa plume (Best.D15140).

En se soumettant au jugement de Voltaire dans la 'crainte' et le 'tremblement', Walpole n'avait d'autre but que de rendre hommage à son maître. 'Without knowing it you have been my master and perhaps the sole merit that may be found in my writings is owing to my having studied yours' (Best.D15089). L'examen du texte confirme ce qui n'aurait pu être qu'une formule de politesse. 'So incompetent has the generality of historians been for the province they have undertaken, that it is almost a question whether, if the dead of past ages could revive, they would be able to reconnoitre the events of their own times, as transmitted to us by ignorance and misrepresentation. All very ancient history, except that of the illuminated Jews, is a perfect fable. It was written by priests, or collected from their reports, and calculated solely to raise lofty ideas of the origin of each nation' (Walpole 7, ii.105). Si les Grecs et les Romains firent ensuite quelques progrès dans la voie de la vérité, 'the barbarous monkish ages' ne furent qu'imposture, 'a new deluge of error which burst upon the world'. Armé de ce scepticisme, Walpole réhabilite Richard III, qu'une sotte légende avait transformé en Barbe-bleue. Comble d'ironie, le grand coupable est Shakespeare, dont la tragédie ne doit pas être considérée comme un tableau fidèle, mais comme un drame

---

(Best.D15125) évite soigneusement toute allusion à une complicité entre eux deux. La réponse de Voltaire (Best. D15139) garde le même silence sur le principal intéressé. Apparemment, Voltaire réservait son ironie pour le surlendemain.

de l'imagination[190]. Pot de terre contre le pot de fer, Walpole, dépourvu de toute illusion, sait que l'on continuera à jouer la pièce en la prenant pour argent comptant, tandis que son livre moisira sur une étagère. Obnubilé par *The Castle of Otranto*, Voltaire n'avait pas vu que le même envoi contenait le poison et le contre-poison, et lui fournissait même des arguments contre Shakespeare.

La crise passée, Walpole et Voltaire se reconnurent comme frères dans le même combat contre les idées reçues, l'un ironisant sur la crédulité de Hume, prêt à avaler tout témoignage, pourvu qu'il fût contemporain des faits, tandis que Voltaire, 'the Patriarch of modern sceptics ... has called in question a mob of assassinations and poisonings far more credible than those imputed to Richard iii'[191]; l'autre lui rendant hommage, non seulement dans la conversation et dans une lettre privée[192], mais publiquement à trois reprises avec une insistante courtoisie[193], présentant le 'sentiment' de Walpole 'comme une autorité et ses expressions comme un modèle' (Best.D17306). 'Monsieur Walpole', répondit mme Du Deffand à sa place, 'qui est un de vos grands admirateurs, veut que je vous dise qu'il est infiniment flatté de l'honneur que vous lui faite, qu'il ne se seroit jamais attendu à être cité par vous, et que les louanges que vous lui donnés, C'est vous qui les lui faites mériter; ce sont vos ouvrages qu'il lit sans cesse; c'est l'admiration qu'il a de votre stile, qui forme le sien' (Best.D17314). Cette admiration s'étendait à l'*Essai sur les mœurs*, 'a fine work'

---

[190] le premier grand rôle shakespearien de Garrick avait été précisément Richard iii. Remarquons chez Walpole le conflit entre le 'rêveur' et le 'critique'.

[191] Walpole 4, p.42. Rédigé par Gibbon, puis annoté par Hume, un très sévère compte-rendu des *Historic doubts* avait paru dans les *Mémoires littéraires*. Le *Supplément* est la riposte de Walpole.

[192] Best.D15163 et *VBV*, p.183. A Sherlock, Voltaire avait montré son exemplaire des *Historic doubts*, 'which had also several marks', en l'ouvrant au portrait de Richard iii, 'handsome youth'; témoignage intéressant, car l'ouvrage n'est ni dans *BV*, ni dans le catalogue de Ferney.

[193] *Le Pyrrhonisme de l'histoire*, ch.xvii (où Walpole devient 'm. de Walpole'); *EMo*, ch.cxvi et cxvii; *Discours sur don Pèdre*. On notera que Voltaire a traduit deux fois la même phrase de la préface avec des sens exactement opposés.

(Walpole 8, xxxv.283), déclara-t-il d'abord (son exemplaire porte une épigraphe manuscrite fort élogieuse[194]). Il a compris que Voltaire transforme en documents significatifs pour l'histoire des mentalités et des civilisations ce qui, chez les autres, n'est qu'anecdotes curieuses. Tant qu'il n'avait pas lui-même écrit, il se défiait un peu de cette méthode (Walpole 1, vi.124-125). Vingt-cinq ans plus tard, relisant l'ouvrage pour la tantième fois, il le place même au-dessus de Gibbon pour la composition: 'I admire it more than ever, though I always thought it his chef-d'œuvre. It is a marvellous mass both of genius and sagacity, and the quintessence of political wisdom as well as of history. Any one chapter on a single reign ... is a complete picture of their characters and of their times; whatever may be said of his incorrectness in some facts, his observations and inferences are always just and profound' (Walpole 8, xxxiv.79).

Dans tous ses ouvrages historiques, Walpole adhéra fidèlement aux principes voltairiens. Pour ses *Memoirs of the reigns of George II and George III*, qui ne paraîtront qu'au XIX⁴ᵐᵉ siècle, il rassemblait au jour le jour témoignages et documents avec l'intention plus ou moins avouée d'en faire son 'siècle des George'. De la liste des *Artistes célèbres* sont nées les *Anecdotes of painting in England*, réhabilitation de l'art anglais en face des éloges outrés décernés par Voltaire aux Français du grand siècle, et plus encore le *Catalogue of royal and noble authors*.

Nombreux sont les traits communs: présentation fragmentaire et alphabétique sous forme d'articles monographiques; érudition minutieuse, mais souvent disparate à la recherche du petit détail typique; jugements psychologiques sur les personnages sous une forme stylistiquement très travaillée, selon des procédés rhétoriques très conscients: pointe, antithèse, zeugme, etc.; ton général d'ironie et de scepticisme; penchant à la grivoiserie savante. Cette analogie de méthode et de ton n'en rend que plus frappante la

---

[194] 'Leibnitz sait s'élever au-dessus des anecdotes et dans cet amas confus et immense de faits, il démêle un ordre et des liaisons délicates qui n'y sont que pour lui' (extrait de Fontenelle, *Éloge de Leibnitz*). L'exemplaire se trouve aujourd'hui à Stoke Newington library.

différence d'intention. Walpole, qui se place lui-même en fin de liste des 'nobles auteurs' du royaume, pose à l'amateur distingué, féru d'antiquité, voire d'antiquaille, un 'virtuoso', un collectionneur, un spectateur désinvolte du train du monde. Chez lui, nulle interprétation philosophique de l'histoire, nulle démonstration théorique, nulle propagande pour le progrès ou les Lumières. La lettre est admirablement copiée, l'esprit n'y est pas. On pourrait renvoyer dos-à-dos Walpole lecteur de Voltaire historien et Voltaire lecteur de Shakespeare.

G. La 'révolution voltairienne' et l'historiographie anglaise: de la théorie à la pratique

Les œuvres et les hommes qui viennent d'être examinés sont loin d'épuiser l'historiographie de la seconde moitié du XVIIIème siècle anglais. Rolt, Keate et Walpole se sont eux-mêmes détachés de la foule anonyme en prenant l'initiative de relations personnelles avec Voltaire. D'autres, très nombreux, attendent encore l'étude synthétique qui aurait évité un certain arbitraire dans les pages qui vont suivre. Mais il fallait bien, pour replacer les chefs-d'œuvre dans leur vraie perspective, convoquer les obscurs, les imitateurs et les laborieux, sans lesquels l'influence de Voltaire ne saurait se mesurer.

La figure de Bolingbroke mérite d'être traitée la première, et pose un problème de causalité assez complexe. Son influence sur Voltaire historien dans les années vingt, au moment où il apprenait son métier, a certainement été sous-estimée. Par ailleurs, la publication posthume de ses œuvres par David Mallet en 1754 atteignit le public en même temps que les travaux historiques de Voltaire dont elles avaient été le germe lointain. On pouvait s'attendre à ce que Voltaire reconnût sa dette. Or les formules dédaigneuses qu'il employa systématiquement aussi bien dans sa correspondance que devant les visiteurs[195], tendaient à minimiser le

---

[195] Best.D8059 donne la rédaction la plus typique. Selon son habitude, Voltaire se livre à des variations sur le même thème avec chacun des correspondants de l'heure (cf.Best.D8037, D8533). Même critique de Bolingbroke

rôle de Bolingbroke dans la formation de sa pensée. Une injustice aussi étonnante à l'égard d'un homme dont on sait par ailleurs qu'il l'admirait beaucoup, devrait suffire à nous alerter, quand on connaît le soin avec lequel il brouille les pistes dès qu'il se sent éventé.

La notion de pyrrhonisme de l'histoire, si nette dans *The Substance of some letters written in French in 1720 to m. de Pouilly*[196], appartient au climat intellectuel du début du siècle. Même si Voltaire en a discuté à l'époque avec Bolingbroke et ses amis, il n'avait qu'à lire Bayle, Fontenelle, Lenglet du Fresnoy ou Fréret pour en retrouver seul les principes. Mais *A Plan for a general history of Europe*[197] se distingue par une plus grande originalité. Bolingbroke y esquisse l'histoire politique de l'Europe depuis le XVIᵉᵐᵉ siècle, canevas d'un ouvrage que personne n'a encore jamais écrit, dit-il, et que Voltaire devait exécuter. 'There is nothing in my opinion so hard to execute as those political maps and those systems of hints rather than relations of events, which are necessary to connect and explain them, and which must be so concise and yet so full, so complicate, and yet so clear' (Bolingbroke 4, ii.507). Cette étude devait jouer le rôle d'introduction à une histoire des vingt premières années du XVIIIᵉᵐᵉ siècle. C'était la première fois que quelqu'un songeait à appliquer aux événements contemporains les méthodes jusqu'alors réservées à un passé moins immédiat, voire très ancien. Finalement, Bolingbroke pensa se limiter aux treize ans précédant le traité d'Utrecht, c'est-à-dire à l'étendue exacte de sa propre carrière politique. L'ouvrage aurait alors tourné au genre des mémoires. Il ne l'écrivit jamais, mais en dispersa des fragments dans ses écrits ultérieurs.

---

dans la préface de l'*Essai sur l'histoire universelle* de 1754; dans une conversation avec Morgan en 1764 (*VBV* p.73), où il souhaiterait que l'œuvre de Bolingbroke soit trois fois plus courte et plus dense; dans l'article 'Miracles' des *QE*.
[196] Bolingbroke 4, iii.183 sqq; cf.

surtout 226 sqq. Nadel 2 démontre que Lévesque de Pouilly, pour ses deux célèbres discours à l'Académie des inscriptions, n'a fait que plagier Jean Lacourt pour l'un, et Bolingbroke pour l'autre.
[197] Bolingbroke 4, ii.501-509 (date de rédaction inconnue).

Dans les *Letters on the study and use of history* surtout[198], Voltaire semble avoir largement puisé, et plus particulièrement dans les trois dernières[199]. Bolingbroke y définit ce que devrait être l'histoire totale, religieuse, civile, militaire, diplomatique et 'morale' (Bolingbroke 4, ii.376). Le parallèle n'échappa pas aux Anglais, témoin un article de Maty[200], la lettre de Bubb Dodington lorsqu'il reçut le *Siècle de Louis XIV*[201], et une brochure publiée en 1755, mais écrite en 1753 (Anon. 21), qui oppose Voltaire et Bolingbroke à l'avantage du second. Pour les Anglais des années cinquante, les œuvres de Bolingbroke, comme la personne de leur auteur, appartenaient à un passé déjà révolu, mais elles rappelèrent opportunément, au moment où le prestige de Voltaire semblait écrasant, qu'il avait existé des modèles anglais en histoire comme en science ou en critique religieuse[202].

[198] *ibid.*, ii.259 sqq. L'expression 'pyrrhonisme de l'histoire' se trouve p.329.

[199] les lettres vii et viii parurent séparément en français sous le titre ambigu de *Siècle politique de Louis XIV* (1753). L'université de Harvard possède un exemplaire rarissime de l'édition donnée par Pope en 1738 pour quelques amis, que Barbeu du Bourg a eue entre les mains quand il fit sa traduction en 1741. Donc Voltaire a pu connaître ce texte et s'en servir avant la publication des *Œuvres* en anglais de 1754 (Madel 1, pp.555-556).

[200] 'J'y ai trouvé [*dans les 'Lettres sur l'histoire' de Bolingbroke*] tout l'accord qu'on devait se promettre de deux grands hommes longtemps amis et accoutumés à envisager certains objects de la même manière. Il y a cependant plus de descriptions dans l'un et de réflexions dans l'autre; celui-ci paraît avoir fait la principale étude des hommes, celui-là des Etats; le poète raconte les événements qui lui ont été rapportés en historien éclairé et aussi impartial que le peut être un Français; l'Anglais est un philosophe profond, un politique adroit, un orateur véhément qui démêle l'origine, l'enchaînement, les suites de révolutions et qui ne se montre pas moins animé du désir de se justifier que de celui d'instruire' (*JB* (1753) x.38-39).

[201] Bubb Dodington à Gregory Sharpe (alors à Paris) (*UM* (1794) xciv.421):

> La Trappe [*villa de Dodington à Hammersmith*]
> 13 april 1752 o.s.

I suppose you've read lord Bolingbroke's last published works, which are letters upon the method of studying history. M. de Voltaire has sent me his Siècle de Louis xiv. I have read the first volume; 'tis well wrote, a great deal of brilliant and ingenuity, on y voit partout la main du maître, but the Englishman is by far the greater man and the greater scholar. Tho' he too discovers such stains of weakness and ostentation, particularly relating to the Scriptures, that we, of the lesser and far inferior classes, may comfort ourselves with this humiliating truth to the superior that man is vanity and perfection is only to be attempted, not attained.

Après réflexion, on s'aperçut que le nom de Bolingbroke était surtout synonyme de critique destructrice d'une histoire fondée sur la *Bible*, et relevait plutôt de la théologie. Finalement, par une série de coïncidences, d'affinités et d'interactions, les idées de Bolingbroke, grâce à Voltaire, ont pu passer dans la pratique et connaître une plus grande fortune que celle à laquelle la chronologie et la discrétion de leur genèse semblaient devoir les destiner.

Liée à l'histoire du monde gréco-latin, que Voltaire avait sagement laissé de côté au début pour déjouer toute comparaison avec ses modèles antiques, la première question concernait l'étendue du sujet à traiter. L'*Histoire de Charles XII* restait dans la meilleure tradition des 'histoires particulières' ordonnées autour d'un héros central à la manière d'une tragédie. Reflet d'une philosophie individualiste de l'histoire, ce type d'ouvrage exigeait un certain parti-pris, ce dont Voltaire s'aperçut à ses dépens lorsqu'il dut traiter des mêmes événements considérés du point de vue adverse. Entre l'*Histoire de Charles XII* et l'*Histoire de l'empire de Russie* s'étend toute la distance qui sépare les aventures d'un homme des destinées d'une nation.

Sans s'écarter de cette voie toute tracée, chaque partie du Royaume-Uni aura bientôt son histoire locale. Celles d'Ecosse et d'Irlande[203], cantonnées dans leurs frontières, ne marquent aucun progrès dans la méthode. Le passé de l'Angleterre se prêtait à de plus amples panoramas, mais fut longtemps retracé selon des vues non moins étroites. Carte après Rapin, Guthrie après Carte, suivent un même sentier battu[204]. Guthrie a beau professer, en 1744,

---

[202] le jeune Gibbon a connu tous ces textes, qu'il put commenter avec son maître de philosophie et de théologie, David Mallet, secrétaire de Bolingbroke à Battersea et éditeur de ses œuvres.

[203] par W. Robertson (1759) et Th. Leland (1773), respectivement.

[204] chez Carte, l'aridité de la narration est voulue: 'I have avoided a parade of reflections, which those, who use them most, make equally upon true and false, and instruct the least by them, at the same time that they seem to preclude the reader from making his own' (Carte, i, p.xii). On ne saurait trouver profession de foi plus antiphilosophique, si l'on compare à ces lignes de Voltaire: 'Les livres les plus utiles sont ceux dont les lecteurs font eux-mêmes la moitié; ils étendent les pensées dont on leur donne le germe; ils corrigent ce qui leur semble défectueux et fortifient par leurs réflexions ce qui leur paraît faible' (*DPh*, *Préface*).

qu'il veut donner un tableau général des libertés et constitutions fondamentales et décrire les grandes scènes avec le caractère des principaux exécutants (Guthrie 3, *Préface*), le résultat consiste en trois gros in-folios, enflés de faits aussi nombreux qu'inutiles, malgré un copieux index, comme ces monstres au corps gigantesque dépourvus de cervelle. On ne pouvait guère pousser plus loin le monographie d'un seul pays, mais les 'histoires particulières' connurent encore longtemps le succès, à condition de restreindre leur sujet, comme chez Lyttelton, Watson ou Ferguson[205]. En 1805 encore, *The History of Great-Britain* de Belsham se borne à une compilation limitée aux guerres, aux traités et aux événements purement politiques, dont les sources ne sont même pas Hume ou Voltaire, jugés trop tendanciers, ni Goldsmith ou Smollett, ternes et bornés, mais d'obscurs chroniqueurs sans valeur.

En fait, une fois publiées les premières synthèses honorables, l'histoire 'particulière' dérivait d'elle-même vers d'autres genres, biographie ou monographie érudite. Dans cette voie nouvelle, à côté des notices nécrologiques, dont la valeur est loin d'être négligeable, se rangent les dictionnaires de biographie contemporaine, qui vont se multipliant après le milieu du siècle. Si l'on en regroupe les rubriques par spécialité, on obtient à peu de frais autant d'histoires spécialisées, dont le modèle avait été donné par les *Catalogues* accompagnant le *Siècle de Louis XIV*. Sous cette forme, les imitations les plus notables seraient le *Catalogue of noble and royal authors* de Walpole (1767-1771), déjà signalé, et les *Sketches of a history of literature*, de Robert Alves, paru à Edimbourg en 1794, dont le titre prometteur ne recouvre guère qu'une

---

[205] dans la préface de son *History of Henry II* (1767; p.i), Lyttelton justifie les 'histoires particulières': 'Some modern writers have composed general histories in which this period is comprehended but, without derogating from any of these, it must be acknowledged that, in works of so vast an extent, there cannot be such a full detail of particulars, nor so much exactness and accuracy as in those which are confined to narrower limits'. Watson a publié une *History of Philip II* (1777), Ferguson une *History of the Roman Republic* (1782), énorme compilation qui se donne pour introduction à *D & F*.

suite d'articles, au demeurant non dépourvus d'utilité, sur les auteurs européens modernes. En revanche, les tableaux de l'*Essai sur les mœurs* consacrés à la civilisation, feront école. Les histoires de la littérature, des beaux-arts, de l'armée, etc., ne sont pas issues, comme on pourrait le supposer, d'histoires 'particulières' découpées suivant des regroupements différents, mais d'une réflexion philosophique sur les progrès de l'humanité combinée avec l'influence des 'antiquaires'.

Peu après le milieu du siècle, en effet, ceux-ci s'adonnèrent à l'inventaire et au classement, puis à l'interprétation globale, de tous les vestiges, littéraires et matériels, appartenant au passé anglo-saxon jusqu'au xvi⁰ siècle. C'est alors que l'on se passionna pour les ballades, la chevalerie, les ruines gothiques, les Celtes. L'entreprise avait son côté voltairien: reconstituer méthodiquement une civilisation jusque dans ses aspects les plus concrets, inclure l'histoire de la littérature dans celle des 'customs and manners', mesurer les progrès accomplis 'to survey the progress of life and manners' (Percy, i.2). 'The most important part of history, the history of manners', affirme J. Warton (J. Warton 3, ii.268), mais il s'agit des façons de vivre et de penser, en vue de la rédaction d'une histoire de l'imagination, plus que de l'opinion. 'For why should history be only a recital of battles, sieges, intrigues and negotiations? And why should it contain merely a heap of petty facts and dates, rather than just pictures of the opinions, customs and even inclination of a people? . . . a great light may be thrown on the characters and sentiments of a nation by those very books, when we cannot learn anything exact or connected of their history?' (Percy, i.65-66). Ne nous y trompons pas. Ce commentaire sur l'étude de Mallet consacrée aux anciens Scandinaves, nous éloigne de Voltaire, mais nous rapproche de Herder et du romantisme. Car ce n'étaient pas les Lumières qui animaient ces recherches. L'admiration pour les temps anciens, aliments de l'imagination, de la rêverie et du pittoresque; la défense et l'illustration des valeurs nationales, y compris Shakespeare et les dramaturges élisabéthains; l'exaltation de l'esprit d'indépendance ancestral des Bretons aux dépens des Latins, autant de traits communs avec l'historiographie germanique. Au reste, ces 'antiquaires' se recrutèrent surtout parmi les anti-voltairiens: Gray, Shenstone, Beattie, Percy, Hurd et même Warburton[206].

Une dernière branche, plus dégénérée, des histoires 'particulières' serait l'histoire polémique d'une secte ou d'un parti. Tel est *The History of the cruel sufferings of the protestants* (1763) de John Lockman, où l'auteur tire parti de sa connaissance de l'œuvre de Voltaire pour glisser une traduction du *Mémoire de Donat Calas* (*BAV* 318). Après l'avénement des Hanovre, nombreux furent les apologistes de la nouvelle dynastie[207]. Pour les Anglais, l'*Histoire de la guerre de 1741*, le *Précis* et, dans une large mesure, le *Siècle le Louis XIV*, relevaient de cette catégorie discutable et périssable, qu'il n'est même pas nécessaire de juger au nom de la littérature.

Une forte tentation, en un siècle avide de savoir encyclopédique, lorsque les histoires 'particulières' furent assez nombreuses, fut de les souder ensemble en vue d'une histoire universelle. Voltaire arrivait au moment précis où les chronologies, les chroniques et les grands survols philosophiques naissants attendaient d'être réunis. La *Bible* avait été longtemps l'âme de l'histoire universelle. En Angleterre, Brett représentait encore cette tradition en 1732[208]. Parmi les problèmes à résoudre, la chrono-

---

[206] sur les 'antiquaires', cf. Lamoine. En 1772, à la surprise générale, Rudolph de Valtravers, membre correspondant suisse, fit don à la Société des antiquaires d'une médaille de bronze de Voltaire et de Rousseau (J. Evans, p.162).

[207] *A History of England*, de Catherine Macaulay-Graham, fit scandale en 1763 (le second et dernier volume ne paraîtra qu'en 1783), comme ouvrage whig, hanovrien et anti-papiste, contenant une véhémente apologie de la couronne. Macpherson riposta en 1771 et en 1775, au nom des Tories. Bien que le récit de mrs Graham ne

commence qu'en 1660, son introduction le complète par une intéressante enquête ethnologique sur les origines du peuple anglais, avec un effort d'élucidation de la civilisation saxonne primitive. Mirabeau l'admirait beaucoup, au point d'être passé pour l'auteur de la traduction, qui parut en 1791. Cette femme énergique et féministe avait rencontré l'élite intellectuelle parisienne en 1775. Elle envoya son ouvrage à Voltaire, dont nous ignorons malheureusement les réactions.

[208] *A General history of the world* en 320 pages!

logie, en dépit des incertitudes des spécialistes, et peut-être à cause d'elles, connut au xviii*ᵐᵉ siècle une vogue extraordinaire, formant d'ailleurs le fond de l'enseignement historique. Le manuel de Lockman, *A History of England by questions and answers* (2ᵉᵐᵉ éd. 1735), qui totalisait déjà vingt-cinq éditions en 1811, témoigne, dans un domaine limité, de la popularité de cette pédagogie. Ici, les Français régnaient en maîtres. Les Anglais les imitèrent sans vergogne, malgré les railleries de Voltaire contre une science aussi imprécise que stérile[209]. Hénault inspira John Blair, dont les belles tables finement gravées seraient tout-à-fait voltairiennes de contenu si la colonne intitulée *Remarkable events* renfermait davantage de grandes inventions (on y remarque cependant la date de l'invention des logarithmes), et si celle des *Men of learning and genius* s'étendaient au-delà des seuls Anglais et Français. Blair démontre presque malgré lui qu'une chronologie universelle bien comprise renferme à elle seule une interprétation de l'histoire, et répond aux critiques dirigées contre de pures collections de faits et de dates, telles que Berkeley et après lui Voltaire, les avaient formulées[210].

A force de voir défiler dates et noms, le chronologiste ne peut s'empêcher de réfléchir. Priestley suivra exactement le chemin parcouru par Voltaire dans les *Annales de l'empire*. Partant d'un but étroitement pédagogique—il enseignait à la Warrington academy, à Leeds, la plus fameuse des institutions dissidentes—il rédigea son mémento chronologique de 1767 à 1770. Mais s'il éprouve d'abord un dégoût et un pessimisme tout voltairiens devant 'the torrents of human blood shed by the restless ambition of mortals' (p.18), sa foi en la providence lui permet de voir dans les guerres et dans les révolutions les signes d'un progrès vers le

---

[209] les *Tablettes chronologiques* de Lenglet du Fresnoy (1744) furent imitées par Mortimer en 1777. Nugent traduisit en 1762 le *Nouvel abrégé chronologique* de Hénault. J. Warton décela plus d'une dette inavouée de Voltaire envers son confrère le président (J. Warton 2, i.24n).

[210] *The Minute philosopher* (1732), 'Dialogue vi'; chez Voltaire, *Introduction à l'histoire universelle* (1753), texte qui figure déjà sous une forme très voisine dans Best.D2984 du 1ᵉʳ juin 1744.

bien général. Nous verrons plus loin que ce premier travail servit de point de départ à une philosophie complète de l'histoire greffée sur Voltaire.

De tels problèmes dépassaient de très loin la compétence des modestes artisans qui compilèrent l'énorme et indigeste *Universal history* publiée entre 1736 et 1765[211]. Le dernier volume allait sortir de presse quand Guthrie commença la publication de sa *General history of the world* (1764-1771). Entre l'un et l'autre ouvrage s'était accomplie une révolution dans la manière d'écrire l'histoire, dont le sous-titre de Guthrie exprime à lui seul l'étendue: *'including all the empires, etc., their revolutions, forms of government, laws, religions, customs and manners; the progress of their learning, arts, sciences, commerce and trade, together with their chronology, antiquities, public buildings and curiosities of nature and art'*. Reprenant son souffle, le lecteur pouvait, en homme averti, aborder une préface qui fut sans doute rédigée par Goldsmith, où se marque fortement l'influence de Voltaire. Plaidoyer pour l'histoire totale dégageant les grands courants de pensée, selon la phraséologie du xxème siècle, ce texte promet d'éviter les fables antiques ainsi que l'indigestion causée par l'excès de données modernes: 'The value of history arises from the necessary diversity of laws, arts and customs among men'.

Ces douze forts volumes se ressentent sans nul doute de la diversité des collaborateurs. Après un effort de synthèse[212], chaque nation est traitée isolément. Le texte ne renferme pas de remarques originales et se borne au simple résumé de l'histoire politique, diplomatique et militaire, selon une chronologie souvent confuse. Si Voltaire est parfois cité, c'est, semble-t-il, absolument au hasard[213]. En fin de compte, le beau programme annoncé

---

[211] les 45 volumes de la traduction française parurent à Amsterdam entre 1742 et 1792. Voltaire en réclama vainement le premier volume à César de Missy à diverses reprises dès 1742 (Best.D3247).

[212] Histoire ancienne, vol. i-iv; Constantinople, v; Monde arabe, vi-vii; Perses et Turcs, viii. Mais il n'y a rien sur l'Amérique, et rien sur l'Asie après 1453, sauf un court chapitre sur la colonisation portugaise.

[213] vii.429-430 (réfutation d'un portrait de Tamerlan rationaliste et tolérant); x.137 (insiste sur l'apport grec dans la Renaissance italienne); xii.530

par le titre et par la préface se révèle purement publicitaire, preuve de la vogue des conceptions nouvelles. Mais il était vain de prétendre réussir ce tour de force à plusieurs. Guthrie et son équipe ont cru que la quantité suffirait, mais il s'agissait moins de connaître le passé que de l'interpréter, et ils en étaient incapables.

S'il s'en tenait aux principes traditionnels, l'historien-interprète devait choisir entre la leçon morale et le tableau épique. Liste de crimes et de malheurs exerçant parfois une action néfaste sur la jeunesse, l'histoire générale reste la meilleure école de jugement sur les événements et les hommes. Cette conception se perpétua pendant tout le XVIIIᵉᵐᵉ siècle[214]. Quant à l'histoire-épopée, dans laquelle la composition et le style, c'est-à-dire l'esthétique, régissent la matière historique plus que le souci scientifique, James Moor en 1752, s'appuyant sur Aristote, demeura l'un de ses derniers défenseurs, bien empêché d'ailleurs, de citer un de ses contemporains en modèle[215].

Prenant prétexte de l'essai de Moor, l'auteur anonyme des *Anecdotes of polite literature* (1764), rédigea le premier exposé critique du credo voltairien: 'Those historians who delineate human nature and point out the changes in the manner and spirit of nations are by far the most useful. The relations of battles and sieges can have very little effect, at least they require greater abilites in an historian to render them entertaining to a philosophical mind by the depth and penetration of his reflections .... No part of history is more entertaining and important [*que l'histoire des arts, des sciences et de la littérature*], as their progress points out the efforts of the human mind to gain the knowledge which we so much boast of. The invention of every art and science, however unimportant, should be rcorded, and it is a great mistake in historians to imagine that the men eminent in literary fame are

(néglige les anecdotes sur Charles XII, 'qui sont trop dans la manière de l'auteur pour être acceptées').

[214] par exemple, *The Beauties of history*, collection d'anecdotes tirées de la vie des grands hommes et illustrant tous les aspects de la conduite humaine.

[215] dans *An Essay on historical composition*, publié en 1759, mais daté du 6 févr. 1752 (James Moor, pp.127-178).

not in their province'[216]. Ainsi fallut-il attendre le milieu du siècle pour que s'exprimât la théorie d'une histoire véritablement moderne, dégagée de la pure érudition comme de la composition oratoire, et axée sur l'anthropologie. C'est bien par Voltaire que les Anglais en eurent la révélation.

Les *Anecdotes* avaient eu un précurseur méconnu avec John Brown, surnommé 'Estimate' Brown par la postérité, depuis son célèbre ouvrage, *An Estimate of the manners and principles of the times* (1757). Derrière ce livre de polémique, où les échecs du début de la Guerre de sept ans sont attribués à la dégénérescence morale de la nation anglaise, se dissimule un plus vaste projet, des plus curieux, exposé dans un pamphlet distinct de 1758 (J. Brown 3). Brown croit que le bonheur et la durée des états dépend beaucoup plus de la santé des mœurs et des principes de conduite que des institutions elles-mêmes. Il a donc conçu une nouvelle histoire de l'humanité, 'a history and analysis of manners and principles in their several periods', depuis le sauvage jusqu'à nos jours. Voici donc son plan: 'The rise, changes and progress of commerce, arts and sciences, religion, laws; their mutual influence and effects on each other and on manners and principles; the characters, virtues and vices of rank, office and profession in each of the periods thus delineated; the natural means by which these periods generate each other' (pp.4-6). La guerre, nous dit Brown, empêcha la réalisation de ce vaste panorama, dont il ne resta que l'*Estimate*, simple développement du dernier chapitre, destiné à secouer l'opinion par le tableau de la décadence finale. Car, paradoxalement, si Brown adopte la conception d'ensemble et les

[216] Anon. 1, ii$_2$.163-195 ('On history'). En 1759 déjà dans *Rasselas*, sans rompre tout-à-fait avec l'utilité morale traditionnelle, Johnson avait assimilé la leçon: 'There is no part of history so generally useful as that which relates the progress of the human mind, the gradual improvement of reason, the successive advances of science, the vicissitudes of learning and ignorance, which are the light and darkness of human beings, the extinction and resuscitation of arts, and the revolutions of the intellectual world. If accounts of battles and invasions are peculiarly the business of princes, the useful or elegant arts are not to be neglected; those who have kingdoms to govern have understandings to cultivate' (S. Johnson 5, p.58).

termes de Voltaire, il oriente la marche de l'humanité selon les conclusions de Rousseau. La société décline au lieu de s'élever, 'rude, simple, civilised, polished, effeminate, corrupt and profligate', tels sont les degrés de cette chute. Au moment où écrit l'auteur, la dernière étape a été atteinte.

Si l'on considère Moor comme le dernier écho de l'histoire traditionnelle, le *Siècle de Louis XIV*, relayé par l'*Essai sur les mœurs*, n'aura pas mis dix ans à imposer ses conceptions. C'est aussi la période où Hume publie, mais lorsque l'on parle de 'manners', 'customs', 'arts and sciences', c'est toujours le nom de Voltaire que l'on cite, jamais celui de Hume, et en l'associant au projet d'une histoire philosophique universelle, ambition que Hume n'a jamais eue. S'il fallait une date pour signifier le partage entre l'ancienne école et la nouvelle, nous choisirions 1764, année après laquelle il devient impossible à l'histoire de n'être pas philosophique.

Quiconque s'arrêterait au discours préliminaire de *A New history of England* (1764-1766) de Mortimer, ne comprendrait pas l'épithète du titre. L'histoire, nous dit-on, fait partie de l'éducation libérale réservée aux classes dirigeantes, rendant les autres 'arrogant, impertinent, prating pedants or mere antiquaries and sceptics'. L'auteur croit aux leçons morales de l'histoire et à la démonstration d'une providence. Mortimer, cependant, ne laisse pas d'être moderne. Son livre commence avec le xivème siècle, ce qui précède n'étant que ténèbres et légendes. Le récit de chaque période, de type classique, est suivi d'un chapitre *Of the state of religion and of the laws, arts and sciences, manners and customs*, divisé en autant de sous-sections. Sans doute, la part de la religion et des lois a tendance à l'emporter, mais les pages sur la civilisation vont croissant en nombre avec le temps, et le dernier chapitre contient même un essai sur le commerce. L'influence encore timide, mais certain, de Voltaire, se révèle à un indice: la seule fois où il le nomme, c'est pour lui emprunter quelques détails sur l'habitation des Allemands et sur la technique de la verrerie et des pendules chez les Vénitiens (p.539). On se méfie de Voltaire pour l'histoire politique ou militaire, mais on se tourne avidement vers son œuvre quand il s'agit de civilisation.

Cinq ans plus tard, ces idées ont si bien fait leur chemin que Robert Henry peut en faire l'ossature de son livre, *The History of Great-Britain . . . written on a new plan* (1771-1785). Ce 'nouveau plan' est si exactement calqué sur Voltaire que l'on peut se demander si l'auteur fait preuve d'inconscience ou de ruse naïve lorsqu'il prétend ne pas avoir trouvé son pareil dans aucun pays[217]. L'objet de l'ouvrage est de rapporter les événements et, en même temps, d'étudier la civilisation 'in public or private life . . . not omitting event their fleeting fashions and ever-changing customs and modes of life, when they can be discovered' (*Préface*). Le texte est divisé en dix livres, correspondant à dix périodes. A l'intérieur de chaque livre, sept chapitres, dont les titres se répètent d'un livre à l'autre, traitent des sujets suivants: histoire politique et militaire, religion, constitution et lois, sciences, beaux-arts, commerce et économie, mœurs. Il est difficile de pousser plus loin l'esprit de système. Sans parler d'avantages évidents (ordre, consultation commode, exhaustivité), les lecteurs de Voltaire en reconnaissent un autre: 'Can we form just ideas of the characters and circumstances of our ancestors, by viewing them only in the flames of civil and religious discord, or in the field of blood and slaughter, without ever attending to their conduct and condition in the more permanent and peaceful scenes of social life' (*ibid.*, p.vii).

Selon l'*Avertissement* du deuxième volume (1774), le premier avait rencontré un tel succès à la fois en Angleterre et à l'étranger que Henry poursuivit la publication, malheureusement interrompue au cinquième volume, ce qui porte le récit jusqu'à

---

[217] il faut également faire la part de l'influence du président Antoine Yves Goguet, dont l'ouvrage, *De l'origine des lois, des arts et des sciences, et de leurs progrès chez les anciens peuples* (1758), fut traduit en anglais en 1761 par Henry lui-même. Le rôle de cette étude (que Voltaire possédait dans sa bibliothèque) comme précurseur et source de Voltaire n'a pas assez été souligné. Sur Henry, cf. Lehmann 1, p.178.

l'année 1485. Avec scrupule et méthode, il étudie tous les aspects des beaux-arts, les métiers, l'agriculture, la musique et jusqu'à l'art culinaire. Dans chaque section, les sept chapitres sont bien équilibrés, régulièrement longs de soixante à quatre-vingts pages, sauf le chapitre sur l'histoire politique et militaire de la première période, plus ample que les autres. Henry, d'ailleurs, s'en aperçut et s'en excusa, contraint, dit-il, par la mentalité guerrière des premiers Saxons; mais, ajoute-t-il, cette longueur même nous les dépeint indirectement. Au total, nous possédons là une excellente histoire de la civilisation anglaise médiévale. Mais sa complaisance à l'évoquer rattache nettement Henry au courant des 'antiquaries'. C'est un amateur de pittoresque et de vieilles coutumes qui écrit, attaché sentimentalement à reconstituer un passé local comme toujours vivant. Paradoxalement, Voltaire favorise une sorte de passéisme, attise le nationalisme et cultive le folklore. Transplanté outre-Manche, l'*Essai sur les mœurs* aboutit à Walter Scott.

A vouloir améliorer Henry, John Pinkerton ne fera que rétrograder. Ecossais et patriote, il s'irrite de ce que les érudits de son pays ont dédaigné d'appliquer leurs talents à l'histoire locale, sous prétexte de ses origines obscures et barbares, vice évidemment rédhibitoire pour les disciples de Voltaire. Il va donc entreprendre pour l'Ecosse ce que Henry a fait pour l'Angleterre. Tout en prétendant raffiner sur son prédécesseur, il s'en écarte à peine: 'Another novelty' [un mot qui ne manque pas de naïveté en 1794] 'is the retrospect, interposed at appropriate epochs of the state of the country in civilization, government, laws, tactics, agriculture, commerce, literature and the arts during a preceding period' (*Préface*, p.vi). En fin de compte, il n'a d'autre originalité que de faire précéder chaque époque du portrait du grand homme qui la domine, sorte de généralisation démocratique de l'idée centrale du *Siècle*. Pour le reste, le ton désabusé rappelle plutôt Gibbon, et une large place est maintenue à la narration traditionnelle. Des chapitres sur les mœurs, il déclare que 'these sketches must therefore be kept in due subservience to the main design, lest by an injudicious exuberance of extraneous matter the very nature and name of history perish' (*ibid.*, p.vii), phrase révélatrice de la tension créée au sein du concept d'histoire par la philosophie des Lumières, dont l'enjeu est la substitution au simple récit d'événements mémorables, 'la véritable histoire,' celle 'des mœurs, des lois, des arts et des progrès de l'esprit humain' (Best.D14137). Derrière la façade de la préface, Pinkerton édifie une histoire d'Ecosse très documentée et très solide, qui traite tous les aspects, y compris le costume. Si l'on y ajoute les illustrations et une typographie étonnamment moderne, on comprend mieux quel terroir favorable fut l'Ecosse pour le développement de l'historiographie.

Avant Pinkerton, Gilbert Stuart s'était déjà attaqué à l'histoire de l'Ecosse, en 1782, mais sa méthode purement chronologique, sa matière limitée aux thèmes classiques, font paraître son livre creux et désuet par comparaison. Non qu'il ait ignoré ou méconnu Voltaire. Il le prouva en 1788 par *A View of society in Europe*. 'It is usual to treat law, manners and government as if they had no connection with history, or with each other. Law and manners are commonly understood to be nothing more than collections of ordinances and matters of fact, and government is too often a foundation for mere speculations and metaphysical refinement' (*Préface*, p.i). Stuart, au contraire, va étudier la nature humaine dans le concret de la vie quotidienne. Son livre se présente comme une histoire des mœurs en Europe depuis les invasions germaniques, traitée avec la plus minutieuse érudition (les notes occupent deux fois plus d'espace que le texte), en fait beaucoup moins originale qu'il n'y paraît, car l'ensemble peut être considéré comme l'amplification de l'*Introduction* de Robertson à son *History of Charles V*.

Ce que Stuart avait défini sans l'exécuter tout-à-fait, lord Kames l'avait déjà publié en 1774[218]. A l'inverse de ses confrères, il avait choisi un titre modeste: *Sketches of the history of man*, mais plus

[218] signalons une brève mention de Voltaire dans les *Historical law-tracts* de 1758.

révélateur de son propos philosophique. Ces 'esquisses', en effet, par le biais de l'histoire, tracent une analyse de l'idée de progrès sous tous les angles.

Trois livres (*Progress of men as individuals*; *Progress of men in society*; *Progress of sciences*) embrassent tous les domaines concevables. Dans le premier, le cinquième chapitre, *Origin and progress of arts*, pose les principes de l'évolution de la littérature: 'The national progress of morality is slow; the national progress of taste is still slower' (i.108). Lord Kames croit à une inéluctable décadence des lettres au-delà d'un certain point de matûrité, alors qu'il observe une ascension lente, mais continue, dans le domaine des mœurs. A tout prendre, l'époque moderne se montre plus sociable, moins cruelle, mieux policée, grâce aux heureux effets de la Réforme et de la Renaissance[219]. Le dernier livre abonde dans le même sens. La raison est en marche, l'humanité, majeure depuis 1453, s'est enfin affranchie de la tutelle d'Aristote et du moyen âge. Au progrès de la raison est lié celui de la religion qui se perfectionne tous les jours et correspond de mieux en mieux aux aspirations et aux besoins de l'homme moderne. La perfection est, ou plutôt, serait atteinte, si l'on imitait le confucianisme: 'The most refined system of religion that ever took place among men. There is however, an invincible objection against it, that it is not fitted for the human race; an excellent religion it would be for angels, but it is far too refined even for sages and philosophers' (ii.403).

Les pages sur la nocivité de la religion d'antan génératrice de disputes et de carnages (ii.440-441), la critique de la multiplication des jours de congé, les attaques contre les expiations corporelles, le célibat des prêtres, l'apologie de la tolérance, le besoin d'une morale plus que d'une théologie et d'un culte simple sans superstitition, toutes ces pages sont du pur Voltaire.

Mais d'autres sont du pur Rousseau. Le chapitre sur les progrès de la moralité aboutit à la 'sad truth that morality declines in

---

[219] cf. livre i, Sketch vii, *Progress of manners*.

proportion as a nation polishes' (ii.327). Toute l'étude sur la société: est-elle bonne? est-elle mauvaise?, vient en droite ligne des deux *Discours*; l'exemple le plus frappant est donné par le peuple écossais, aux mœurs pures, quoique primitives, alliance 'miraculeuse' de simplicité et de dignité avec, pour génie tutélaire et littéraire, le grand Ossian (i.281-300).

Il serait absurde de faire de lord Kames un disciple orthodoxe de l'un plutôt que de l'autre des philosophes, d'autant plus qu'un troisième groupe de chapitres indique l'influence prépondérante de Montesquieu[220]. Touffu, riche d'aperçus nouveaux sur le rôle de l'armée moderne, sur le paupérisme (à propos de la grande ville, par exemple), sur le féminisme, l'ouvrage reste voltairien dans la mesure où il s'intéresse à l'esprit humain plus encore qu'aux hommes, lie les problèmes sociaux aux problèmes littéraires et même artistiques, et cherche à définir une philosophie de l'histoire sans s'astreindre aux mesquines servitudes d'une relation chronologique rigoureuse. Mais lord Kames est trop éclectique et trop intensément personnel jusqu'à l'originalité, voire l'excentricité, pour se plier à un unique modèle étranger[221].

L'équilibre entre les événements et la civilisation, entre la largeur de vue et la précision du détail, entre l'histoire totale et la monographie, William Russell finit par le réaliser avec talent, sinon avec génie. On manquait en Angleterre d'une histoire concise, et cependant complète, de l'Europe. 'The author's aim was to strike a medium between the dry chronological method of Puffendorf and the desultory, but captivating manner of Voltaire' (*Avertissement*, I, iii). C'est ce qu'il va tenter de faire dans *The*

---

[220] un bon exemple de la synthèse de Voltaire et de Montesquieu serait John Millar, élève d'A. Smith et ami de Hume, professeur de droit à Glasgow, dont *A Historical view of the English government* (1787) traite à la fois des *Characters and manners* et de l'évolution économique et juridique. Son *Observations concerning the distinction of ranks in society* (1771), qui deviendront *The Origin of the distinction of ranks* avec la 3e édition de 1779, traduit en français sous le titre *Observations sur les commencements de la société* (Amsterdam 1773), véritable essai de sociologie de la société et de la famille, est plus directement issu de Montesquieu. Sur Millar, cf. Lehmann 2; sur les Ecossais et Montesquieu, cf. Ross, pp.203-304 et F. T. H. Fletcher.

[221] sur Kames historien, cf. Lehmann I, pp.177-194.

History of modern Europe (1779-1784). Il conserve le récit, les anecdotes et les réflexions, et même la forme de lettres adressées à un jeune seigneur qui va entrer dans les affaires publiques: 'You have already, my dear boy, finished your course of ancient history under your preceptor; the modern, I will take upon myself. The establishment of the present European nations, the origin of our laws, manners and customs; the progress of society, of arts and of letters, demand your particular attention and were ill-committed to the disquisitions of a mere scholar' (*Letter 1*, i.2).

Il tint parole. Les chapitres intitulés *The Progress of society in Europe*[222], régulièrement intercalés, dessinent une histoire continue de la civilisation. Le premier volume prend chaque pays séparément; dans le deuxième, les vues d'ensemble se font plus fréquentes; si le troisième tend à devenir une simple histoire d'Angleterre entrecoupée d'échappées européennes, le quatrième évite le piège des essais fragmentaires, et brosse un excellent tableau synthétique de l'Europe depuis 1660. Rien n'y manque, pas même une histoire des littératures et des arts (hommes et œuvres), jusqu'à deux pages sur l'art des jardins et autant sur Garrick.

Incapable, certes, de comprendre la nature profonde de l'ironie voltairienne, surtout quand elle atteint cette espèce de sublimité désinvolte dont il a le secret[223], il ne craint pas de puiser dans toute l'œuvre du Français quand il s'agit de faits et de données brutes (iv.6, 175n, 183n, 196n, 311n), mais il conserve une certaine méfiance à l'égard de l'*Essai sur les mœurs*: 'If Voltaire's *General history* is seldom or never quoted in this work, it is not from any disrespect to the author, whose merit exceeds all praise, but from a perfect conviction, founded on enquiry, that though often well

---

[222] i.353-362 (ch.xxxii, pour les XIIe et XIIIe siècles); ii.81-99 (ch.lii, pour les XIVe, XVe et XVIe siècles); ii.ch.lxxii (jusqu'à la fin du XVIIe siècle); iii.295-315 (ch.xi, sur les progrès de la navigation, du commerce et de la colonisation du début du XVIe à la fin du XVIIe siècles); iv, ch.xxxiv (*Progress of*

*society in the XVIII*th *century*).
[223] il se moque de *PSLXV*, ch.xxii, rapportant l'exploit du comte de Belle-Isle, les deux bras arrachés, tirant sur les palissades avec ses dents, 'perfectly ludicrous image, utterly inconsistent with the dignity of history' (iv.372n).

informed in regard to facts, he is more studious of placing them in a new or striking than in a just point of view' (ii.559), observation franche et loyale, au moins, qui a le mérite d'aller à contre-courant de l'opinion la plus répandue, laquelle admettrait volontiers les conclusions en refusant les faits et la documentation. Russell a fort bien compris la technique et le pouvoir de l'historien 'philosophique', mais il se trompe en s'imaginant qu'il existe une présentation 'objective' des faits indépendante de l'interprétation. En espérant conserver ce qui lui paraît un progrès décisif, c'est-à-dire le commentaire, tout en croyant à la possibilité d'une relation neutre, il montre les limites de son sens de l'histoire.

Sa philosophie de l'histoire renferme une contradiction du même ordre. Si les derniers chapitres célèbrent les Lumières (tolérance, commerce, sciences et lettres), le lecteur qui remonte en arrière ne ressent pas la Renaissance comme un seuil. Mieux que Robertson, dont il s'inspire, Russell incorpore à son texte les conclusions de Blair, de Warton, de Gray, de La Curne de Sainte-Palaye sur la véritable physionomie du moyen âge. Son chapitre sur les croisades montre un réel effort de sympathie (i.353-362), son jugement admiratif sur Jeanne d'Arc dénote une surprenante ouverture d'esprit[224]. Malheureusement trop faible pour résoudre les tensions inhérentes à une position aussi éclectique, Russell ne parvient pas à rendre compte logiquement du passage d'une ère à l'autre. Parlant du xvème siècle italien, 'bewildered in the mazes of scholastic reasoning or lost in the dreams of perverted Platonism', il n'en loue pas moins sa littérature, dont la beauté le touche profondément. Pris entre deux âges et entre deux systèmes de pensée, il offre un exemple typique du conflit entre la raison voltairienne et la sensibilité nouvelle.

Dernier de la lignée, John Adams, dans *A View of universal history* (1795), permet lui aussi, comme un refrain, d'étudier 'the causes of the rise and fall of empires, states, kingdoms, a view of

---

[224] tout le chapitre xlii est consacré à 'this admirable heroine to whom the more generous superstition of the Ancients would have erected altars' (i.501).

society and manners, with an account of the progress of arts, sciences and literature' (pp.iv-v), mais avec quelle ambition, puisqu'il lui suffit de trois volumes pour couvrir cinq continents, du déluge à l'époque la plus récente, menant de front tous les pays et intercalant un chapitre de civilisation entre les tranches chronologiques. Parmi ses nombreuses sources, Voltaire n'apparaît qu'avec le règne de Louis xiv (i.369) et, dans la littérature française, se voit rangé parmi les 'miscellaneous writers', entre Montaigne et Argens! (i.386). La raison de cette injustice?: 'The superficial and flimsy writings of Voltaire have certainly undone France. It is earnestly to be hoped, therefore, that the example will act as a caution to other government' (iii.279). C'était donc bien la faute à Voltaire. La politique était passée par là. La polémique partisane avait fini de rendre les Anglais aveugles et ingrats envers leur maître d'histoire.

En même temps que paraissaient des traités, dont les préfaces avaient souvent valeur de manifestes critiques, les théoriciens continuaient à disserter sur le genre. Jusqu'au milieu du siècle, la doctrine reste stagnante. En 1746, dans son *Essay on the manners of writing history*, Peter Whalley ne connaît que les Grecs et les Romains. Destinée à édifier et à instruire, l'histoire reste enfermée dans les bornes étroites de la fable vécue. Quelques réflexions sur la destinée ou la providence, la peinture des caractères, la composition, le style, tels sont les seuls problèmes qui se posent au rédacteur, qui n'est pas un chercheur. En 1752, James Moor, et, l'année suivante, l'auteur anonyme de *A Letter concerning the use and method of studying history* en restent encore au même point. Pour les professeurs des universités, l'histoire relève toujours de la rhétorique dont les catégories et les principes, fondés sur la tradition gréco-latine, ne peuvent être illustrés que par les œuvres antiques. Tandis que Hume et Voltaire renouvelaient complètement l'historiographie, les doctes poursuivaient un enseignement immuable, dont la seule hardiesse consistait à plaquer quelques notions chrétiennes sur l'héritage païen, tel John Ward dans *A*

System of oratory delivered in a course of public lectures publicly used at Gresham college (1759). On pouvait encore y lire: 'History is the narrative of such facts as are fit to be transmitted to posterity for the use of mankind and the better conduct of human life. The proper business of history then is to relate facts and especially human actions, but not so as to exclude remarkable events of nature or providence.... In a continued history of particular states, some account may be given of their original founders, the nature of their soil and situation, what advantages they have for their support or improvement... with the form of their government. Then notice should be taken of the methods by which they increased their wealth and power, till they gradually advanced to their state of grandeur.... After this, the reason of their declension should be shown, what were the vices that principally occasioned it (for that is generally the case), whether avarice, ambition, luxury, discord, cruelty..., and lastly... how they received their final ruin and subversion' (ii.231, 256). De tels préceptes, normatifs plus que descriptifs, axés sur l'évocation des vicissitudes du destin et de la fragilité des entreprises humaines, s'appliquent exactement à une histoire comme celle de Charles XII, avec son préambule historico-géographique, ses commentaires moraux, son intrigue dramatique conduisant à la catastrophe finale. Cet académisme eut la vie dure, témoin William Richardson, professeur à Glasgow qui, en 1788, conserve encore côte à côte l'histoire ancienne et la moderne, la première narrative et oratoire, la seconde analytique. Sa conclusion, dont la sagesse timorée s'appliquerait bien à l'œuvre de Gibbon, évoque un beau rêve: 'The ancient historian was tempted to go too far in quest of rhetorical embellishment, the modern may be equally misled by the love of philosophical theory. Great would be the merit of that writer who could unit the elegant graces of the ancient historian, particularly of the colloquial kind, which the accurate research and comprehensive discernement of the modern' (W. Richardson 2, p.112).

Dans l'enseignement officiel, on finit par s'apercevoir, vers

1780, de l'existence d'une littérature historique moderne digne d'intérêt. La leçon de Voltaire fut enfin entendue, timidement d'abord chez John Logan, dont les *Elements of the philosophy of history* (1781), un cours sur l'histoire universelle limitée à l'antiquité, fait une petite place aux arts et aux sciences; très nettement chez Tytler et chez Blair. Dans son *Plan and outline of a course of lectures on universal history* (1782), Tytler donne la table des matières d'un cours synthétique. Le résultat est un excellent manuel, bien informé, tenant le milieu entre le récit et les 'disquisitions on various heads', où, à chaque époque, l'accent est mis sur l'empire dont la civilisation domine. De nombreuses leçons traitent de littérature, des arts et des sciences. La terminologie voltairienne est bien assimilée: *Effects of the crusades on the government and manners of the European nations* (ch.xviii), *A View of the progress of literature in Europe* (ch.xxxv), *On the state of the fine arts in Europe in the age of Leo X* (ch.xliv), etc. Fait exceptionnel, le programme prévoit jusqu'à un chapitre sur la Chine. Tandis que les encyclopédies historiques incluent toujours l'Asie, les historiens philosophes anglais, sauf Gibbon, se tiennent à l'écart d'un domaine réservé aux spécialistes, voyageurs, philologues, théologiens, administrateurs. Lorsque les Anglais lisent Voltaire, ils séparent soigneusement ce qu'il tenait tant à réunir, l'orient et l'occident, tout ce que les philosophes français écrivent du premier leur paraissant 'controversial', selon le terme de Tytler, qui se borne, dans son chapitre xlvi, à résumer les opinions de Voltaire et de l'abbé Raynal sans prendre parti. Cette réserve faite, s'il reste encore quelque chose de l'édifice voltairien après suppression d'une partie aussi importante, le sommaire du cours de Tytler se lit presque exactement comme la table des matières de l'*Essai sur les mœurs*.

Au même moment, Hugh Blair professait devant ses étudiants un cours sur le genre historique. Voici, selon les notes prises dans l'amphithéâtre par un auditeur et heureusement conservées sous leur forme brute, ce qu'il enseignait sur Voltaire: 'It is hard to say what classes the *Siècles* of Voltaire belong to. They only serve to break the chain of history. The *General history* is only a mass of confusion. Voltaire is indeed a strange phenomenon. He has a genius for everything, but he is sometimes like a comet that is so very eccentric. He is an author whom it may be dangerous to follow, tho' he is at the same time one whom all must admire' (Nat. libr. of Scotland, MS 850, f.250). Si le même étudiant acheta le cours tel qu'il fut publié sous le titre *Lectures on rhetoric and belles-lettres* (1783), il dut être fort surpris de la version publique de ce commentaire. Les propos familiers ont fait place à un panégyrique en règle: 'I cannot conclude the subject of history without taking notice of a very great improvement which has, of late years, begun to be introduced into historical composition; I mean, a more particular attention than was formerly given to law, customs, commerce, religion, literature and every other thing that tends to show the spirit and genius of nations. It is now understood to be the business of an able historian to exhibit manners, as well as facts and events; and, assuredly, whatever displays the state of life of mankind in different periods and illustrates the progress of the human mind, is more useful and interesting than the details of sieges and battles. The person to whom we are most indebted for the introduction of his improvement into history is the celebrated m. de Voltaire, whose genius has shone with such surprising lustre in so many parts of literature. His *Age of Lewis XIV* was one of the first great production in this state; and soon drew throughout all Europe that general attention and received that high approbation which so ingenious and eloquent production merited. His *Essay on the general history of Europe since the days of Charlemagne,* is not to be considered either as a history of the proper plan of a historical work, but only as a series of observations on the chief events that have happened throughout several centuries, and on the changes that successively took place in the spirit and manners of different nations. Though, in some dates facts, it may perhaps be inaccurate, and is tinged with those particularities which unhappily distinguished Voltaire's manner of thinking on religious subjects, yet it contains so many enlarged and instructive views, as justly to merit the attention of all who either read or write the history of those ages' (iii.76-77). Texte capital, non seulement par la lucidité et la netteté de son expression, mais par son témoignage historique. Moins que la personnalité de Blair, professeur de rhétorique à l'université d'Aberdeen, ce sont ses amitiés avec les grands historiens écossais de l'heure qui parlent par sa bouche. Cette page peut être reçue comme un brevet officiel de reconnaissance de l'école écossaise envers Voltaire, ce qui expliquerait la différence avec ce qui fut professé, non seulement parce que, devant des étudiants, des mises en garde s'imposaient, mais parce que l'orateur parlait peut-être en son nom propre avec moins d'enthousiasme et d'objectivité[225].

On se rappellera que Logan était pasteur à Leith, le port d'Edimbourg, que Tytler enseignait à l'université de cette dernière ville. Mal inspiré par ses griefs contre lord Kames, Voltaire avait eu grand tort de se gausser de ce petit royaume-grenouille, qui voulait se faire aussi gros que le bœuf. Il aurait dû comprendre que ses meilleurs disciples séjournaient en Calédonie et qu'après la sienne, la lumière historique venait en effet du nord.

A côté de ce microcosme écossais, où la vie intellectuelle bouillonnait, le cas d'un isolé comme Priestley n'en apparaît que plus exceptionnel. A Warrington academy, où il enseigna de 1761 à 1767, il décida de faire entrer l'histoire comme matière essentielle[226]. C'est vers la même époque qu'il rédigea la table des matières de son cours, qui sera publiée en 1765 sous le titre *A Syllabus of a course of lectures on the study of history*, petite

---

[225] ce que confirmerait un autre passage du cours; là où Blair imprime 'During a long period English history authors were little more than dull compilers, till of late the names of Hume, Robertson and Gibbon have raised the British character in this species of writing to high reputation and glory', l'étudiant note: 'A particular eulogium of their works [*Hume, Robertson*], you will not expect from me'. Tous deux étaient en effet écossais, et ses amis.

[226] Priestley, 5, p.47. On trouvera la table des matières du programme de Priestley dans I. Parker, App.vi, pp. 161-163. L'app. iv du même ouvrage donne un catalogue choisi de la bibliothèque de Warrington en 1775. On y remarque: Lesage, Rapin, Fontenelle, Boileau, La Bruyère, Le Bossu, mais, de Voltaire, rien d'autre que l'*HChXII* (classé sous *Biography*).

brochure qui n'est connue que par deux exemplaires. Il composa également le memento chronologique dont il a été question plus haut, à paraître en 1770. Mais le premier travail était trop succinct et le second trop aride, pour attirer un large public. Un lecteur attentif du *Syllabus*, toutefois, pouvait distinguer dans les chapitres sur le commerce et les monnaies, sur la littérature, la religion, les arts, les mœurs, l'indiscutable présence de Voltaire. On y trouvait même, ce qui marque le caractère résolument 'moderne' de Priestley, une étude, sans doute la première, sur les historiens contemporains. Quant aux leçons proprement dites, sous le titre de *The Study of history and general policy*, elles virent le jour en 1765, comme première partie d'un vaste traité pédagogique intitulé *An Essay on a course of liberal education for civil and active life*. Les études historiques revêtaient tant d'importance aux yeux de Priestley qu'il développa abondamment cette première partie pour aboutir enfin, en 1788, aux *Lectures on history and general policy*. Ces trois ouvrages ensemble, *Syllabus*, *Essay* et *Lectures*, dont il fallait d'abord débrouiller la genèse, forment le traité le plus complet et pratiquement le seul de son envergure, consacré à l'enseignement de l'histoire, dans tout le xviiième siècle anglais[227].

Une première partie sur l'usage général de l'histoire s'inspire à la fois de Bolingbroke et de Voltaire. Comme les romans, l'histoire est un divertissement, mais un divertissement utile. Si les princes et les grands en sont les bénéficiaires naturels, le commun des lecteurs en retire un profit certain: 'The ruin of Sweden by Charles xii is certainly more proper to shew the folly and madness of unbounded ambition than their victories are to dazzle our minds with their glare' (p.19). De la même manière, ce que Voltaire écrit de Louis xiv à la fin du *Siècle* donne un excellent avertissement aux ambitieux, tandis que les aventures d'Amadis de Gaule, malgré les similitudes de situation, n'opèrent pas le même effet. Pour Priestley, pédagogue avant tout, Rollin reste le meilleur historien pour la jeunesse.

[227] notre étude porte sur la version plus complète de 1788.

La partie qui suit, consacrée aux sources, ne cite guère que Hume. A la date de rédaction, un peu avant 1765, seuls Hume et Voltaire avaient réellement abordé ce problème. L'Ecossais manifestait les plus grandes exigences, Voltaire inspirait une certaine méfiance; d'où le choix presque exclusif de l'autorité du premier. En reproduisant telle quelle cette partie en 1788, Priestley ne s'aperçut pas qu'il avait lui-même rejeté énergiquement l'autorité de Hume dans plusieurs de ses ouvrages de controverse religieuse et qu'après un quart de siècle, la situation avait beaucoup évolué. Petite inconséquence à porter au passif d'une réédition insuffisamment vigilante plus qu'à l'entêtement dans une opinion ancienne.

L'influence de Voltaire sur Priestley apparaît surtout dans la troisième partie consacrée à ce que chacun doit savoir avant d'entreprendre des études historiques ou, comme nous dirions aujourd'hui, aux sciences annexes. A de jeunes auditeurs, on ne saurait recommander Voltaire sans précautions: 'Voltaire's *General history* consists of little more than observations on a course of history. In general, they are certainly just and, to a person who is previously acquainted with the histories to which his observations are adapted, nothing can be more entertaining, and to this his lively manner of writing not a little contributes.

But though the title of his work promises a compendious view of universal history, and therefore might seem to be intended for persons who are beginning the study of history, it would be wholly inintelligible without a previous acquaintance with the subject; not to say that it requires a good stock of general knowledge to guard the mind against his prejudices and the errors into which his writings in general would in many respects betray his readers' (p.239).

Sa conscience d'éducateur mise en paix par ce préambule, Priestley peut emprunter à Voltaire son analyse de la causalité en histoire et approuver avec lui l'importance de l'étude des civilisations. Il croit donc aux causes minimes et aux détails significatifs, dénonce le ridicule des hypothèses a posteriori avec des *si* et des *mais* (p.250), adopte le même scepticisme en face de l'arithmétique illusoire des preuves (p.356). Les chapitres xxxiv et xxxv montrent ce qui reste de l'histoire de l'Europe lorsqu'on a enlevé les batailles, les traités et les personnages inutiles: la littérature et la vie économique, qui sont alors esquissées à grands traits. Les aspects sociaux, comme le savoir-vivre, le rôle des femmes, la vie quotidienne, lui paraissent plus riches de sens que les lois et les rois.

En plein pays voltairien, le lecteur est bercé par des notions familières quand le dernier chapitre vient le prendre par surprise: ce rationaliste, ce défenseur fervent du progrès, de la tolérance et de la justice, nous invite à considérer dans le passé l'œuvre visible de la providence divine, directement mêlée à notre existence. Bibliquement, Priestley va jusqu'à accepter le scandale de la papauté et des croisades, parce que dieu les a voulues pour éprouver l'humanité; et il loue le rôle bienfaisant des moines! Par cette alliance d'une foi (plus que d'une croyance) au progrès, en la raison, en l'humanité et en dieu, Priestley appartient aux idéologues mystiques de la fin du siècle, pour qui la révolution française entrait dans un dessein providentiel. Il en approuva d'ailleurs si bien les principes que sa maison de Birmingham fut, en 1791, pillée et brûlée par des émeutiers conservateurs à la suite de quoi, l'année suivante, le gouvernement de la république française lui décerna le titre de citoyen d'honneur. Prudemment, il s'exila en Amérique en 1794. Sa philosophie, en effet, l'apparente aux fondateurs des Etats-Unis, à Franklin en particulier, comme lui homme de science, à qui dieu a demandé de mieux connaître sa création pour la mettre légitimement au service de la créature. On voit à quel point ce positivisme providentialiste nous entraîne loin de Voltaire, dont l'œuvre n'a servi que de stimulant pour la tâche hardie et grandiose de l'édification de la société nouvelle.

Par le nombre des éditions, les œuvres historiques suivent le théâtre de près; par le nombre des volumes et des pages, elles se classent au tout premier rang de la production voltairienne en Angleterre.

L'accueil des lecteurs différa du tout au tout suivant le contenu des textes: biographie traditionnelle dramatisée de l'*Histoire de Charles XII*, panorama d'un règne comme le *Siècle de Louis XIV* ou l'*Histoire de l'empire de Russie*, chronique contemporaine comme l'*Histoire de la guerre de 1741*, interprétation synthétique et philosophique de la totalité du devenir de l'humanité, comme l'*Essai sur les mœurs*.

A demi anglaise par sa genèse et le lieu de sa rédaction, l'*Histoire de Charles XII*, malgré les polémiques et malgré le *Craftsman*, se vendit comme un roman. Un flot d'éditions et d'adaptations populaires en firent un livre pour la masse, dont les attraits littéraires résistèrent victorieusement aux années. Bien qu'à la rédiger Voltaire eût appris son métier d'historien, on la jugea comme une fresque colorée et pathétique sans risque de trouble pour les esprits.

Les passions politiques, les souvenirs vécus, les violents préjugés du sentiment patriotique en plein essor décideront de la lecture des œuvres consacrées à l'actualité. Même l'*Histoire de l'empire de Russie* n'échappa pas aux critères idéologiques, en posant le problème de l'écrivain face à un régime autocratique. Dans tous les cas, malgré ses efforts très réels pour rassembler une vaste documentation et maintenir son impartialité, Voltaire n'échappa pas aux soupçons de parti-pris et d'injustice. De nombreuses réserves se manifestèrent, particulièrement de la part d'Irlandais. En tout cas, avec l'histoire de l'homme au masque de fer, il avait lancé un 'canard' dont toute l'Europe devait parler.

Nous lisons le *Siècle de Louis XIV* pour la théorie des grands siècles, pour le rôle assigné au monarque, pour le tableau total d'une époque et d'une civilisation. Pour les contemporains anglais, Louis XIV, plus que le roi-soleil, demeurait le protecteur des Stuart détestés, celui qui avait révoqué l'édit de Nantes et fait la guerre à leur pays. On retint surtout les qualités littéraires de l'œuvre.

La publication imparfaite et désordonnée de l'*Essai sur les mœurs* empêcha d'abord d'en comprendre l'ampleur et le dessein.

Assez peu nombreux furent ceux qui perçurent, au niveau de la lecture courante, quelle révolution Voltaire apportait dans la manière de concevoir et d'écrire l'histoire[228]. Soit au nom de principes moraux ou religieux, soit par respect pour le récit traditionnel, soit par souci d'érudition vétilleuse, on éprouva des difficultés à pardonner les lacunes de la documentation et les hardiesses philosophiques.

Sur les faibles de Voltaire historien, l'opinion resta profondément divisée, les uns admirant ce qui inquiétait les autres : un esprit de synthèse ne s'encombrant pas de détails, la propagande en faveur des Lumières, la méfiance à l'égard des idées reçues et un certain goût de paradoxe. On trouva également suspecte l'abondance des anecdotes subordonnées à des démonstrations purement philosophiques, la recherche du brillant et de l'effet de style, au lieu d'une recherche patiente et sobre d'une vérité objective. On attendait un chroniqueur, on trouvait un essayiste ou un pamphlétaire.

Plusieurs Anglais se frottèrent à Voltaire parmi les amateurs ou les petits professionnels. Ni Rolt, ni Keate, ni Walpole n'ont laissé d'impérissables traces. L'opinion rapproacha constamment Hume de Voltaire, au point de croire à une influence du Français sur l'Anglais. L'examen des faits dément cette interprétation. Les ressemblances indéniables tiennent à une communauté d'idées dans le cadre des Lumières. De toute façon, Hume reste philosophe, au sens banal du terme, et vise surtout à illustrer par l'histoire une doctrine générale sans s'attacher outre-mesure au passé lui-même et aux individus. Quant aux hommes, tout en professant une grande estime mutuelle, ils évitèrent de se rencontrer ou de s'écrire.

Comme annotateur de Voltaire, Smollett occupe une position privilégiée. Sa qualité de patriote et de protestant le conduisit à des jugements hypercritiques, sans qu'il se privât pour autant

---

[228] *L'EMo* 'has had the great merit of giving a new turn to historical compositions and carrying them from accounts of battles and sieges and negotiations alone to investigations of the progress of manners, laws and arts', écrit J. Warton, mais en 1797 (J. Warton 4, iii.50).

d'emprunter à Voltaire pour ses propres compilations. Quoique beaucoup plus ouvert que Smollett aux leçons de scepticisme de Voltaire et aux enrichissements qu'il apportait à la narration traditionnelle, au point de s'emparer sans vergogne de passages entiers, Goldsmith resta prisonnier de la conception moralisatrice et civique d'une histoire pédagogiquement utile. Séduit par l'agrément du style de Voltaire, il chercha cependant à en atténuer le cynisme par un plaidoyer pour la vertu et la sensibilité.

Avec Robertson et Gibbon, nous atteignons les vrais chefs d'école. Le premier reconnut à Voltaire un don de synthèse, mais critiqua vivement ses erreurs ou ses lacunes de documentation et son dédain pour l'établissement rigoureux des faits. De plus, sa sympathie pour l'époque médiévale l'en écartait sur le plan des idées. Le cas de Gibbon est beaucoup plus complexe. Plus qu'à demi-français de culture, grand lecteur de Voltaire poète et dramaturge, il l'avait rencontré d'assez près pour s'enthousiasmer pour l'écrivain. Ayant habilement fait choix de la période la plus sommairement traitée dans l'*Essai sur les mœurs*, il composa un immense panorama, qui n'est pas sans ressemblance avec l'histoire totale de Voltaire. Se gardant de le prendre pour source, portant dans ses notes des jugements souvent acides, mais toujours motivés, il partageait avec lui l'horreur de la crédulité et de la superstition, une méfiance instinctive à l'égard des témoignages miraculeux ou prodigieux, une hostilité déclarée envers le fanatisme, un dédain sournois ou sarcastique envers le christianisme. Mais leurs œuvres rendent un son tout différent. Gibbon avait conçu la sienne dans une vision presque poétique, en entendant le plain chant des moines monter parmi les ruines du Capitole. Tout son ouvrage est axé sur le triomphe de la barbarie et de la religion, et, dans l'effondrement crépusculaire d'une civilisation païenne raffinée, il quête le frisson d'un esthète désabusé, à l'érudition quasi byzantine, contemplant les révolutions et la chute des empires du haut de sa tour d'ivoire.

A côté de l'influence d'un Giannone ou d'un Montesquieu, qui s'exerça sur les études juridiques, constitutionnelles et économiques,

849

celle de Voltaire instaura chez presque tous les historiens anglais la pratique d'une histoire des mentalités et de la civilisation. De plus, comme le montre clairement son article 'Histoire' pour l'*Encyclopédie*, il fut le premier à leur montrer comment réunir et traiter en un seul corps l'histoire séculière et l'histoire ecclésiastique. Si personne ne put ou ne voulut rivaliser avec lui sur le terrain d'une histoire véritablement universelle, on admit comme vérité d'évidence l'introduction des arts, des sciences, de la vie matérielle et surtout des 'mœurs' dans les nombreuses histoires 'particulières' composées à partir de 1765. Inmanquablement associée au nom de Voltaire, cette nouveauté demeure sa plus forte contribution à l'historiographie anglaise. Sur le chapitre du pyrrhonisme, il avait été précédé et initié par Bolingbroke, dont les ouvrages tardivement publiées purent faire croire à une coïncidence, alors qu'il s'agissait bel et bien d'une influence.

En ce qui concerne la méthode de composition et le but final de l'histoire, les Anglais opposèrent davantage de résistance. On lui reprocha souvent d'écrire des remarques sur l'histoire, plutôt qu'une histoire proprement dite. Ce trait ne déplaisait pas toujours. A une conception trop scientifique du travail historique, on a pu opposer la manière voltairienne, 'the most instructive and agreeable; a minute detail of particular incidents was of little significancy in history, and as it perplexed the mind and overloaded the memory to no purpose, so it was impossible for one to keep up the spirit of a narrative, who should write in this taste; [*the gentleman*] therefore approved of distinct and comprehensive views of things, interspersed with lively description, with pertinent reflections and an exact delineation of characters' (McQueen, pp. 2-3).

Son interprétation du sens général de l'évolution de l'humanité vers les Lumières, son mépris instinctif pour toutes les formes irrationnelles ou barbares des autres civilisations, ses perpétuels griefs envers les églises et envers l'*infâme* déplurent aux croyants et aux amateurs du passé, de plus en plus nombreux outre-Manche. 'He never makes a foolish figure but when he meddles with religion', dit-on de lui dans *The Public ledger* (18 juil. 1761, p.681), en reprenant un mot de Swift sur Bolingbroke, tout en reconnaissant que ses œuvres historiques 'serve to blunt the edge of superstition and tyranny and pave the way for men of sounder principles to introduce better systems both in church and state'. Cependant, tandis que les praticiens appliquaient tous sa méthode avec plus ou moins de talent, de nombreux théoriciens proclamaient qu'il avait complètement renouvelé l'esprit des études historiques dans leur pays et lui rendaient hommage comme au fondateur de l'historiographie moderne.

Conclusion

1. Le profil 'anglais' de Voltaire: méthode et résultats

Ne cerner, parmi les innombrables silhouettes qui ont traversé la vie de Voltaire, que les silhouettes britanniques, pourrait être taxé de parti-pris. Peut-on, d'ailleurs, concevoir le découpage d'une biographie d'écrivain en biographie 'anglaise'? A-t-on même le droit d'accoler avec quelque pertinence au mot 'biographie' une épithète de nationalité? Dans le cas de Voltaire, en outre, séparer l'homme de l'œuvre ne va pas sans difficulté, et plus d'un détail de la première partie serait aussi bien placé dans la seconde, ou vice-versa.

A l'usage, une recherche qui n'avait pour modeste but qu'une documentation préliminaire, tout au plus liminaire, s'est imposée comme outil efficace d'interprétation, au point d'exiger un développement entièrement autonome, ne serait-ce que par son volume. Ainsi s'est progressivement dessiné, à force de petites touches, un profil authentiquement 'anglais' de Voltaire.

D'un simple point de vue quantitatif, l'enquête en valait la peine: une vingtaine de lettres inédites ou méconnues, la plupart d'entre elles maintenant passées dans l'édition définitive de la correspondance; des sources jamais ou rarement explorées; des centaines de notations éparses dans la presse, les mémoires et les correspondances privées. Naïf et traditionnel, le fil d'Ariane de la biographie n'en a pas moins fait ses preuves.

Certes, de nombreuses lacunes subsistent. Nul ne saurait se vanter d'avoir suivi Voltaire pas-à-pas dans toutes ses relations avec les Anglais, ni d'avoir débusqué tous les témoignages sur sa personne. Les documents ici rassemblés sont cependant en nombre suffisant pour s'organiser en un ensemble cohérent.

Adopter le point de vue de l'étranger provoque une sorte de

révolution copernicienne. Du même coup, Desnoiresterres, malgré ses huit volumes, fort anciens il est vrai, cessait de fournir la moindre référence et paraissait presque provincial. Il n'est pas trop fort d'affirmer que la vie de Voltaire reste encore à écrire sur cette échelle, Theodore Besterman ayant pourvu au format portatif. On devra sortir de nos frontières. L'Italie, à condition de la résoudre en ses multiples états; l'Allemagne, vaste champ de manœuvre de l'activité voltairienne, comme l'a montré M. Fontius en 1966; la Suisse même, en distinguant entre Genève et les autres cantons, devraient conduire à un renouvellement radical des conclusions. La Grande-Bretagne s'imposait comme une première évidence. Cette étude fait un premier pas vers un véritable Voltaire européen.

Aux avantages quantitatifs s'ajoute un progrès dans l'interprétation grâce à une nouvelle mise en perspective. Par delà les incidents isolés et les tempéraments individuels apparaissent des traits nationaux quasi-permanents, ou évoluant très lentement, qui échappent le plus souvent à la volonté, et parfois à la conscience des personnes. Chez Voltaire, après les tâtonnements de ses trente premières années, les conditions exceptionnelles de son contact prolongé avec les Anglais sur leur propre sol, contact physique avec le climat et la civilisation matérielle, moral avec les mentalités et la culture, imprimèrent en lui un sentiment très aigu du rôle joué par l'Angleterre dans sa formation intellectuelle, et du génie propre à cette nation parmi les diverses traditions qui tissent l'esprit et l'âme de l'Europe. Dans un coin du monde voltairien, il existe un territoire hachuré à l'anglaise. Pour l'explorer, il est indispensable de passer par le truchement de nos voisins. Beaucoup plus que ses lectures, ce sont les conversations, les rencontres et les lettres qui permettent d'en analyser la nature.

Mieux connaître l'homme que fut Voltaire n'était pas cependant notre visée primitive, même s'il a parfois fallu, faute de données sur le partenaire d'outre-Manche tourner l'éclairage du côté français. Mais la partie était inégale. En face d'un sujet réceptif unique assimilant les impressions au fur et à mesure des événements de sa vie en un moi cohérent, quelle valeur attribuer à une foule de spectateurs et d'acteurs divers, souvent anonymes et fugitifs? Certaines personnalités se prêtaient à une étude en pied, tels Chesterfield, Hume, Gibbon, Walpole. Tant vaut alors le miroir, tant vaut l'image. Mais les simples comparses doivent être regroupés en catégories moyennes définies par l'âge et la génération, la classe sociale, la formation intellectuelle et morale, la profession, le genre de vie. Lord Harwicke, lord Hervey, lord Lyttelton conservent la méfiance des grands serviteurs de la couronne britannique envers un baladin de génie; les bas-bleus professent une vertu et une piété rigides, sans aucun sens de l'humour, tout en défendant l'honneur littéraire national, tandis au contraire que de jeunes impertinents, caustiques et peu conformistes, Craufurd, Wilkes, Macartney, Beckford, font du patriarche de Ferney leur idole. Le Voltaire en robe de chambre de Fawkener, ou celui de Keate, a encore une physionomie différente, et Boswell peut se vanter d'avoir eu, plus que quiconque, 'son' Voltaire.

Tous ces témoins, s'ils nous révèlent des visages insoupçonnés de François Arouet, ne nous instruisent pas moins sur eux-mêmes et sur les mentalités collectives dont ils procèdent. Le nombre des notations, leur variété, leur étalement dans le temps, garantissent un échantillonnage convenable. Leur unité provient de l'existence de plus en plus affirmée au cours du siècle d'une conscience nationale anglaise. Etre anglais représente plus qu'une naissance ou une langue. C'est se rattacher à un système de valeurs intellectuelles, esthétiques, morales, religieuses et sentimentales, qui dictent les réactions individuelles en face d'un Voltaire considéré à son tour, moins comme un homme particulier que comme l'incarnation d'un système différent, voire antagoniste.

Vouloir réunir dans un seul tableau à la fois la vision anglaise des événements d'une vie et le portrait d'une personne, exposait à un écrasement de la perspective historique. La donnée essentielle de notre problème restait la longévité exceptionnelle de l'écrivain, et le fait que son séjour à l'étranger se soit produit dans le premier tiers de son existence, sans retour ultérieur. Voltaire, pour son malheur, a survécu à la génération qui eût été la sienne s'il était né en Angleterre. En outre, comme il révéla sans cesse de nouveaux aspects de son caractère et de sa production littéraire, la recette capable d'unir tant de variables en une formule unique défiait l'observateur. Force fut donc de scinder ce demi-siècle en périodes plus fines, en grande partie commandées par les circonstances extérieures.

Avant 1726, Voltaire ne fut guère connu que des milieux diplomatiques officiels attentifs à gagner des hésitants à leur cause et à s'assurer l'appui des écrivains, mais, d'autre part, par le cercle de Bolingbroke, il fut en contact avec certains exilés politiques. C'était un jeune poète ambitieux, veillant à se ménager les appuis les plus favorables à sa carrière. La France ne veut pas de sa *Henriade*? Il la publiera à Londres.

De 1726 à 1728, par un accident providentiel bien exploité, le voici plongé dans un bain de civilisation et de culture britanniques. Journaux, conversations, spectacles, salons et châteaux, et livres, bien entendu, tout est bon pour son inlassable curiosité. Il apprend la langue et s'instruit sur la vie ambiante, tout en se forgeant une seconde patrie spirituelle plus ou moins chimérique. Peu d'écrivains français, peut-être même aucun autre, connurent une telle expérience. Trop préoccupés de livres, nos prédécesseurs ont oublié que la clé de Voltaire se trouvait dans sa vie, non dans ses ouvrages, et particulièrement dans sa vie en Angleterre. Nous avons essayé de lever un coin du voile. Chacun des centaines d'Anglais qui l'ont alors fréquenté ou connu de réputation, en a conservé une image personnelle, mais, au total, on a trouvé un Français brillant et bouillant, caustique et frondeur, libertin de propos dans les deux sens du terme, intrigant et intriguant.

De 1729 à 1749, malgré une guerre, les liens demeurent étroits et fréquents. Le thème des souvenirs s'esquisse. Désormais associé aux dirigeants, Voltaire lie plus ou moins son sort à la diplomatie nationale et adopte les idées officielles. Les échanges scientifiques s'intensifient. L'historiographe pique et provoque le public anglais. La seconde de ces décennies se place décidément sous le signe des académies et des ambassades.

Le séjour en Prusse rompit avec l'Angleterre autant qu'avec la France, d'autant plus que la Guerre de sept ans intervint au moment d'une réinstallation difficile. Au propre comme au figuré, Voltaire prenait ses distances. Shakespeare eut sa bonne part dans cet éloignement, d'où des représailles réitérées. S'y ajoutèrent une foule de querelles, grandes et petites, avec divers insulaires, ce qui n'empêcha pas un fond d'amitiés privées d'origine récente. Bonne ou mauvaise, la renommée de l'homme grandit brusquement. Assaillant ou point de mire, provocateur ou provoqué, Voltaire préoccupe et occupe de plus en plus l'opinion. Pour les Anglais qui, une fois la paix restaurée, défilent en foule à Ferney, il représente le principal monument de l'Europe intellectuelle et pittoresque. En présence de ces visiteurs, il entretint soigneusement sa légende: seigneur de village imité du 'squire', cynique ou bouffon, véhément ou charmeur, parfaitement au courant de toutes choses anglaises. Quand le rideau tombe, toute l'Angleterre siffle ou applaudit.

Parmi les facteurs qui déterminèrent l'accueil des Anglais, la politique tint autant de place que les belles-lettres. L'auteur de *La Henriade*, certes le premier poète épique et dramatique des temps modernes, joua sa partie dans le renversement des alliances sous la régence. Vingt ans plus tard, celui du *Poème sur la bataille de Fontenoy* asservit sa plume à la monarchie et au jacobitisme. Le défenseur de Byng osa se mêler de politique intérieure. L'habitant de Genève contrecarra les entreprises du résident britannique. Dans les dernières années, et plus encore dans les derniers mois ses sympathies pour les insurgents américains lui aliénèrent plus d'un Anglais.

Passé la première phase, en dépit des fluctuations mineures, Voltaire maintint le paradoxe d'une admiration presque illimitée pour le régime intérieur anglais jointe à une grande méfiance envers la puissance diplomatique et militaire. Au cosmopolite

857

qu'il était souvent et qui s'affirmait comme citoyen du monde, on ne pardonnait pas d'avoir si souvent choisi le parti contraire à la politique du Cabinet britannique. Sans être nationaliste—ni le mot, ni l'idée n'ayant encore cours—Voltaire possédait un solide fonds de patriotisme français. Les Anglais ne s'y sont pas trompés. Ne pas prendre parti, se cantonner dans la république inter-national des lettres, sans frontières et sans passions, Voltaire en était incapable. Malgré sa répugnance pour les Welches—qui aime bien, châtie bien—il se rangeait dans le camp des Français.

Français signifiait aussi catholique et romain. Dûment baptisé, ancien élève des Jésuites, il appartenait à son corps défendant à la secte honnie des papistes. L'accusation, qui fait sourire aujourd'-hui, mobilisa contre lui de nombreux protestants anglais con-vaincus. On se fit un malin plaisir d'attribuer au contexte religieux français certaines réactions insolites, comme les fameuses et fâcheuses pâques de 1768, qui réussirent à exaspérer à la fois les catholiques et les réformés.

Ses amis de la période londonienne ne reconnaissaient plus en ce patriarche prédicant et respectueux de l'ordre moral, l'esprit fort de jadis. Les écrits contre l'*infâme* montraient une continuité profonde, mais il faut distinguer entre l'hôte de Ferney et l'auteur philosophique. Ceux qui se risquaient dans cet antre, savaient à quels frissons ils s'exposaient. Dans l'horreur comme dans le ravissement, ils se faisaient les complices d'un maître de céans toujours attentif à choquer les oreilles pieuses. La lecture des œuvres, à tête reposée, heurtait bien davantage la sensibilité religieuse des Anglais. Même les plus voltairiens devaient chercher un alibi dans l'esprit de tolérance du défenseur des Calas. Extrême-ment rares furent ceux qui allèrent jusqu'au bout de leur déisme ou de leur impiété. La grande majorité éprouvait plus qu'un malaise, dont ils se défendaient parfois par de la commisération envers ce pécheur endurci.

Socialement, le phénomène voltairien n'était pas moins décon-certant. On savait Arouet d'origine bourgeoise, sa particule un nom de comédie. Ses prétentions nobiliaires firent long feu, et ce grand ironiste parvint même, dans l'affaire Lyttelton, à se montrer ridicule. On ne lui reprochait ni son ambition, ni sa réussite, ni ses richesses, faute d'information précise sans doute, mais aussi parce qu'il eût été estimé pour son ascension s'il avait été anglais. Mais on censura sévérement ses compromissions avec le pouvoir, son adulation des grands, son respect des titres et des privilèges, bref, son 'snobisme' avant la lettre, au futur sens anglais de mot. Les plus indulgents y virent encore un exemple de l'incurable vanité française.

La place de l'écrivain dans la société, l'un des problèmes fondamentaux de la sociologie littéraire de la France du xviiie siècle, dont la bastonnade de 1726 demeurait le cuisant symbole, se posait outre-Manche en termes si différentes que les luttes de Voltaire contre le pouvoir et pour une action réelle des intellectuels dans la cité, ne rencontrèrent qu'ignorance ou indifférence. Dans un pays libre, relativement à la monarchie française d'ancien régime du moins, on ne voyait pas ce que pouvait signifier la conquête de l'opinion. Autant Voltaire parut religieusement inquiétant, et souvent néfaste, autant on le jugea socialement anodin, voire conservateur, en tout cas, sauf dans l'affaire Calas (et même alors l'aspect humanitaire primait sur les progrès juridiques), bien intégré à la société de ses compatriotes.

Mais bien plus que la politique, la religion et la société, le caractère de l'homme défraya la chronique. Dès le début, l'ambiguïté des réactions se fit jour. Bolingbroke, malgré de très fortes sympathies, maintint une certaine réserve. S'il pardonnait les écarts, les boutades ou les revirements, c'était par estime pour l'écrivain. On retrouvera tout au long du siècle mêmes hésitations et mêmes griefs: versatilité, fatuité, indiscrétion, instinct destructeur, méchanceté, dissimulation et, vers la fin, sénilité. Tous les Anglais qui eurent la rage de juger au lieu de comprendre, tombèrent dans les traquenards de l'ironie voltairienne. Même les plus bienveillants, comme Goldsmith, ou les plus proches par le tempérament, tel Chesterfield, tinrent à déplorer certains travers.

Dès 1756, Thomas Amory résumait l'ambiguïté du personnage

avec un parti-pris de dénigrement nettement inspiré par le conflit latent entre la France et l'Angleterre: 'Voltaire, however, that wonderful compound of a man, half-infidel, half-papist, who seems to have had no regard for Christianity, and yet compliments popery at the expense of his understanding, who wrote the history of England with a partiality and a malevolence almost as great as Smollett, and pretended to describe the Britannic constitution, though it is plain from what he says, that he had not one true idea of the primary institutions of it, but taking this nation to be just such another kingdom of slaves as his own country, railed at the Revolution, and like all the Jacobite dunces, prated against the placing the prince of Orange on the throne, and the establishment of the succession in the present protestant heirs; though it is most certain that these things were the most natural fruit and effect of our incomparable constitution, and are de jure, in short, that Zoilus and plagiary, that carping superficial critic, as a good judge calls him; who abuses the English nation in his letters, and denies Shakespeare (who furnishes out more elegant, pleasing and interesting entertainment in his plays, than all the other dramatic writers, ancient and modern, have been able to do and, without observing any one unity, but that of character, for ever diverts and instructs by the variety of his incidents, the propriety of his sentiments, the luxuriancy of his fancy and the purity and strength of his dialogue) almost every dramatic excellence; though in his *Mahomet*, he pilfers from *Macbeth* almost every capital scene; Voltaire, I say, speaking of this abbé Le Blanc, wishes he had travelled through all the world, and wrote of all nations, for it becomes only a wise man to travel and write'[1].

Les femmes en particulier, qui auraient pu s'en coiffer, fournirent ses pires ennemies, repoussant en lui les vices français à la mode au nom de la vertu et de la piété. Où donc étaient les 'miladies Qu'importe' de la *Princesse de Babylone*, à 'l'âme vive et

[1] Amory, pp.276-277. Jean de Palacio nous a aimablement signalé ce passage.

sensible', aussi ouvertes à la philosophique que la princesse Amaside, mais avec quel supplément d'ardeur amoureuse!, sans tomber dans l'impudicité perverse de la Clive-Hart qui faillit perdre Jenni? Les 'dames anglaises', critiquées pour leur 'froideur', 'leur air dédaigneux et de glace' (*LPh*, ii.258), ou encore leur 'air emprunté et gauche', leur 'roideur' et leur 'mauvaise honte' (*Princesse de Babylone*, ch.xvi), reçurent ample vengeance de la plume des bas-bleus, qui firent de Voltaire leur bête noire et le symbole incarné d'un abominable libertinage. De plus, elles se donnèrent pour mission la protection de la jeunesse contre les influences malignes: 'I fondled the daughter of the house', écrivait mrs Thrale en 1784, 'till she cried over me pitiously at parting and said she had lost her *best friend*, pretty soul! The truth is I took Voltaire's works out of her closet and charged her never more to look in such books as she confessed had often poisoned her peace and put her on a train of thinking which as I told her could end only in offence to God and sorrow to herself—but how does one's abhorrence increase of these traitors to human kind! Who rob youth of its innocence and age of its only consolation, who spurn at offered salvation themselves and turn others from the gate that leads to eternal life' (Thrale 3, ii.614-615).

En revanche, dès qu'ils ne se sentaient plus menacés dans leur bonne conscience, les Anglais ne se lassaient pas des excentricités devenues inoffensives et divertissantes de cet homme extraordinaire, source perpétuelle d'amusement horrifié, sorte de singe de joueur d'orgue de Barbarie, dont les cabrioles peuvent choquer, mais ne manquent jamais de distraire. Et même, à la fin, il semble avoir servi de cible aux ragots et à la médisance (N. Perry 3, pp.139-140). 'Entertaining', tel est en effet le refrain. Ses bons-mots, ses aventures, tout finissait par des cancans. De ce point de vue, il préfigure étrangement le G. B. S., le Bernard Shaw de la légende.

Autour de Voltaire se cristallise l'image anglaise du Français: brillant, charmeur, intelligent, vif et spirituel, mais léger, peu sûr, sceptique, superficiel et frondeur. Parallèlement, l'Angleterre construisait le citoyen britannique idéal, qui empruntait aux affaires le sérieux, au protestantisme l'autonomie d'une conscience individuelle exigeante, à la nature une sensibilité poétique et le mépris des valeurs urbaines, aux conquêtes commerciales et coloniales la majesté. De telles images, qui tourneront bientôt au mythe, ne s'embarrassent pas de nuances. Admirer Voltaire, c'était se montrer mauvais patriote[2].

Du Voltaire inquiet, pathétique, amer et tourmenté jusqu'au tragique, qui n'est pas moins vrai que l'autre, quoique plus secret, sauf Keate peut-être, ce qui est tout-à-fait à son honneur, personne n'a rien soupçonné. Les contemporains français, à vrai dire, n'ont pas été tellement plus perspicaces. L'image d'un être génialement doué et agréablement superficiel, cynique et cocasse, satisfaisait la plupart des Anglais, comme un cliché commode, donc rassurant. Tous, pour le meilleur, et plus encore pour le pire, l'ont trouvé terriblement français.

2. Succès ou influence? Curiosité, affinités, résistances

Les œuvres de Voltaire connurent un succès immédiat, ininterrompu, prodigieux. Il se mesure au nombre des éditions, des traductions, à leur diversité et à leur rythme. De 1732, date de la première traduction, celle de l'*Histoire de Charles XII* (en mettant à part les deux *Essays* et *La Henriade*), jusqu'à 1780 environ, la production ne fléchit pas. Même dans les vingt dernières années du siècle, certaines œuvres revinrent sur le marché, tel *Zadig*. Parallèlement aux publications en bonne et dûe forme, les annonces dans les périodiques, les résumés, les comptes-rendus se comptent par centaines. Toutes les statistiques, tous les recoupements le confirment; le public anglais demandait et redemandait du Voltaire, tout Voltaire, n'importe quel Voltaire, sans jamais être saturé.

---

[2] A. Aranson montre comment le patriotisme a souvent servi de critère dans les comptes-rendus de presse. La réaction contre le goût aristocratique à la française au nom des vertus bourgeoises et des valeurs familiales commence dès 1745-1750.

Quand il s'agit de théâtre, le nombre des représentations, souvent mesurable à l'unité près pour les scènes londoniennes du moins, vient renforcer cette première constatation. Mais peut-on encore parler de textes de Voltaire? Tout en notant d'importants décalages entre l'original et son adaptation scénique, les critiques ne se posent jamais cette question essentielle. Pourtant, si l'on prenait la peine de retraduire en français les curieuses versions offertes aux Londoniens par W. Duncombe, Aaron Hill, Arthur Murphy ou Francklin, pour ne citer que les plus productifs, qui pourrait reconnaître la griffe de l'auteur? La multiplicité des adaptations dans certains cas, éditées ou non, complique encore le problème. La majorité de ces versions, d'ailleurs, ne se réclame pas explicitement de Voltaire, et les catalogues des bibliothèques publiques hésitent parfois dans leur classement.

Le nombre des personnages, le découpage des scènes et des répliques, les idées, les caractères, les images, le ton, le rythme, tout est modifié, transformé, déformé. Le plus souvent, on escamote la propagande philosophique au profit des effets pathétiques, on accentue le pittoresque, on enrichit la mise en scène, on brode des images colorées ou frénétiques. Le résultat prend des airs de Dryden, de Lillo ou de Shakespeare.

Servies par les plus grands interprètes du siècle, Garrick, Macklin, mrs Cibber, mrs Yates, ces pièces ont occupé la place vacante d'une tragédie nationale moderne qui n'existait plus. Les genres indigènes étaient la pantomime, le *ballad-opera*, le drame bourgeois, à la rigueur la comédie sentimentale (qui compta plusieurs adaptations de Voltaire parmi ses plus grands succès). Dans le domaine de la tragédie traditionnelle, la suprématie revenait sans conteste à Voltaire. Même lorsque Shakespeare parut le supplanter à partir de 1750 environ, le nombre des représentations montre que, loin de se démentir, le succès ne fit que croître, grâce en partie à l'éclectisme de Garrick. Voltaire réalisa donc ce paradoxe d'être, par procuration, l'auteur tragique anglais le plus applaudi et, en même temps, le plus stérilisant, dans la mesure où il freinait un renouvellement nécessaire et entretenait la paresse des créateurs. Les raisons de son succès furent aussi celles de son échec. Il avait réalisé un habile hybride de Racine et de Shakespeare. Les Anglais, tout en dénonçant le 'plagiat', y retrouvaient des accents familiers. Encore un croisement avec Dryden, et l'on obtenait une variété parfaitement assimilable. L'histoire de sa fortune dramatique se confond avec celle d'un retour aux textes authentiques faisant l'économie de cette laborieuse et étrangère alchimie.

Comme critique littéraire, la renommée de Voltaire reposa avant tout sur l'*Essay upon epick poetry*, sans que les Anglais perçussent nettement à quel point la version française s'était fermée à une compréhension équitable des littératures nationales modernes; sur les préfaces et épîtres des diverses tragédies; à un bien moindre degré, ne serait-ce qu'à cause des dates, sur les articles dispersés du *Dictionnaire philosophique* et des *Questions sur l'encyclopédie*. A partir de 1747, et plus encore de 1753, la défense de Shakespeare cristallisera toutes les oppositions à l'esthétique classique d'inspiration française. Malgré son 'ravissement' initial, obnubilé par sa philosophie du progrès littéraire, Voltaire ne consentit à aucun moment à considérer Shakespeare en lui-même comme une étape décisive de l'évolution du théâtre anglais. Même lorsqu'il eut l'intuition de l'originalité du dramaturge élisabéthain, il la refoulait toujours au profit de l'amélioration apportée par la tragédie française, seul genre digne d'une grande nation moderne civilisée. Prendre à Shakespeare les quelques recettes propres à ranimer un théâtre menacé par les fadeurs de la galanterie et les langueurs de la conversation, était de bonne politique. Revenir à Shakespeare tel quel, équivalait à une régression esthétique et morale.

Quand la critique anglaise commença à étudier Shakespeare comme un univers autonome et souverain, la position de Voltaire apparut mesquinement égoïste et utilitaire, injuste et chauvine, d'autant plus qu'il prétendait à cette occasion partager l'empire de la culture européenne en deux domaines et refuser aux Anglais l'accès aux belles-lettres et aux beaux-arts, leur concédant la 'philosophie', Locke et Newton.

Shakespeare en vint donc à incarner un idéal de sublime poétique, de vérité psychologique et de liberté dans l'art plus encore que de vie dramatique, de pittoresque ou d'histoire. Cependant, les 'philosophes' comme Hume, les aristocrates de formation française comme Chesterfield ou les Yorke, refusèrent ce qui leur semblait du primitivisme esthétique. L'orgueil national empêcha cette division entre les cosmopolites et les patriotes de tourner à la guerre civile. Shakespeare, de toute façon, était la grande œuvremère, Voltaire un imitateur ingrat, voire un plagiaire, qui osait en remontrer à son maître. La *Lettre à l'Académie*, aigre pendant de l'*Essay* de mrs Montagu ne fit que confirmer la mauvaise humeur et la mauvaise foi du vieillard radoteur, désormais dépassé même par ses compatriotes.

Le débat autour de l'épopée présente davantage de diversité. A l'égard des Italiens, du Tasse, de l'Arioste, et même de Dante, sous l'influence d'un Rolli ou d'un Martinelli, la critique anglaise, à partir de 1750, surmonta le verdict de Boileau et des Français. Cette fois, Voltaire se présentait beaucoup moins en porte-à-faux. Comme lui, les lecteurs anglais n'étaient pas loin de trouver Dante à la fois grandiose et barbare, l'Arioste finalement d'un baroque fort plaisant et le Tasse un modèle d'équilibre. Quant à Camoëns, l'Angleterre ne l'eût pas connu sans Voltaire et lui accorda volontiers le mérite de la découverte.

Restait Milton, autre pomme de discorde. Grand initiateur des études miltoniennes en Angleterre même, Voltaire se vit rapidement dépassé par le mouvement qu'il avait lancé. Comme pour Shakespeare, et plus encore faute de sympathie initiale, il s'enfonça dans le sarcasme et le dégoût, indisposant les Britanniques par son incompréhension. Là aussi, il était orfèvre, mais sa *Henriade*, après avoir été saluée comme le chef-d'œuvre de l'épopée moderne, vit son public s'effriter et perdit peu à peu ses beautés poétiques. L'application mécanique des règles et des recettes, les froides allégories, l'ordre impeccable ou savamment dérangé, les ornements rhétoriques conventionnels, tout parut bientôt factice, démodé et ennuyeux. On voulait de la couleur, de l'invention, du merveilleux et du pathétique. Surtout, les Anglais et plus encore les Ecossais comprirent que l'épopée authentique doit spontanément jaillir du fonds populaire ou reprendre les grands mythes éternels, au lieu d'être extraite du tiroir des doctes. La véritable réplique à *La Henriade*, ce fut Ossian.

Ce goût pour la littérature populaire, le moyen âge, l'émotion et l'imaginaire devenant passion, éloignait de Voltaire la plupart des théoriciens de la seconde moitié du siècle: Hurd, Mason, les deux Warton, Beattie, posèrent déjà les fondements d'une littérature romantique. Young y ajouta le culte du génie original. Même si un Walpole ou un Johnson restent attachés à de nombreux points de l'esthétique voltairienne, l'amour du fantastique et de l'insolite chez l'un, le réalisme empirique orienté vers la sagesse et la vertu de l'autre, instaurèrent une discordance symptômatique. Même Goldsmith, de tous les écrivains anglais le plus admiratif envers l'homme, s'il se permit de piller Voltaire sans vergogne afin d'apprendre son métier de journaliste et d'essayiste, s'en détacha bientôt pour écouter les élans du cœur et s'abandonner aux épanchements de la vertu.

Tout système de valeurs esthétiques à part, les Anglais eurent de la difficulté à admettre le style de cette critique. Comment prendre au sérieux les boutades, les paradoxes, les revirements, les partis pris, les mauvaises querelles émaillant préfaces, pamphlets, contes et articles de dictionnaire? Aux yeux des spécialistes, Voltaire faisait figure de ce qu'il fut assez exactement en réalité: un Pococurante agressif et déconcertant, louant ou censurant au gré de l'humeur ou des circonstances, mais au fond, solidement attaché aux valeurs traditionnelles, la raison, la mesure, le bon goût, les règles, l'ordre et l'abstraction.

De ce qui fait aujourd'hui la perennité de Voltaire, ne serait-ce que par l'adéquation parfaite du contenu et de l'expression: le conteur philosophique, le défenseur brillant et acharné des Lumières, le fondateur de l'historiographie moderne, les Anglais méconnurent le premier, ne firent qu'entrevoir le deuxième, et portèrent l'empreinte pleine et profonde du troisième.

Les contes, certes, n'échappèrent pas à l'attention. On les traduisit, on les lut, on les commenta, mais, sauf *Candide*, ce fut pour les oublier aussitôt. Ce qui en faisait l'originalité et le succès, les liens organiques avec l'œuvre 'sérieuse', les allusions ironiques à l'actualité et surtout le style, ne put franchir les barrières d'une langue et d'un contexte social différents. De plus, le genre n'existant pas dans la littérature anglaise, la greffe ne trouvait aucun support, si greffe il devait y avoir, sinon certains aspects de l'essai qui ne purent assimiler le nouveau venu.

On peut cependant invoquer *Rasselas*, un accident dans la carrière de Johnson, et *Vathek*. Le parallèle du premier avec *Candide*, véritable lieu commun critique, relève de la comparaison purement formelle. En revanche, on peut affirmer que sans Voltaire, *Vathek* n'eût pas existé. Dans sa première moitié au moins éclatent des traits stylistiques typiquement voltairiens. Mais des tours analogues servent des desseins différents. Chez Beckford, lorsque le jeu n'est pas purement gratuit, il anime une simple satire des travers humains en général. Une fantaisie débridée, une forte et authentique culture orientale, un mysticisme visionnaire, une macabre ou poétique solennité, vont bien au-delà des grêles caprices voltairiens. La démesure du héros, le fantastique de sa quête, l'apparentent aux œuvres futures. Si, de plus, on y cherche le reflet de la personnalité un peu trouble de l'auteur, quoi de commun entre cet adolescent milliardaire et décadent et le patriarche positif de Ferney?

Candide se détache entre tous les contes. Non que les Anglais aient apprécié l'originalité des procédés narratifs, mais ils ont violemment réagi à la provocation idéologique. Cet attentat blasphématoire contre la providence heurta les consciences chrétiennes, sans que les mérites littéraires fassent contre-poids. Quantitativement et qualitativement la présence européenne de *Candide* se trouve confirmée.

Le XVIIIème siècle est l'âge d'or du roman anglais. L'interférence de Voltaire et de ce genre nouveau est presque nulle. De grands romanciers, Fielding, Smollett, Goldsmith lurent et commentèrent les œuvres de Voltaire, mais il s'agissait toujours d'essais ou d'histoire. Sterne et Voltaire s'adressèrent des saluts réciproques, mais sans plus. Si Voltaire eut une influence, ce fut sur les romanciers 'radicaux' du dernier quart du siècle, mais ils furent non moins tributaires de Rousseau, et leurs œuvres, innombrables et dans l'ensemble médiocres, n'ont qu'une valeur de circonstance. La ligne de démarcation entre les 'anciens' et les 'modernes', entre les 'classiques' et les 'romantiques', de quelque nom qu'on veuille bien les qualifier, passe par le roman. Le conte aurait pu réaliser un territoire mitoyen et frontalier, mais à la condition de se constituer en nouvelle. Le conte voltairien, au contraire, miroir philosophique promené au milieu des mœurs, des idées et des livres, se joue de la narration et néglige les personnages. Il jette un pont entre les Lumières et la vie. Avec quelques imitateurs et aucune postérité, il est resté totalement étranger à l'évolution du roman anglais.

Pas plus que les dialogues ou que les innombrables facéties et 'fusées volantes' à peu près incompréhensibles en dehors du milieu auquel elles étaient destinées, la production poétique de Voltaire n'intéressa l'Angleterre. Dans le genre moral, satirique ou didactique, Pope avait fait aussi bien, et sans doute beaucoup mieux, en tout cas plus tôt. La poésie fugitive ne se traduit pas. Restaient les épopées burlesques, également assez proches de modèles anglais comme Butler. Leur parfum scandaleux repoussait les lecteurs prudes ou délicats, mais ces textes drôlatiques, injustement méconnus au XXe siècle, surent conquérir et conserver un petit noyau de fidèles, discrets, mais convaincus.

De Locke et de Newton, ses divinités, Voltaire s'était formé une vision du monde très personnelle, dont il se fit auprès des Welches l'inlassable apôtre. Les Anglais n'avaient donc rien à en apprendre. La première expression complète de ce système, les *Lettres philosophiques*, prenant l'Angleterre comme référence, l'obligeait à réagir. On constata des lacunes, on déplora certains préjugés, on ne refusa pas les flatteries. Interprétation de la culture et de la civilisation britanniques, autant rêvées qu'observées, ces *Lettres* ont joué un rôle non négligeable dans l'élaboration du mythe anglais, à tel point que Shebbeare, lorsqu'il voulut critiquer ses compatriotes vingt ans plus tard, ne trouva rien de mieux que d'en inverser le schéma. A partir de 1760 environ, la campagne contre l'*infâme* suscita outre-Manche de violentes réactions. *Candide* servit en quelque sorte de ligne de crête. Avant ce conte, l'admiration pour le poète contrebalance les réserves déjà présentes sur la moralité et la religion de l'écrivain. Après lui, les yeux se sont ouverts et l'on saisit toutes les occasions de dénoncer l'agresseur contre la providence divine[3]. La politique ne s'en mêlera vraiment qu'après 1780[4]. Avec plus ou moins de bonheur, Young, Warburton, Findlay, Mickle, Beattie, Priestley, chacun selon sa formation, sa clientèle et son style, partiront en croisade, s'en prenant qui au hideux sourire, qui au lecteur critique de la *Bible*, qui à l'impie en général. Ils trouvèrent un écho facile dans une opinion publique prompte à identifer l'esprit français et l'irréligion. En revanche, Voltaire recruta des défenseurs parmi les Ecossais éclairés ou dans une aristocratique jeunesse initiée aux idées nouvelles et au persiflage par ses lectures et surtout par les agréables épreuves initiatiques d'un grand tour, dont Ferney constituait la suprême station. Mais jadis comme naguère, ce n'était qu'une petite élite indépendante, en réaction contre un conformisme envahissant, sérieux et discipliné, de mauvais Anglais en somme.

Sur le seul point des travaux historiques, on peut estimer que sans Voltaire les lettres anglaises n'eussent pas été ce qu'elles furent, et le mot d'influence prend tout son sens[5]. Certes, Hume

---

[3] notons que la *Critical review* sera la seule des revues à préserver une certaine objectivité.

[4] R. Shackleton 2 montre l'absence totale d'influence des Lumières sur la politique anglaise demeurée empirique et pragmatique.

[5] dans son *Voltaire* (p.219), G. Lanson écrit: 'Si je m'aventure à indiquer ce qui m'apparaît actuellement, je me représente l'influence de Voltaire comme très faible en Angleterre, sauf en ce qui regarde la littérature historique. La pensée philosophique en ce pays a devancé Voltaire et n'a pas eu grand'chose à prendre chez lui. . . . Enfin les temps où nos formes classiques marquaient de leur empreinte la littérature anglaise finissaient au moment où Voltaire débutait, et l'Angleterre se rendait à son propre génie'.

doit très peu à Voltaire. Venu de la philosophie proprement dite aux illustrations concrètes de l'histoire, sans jamais devenir vraiment historien, il démontre une communauté de valeurs plus que de méthode et d'intention. Des autres historiens, seul Gibbon aborda le passé dans un esprit de scepticisme, d'ironie et de synthèse à la manière de Voltaire. Mais il se borne à constater avec un dédaigneux sourire désabusé, sans chercher à indigner, encore moins à réformer ou à provoquer l'action. Superbe et byzantin, il se complut dans la contemplation quasi lyrique des temps lointains. Smollett et Goldsmith ont simplement tiré parti de l'immense fonds historique voltairien, tout en conservant leurs préjugés politiques, religieux ou moraux. Mais Robertson, Ferguson, Watson, Mortimer, Henry, Pinkerton, lord Kames, John Adams ou même Priestley, ont appliqué à divers secteurs du temps ou de l'espace les enseignements de Voltaire sur l'analyse des mentalités et des civilisations. Tout en critiquant plus d'une fois l'abus des anecdotes et la recherche de l'effet, les Anglais, et plus encore les Ecossais, ont su assimiler la leçon et produire de nombreuses histoires 'philosophiques' de qualité.

Ce bilan général, l'éditeur anonyme, mais probablement écossais, de l'*History of Charles XII* publiée à Edimbourg en 1769, l'avait déjà très lucidement dressé: poète (c'est-à-dire essentiellement dramaturge), critique littéraire et artiste incomparable; 'philosophe' (le terme incluant la science) à la fois hypercritique et aveuglé par certains préjugés, indûment agressif et parfois entêté, mais digne de louanges pour sa propagande newtonienne; métaphysicien de grand talent mis au service de la très mauvaise cause de la libre-pensée et de l'impiété; en histoire, le premier de tous. En 1784, John Adams, s'adressant aux jeunes Anglais voyageant à Paris, brosse un panorama complet de la littérature française (pp.94-161). Il place Voltaire en tête, très loin devant ses devanciers et ses rivaux, et détaille son affirmation dans tous les domaines, sauf les contes entièrement passés sous silence. Par comparaison, Jean Jacques Rousseau est qualifié d'original intéressant et curieux, mais marginal. 'Except none of his writings for your perusal', tel est son ultime conseil. 'Prose or verse, read them all, and you will read them more than once' (p.157). Le reproche d'impiété n'est pas absent, mais passe au dernier plan.

Un succès prodigieux, un malaise persistant, enthousiasme et répulsion mêlés, ces contradictions reflètent fidèlement une œuvre qui en est elle-même, quoi qu'on dise, tissue. La tradition classique en matière de goût et de formes littéraires s'y allie à l'esprit critique, la continuité esthétique à la rupture idéologique, juxtaposition de contraires précisément inverse de la répartition britannique. Outre-Manche, l'imagination et la sensibilité renouvelaient l'expression au sein d'une société et d'une église déjà terriblement figées. Cette liberté dont Voltaire avait fait pour l'Angleterre une épithète de nature, on ne la réclamait que dans l'art, non pour la pensée ou l'opinion.

Les autres pôles de la culture anglaise, la nature et le génie, n'étaient pas moins opposés à la raison et à l'esprit exaltés par Voltaire. Dans le sillage de Diderot et de Rousseau, on n'aurait aucune peine à relever en France des traits authentiquement 'anglais', mais les circonstances et l'influence délibérée de Voltaire lui-même, encore perceptible même aujourd'hui, les ont fait passer pour secondaires et moins typiquement nationaux que les autres. Mi-consciemment, mi-inconsciemment, Voltaire avait échafaudé sa république idéale des lettres franco-britannique. 'I am sorry that England is sunk into romances, the time of Newton, Loke, Pope, Adisson, Steele, Swift, is gone. It seems all the world is degenerated', écrivait-il à Fawkener en 1752 (Best. D4851). Nous pourrions ajouter à cette liste Dryden, Bolingbroke et quelques *free-thinkers*, et nous avons cet 'Augustan age' qu'il a connu, lorsque l'Angleterre et la France, par la grâce de l'édit de Nantes providentiellement révoqué, se trouvaient culturellement au plus fort de leur entente. En Voltaire, les Anglais reconnaissaient l'image quasi immuable de ce qu'ils avaient été, étaient de moins en moins et ne voulaient plus être. 'Sunk into romances'. Romans? romantisme? On ne saurait mieux dire, en tout cas plongés dans leur passé anglo-saxon et fiers de leur culture

retrouvée. Fascinés et irrités en même temps par cette ressemblance passagère, sauf quelques nostalgiques de l'ancien ordre des
choses, ils ont passé soixante ans à exorciser en Voltaire ce qu'il
pouvait y avoir en eux de trop français.

BIBLIOGRAPHIES

I. MANUSCRITS

1. Collections publiques

Aberdeen, University of, Marischal College: Beattie papers.

Aberystwyth, National library of Wales: MS 250 D: Commonplace book of rev. Jenkins.

Belfast, Public Record Office (Northern Ireland): T 1062: Minute book of the province meeting of the Society of friends; D553/32: lettre de W. Drenmar.

Bury St. Edmunds, West Suffolk Record Office: Ickworth papers: 941/47/4, Correspondance de lord Hervey (1726-1738); 941/49/4, Lettres et copies diverses; 941/47/21, Copies de vers; 941/47/76, Catalogue de la bibliothèque d'Ickworth (c.1796); 941/50/1, Lettres de lady Hervey au 3ème comte de Bristol; 941/50/3, Journal du 3ème comte de Bristol (1746-1759).

Edimbourg, National library of Scotland: MS 2903: Lettre à la fille d'Allan Ramsay, 1778; MS 4859.

—Royal Society of Edinburgh: Hume papers.

—Scottish Record Office: Clerk of Penicuik muniments, 5036/8: Lettre de Thomas Blackwell.

—University of Edinburgh: Laing MSS, LaII 377/8: Examen du *DPh* par C. Wren.

Epinal, Bibliothèque municipale: MS 55: Histoire de Senones, par dom Fangé.

Genève, Bibliothèque publique et universitaire: Fonds Bonnet: Correspondance avec George Keate.

— Institut et Musée Voltaire: Documents divers.

Leeds, University of; Catalogue d'un fonds de la bibliothèque universitaire sur les relations franco-anglaises au XVIIIème siécle.

Londres, British Library: Stowe 247: Correspondance de lord Stair; Sloane 4285-4288: Correspondance de Desmaizeaux; Sloane 4300: Correspondance française de Thomas Birch, Lettres d'Elie de Beaumont, 1764-1765; Sloane 4312, ff.188-235: Lettres de Lockman à Thomas Birch, 1731-1758; Sloane 4367:

Theological tracts, trad. fr. par Desmaizeaux de la lettre de Josiah Martin à Voltaire; Sloane 5884: Alphabetical collections for an Athenae Cantab. U.Y., notes de William Cole sur Voltaire; add. MS 11373-11374: Hyndford papers, Affaires de Prusse, 1743; add. MS 11511; A Catalogue of the royal library of her Majesty Queen Caroline, c.1740; add. MS 15956: Anson papers; add. MS 24058; Log-book of H.M.S. Monarch; add. MS 28275: Tonson papers; add. MS 30867-30869: Correspondance de John Wilkes, 1739-1767; add. MS 30991-30992: Keate papers; add. MS 31563: Mitford papers, William Mason's notebooks; add. MS 32562: Mitford papers, Thomas Gray's notebooks; add. MS 32688-32774: Correspondance officielle du duc de Newcastle; add. MS 33537-33538: Correspondance entre Samuel et Jeremy Bentham, 1744-1779; add. MS 34328: Mémoires d'un espion français en Angleterre; add. MS 34732: Correspondance de Richard Phelps; add. MS 34753: Journal de voyage en France et en Lorraine d'Edward Southwell (1723); add. MS 34880: Gibbon papers, Common-place book of Edward Gibbon; add. MS 34882: Gibbon papers, Notes de lectures de Gibbon et index de *D & F*; add. MS 35349-36278: Hardwicke papers 35351-35352, Correspondance de Philip, 1er comte et de Philip, 2ème comte de Hardwicke (1731-1757); 35359-35360, Correspondance de sir Joseph Yorke et de Philip, 2ème comte; 35363, Correspondance de sir Joseph Yorke et de Philip, 2ème comte, La Haye, 1742; 35387-35388, Correspondance de Joseph Yorke et de lady Anson; 35396-35400, Correspondance de Philip, 2ème comte et de Thomas Birch (1740-1766); 35605, Correspondance de Philip, 2ème comte; 35889, 35893, 35895, Documents divers; 36270, Correspondance de Philip, 2ème comte, et de Thomas Birch; add. MS 36638; Journal de David Hume pendant l'expédition de Lorient; add. MS 37390-37397: Whitworth papers, Correspondance officielle pendant le congrès de Cambrai, octobre 1722; add. MS 38503-38504: Townshend papers, Correspondance d'Horatio Walpole et de Thomas Robinson à Paris avec le duc de Newcastle à Londres (1724-

1726); add. MS 38728: Assignments in copyright between English authors and publishers; add. MS 39826: Catalogue de la bibliothèque de Thomas Birch; add. MS 40663: Lettres diverses de mrs Montagu; add. MS 41134: Correspondance de sir William Chambers; add. MS 42069: Correspondance de sir William Hamilton; add. MS 44885 A et B: Papers relating to the Somerville family; add. MS 45889: Correspondance de lady Luxborough (1734-1771); add. MS 46856: Correspondance d'Horatio Walpole, ambassadeur à Paris, 1725; add. MS 47031-47032: Egmont papers, Diary (1725-1730); add. MS 47576, 47593: Fox papers, Correspondance de Charles James Fox avec Uvedale Price et G. Wakefield; add. MS 51392-51393: Holland House papers.

—National Register of Archives: Documents divers et fichiers.

—Public Record Office: Admiralty 2/519: Registre de la correspondance pour 1757; State Papers Domestic 70: vol. 28, lettre du duc de Richmond; State Papers Foreign 78: vol. 182, letters and documents from France (1725); State Papers Foreign 84 (Holland): vol. 386, janv.-sept. 1740; vol. 387, sept-nov. 1740; vol. 400, août-déc. 1743; State Papers Foreign 88 (Poland): vol. 71-76, Correspondance officielle de sir Charles Hanbury Williams, Prusse (1750-1754); State Papers Foreign 90 (Prussia): vol. 48, août-déc. 1740; vol. 55, août-déc. 1742; vol. 57, juil-déc. 1743; State Papers Foreign (Switzerland): vol. 34-48, 1753-1780; vol. 52, Divers; State Papers Foreign 100: vol. 5, French ministers in England (1726-1727); State Papers Foreign 104: vol. 32, Secretary's letter-book (outgoing letters), 1721-1727; State Papers Foreign 107: vol. 77, Intercepted despatches janv.mai 1757); Treasury 60/13.

—Victoria and Albert Museum: Forster Collection: vol. 13-15, Correspondance d'Aaron Hill.

Manchester, John Rylands Library: Bagshaw Muniment 3/711: lettre de sir James Caldwell à Montesquieu.

Nantes, Bibliothèque municipale: MS 383, vol. 674: correspondance entre Voltaire et lord Lyttelton.

New York, University of Yale: Boswell papers: Notes manuscrites de Boswell pendant son Grand Tour.

Oxford, Bodleian library: Carte papers 226: Correspondances diverses; Dashwood MSS; MS French D 18: lettres de Bolingbroke à mme de Feriol (1719-1729); MS Rawlinson poet. 194: Traduction inédite de *Zaïre*.

Paris, Archives du Ministère des Affaires étrangères: Angleterre, vol. 383, Visite de Silhouette en Angleterre; MS 502: Œuvres mêlées de m. le marquis d'Argenson.

—Archives de la Marine: série B, vol. vi: Liste des passagers à Calais (1727-1736); B2 305: Dossier sur Du Noquet.

—Bibliothèque de l'Arsenal: MS 4900: Papiers de Bachaumont.

—Bibliothèque Nationale: MS Fr.12933: Catalogue de la bibliothèque de César de Missy; MS Fr.21996: Registre des privilèges, 1729.

Saint-Dié, Bibliothèque municipale: MS 43: Histoire de Senones, par dom Fangé.

San Marino, Huntington Library: Montagu papers (1769 et 2ᵉᵐᵉ semestre de 1776).

Washington, Folger Shakespeare Library: Correspondance de D. Garrick, vol. iv.

Windsor, Royal Library: Stuart papers.

2. Collections particulières

Burnett of Kemnay (Aberdeenshire): Correspondance d'Alexander Burnett.

Cobham, vicomte, Hagley Hall (Worcestershire): Lyttelton papers.

Flower, mr Desmond: Editions anciennes de Voltaire (collection vendue en 1968, maintenant en possession de l'université du Texas, Humanities Research Centre).

Lichfield, comte de, Shugborough Hall (Staffordshire): Médaille d'or en l'honneur de l'amiral Anson.

Northumberland, duc de, Alnwick Castle (Northumberland): Miniature représentant Voltaire.

Osborn, sir Danvers Bt.: Lettre de Voltaire à l'amiral Byng.
Rousseau, André Michel, Aix-en-Provence: [mr and mrs Yates]:
*The Third advance to m. de Voltaire to whom the author had twice
address'd before. Lines added by the author's wife.*
Sempill, lady: Mitchell papers.

II. PERIODIQUES ANTERIEURS A 1800

Ont été systématiquement dépouillés les périodiques littéraires
mensuels ayant eu plus de cinq années d'existence avant 1789.
L'arbitraire d'une telle limitation n'a pour sa défense que l'impossibilité théorique d'une discrimination efficace *a priori*. Ainsi le
Magazine de Londres, publié à Londres en français, dont il
n'existe qu'un seul exemplaire connu à Oxford pour 1749, contient
une critique de *Sémiramis*, dix pages d'extraits de cette tragédie et
une *Épître de m. Marmontel à m. Voltaire*. Le dépouillement a été
poursuivi au-delà de 1789 pour certains titres importants, parfois
jusqu'au milieu du xixe siècle. Les revues éphémères n'ont été
examinées que dans le cas où un indice laissait espérer (le plus
souvent en vain) une source digne d'intérêt. A des fins documentaires, on trouvera ici la récapitulation complète de tous les
périodiques, qu'ils soient ou non cités dans le texte. Les périodiques
cités sont repérés par un astérisque.

Les journaux quotidiens ou hebdomadaires, dont il subsiste de
très volumineuses collections complètes, ou presque complètes
(Burney collection au British museum, Bodleian library), n'ont
été consultés qu'occasionnellement, tant leur dépouillement, même
partiel, dépassait les forces d'un seul homme. Des trouvailles restent certainement à faire. Les quotidiens n'ont pas été répertoriés
ci-après. On en trouvera la liste dans la table des 'Sigles et abréviations' en tête de l'ouvrage.

Les dates donnent la tête et la fin des collections. Tous les volumes
parus, en général annuels, ont été examinés un par un. L'abréviation
utilisée est rappelée entre crochets.

Pour plus de détails, cf. R. T. Milford et D. M. Sutherland, *A
Catalogue of English newspapers and periodicals in the Bodleian*

library, 1622-1800. Oxford 1936. L'exemplaire conservé dans la salle des catalogues de la Bodleian library est constamment tenu à jour par des annotations manuscrites.

* *Analytical review (The), or history of literature, domestic and foreign,* 1788-1799. 28 vol. [*AnR*].

Annals of Europe (The), 1739-1744. 6 vol.

* *Annual register (The),* 1758—(examiné jusqu'en 1850, soit 93 vol.) [*AR*].

Anti-jacobin review and magazine (The), or monthly political and literary censor, 1798-1821. 61 vol.

* *Bee (The), or universal weekly pamphlet,* 1733-1735. 9 vol. [*Bee*].

Bee revived (The), or the prisoner's magazine, 1750. 1 vol.

Bibliothèque anglaise, ou histoire littéraire de la Grande-Bretagne, 1717-1728. 15 vol.

* *Bibliothèque britannique, ou histoire des ouvrages de la Grande-Bretagne,* 1733-1747. 24 vol. [*BB*].

* *Biographical magazine (The), or complete historical library,* 1773-1776. 4 vol. [*BioM*].

British and foreign review (The), 1835-1844. 18 vol.

* *British critic (The),* 1793-1813. 42 vol. [*BC*].

British librarian (The), 1737. 1 vol.

British magazine (The), 1746-1750. 5 vol.

* *British magazine (The), or monthly repository for ladies and gentlemen,* 1760-1767. 8 vol. [*BM 1*].

* *British magazine (The) and general review of the literature, employment and amusements of the times,* 1772. 2 vol. [*BM 2*].

British magazine (The), or the London and Edinburgh intelligencer, 1747. 1 vol.

Champion (The), 1739-1740. 2 vol.

* *Connoisseur (The),* 1754-1756. 2 vol. [*Conn.*].

* *Copper-plate magazine (The), or monthly treasure for the admirer of the imitative arts,* 1777-1778. 1 vol. [*CPM*].

* *Court miscellany (The), or lady's new magazine,* 1765-1771. 7 vol. [*CM*].

* *Covent-Garden journal*, 1752. 1 vol. [*CGJ*].
* *Craftsman (The)*, 1731-1737. 14 vol. [*Crafts.*].
* *Critical memoirs of the times*, 1769. 1 vol. [*CMT*].
  Critical observations on books ancient and modern, 1776-1777. 2 vol.
* *Critical review (The)*, 1756-1790. 68 vol. [*CR*].
  Dramatic censor (The), 1751. 1 n°.
* *Dramatic censor (The), or critical companion;* 1770. 2 vol. [*DrC*].
* *Dublin magazine (The)*, 1762-1764. 3 vol. [*DuM*].
* *Edinburgh magazine (The)*, 1759-1762. 5 vol. [*EdM*].
* *Edinburgh review*, 1755-1756. 2 n° [*EdR*].
* *European magazine (The) and London review*, 1782-1825. 86 vol [*EM*].
* *Everyman's magazine, or monthly repository of science, instruction and amusement*, 1771-1772. 2 vol. [*EvM*].
  General history (The) of the principal discoveries and improvements in useful arts, 1726-1727. 4 n°.
  General magazine of arts and sciences (The), 1755-1765. 14 vol.
  General review of foreign literature (The), 1775. 2 n°.
  General review (The), or impartial register, 1752. 5 n°.
* *Gentleman's magazine (The), or monthly intelligencer*, 1731-1850. 240 vol. [*GM*].
* *Grand magazine of magazines (The)*, 1758-1759, 3 vol. [*GrMM*].
* *Grand magazine (The) of universal intelligence and monthly chronicle of our times*, 1758-1760. 3 vol. [*GrM*].
* *Gray's-Inn journal*, 1752-1754, 104 n° [*GIJ*].
* *Hibernian magazine (The), or compendium of entertaining knowledge*, 1771-1785. 8 vol. [*HiM*].
  Historia litteraria, 1730-1732. 4 vol.
* *Journal britannique (Le)*, 1750-1757. 24 vol. [*JB*].
* *Journal étranger (Le) de littérature, des spectacles et de politique*, 1777-1778. 1 vol. [*JEtr*].
  Kapelion (The), or political ordinary, 1750-1751. 6 n°.
  Ladies' magazine (The), or the universal entertainer, 1749-1753. 4 vol.

* *Lady's magazine (The), or polite companion for the fair sex*, 1760-1763. 3 vol. [*LaM 1*].
* *Lady's magazine (The), or entertaining companion for the fair sex*, 1770-1818. 48 vol. [*LaM 2*].

Literary journal (The), 1744-1749 et 1752. 6 vol.

* *Literary magazine (The), or History of the works of the learned*, 1737-1743. 14 vol. [*HWL*].
* *London chronicle (The), or universal evening post*, 1757-1823. 132 vol. [*LC*].
* *London magazine (The), or gentleman's monthly intelligencer*, 1732-1785. 52 vol. [*LM*].

London museum (The) of politics, 1770-1771. 4 vol.

* *London review (The) of English and foreign literature*, 1775-1780. 6 vol. [*LR*].
* *Miscellaneous correspondence (The), or Martin's magazine*. 1755-1763. 4 vol. [*MiscC*].

Miscellaneous observations upon authors ancient and modern, 1731-1732. 2 vol.

Monthly chronicle (The), or universal register, 1728-1732. 5 vol.

* *Monthly chronicle (The) for the year 1728*. 1 vol. [*MC*].

Monthly ledger (The), or literary repository, 1775. 1 vol.

* *Monthly magazine (The) and British register of literature, science and belles-lettres*, 1796-1826. 60 vol. [*MM*].
* *Monthly review (The)*, 1749-1845. 223 vol. [*MR*].
* *Museum (Dodsley's), or the literary and historical register*, 1746-1747. 3 vol. [*Mus.*].
* *New memoirs of literature*, 1725-1727. 6 vol. [*NML*].

New miscellany (a) for the years 1734-1739. 6 vol.

* *New review (a) with literary curiosities and literary intelligence*, 1782-1786. 10 vol. [*NR*].

North-Briton (The), 1769-1770. 46 no.

Philological miscellany, 1761. 1 vol.

* *Present state of the republick of letters (The)*, 1728-1736. 18 vol. [*PSRL*].
* *Prompter (The)*, 1734-1736, 172 no [*Pro.*].

* *Royal maga\ine* (*The*), *or gentleman's monthly companion,* 1759-1771. 21 vol. [*RM*].

Saint-James's maga\ine, 1762-1764. 4 vol.

* *Scots maga\ine* (*The*), 1738-1826. 87 vol. [*ScM*].

Student (*The*), *or Oxford monthly miscellany,* 1750-1751. 2 vol.

* *Universal maga\ine* (*The*) *of knowledge and pleasure,* 1747-1803. 114 vol. [*UM*].

Universal museum (*The*), 1762-1772. 12 vol.

* *Universal visiter* (*The*) *and monthly memorialist,* 1756. 1 vol. [*UV*].

Weekly amusement (*The*), *or an useful and agreeable miscellany of literary entertainment,* 1763-1767. 5 vol.

Weekly miscellany (*The*), *or Hooker's miscellany,* 1727-1733. 7 vol.

Westminster maga\ine (*The*), 1750-1751. 27 n°.

* *Westminster maga\ine* (*The*), *or the pantheon of taste,* 1773-1785. 13 vol. [*WM*].

* *World* (*The*), 1753-1754. 4 vol. [*Wo.*].

III. ARTICLES ET OUVRAGES

La bibliographie des écrits et des études relatifs à Voltaire est maintenant plus ou moins complète de 1719 à 1965 grâce à Vercruysse 1, Barr 1 et 2. Après 1965, on consultera les bibliographies annuelles d'O.Klapp, R. Rancœur et *M.L.A.* Le faible nombre des éditions des œuvres de Voltaire utiles à notre travail ne justifiant pas une section à part, on les trouvera sous Voltaire dans la section III.2.

Les anonymes (sources et études critiques confondues) ont été classés à part pour recevoir une numérotation unique. Pour les autres ouvrages, le très grand nombre de titres et l'enchevêtrement des sujets traités ont rendu impossible un classement selon les chapitres ou les thèmes. On se reportera donc à l'*Index* pour une consultation systématique de la bibliographie. A des fins documentaires, on a cependant sommairement classé cette partie en sources imprimées et études critiques. Par sources imprimées, on entend tous les ouvrages imprimés avant 1800, les textes rédigés avant cette date, mais publiés ou réédités postérieurement et, en général, tout recueil de documents divers datant du XVIIIème siècle, quelle que soit la date de publication. Dans quelques cas marginaux, la répartition entre les deux sections procède de critères purement empiriques.

Pour éviter la distinction incommode entre ouvrages consultés et ouvrages cités, tous les ouvrages présentant un intérêt pour cette étude ont été cités au moins une fois afin de figurer dans la bibliographie. Les quelques 3000 ouvrages effectivement consultés, mais non cités, ont purement et simplement été passés sous silence. On ne s'étonnera donc pas de l'absence d'ouvrages, parfois fondamentaux, couramment cités dans les études sur Voltaire et sur les XVIIIème siècles anglais et français. Cette absence signifie seulement qu'aucune référence précise n'a pu être retenue pour notre travail.

Pour les noms de personne possédant un titre de noblesse, le classement de la British library prend pour mot-vedette le nom de famille souvent inconnu ou rarement utilisé. Ainsi, Bolingbroke sera classé sous *Saint-John,* le comte d'Ilchester sous *Fox-Strangways*. Le classement français, au contraire, retient d'abord le nom par lequel les personnes sont connues, c'est-à-dire leur titre. Argenson sera sous *Argenson, d',* et non pas sous *Voyer*. Pour éviter les disparates, nous nous sommes conformés partout à l'usage français qui correspond à la pratique, mais, pour faciliter d'éventuelles recherches, le mot-vedette sous lequel on trouvera l'ouvrage dans des catalogues anglais est donné en italiques (*ex.* Chesterfield, Philip Dormer *Stanhope,* 4ème comte de).

L'édition citée est en principe la première, sauf si une édition postérieure est plus complète ou différente, ou si la première édition reste introuvable. La date donnée en premier est celle de l'édition citée. La date de la première édition est toujours donnée entre crochets.

L'absence d'indication de lieu d'édition signifie *Londres* pour les ouvrages dont le titre est en anglais, *Paris* pour ceux dont le titre est en français.

1. Anonymes

1 *Anecdotes of polite literature.* 1764, 5 vol. [4t., le 2ème en 2 parties]

2 *Appeal to the people (An).* 1756-1757.

3 'Beattie portrait (The)', *Aberdeen university review* (1944) XXX.224-227.

4 *Case (The) of the hon. admiral Byng represented.* 1757.

5 *Charles Ier, roi d'Angleterre [...] et Bing [...]. Entretiens de leurs ombres.* Amsterdam 1757.

6 'Cowper and Voltaire', *N&Q* (9 déc. 1905), 10th ser., p.465.

7 *Five-week tour in Paris (A).* 1765.

8 *Foreigner's guide (The): or, Companion both for the foreigner and native in their tour through [...]. London and Westminster.* 1729.

9 *Free and impartial remarks upon the letters written [...] by the earl of Chesterfield to his son.* 1774.

10 *Gentleman's guide (The) in his tour through France.* 4ème éd., 1770.

11 'Gibbon and Voltaire (comparison of their epigrams)', *N&Q* (19 mars, 23 avril, 30 avril 1887), 7th ser., pp.227, 335, 358.

12 *Historical view of Christianity (An), containing select passages from the Scriptures with a commentary by the late Edward Gibbon, Esq., and notes by ... monsieur de Voltaire and others.* 1806.

13 *History (The) of the brave and renowned Charles XII, king of Sweden, printed and sold in Bow Church Yard.* s.d. [1752].

14 *History (The) of the life and writings of mr Arruet de Voltaire, from a collection published in France in the year 1781 (An Authentic account of Voltaire's arrival at Paris, his sickness and death),* 2 pt. 1782.

15 *Infidel (The) and Christian philosopher; or, the last hours of Voltaire and Addison contrasted. A poem, By the editor of the Hull advertiser.* Kingston-upon-Hull 1802. 18 pp.4°.

16 *King of Prussia's (The) criticism of The Henriade of monsieur de Voltaire, translated from the original. With a preface containing a short account of the disgrace and retreat of that favourite.* 1758.

17 *Last hours (The) of a learned infidel and an humble Christian contrasted.* 1798. 12 pp. 32°.

18 *Lettres de Mentor à un jeune seigneur, traduites de l'anglais par m. l'abbé Prévost.* Londres 1764.

19 'Major Broome's visit to Voltaire', *N&Q* 1ˢᵗ ser. (18 nov. 1854) x.403.

20 *Memoirs of the life and adventures of Tsonnonthouan.* 1763 (trad. fr. 1783). [parfois attribué à Charles-Johnston(e)].

21 *Miscellaneous observations on the works of the late lord viscount Bolingbroke and on the several answers to them, and mons. Voltaire's 'Defence' of his lordship; and on the subjects themselves. In a series of letters to a nobleman. Part 1. By a Freethinker.* 1755.

22 *La Mort de l'amiral Bing, poème, avec l'extrait d'une lettre de monsieur de Voltaire.* Londres 1761.

23 *Northern heroes (The), or the bloody contest between Charles XII [. . .] and Peter the great.* 1748.

24 'Note (A) on the standard of English translations from the French, 1675-1720' *N&Q* n.s. (1954) cxcix.816-820.

25 *Observations sur deux articles du 'Journal encyclopédique', 15 mai 1762.* s.l.n.d.

26 'Original anecdote of Voltaire and a Quaker', *The Yorkshireman* (1833) i.167-169.

27 *Pick-lock (The), or Voltaire's hue-and-cry after a certain celebrated wit-stealer and dramatic smuggler, by Jasper Caronicus Whipcord.* 1762.

28 *Remarks on m. de Voltaire's new discoveries in natural history, in a late publication intituled* [sic] *'Les singularités de la nature'.* Bath 1770 [2ᵉᵐᵉ éd. Londres 1771].

29 *Travels into France and Italy, in a series of letters to a lady.* 1771, 2 vol.

30 'Two hundred years ago', *N&Q* (23 et 30 avril 1932) clxii.289, 307.

31 'Visit (A) to Ferney in 1829', *The Polar star, being a continuation of 'The Extractor'* (1829) i.344-346.

32 'Voltaire and Everard Fawkener' *N&Q* 2ⁿᵈ ser. (4 déc. 1858), p.456.

33 'Voltaire d'après le voyageur John Moore', *La Révolution française* (1913) lxv.449-454.

34 'Voltaire était-il franc-maçon?', *Intermédiaire des chercheurs et des curieux* (10 et 30 août, 30 sept. 1902) xlvi. col. 169, 303, 475.

35 *Voltaire. Notes upon an unrivalled collection of his éditions originales including many unrecorded issues, presentation copies, original holograph manuscripts and autographs.* 1923.

36 *Voltaire's ghost to the apostle of the sinless foundery: a familiar epistle from the shades.* 1779.

37 'Young (dr) and Voltaire', *N&Q* 2ⁿᵈ ser. (3 sept. 1859) viii.197.

2. Sources imprimées

[Adams, rev. John], 1. *Anecdotes, bons-mots and characteristic traits of the greatest princes* [. . .], *poets* [. . .] *and wits of modern times; such as* [. . .] *Voltaire, Swift, Garrick, dr Johnson, Descartes, sir R. Steele, Addison, Hogarth, Dryden, Metastasio* [. . .]. 1789.
—2 *A View of universal history from the creation to the present time.* 1795, 3 vol.

Adams, John Quincey, *The Adams papers.* Ed. L. H. Butterfield. Ser. 1: *Diaries,* 1961, 4 vol.; ser. 2: *Adams family correspondence,* 1963, 2 vol. Cambridge (Mass.) (Massachussets historical society).

[Addison, Joseph & alii], *The Spectator.* Ed. with an intro. and notes by Donald F. Bond. Oxford 1965, 5 vol.

Adlerfeld, Gustav, *The Military history of Charles XII, king of Sweden. To which is added an account of the battle of Pultowa* [. . .]. *Translated into English by Henry Fielding.* 1740, 3 vol.

Aikin, John, *Letters from a father to his son, on various topics relative to literature and the conduct of life.* 3ᵉᵐᵉ éd. 1800, 2 vol. [1ᵉʳᵉ éd. 1793].

Aikin, John, and Aikin, Anna Lætitia, aft. mrs Barbauld, *Miscellaneous pieces in prose.* 2ᵉᵐᵉ éd. 1775 [1ᵉʳᵉ éd. 1773].

Aikin, John, and Enfield, William, *General biography, or lives critical and historical of the most eminent persons of all ages.* 1799-1815, 10 vol.

Aïssé, mlle [Charlotte Elisabeth], *Lettres de mlle Aïssé à madame*
—*C[alandrini]*, *qui contiennent plusieurs anecdotes de l'histoire du temps depuis l'année 1726 jusqu'en 1733, avec des notes dont quelques-unes sont de m. de Voltaire.* 1787.

Akenside, Mark, *The Poems of Mark Akenside.* 1835 (Aldine edition).

Albanès d', pseud. de Havard, cf. ce nom.

Algarotti, Francesco, *Œuvres du comte Algarotti.* Tr. fr. Berlin 1772, 7 vol.

Almon, John, *Memoirs of a late eminent bookseller.* 1790.

Alves, Robert, *Sketches of a history of literature, containing lives and characters of the most eminent writers.* Edimbourg 1794.

Amory, Thomas, *The Life and opinions of John Buncle, Esq.* Ed. E. A. Baker. 1904 [1ère éd. 1756].

Andrews, John, 1. *A Comparative view of the French and English nations in their manners, politics and literature.* 1785 [1ère éd. *An Account of the character and manners of the French.* 1770].

—2 *Letters to a young gentleman on his setting out for France, containing a survey of Paris and a review of French literature.* 1784.

Argens, Jean Baptiste Boyer, marquis d', *Lettres juives, ou correspondance philosophique, historique et critique entre un Juif voyageur à Paris et ses correspondants en divers endroits.* La Haye 1742, 6 vol. [1ère éd. 1736].

Argenson, René Louis Voyer de Paulmy, marquis d', *Journal et mémoires.* Ed. E. J. Rathéry. 1859-1867, 9 vol.

Argyll, John *Campbell*, 9ème duc d', éd., *Intimate society letters of the eighteenth century.* 1910, 2 vol.

Armstrong, John, *Miscellanies.* Vol. i, 1758; vol. ii, 1770.

Atterbury, Francis, 1. *Memoirs and correspondence of Francis Atterbury. Compiled chiefly from the Atterbury and Stuart papers by* [R.] F[olkestone] *Williams.* 1869, 2 vol.

—2 *The Miscellaneous works of bishop Atterbury.* Ed. John Nichols. 1789-1798, 5 vol.

Auchincloss, J., *The Sophistry of the first part of mr Paine's 'Age of reason'.* 1796.

Bage, Robert, 1. *The Fair Syrian.* 1785, 2 vol.

—2 *Hermsprong; or, Man as he is not.* 1796, 2 vol.

—3 *James Wallace.* 1824 [1ère éd. 1788] (Ballantyne's novelists ix).

—4 *Mount Henneth* [...], *Barham downs* [...], *James Wallace* [...]. *With a prefatory memoir of the author by sir Walter Scott.* 1824 (Ballantyne's novelists ix). [*Mount Henneth,* 1ère éd. 1781; *Barham downs,* 1ère éd. 1784].

Baker, David Erskine, & Reed, Isaac, *Biographia dramatica, cr a companion to the playhouse, brought down to the end of november 1811, with additions and improvements throughout by Stephen Jones.* 1812, 4 vol.

Bancks, John, 1. *The History of the life and reign of the czar Peter the great, emperor of all Russia and father of his country.* 1740.

—2 *Miscellaneous works in verse and prose. Adorned with sculptures and illustrated with notes.* 1738, 2 vol.

—3 *A New history of the life and reign of the czar Peter the great* [...]. *To which is prefixed a chronological summary of the history of Russia.* 1740.

[Barbier, Edmond Jean François], *Chronique de la Régence et du règne de Louis XV (1718-1763) ou Journal de Barbier.* 1857, 8 vol.

Baretti, Giuseppe. 1. *An Account of the manners and customs of Italy, with observations on the mistakes of some travellers with regard to that country. With an answer to Samuel Sharp, Esq.* 2ème éd. 1769, 2 vol. [1ère éd. 1769].

—2 *Discours sur Shakespeare et sur monsieur Voltaire.* Londres et Paris 1777.

—3 *A Dissertation upon the Italian poetry, in which are interspersed some remarks on monsieur Voltaire's 'Essay on the epic poetry'.* 1753.

—4 *Opere.* Ed. L. Piccioni. Bari 1911-1936, 5 vol.

Barrington, Daines, *Miscellanies.* 1781.

Barrow, John, *Some account of the public life and a selection from the unpublished writings of the earl of Macartney.* 1807, 2 vol.

Barton, James, *Travels of young Candide and doctor Pangloss to the country of El-dorado towards the end of the eighteenth-century, being a continuation of Voltaire's 'Candide'.* 1804.

Bates, Ely, *A Chinese fragment, containing an enquiry into the present state of religion in England. With notes by the editor.* 1786.

Bathoe, William, *A New catalogue of* [. . .] *books, both English and French at the original circulating library, being the first of its kind in London, at the Blue-Bible, near Exeter-Exchange in the Strand.* [1757].

Beattie, James, 1. *Dissertations moral and critical.* Dublin 1783, 2 vol.

—2 *An Essay on the nature and immutability of Truth in opposition to Sophistry and Scepticism.* Edinburgh 1770.

—3 *Essays. On poetry and music as they affect the mind. On laughter, and ludicrous composition. On classical learning.* 3ème éd. 1779 [1ère éd. 1776].

—4 *London diary, 1773.* Ed. with an introduction and notes by Ralph S. Walker. Aberdeen 1946 (Aberdeen Univ. studies, n° 122).

—5 *The Minstrel, with some other poems. To which are now added miscellanies, by James Hay Beattie* [. . .]. *With an account of his life and character.* 1799, 2 vol.

Beaumont, Elie de, 'Journal de voyage en Angleterre en 1764'. Ed. vicomte E. de Grouchy, *Revue britannique* (sept.-oct. 1895) xxxv.133-154, 349-362.

Beckford, William Thomas, 1. *The Valuable library of books in Fonthill Abbey. A catalogue of the magnificent, rare and valuable library of 20,000 volumes.* 1823.

—2 *Letters written through France and Italy.* 1786.

—3 *Memoirs of William Beckford of Fonthill, author of 'Vathek'.* [Ed. Cyrus Redding]. 1859, 2 vol.

Beloe, William, *The History of Herodotus translated* [. . .], *with notes, by William Beloe.* 1791.

Belsham, William, 1. *Essays, philosophical and moral, historical and literary.* 2ème éd. augm. 1799, 2 vol. [1ère éd. 1789].

—2 *History of Great-Britain, from the Revolution to* [. . .] *1799.* 4ème éd. 1805, 5 vol. [1ère éd. [. . .] *to the accession of the house of Hanover.* 1798, 2 vol.].

Benson, Joseph, *The Life of the rev. John W. de la Fléchère, compiled from the narrative of the rev. mr Wesley.* 2ème éd. 1805.

Bent, William, *A General catalogue of books in all languages, arts and sciences, that have been printed in Great-Britain and published in London since the year MDCC to the present time.* 1779.

Bentham, Jeremy, 1. *The Correspondence of Jeremy Bentham.* Ed. Timothy L. S. Sprigge. 1968, 2 vol.

—2 *The Works, published under the supervision of his executor sir John Bowring.* 1838-1843, 11 vol.

Berkeley, George, *Berkeley and Percival. By Benjamin Rand. The Correspondence of George Berkeley, aft. bishop of Cloyne, and sir John Percival, aft. earl of Egmont, 1709-1753.* Cambridge 1914.

Berry, miss Mary, 1. *A Comparative view of the social life of England and France from the Restoration of Charles II to the French Revolution.* 1823-1831, 2 vol.

—2 *Extracts of the journal and correspondence of miss Berry from the year 1783 to 1852.* Ed. lady Theresa Lewis. 1865, 3 vol.

Bickerstaffe, Isaac, *The Life, strange voyages and uncommon adventures of Ambrose Gwinett.* 1770.

Bicknell, Alexander, *A History of England and the British Empire designed for the instruction of the youth.* 1794.

Bielfeld, baron Jacob Friedrich de, *Lettres familières et autres.* La Haye 1763, 2 vol.

Blackwell, Thomas, *An Enquiry into the life and writings of Homer.* 1735.

Blaikie, Thomas, *Diary of a Scotch gardener at the French Court at the end of the eighteenth century.* Ed. with an intro. by Francis Birrell. 1931.

Blair, rev. Hugh, *Lectures on rhetoric and belles-lettres.* Dublin 1783, 3 vol. [1ère éd. 1760].

Blair, rev. John, *The Chronology and history of the world from the creation to the year of Christ 1753, illustrated in LVI tables.* 1754.

Blake, William, *The Complete writings of William Blake. With variant readings.* Ed. Geoffrey Keynes. Oxford 1966.

Bolingbroke, Henry St. John, vicomte, *Lettres historiques, politiques et particulières, depuis 1710 jusqu'en 1736, précédées d'un essai historique sur sa vie.* Ed. et trad. H. P. Grimoard. 1803, 3 vol.

—2 *Le Siècle politique de Louis XIV, ou lettres du vicomte Bolingbroke sur ce sujet. Avec les pièces qui forment l'Histoire du Siècle de de M. F.[rançois] de Voltaire et de ses querelles avec Mrs. de Maupertuis et La Beaumelle, suivis de la disgrâce de ce fameux poète.* Sièclopolis [Francfort]. 1753.

—3 *The Miscellaneous works.* Edimbourg 1768, 4 vol.

—4 *The Works of the right hon. Henry St. John, viscount Bolingbroke, published by D[avid] Mallet.* 1754, 5 vol.

Boswell, James, 1. *An Account of Corsica, the journal of a tour to that island, and memoirs of Pascal Paoli.* 3ème éd. corr. 1769 [1ère éd. 1768].

—2 *Boswelliana. The common-place book of James Boswell. With a memoir and annotations by the rev. Charles Rogers [...] and introductory remarks by the right hon. lord Houghton.* 1874.

—3 *The Hypochondriack.* Ed. Margery Bailey. Stanford 1928, 2 vol.

—4 *Letters of James Boswell.* Ed. Chauncey Brewster Tinker. Oxford 1924, 2 vol.

—5 *[Boswell's] Life of Johnson. Together with Boswell's journal of a tour to the Hebrides and Johnson's diary of a journey into North Wales.* Ed. George Birkbeck Hill. Rev. and enlarged ed. by L. F. Powell. Oxford 1934-1950, 6 vol.

—6 *Private papers of James Boswell from Malahide castle.* Ed. Geoffrey Scott and Frederick A. Pottle. New York 1928-1937 [private ed.], 18 vol. et 1 vol. d'index.

—7 *The Research edition of the private papers of James Boswell.* New York 1966—[en cours de publication].

—8 *Visita a Rousseau e a Voltaire.* Prefazione a cura di Bruno Fonzi. Milan 1973 (Piccola biblioteca 4).

—9 *The Yale edition of the private papers of James Boswell.* New York 1951-1970, 10 vol. [De luxe ed.].

Boufflers, Stanislas Jean, marquis de, *Lettres de m. le chevalier de Boufflers pendant son voyage en Suisse à madame sa mère.* s.l. 1771.

Boyer, Abel, *Dictionnaire royal français-anglais.* Nlle éd. Lyon 1768, 2 vol.

Bradley, James, *Miscellaneous works and correspondence.* [Ed. S. P. Rigaud]. Oxford 1832-1833.

Bray, William, *Extracts from his diary.* Ed. F. E. Bray (*Surrey archaelogical collections* (1938) xlvi.25-59).

Brooke, Henry, 1. *A Collection of the pieces formerly published by Henry Brooke, Esq., to which are added several plays and poems now first printed.* 1778, 4 vol.

—2 *The Poetical works, revised and corrected by the original manuscripts. With a portrait of the author and his life by miss Brooke.* 3ème éd. Dublin 1792, 4 vol.

—3 *The Tryal of the cause of the Roman Catholics on a special commission directed to lord chief justice Reason.* Dublin 1761.

Brown, John, dit 'Estimate', 1. *Barbarossa, a tragedy.* 1755.

—2 *A Dissertation on the rise, union and power, the progressions, separations and corruptions of poetry and music. To which is prefixed the Cure of Saul, a sacred ode.* 1763.

—3 *An Explanatory defence of the 'Estimate of the manners and principles of the times'.* 1758.

Buckinghamshire, John *Hobart,* 2ème comte de, *The Despatches and correspondence of John, second earl of Buckinghamshire, ambassador to Catherine II, 1762-1765.* Ed. with introduction and notes by A. d'Arcy Collyer. 1900-1902, 2 vol.

Burgh, James, *The Art of speaking,* 2ème éd. augm. Dublin 1763 [1ère éd. 1762].

Burigny, Jean Lévesque de, *Lettre [. . .] à m. l'abbé Mercier sur les démêlés de monsieur de Voltaire avec m. de Saint-Hyacinthe.* Londres et Paris 1780.

Burke, Edmund, 1. *The Correspondence.* Ed. Thomas W. Copeland

& alii. Chicago 1958-1969, 8 vol.

—2 *A Notebook of Edmund Burke*. Ed. H. V. F. Somerset. Cambridge 1957.

—3 *A Philosophical enquiry into the origin of our ideas of the sublime and beautiful*. 1757.

—4 *The Works of the right hon. Edmund Burke*. 1815-1822, 14 vol.

Burney, dr Charles, 1. *A Catalogue of the miscellaneous library of the late Charles Burney*. 1814.

—2 *Dr Burney's musical tour in Europe*. Ed. Percy A. Scholes. Oxford 1959, 2 vol.

—3 *Dr Charles Burney's continental travels, 1770-1772*. Compiled from his journals and other sources by Cedric Howard Glover. 1927.

—4 *The Present state of music in France and Italy, or the journal of a tour in those countries undertaken to collect materials for a general history of music*. 1771.

Burney, Frances, aft. mrs d'Arblay, 1. *The Diary and letters of madame d'Arblay, 1778-1840*. Ed. Charlotte Barrett, with preface and notes by Austin Dobson. 1904, 6 vol.

—2 *Early diary of Frances Burney, 1768-1778, with a selection from her correspondence and from the journals of her sisters Susan and Charlotte Burney*. Ed. Annie Raine Ellis, 1889, 2 vol.

—3 *The Journals and letters of Fanny Burney*. Ed. Joyce Hemlow, Curtis D. Cecil and Althea Douglas. Oxford 1971-1973, 4 vol.

Burns, Robert, *The Letters, 1780-1796*. Ed. J. De Lancey Ferguson. Oxford 1931, 2 vol.

Burton, John Hill, 1. *Letters of eminent persons addressed to David Hume*. Edimbourg 1849.

—2 *Life and correspondence of David Hume*. Edimbourg 1846, 2 vol.

Byrom, John, 1. *A Catalogue of the library of the late John Byrom*. 1848.

—2 *The Private journal and literary remains of John Byrom*. Ed. Richard Parkinson. Manchester, 1854-1857, 2 vol. (Chetham society remains, vol. 32, 34, 40, 44).

Byerley, Thomas, pseud. Collet, Stephen, *Relics of literature*. 1823.

Byron, George Gordon, lord, *Childe Harold's pilgrimage*. 1819.

Caldwell, sir James, *Selections from the family papers preserved at Caldwell*. Glasgow 1854, 3 vol. (Publications of the Maitland club).

Callandar, James, of Craigforth, aft. sir James Campbell of Ardkinglas, Bt., *Memoirs written by himself.* 1832, 2 vol.

Cambridge, Richard Owen, *The Fakeer, a tale*. 1756.

Carte, Thomas, *A general history of England from the earliest times*. 1747-1755, 4 vol. f⁰.

Carter, mrs Elizabeth, 1. *Letters from mrs Elizabeth Carter to mrs Montagu, between the years 1755 and 1800*. Published from the originals in possession of the rev. Montagu Pennington. 1817, 3 vol.

—2 *Memoirs of the life of mrs Elizabeth Carter, with a new edition of her poems* [. . .]. By the rev. Montagu Pennington, 2ᵉᵐᵉ éd. 1808, 2 vol. [1ᵉʳᵉ éd. 1807].

—3 *A Series of letters between mrs Elizabeth Carter and miss Catherine Talbot from the year 1741 to 1770. To which are added letters from mrs Elizabeth Carter to mrs Vesey between the years 1763 and 1787*. Published from the original manuscripts in the possession of the rev. Montagu Pennington. 1809, 4 vol.

Cartwright, John, *The Life and correspondence of major Cartwright, by his niece* [Frances Dorothy Cartwright]. 1826, 2 vol.

Cary, Henry, *Memoir of the rev. H. F. Cary, with his literary journal and letters*. 1847.

Catt, Henri Alexandre de, *Unterhaltungen mit Friedrich dem Grossen*. Ed. Reinhold Koser. Leipzig 1884 (Publikationen aus den K. Preussischen Staatsarchiven, vol. xxii).

Chambers, sir William, *A Dissertation on Oriental gardening*. 1772.

Chapone, mrs Hester, 1. *Letters on the improvement of the mind addressed to a young lady*. 1773, 2 vol.

—2 *The Works of mrs Chapone now first collected. To which is added an account of her life and character by her own family*. 1807, 4 vol.

Charrière, Isabelle de Zuylen, mme de, *Lettres de Belle de Zuylen—*

madame de Charrière—à Constant d'Hermenches, 1760-1775.
Ed. Philippe Godet. 1909.

Chaudon, Louis Mayeul, *Mémoires pour servir à la vie de monsieur de Voltaire.* 1785, 2 vol. [trad. angl. *Historical and critical memoirs of m. de Voltaire,* 1786].

Chelsum, James, *Remarks on the two last chapters of mr Gibbon's History of the decline and fall of the Roman empire.* 1776.

Chesterfield, Philip Dormer *Stanhope,* 4ème comte de, 1. *The Letters of Ph.D.Stanhope,* 4th *earl of Chesterfield.* Ed. Bonamy Dobrée. 1932, 6 vol.

—2 *Letters of lord Chesterfield to lord Huntingdon.* Ed. A. Francis Stuart. 1923.

—3 *Miscellaneous works of the late Philip Dormer Stanhope, earl of Chesterfield consisting of letters to his friends never before printed and various other articles. To which are prefixed memoirs of his life by M. Maty.* 1777, 2 vol.

Chetwood, William Rufus, *A General history of the stage from its origin in Greece to the present time.* 1749.

Chevrier, François Antoine de, *Histoire de la vie de Henri Maubert, soi-disant chevalier de Gouvest.* Londres 1763.

Churchill, Charles, 1. *The Correspondence of John Wilkes and Charles Churchill.* Ed. E. H. Weatherley. New York 1954.

—2 *The Poetical works.* Ed. with an intro. and notes by Douglas Grant. Oxford 1956.

Cibber, Colley, *An Apology for the life of mr Colley Cibber, comedian. With an historical view of the stage during his own time. Written by himself.* 4ème éd. 1756, 2 vol. [1ère éd. 1740].

Cibber, Theophilus, *A Serio-comic apology for part of the life of mr Theophilus Cibber, comedian. Written by himself.* [1748].

Clarke, John [master of the Public Grammar School in Hull], *An Essay upon study, wherein directions are given for the due conduct thereof and the collection of a library.* 1731.

Clayton, Charlotte. Cf. Sundon.

Clayton, Robert, bishop of Clogher, *A Vindication of the histories of the Old and New Testament, in answer to the objections of the*

late lord Bollingbroke [*sic*]. *In two letters to a young nobleman.*
1752; 2ème éd. augm. 1759.

Clément, Jean Marie Bernard, *Première* [*–Neuvième*] *lettre à monsieur de Voltaire.* 1773-1776, 3 vol.

Coke, lady Mary, *The Letters and journals of lady Mary Coke* [Ed. James A. Horne]. Private ed. 1889-1896, 4 vol.

Cole, rev. William, 1. *The Blecheley diary of the rev. William Cole.* Ed. Francis Griffin Stokes, with an intro. by Helen Waddell. 1931.

—2 *A Journal of my journey to Paris in the year 1765.* From the original manuscript in the British Museum. Ed. Francis Griffin Stokes, with an intro. by Helen Waddell. 1931.

Collet, Stephen, pseud. Cf. Byerley.

Collini, Côme Alexandre, *Mon séjour auprès de Voltaire et lettres inédites.* 1807.

Colman, George, the elder, *Prose on several occasions, accompanied with some pieces in verse.* 1787, 3 vol.

Colman, George, the younger, *The Heir-at-law, a comedy in five acts.* 1797.

[Combe, William], *Interesting letters of Pope Clement XIV.* 1777, 3 vol.

Cooke, William, *Memoirs of Charles Macklin, comedian.* 1804.

Cooper, John Gilbert, 1. *Letters concerning taste.* 1755.

—2 *The Life of Socrates.* 1749.

Cork and Orrery, John *Boyle*, 5ème comte de, *Letters from Italy in the years 1754 and 1755, published from the originals with explanatory notes by John Duncombe.* 1773.

Cowper, William, 1. *The Correspondence of William Cowper.* Arranged in chronological order with annotations by Thomas Wright. 1904, 4 vol.

—2 *The Works of William Cowper, Esq., comprising his poems, correspondence and translations.* With a life of the author by the editor Robert Southey. 1835-1837, 15 vol.

Cradock, Anna Francesca, mrs, *Journal de mrs Cradock. Voyage en France, 1783-1786.* Trad. d'après le manuscrit original et inédit par mme O. Delphin Balleyguier. 1896.

Cradock, Joseph, 1. *Literary and miscellaneous memoirs*. 1828, 4 vol.

—2 *Village memoirs in a series of letters between a clergyman and his family in the country and his son in town.* 2ème éd. 1775 [1ère éd 1765].

Craven, Elizabeth *Berkeley*, baronne Craven, aft. margravine de Brandebourg-Anspach et Bayreuth, 1. *The Beautiful lady Craven: the original memoirs of Elizabeth Craven, afterwards margravine of Anspach, 1750-1828*. Ed. A. M. Broadley and Lewis Melville. 1914, 2 vol.

—2 *Memoirs of the margravine of Anspach, written by herself.* 1826, 2 vol.

—3 *Modern anecdotes of the ancient family of Kinkvervankotsdarsprakengotchderns: a tale for Christmas.* [1779].

Crawford, William, *Remarks on the late earl of Chesterfield's 'Letters to his son'.* 1776.

Créquy, Renée Caroline Victoire de Froulay, puis marquise de, *Souvenirs de la marquise de Créquy*. Bruxelles 1834-1836, 7 vol.

Croft, sir Herbert, *The Life of Edward Young by the rev. sir H. Croft and S. Johnson;* in: *The Poems of Edward Young*, i (1822).

Cumberland, Richard, *The British drama, a collection of the most esteemed dramatic productions with biography of the respective authors and a critique on each play.* 1817, 14 vol.

Davies, Thomas, 1. *Dramatic micellanies* [sic] *consisting of critical observations on several plays of Shakespeare* [. . .] *with anecdotes of dramatic poets, actors, etc.* 1783-1784, 3 vol.

—2 *Memoirs of the life of David Garrick, Esq. interspersed with characters and anecdotes of his theatrical contemporaries. The whole forming a history of the stage which includes a period of thirty-six years.* 1780, 2 vol.

Davis, Thomas, *The Poems of Thomas Davis now first collected, with notes and critical illustrations.* [Ed. Thomas Wallis]. Dublin 1846.

Delany, Mary, *The Autobiography and correspondence of Mary Granville, mrs Delany. With interesting reminiscences of king*

George the Third and queen Charlotte. Ed. lady Llanover. 1ˢᵗ and 2ⁿᵈ ser. 1861-1862, 6 vol.

Denina, Carlo Giovanni Maria, *An Essay on the revolutions of literature.* Trans. by John Murdoch. [1771].

Desfontaines, abbé Pierre François Guyot, *La Voltairomanie avec le Préservatif et le factum du sieur Claude François Jore.* Londres 1739.

Devonshire, Georgiana *Cavendish,* duchesse de, *Georgiana: extracts from the correspondence of Georgiana, duchess of Devonshire.* Ed. the earl of Bessborough. 1955.

Diderot, Denis, *Œuvres complètes revues sur les éditions originales* [...]. Ed. J. Assézat. 1875-1877, 20 vol.

Dilworth, W. H., *The Father of his country: or, The History of the life and glorious exploits of Peter the Great, czar of Muscovy. Adorned with copper-plates.* 1758.

Disney, William, *A Sermon preached before the university of Cambridge on June the 28ᵗʰ 1789, with some strictures on the licentious notions avowed or insinuated in the three last volumes of mr Gibbon's Roman history.* Cambridge 1789.

Doddridge, Philip, *The Correspondence and diary of Philip Doddrige. With notices of many of his contemporaries and a sketch of the ecclesiastical history of the times in which he lived.* Ed. J. D. Humphreys. 1829-1831, 5 vol.

Dodsley, Robert, ed., *A Collection of poems by several hands.* 2ᵉᵐᵉ éd. 1755. 4 vol. [1ᵉʳᵉ éd. 1748, 3 vol.].

Doucet, Camille, *Registres de l'Académie Française (1672-1793).* 1895, 2 vol.

Douglas, John, bishop of Carlisle, later of Salisbury, *Journal of a tour through Germany, Holland and France, 1748 to 1749;* in: *Select works with a biographical memoir.* Ed. W. MacDonald. Salisbury 1820.

Doyne, Philip, trad. de Tasso, *The Delivery of Jerusalem.* 1761.

[Drake, James K.], *The Humours of New Tunbridge Wells at Islington, a lyric poem with song, epigrams, etc. Also imitations from French, Gascoon, Italian, Latin and Chinese poets, and an Ode from a manuscript of m. de Voltaire.* 1734.

Dromgold [ou Dromgoole], John, *Réflexions sur un imprimé intitulé 'La Bataille de Fontenoy's, poèm par M. D. *** G. L., dédiées à m. de Voltaire.* 1745.

Dubocage, Anne-Marie Lepage, mme Fiquet, *Recueil des œuvres de madame Dubocage.* Lyon 1770, 3 vol.

Du Deffand, Marie de Vichy-Chamrond, marquise, *Correspondance complète de mme Du Deffand avec la duchesse de Choiseul, l'abbé Barthélémy et m. Craufurt.* Ed. marquis de Saint-Aulaire. 1866, 3 vol.

Duff, William, 1. *An Essay on original genius.* 1767.

[—]2 *The History of Rhedi, the hermit of mount Ararat, an Oriental tale.* 1773.

Dunbar, James, *Essays on the history of mankind in rude and cultivated ages.* 1780.

Duncombe, John, éd., *Letters by several eminent persons deceased, including the correspondence of John Hughes, Esq. and several of his friends, published from the originals. With notes explanatory and historical.* 2ème éd. augm., 1773, 3 vol. [1ère éd. 1772, 2 vol.].

Dunlop, John Colin, *The History of fiction, being a critical account of the most celebrated prose works of fiction from the earliest Greek romances to the novels of the present age.* 1845 [1ère éd. 1801].

Dutens, Louis, *Mémoires d'un voyageur qui se repose.* 1806, 3 vol.

Duvernet, abbé Théophile I., *La Vie de Voltaire, suivie d'anecdotes qui composent sa vie privée.* Genève 1786 [Trad. angl. *The Life of Voltaire, with notes illustrative and explanatory.* Trans. from the French by G. P. Monke, lieutenant in the Navy. 1787].

Edgeworth, Maria, *Letters of Maria Edgeworth and Anna Laetitia Barbauld, selected from the Lushington Papers.* Ed. Walter Sidney Scott, 1953.

Edleston, Joseph, éd., *Correspondence of sir Isaac Newton and professor Cotes. With notes.* 1850.

Ellis, Henry, éd., *Original letters illustrative of English history, including numerous royal letters from autographs in the British Museum and one or two other collections. With notes and illustrations.* 1824-1846, 11 vol. en 3 séries.

Espinasse, Francis, *Life and times of François-Marie Arouet, calling himself Voltaire.* 1866 [t.i et unique].

Fabrice, Friedrich Ernst, baron von, *Anecdotes du séjour du roi de Suède à Bender, ou Lettres de m. le baron de Fabrice pour servir d'éclaircissement à l'histoire de Charles XII.* Hambourg 1760.

[Faget], *Pensées sur 'La Henriade'*; in: Voltaire, *La Henriade de m. de Voltaire. Seconde édition revue et corrigée.* Londres (Woodman) 1728.

Fancourt, Samuel, *A Catalogue of English and French books belonging to the new circulary library at Salisbury, to be lent or sold at the lowest prices,* 2 pt. [c.1746].

Faujas de Saint-Fond, Barthélémi, *Voyage en Angleterre, en Ecosse et aux îles Hébrides; ayant pour objet les arts, les sciences, l'histoire naturelle et les mœurs, etc.* 1797, 2 vol.

Fawkes, Francis, et Woty, William, éds., *The Poetical calendar, containing a collection of scarce and valuable pieces of poetry, with variety of originals and translations* [. . .] *intended as a supplement to mr Dodsley's Collection.* 1763, 12 vol.

Fellowes, Edmund Horace, éd., *The Tenbury letters.* 1942.

Fielding, Henry, 1. *A Catalogue of the entire and valuable library of books of the late Henry Fielding, Esq.* 1755.

—2 *The Covent-Garden tragedy.* 1732.

—3 *The History of the present rebellion in Scotland from the departure of the Pretender's son from Rome down to the present time.* Ed. Ifan Kyrle Fletcher. Newport 1934 [1ère éd. 1745].

Finch, dr William, *The Objections of infidels and other writers against Christianity considered, in eight sermons.* 1796.

Findlay, Robert, *A Vindication of the sacred Books and of Josephus especially the former, from various misrepresentations and cavils of the celebrated m. de Voltaire.* Glasgow 1770.

Fontenelle, Bernard Le Bovier de, *Œuvres de m. de Fontenelle.*

Nlle éd. augm. 1758, 10 vol.

Foote, Jesse, *The Life of Arthur Murphy, Esq., by Jesse Foote, Esq. his executor.* 1811.

Foote, Samuel, 1. *Memoirs of the life and writings of Samuel Foote. To which are added the bons-mots, repartees, etc. said by this great wit.* [1778].

—2 *The Roman and English comedy consider'd and compar'd. With remarks on the 'Suspicious husband'. And an examen into the merits of the present comic actors.* 1747.

—3 *The Table-talk and bons-mots of Samuel Foote with an introductory memoir.* Ed. William Cooke, 1902.

—4 *The Works, with remarks on each play and an essay on the life, genius and writings of the author.* Ed. John Bee [John Badcock]. 1830, 3 vol.

Forbes, sir William, *An Account of the life and writings of James Beattie, including many of his original letters.* Edimbourg 1807.

Fougeret de Monbron, Louis-Charles, *Le Cosmopolite.* Londres 1753.

Fox, Charles James, *Memorials and correspondence of Charles-James Fox.* Ed. lord John Russell. 1853, 2 vol.

Fox, Henry Richard, aft. Vassall, 3ème baron Holland, *Some account of the lives and writings of Lope de Vega Carpio and G. de Castro.* 1806, 2 vol.

Franklin, Benjamin, *The Writings of Benjamin Franklin.* Collected and edited with a life and introduction by Albert Henry Smyth. New York 1907, 10 vol.

Frédéric II, le Grand, 1. *Histoire de mon temps (Rédaction von 1746).* Ed. Max Posner. Leipzig 1879 (Publikationen aus den K. Preussischen Staatsarchiven, t.iv).

—2 *Œuvres de Frédéric le Grand.* [Ed. J. D. E. Preuss]. Berlin 1846-1857, 33 t. en 31 vol.

[Fuessli, Johann Heinrich], *Remarks on the writings and conduct of J. J. Rousseau.* 1767.

Furneaux, Philip, *An Essay on toleration, with a particular view to the late application of the Protestant dissenting ministers to Parlia-*

ment for amending and rendering effectual the act of the first William and Mary, commonly called the Act of Toleration. 1773.

Fuseli; cf. Fuessli.

Garrick, David, 1. *The Letters of David Garrick.* Ed. David M. Little and George M. Kahrl. Oxford 1963, 3 vol.

—2 *The Letters of David Garrick and Georgiana, countess Spencer, 1759-1779.* Ed. the earl Spencer and Christopher Dobson. Cambridge 1960.

—3 *An Ode upon dedicating a building and erecting a statue to Shakespeare at Stratford-upon-Avon, by D. G. (Testimonies to the genius and merits of Shakespeare).* 1769, 4°.

—4 *The Private correspondence of David Garrick with the most celebrated persons of his times. Now first published from the originals, with notes and a new biographical memoir of Garrick* [by James Boaden]. 1831-1832, 2 vol.

Gay, John, *The Letters of John Gay.* Ed. C. F. Burgess. Oxford 1966.

Genest, John, *Some account of the English stage from 1660 to 1830.* Bath 1832, 10 vol.

Genlis, Stéphanie Félicité Ducrest de Saint-Aubin, comtesse de, 1. *Memoires inédits de mme la comtesse de Genlis sur le XVIIIème siècle et la Révolution française, depuis 1756 jusqu'à nos jours.* 1825, 10 vol.

—2 *Les Souvenirs de Félicie L***.* An xii[1804].

George III, *The Later correspondence of George III.* Ed. A. Aspinall. Cambridge 1962-1970, 5 vol.

George IV, *The Correspondence of George, prince of Wales, 1770-1812.* Ed. A. Aspinall. 1963-1971, 8 vol.

Gerard, Alexander, *An Essay on taste. Second edition with additions. To which are annexed three dissertations on the same subject by* [...] *De Voltaire* [...], *D'Alembert and* [...] *De Montesquieu.* Edimbourg 1764 [1ère éd. Londres 1759].

Gibbon, Edward, 1. *The Autobiographies.* Ed. John Murray. 1896.

—2 *The Correspondence,* Ed. J. E. Norton. 1956, 3 vol.

—3 *The English essays of Edward Gibbon.* Ed. Patricia B. Craddock.

Oxford 1972.

—4 *Essai sur l'étude de la littérature*. Londres 1761.

—5 *The History of the decline and fall of the Roman Empire*. Ed. in 7 volumes with intro., notes, appendices and index by J. B. Bury. 1896, 7 vol.

—6 *Gibbon's Journal to January, 28, 1763. My Journal I, II and III and Ephemerides*. Ed. D. M. Low. 1929.

—7 *Le Journal de Gibbon à Lausanne, 17 août 1763—19 avril 1764*. Ed. Georges A. Bonnard. Lausanne 1945.

—8 *Mémoires littéraires de la Grande-Bretagne pour l'an 1767*. Londres 1768 [en collaboration avec Georges Deyverdun].

—9 *Mémoires littéraires de la Grande-Bretagne pour l'an 1768*. Londres 1769.

—10 *Memoirs of my life*. Ed. Georges A. Bonnard. 1966.

—11 *Miscellanea Gibboniana*. Ed. sir Gavin De Beer, G. Bonnard et L. Junod. Lausanne 1952.

—12 *Miscellaneous works of Edward Gibbon. With memoirs of his life and writings composed by himself, illustrated from his letters, with occasional notes and narrative, by John [Holroyd] lord Sheffield.* 1796, 5 vol.

—13 *A Vindication of some passages in the 15ᵗʰ and 16ᵗʰ chapters of 'The History of the Decline and Fall of the Roman Empire'.* 1779.

Gibert, E. Guernesey, *Observations sur les écrits de m. de Voltaire, principalement sue la religion, en forme de notes, par M. E. Gibert, ministre de la Chapelle royale de Saint-James's*. Londres 1778, 2 vol.

Gilpin, William, *Remarks on forest scenery and other woodland views (relative chiefly to picturesque beauty), illustrated by the scenes of New Forest in Hampshire*. 1791, 2 vol.

Glenbervie, Sylvester *Douglas*, baron, 1. *The Diaries of Sylvester Douglas, lord Glenbervie*. Ed. Francis L. Bickley. 1928, 2 vol.

—2 *The Glenbervie journals (oct.-dec. 1793; april 1811-febr. 1815)*. Ed. Walter Sichel. 1910.

Goldsmith, Oliver, 1. *The Collected works*. Ed. A. Friedman. Oxford 1266, 5 vol.

—2 *The History of England from the earliest times to the death of George II*. 1771, 4 vol.

[—]3 *An History of England in a series of letters from a nobleman to his son*. 1764, 2 vol.

—4 *The Collected letters of Oliver Goldsmith*. Ed. Katharine C. Balderston. Cambridge 1928.

—5 *New essays by Oliver Goldsmith*. Ed. Ronald S. Crane. Chicago 1927.

—6 *The Works of Oliver Goldsmith. A new edition containing pieces hitherto uncollected, and a life of the author*. With notes, by J. W. M. Gibbs. 1884-1886, 5 vol.

Gordon, Alexander, of Auchintoul, *The History of Peter the great, emperor of Russia. To which is prefixed a short general history of the country* [. . .] *and an account of the author's life*. Aberdeen 1755, 2 vol.

Gordon, John, *A New estimate of the manners and principles, being a comparison between ancient and modern times, in the three great articles of knowledge, happiness and virtue*. Cambridge 1760-1761.

[Goudar, Ange], *L'Espion chinois. Nouvelle édition*. Cologne 1769.

Grafton, Augustus Henry *Fitzroy*, 3ème duc de, 1. *Autobiography and political correspondence of Augustus-Henry, third duke of Grafton*. Ed. sir William Anson. 1898.

—2 *Letters between the duke of Grafton, the earls of Halifax, Egremont* [. . .] *Monsieur Voltaire* [. . .], *&c, &c. With explanatory notes*. 1769 [vol. i seul publié].

Graham, John Murray, éd., *Annals and correspondence of the viscount and of the first and second earls of Stair*. Edimbourg 1875, 2 vol.

[Graves, Richard], 1. *Euphrosyne, or amusements on the road of life. By the author of the Spiritual Quixote*. 1780, 2 vol. [1ère éd. 1776, 1 vol.].

[—]2 *Lucubrations, consisting of essays, reveries, &c. in prose and verse. By the late Peter of Pontefract*. 1786.

[—]3 *The Spiritual Quixote, or the summer's ramble of mr Geoffrey*

Wildgoose. Ed. with an introduction by C. Tracy. Oxford 1967 (Oxford English novels) [1ère éd. 1773].

Gray, George, *A Turkish tale*. 1770.

Gray, Thomas, 1. *Correspondence of Thomas Gray*. Ed. Paget Toynbee and Leonard Whibley. Repr. with corr. and add. by H. W. Starr. Oxford 1971, 3 vol.

—2 *The Works of Thomas Gray in prose and verse*. Ed. Edmund Gosse. 1906, 4 vol. [1ère éd. 1884].

Gray William, *A Catalogue of books in history ancient and modern, voyages and travels* [. . .] *to be lent by William Gray, bookseller, front of the Exchange, Edinburgh*. Edimbourg 1772.

Green, Thomas, vicar of Wymeswould, *A Dissertation on enthusiasm showing the danger of its late increase*. 1755.

Green, Thomas, of Ipswich, *Extracts from the diary of a lover of literature*. Ipswich 1810.

Greene, Edward Burnaby, 1. *Critical essays*. 1770.

[—]2 *A Defence of mr Rousseau against the aspersions of mr Hume, mons. Voltaire and their associates*. 1766.

Gregory, rev. George, *Essays historical and moral*, 2ème éd. corr. et augm. 1788 [1ère éd. 1785].

Grenville, George, *The Grenville papers, being the correspondence of Richard Grenville, earl Temple, and the right hon. George Grenville, their friends and contemporaries*. Ed. William James Smith. 1852-1853, 4 vol.

Griffith, mrs Elizabeth, *The Morality of Shakespeare's drama illustrated*. 1775.

Grimm, Friedrich Melchior, baron de, 1. *Correspondance inédite (1794-1801) du baron Grimm au comte de Findlater*. [Ed. André Cazes]. 1934.

—2 *Correspondance littéraire, philosophique et critique, par Grimm, Diderot, Raynal, Meister, etc*. Ed. Maurice Tourneux. 1877-1882, 16 vol.

Guthrie, William, 1. *An Essay upon English tragedy. With remarks on the abbé de Blanc's* [sic] *'Observations on the English stage'*. 1747.

—2 *The Friends, a sentimental history, describing love as a virtue as well as a passion.* 1754, 2 vol.

—3 *A General history of the world from the creation to the present time, by William Guthrie and others.* 1764-1767, 12 vol.

Gwynn, John, *An Essay on design including proposals for erecting a public Academy [. . .] for educating the British youth in drawing.* 1749.

Halliwell, James Orchard, *A Catalogue of the miscellaneous manuscripts and of the manuscript letters in the possession of the Royal Society,* 2 pt. 1840.

Hamilton, Mary, aft. mrs John Dickenson, *At Court and at home. From letters and diaries, 1756 to 1816.* Ed. Elizabeth and Florence Anson. 1925.

Hampton, James, *The General history of Polybius translated.* 1756.

Hanway, sir Jonas, 1. *An Historical account of the British trade over the Caspian sea, with a journal of travels from London through Russia into Persia and back again through Russia, Germany and Holland. 1753,* 4 vol.

—2 *Remarkable occurrences in the life of Jonas Hanway, comprehending an abstract of his travels in Russia and in Persia, 1712-1786.* Ed. J. Pugh. 1798.

Harcourt, Edward William, ed., *The Harcourt Papers.* Oxford 1880-1905, 14 vol.

Hardwicke, Philip *Yorke,* 1er comte de, *The Life and correspondence of Philip Yorke, earl of Hardwicke.* Ed. Philip Chesney Yorke. 1913, 3 vol.

Harris, George, *The Life of lord Chancellor Hardwicke, with selections from his correspondence, diaries, speeches and judgments.* 1847, 3 vol.

Harris, Walter, *Fiction unmasked, or an answer to a dialogue published by a Popish physician.* Dublin 1752.

Harvey, John, *The Bruciad, an epic poem.* 1769.

Harwood, Edward, *Biographia classica: the lives and characters of the Greek and Roman Classics.* 1778, 2 vol.

Havard, Jean Alexandre, pseud. d'Albanès, *Voltaire et mme Du*

Châtelet. Révélations d'un secrétaire attaché à leurs personnes. 1863.

[Hawkesworth, John], *Almoran and Hamet, an Oriental tale.* 1761, 2 vol.

Hawkins, Laetitia Matilda, 1. *Anecdotes, biographical sketches and memoirs.* 1822, t.i et unique.

—2 *Memoirs, anecdotes, facts and opinions, collected and preserved by L. M. H.* 1824, 2 vol.

Hawkins, William, *Dramatic and other poems, letters, essays.* 1758.

Hayley, William, *1. The Life of Milton in three parts, to which are added conjectures on the origin of 'Paradise lost'. With an appendix* 2ème éd. 1796 [1ère éd. 1794].

—2 *Poems and plays. A new edition.* 1785, 6 vol.

Heathcote, Ralph et alii, *A New and general biographical dictionary.* 1761-1767, 12 vol.; 2ème éd. par J. Whiston. 1784, 12 vol.; 3ème éd. augm. par W. Tooke. 1798, 15 vol.

Heavisides, M., *A Catalogue of books, instructive and entertaining which are to be lent out by M. H.* Darlington 1790.

Hénault, le président Charles Jean François, *Mémoires du président Hénault [. . .] écrits par lui-même, recueillis et mis ordre par son arrière-neveu, m. le baron de Vigan.* 1855, 2 vol.

Henderson, Andrew, *The History of Frederick, king of Sweden, translated and improved from the French of m. de Voltraie* [sic]. [1752].

Hennet, Albert Joseph Ulpien, *Poétique anglaise.* 1806, 3 t.

Henry, Robert, *The History of Great-Britain from the first invasion of it by the Romans under Julius Cæsar, written on a new plan.* 1771-1793, 6 vol.

Heron, pseud. de Pinkerton; cf. ce nom.

Herring, Thomas, éd., *Letters to William Duncombe, Esq., deceased, from the year 1728 to 1757, with notes and an appendix.* 1777.

Hervey, John, 1er comte de Bristol, (1) *Letter-books of John Hervey, first earl of Bristol. With sir Thomas Hervey's letters during courtship and poems during widowhood, 1651 to 1750.* Ed. S[ydenham] H. A. H[ervey]. Wells 1894, 3 vol.

Hervey, John, lord, (2) *Some materials towards memoirs of the reign of king George II*. Ed. Romney Sidgwick. 1931, 3 vol.

Hervey, Mary Lepell, lady, *Letters of Mary Lepell, lady Hervey, 1742-1768. With a memoir and illustrative notes* [by the Right Hon. John W. Croker]. 1821.

Hiffernan, Paul, *Dramatic genius, in five books*. 1770.

Hill, Aaron, 1. *A Collection of letters written by A. Pope [. . .] and other* [. . .] *gentlemen to* [. . .] *A. H.* 1751.

—2 *The Dramatic works of A. H.* [with a life of the author by J.K.]. 1760, 2 vol.

—3 *The Works of the late Aaron Hill, consisting of letters on various subjects, and of original poems* [. . .] *With an essay on the art of acting*. 1753, 4 vol.

Hill, John, 'An Essay upon the principles of historical composition, with an application of those principles to Tacitus,' *Transactions of the Royal Society of Edinburgh* (1788, pt. 2) pp.76-99, 181-209.

Holcroft, Thomas, *Memoirs of the late Th. Holcroft, written by himself and continued till the time of his death, from his diary, notes and other papers*. [Ed. William Hazlitt]. 1816, 3 vol.

Hollis, Thomas, *Memoirs of Thomas Hollis* [compiled by F. Blackburne]. 1780, 2 vol.

Home, John, *The History of the Rebellion in the year 1745*. 1802.

Hookham, *Nouveau catalogue français de la bibliothèque circulaire de Messrs. Hookham*. [1791].

Hoole, John, 1. *Cyrus, a tragedy*. 1768.

—2 Tasso, *Jerusalem delivered, translated from the Italian*, 2nd ed. with notes. 1783 [1ère éd. 1763].

—3 Ariosto, *Orlando furioso, translated into English verse with notes*. T. i, 1773; t. ii-v, 1783.

Horne-Tooke, Cf. Tooke.

Horne, rev. George, bishop of Norwich, 1. *Letters on infidelity*. 1784. 2. *The Works* [. . .] *To which are prefixed Memoirs of his life, studies and writings by W. Jones*. 1809, 6 vol.

Howard, Leonard, éd., *A Collection of letters and state papers of many princes, great personages and statesmen, printed from the original manuscripts.* 1756, 2 vol. [1ère éd. 1753].

Huggins, William, Ariosto, *Orlando furioso, translated by W. H.* 1757, 2 vol.

Hughes, Helen Sard, *The Gentle Hertford, her life and letters* [The correspondence of Frances Seymour]. 1940.

Hughes, John, 1. *The Correspondence of John Hughes [. . .] and several of his friends, with notes historical and explanatory. To which are added several pieces by mr Hughes never before published.* 1773, 2 vol.

—2 *Poems on several occasions, with some select essays.* 1735, 2 vol.

Hume, David, 1. *A History of England from the invasion of Julius Cæsar to the Revolution in 1688.* 1763, 8 vol. [1ère éd., vol. i et ii, 1754; iii et iv, 1756; v et vi, 1759; vii et viii, 1762].

—2 *The Letters of David Hume.* Ed. J. Y. T. Greig. Oxford 1932, 2 vol.

—3 *New letters of David Hume.* Ed. Raymond Klibansky et Ernest C. Mossner. Oxford 1954.

—4 *The Philosophical works of David Hume, including all the essays and exhibiting the more important alterations and corrections in the successive editions published by the author.* Edimbourg 1826, 4 vol.

Hunter, David, *Observations on the history of Jesus-Christ serving to illustrate his character.* Londres et Edimbourg 1770.

Hurd, Richard, 1. *The Correspondence of Richard Hurd and William Mason, and letters of Richard Hurd to Thomas Gray.* Ed. Ernest Harold Pearce et Leonard Whibley. Cambridge 1932.

—2 *Moral and political dialogues, with Letters on chivalry and romance,* 6ème éd. 1788, 3 vol. [1ère éd. 1765].

—3 *The Works of Richard Hurd.* 1811, 8 vol.

Jackson, William, 1. *The Four ages, together with essays on various subjects.* 1798.

—2 *Thirty letters on various subjects.* 1783.

Jardine, Alexander, *Letters from Barbary, France, Spain, Portugal [. . .] by an English officer.* 1788, 2 vol.

Jeffreys, George, *Miscellanies in verse and prose.* 1754.

Jephson, Robert, *Braganza, a tragedy.* 1775.

Jerningham, Edward, *Edward Jerningham and his friends, a series of eighteenth century letters.* Ed. L[ewis] Bettany. 1919.

Jesse, John Heneage, 1. *George Selwyn and his contemporaries, with memoirs and notes, 1719-1791.* 1843-1844, 4 vol.

—2 *Memoirs of the court of England from the Revolution in 1688 to the death of George the Second.* 1843, 3 vol.

Johnson, Samuel, 1. *Anecdotes of the late Samuel Johnson, LL.D., during the last twenty years of his life, compiled by Hester Lynch Piozzi.* Ed. sir Sidney C. Roberts. Cambridge 1925.

—2 *Critical opinions.* Ed. Joseph Epes Brown. 1926.

—3 *The Letters of Samuel Johnson with mrs Thrale's genuine letters to him.* Ed. R. W. Chapman. Oxford 1952, 3 vol.

—4 *The Lives of the English poets.* Ed. George Birkbeck Hill. Oxford 1905, 3 vol.

—5 *Rasselas;* in: *Shorter novels of the Eighteenth century.* Ed. Philip Henderson. 2ème éd. 1961 (Everyman's Library).

—6 *The Works.* Ed. F. P. Walesby. Oxford, 1825, 11 vol.

—7 *The Yale edition of the works of Samuel Johnson.* Gen. ed. E. L. MacAdam Jr. New York 1958—(en cours de publication; 9 vol. parus).

[Johnston(e), Charles], 1. *The Adventures of Anthony Varnish, or a peep at the manners of society. By an adept.* 1786, 3 vol.

[—]2 *Chrysal, or the adventures of a guinea. By an adept.* 1760, 2 vol. [trad. fr. par J. P. Frehais. 1767].

[—]3 *The History of Arsaces, prince of Betlis.* 1774, 2 vol.

[—]4 *The History of John Juniper, Esq., by the editor of the Adventures of a guinea.* 1781.

[—]5 *The Pilgrim, or a picture of life, in a series of letters written mostly from London by a Chinese philosopher to his friend at Quangtong. By the editor of Chrysal.* [1775], 2 vol.

[—]6 *The Reverie, or a flight to the paradise of fools.* Dublin 1762.

Jones, Mary, *Miscellanies in prose and verse.* Oxford 1750.

Jones, Stephen, *A New biographical dictionary in miniature, or pocket compendium.* 1794.

[Jones, William], *Observations in a journey to Paris by way of Flanders in the month of August 1776*. 1777, 2 vol.

Jones, sir William, 1. *The Letters*. Ed. Garland Cannon. Oxford 1960, 2 vol.

—2 *Memoirs of the life, writings and correspondence of sir William Jones*. Ed. John, lord Teignmouth. 1804.

—3 *Poems consisting chiefly of translations from the asiatick languages*. Oxford 1772.

Jordan, Charles Etienne, *Histoire d'un voyage littéraire fait en 1733 en France, en Angleterre et en Hollande*. La Haye 1735.

Jortin, John, *Tracts, philological, critical and miscellaneous* [Ed. with a memoir of the author by R. Jortin]. 1790, 2 vol.

Kames, Henry Home, lord, 1. *Elements of criticism*, 3ème éd. Edimbourg 1765, 2 vol. [1ère éd. 1762].

—2 *Memoirs of the life and writings of the Honourable Henry Home of Kames, one of the Lords Commissioners of Justiciary in Scotland*. Ed. Alexander Fraser Tytler, lord Woodhouselee. Edimbourg 1807, 2 vol.

—3 *Sketches of the history of man*. Edimbourg 1774, 2 vol.

Keate, George, 1. *The Poetical works of G.K.* 1781, 2 vol.

—2 *A Short account of the ancient history, present government and laws of the Republic of Geneva*. 1761 [trad. fr. *Abrégé de l'histoire de Genève*, par Lorovich. Londres 1774].

Kedington, Roger, *Critical dissertations on the Iliad of Homer*. 1759.

Kenrick, William, *Epistles, philosophical and moral*. 1759.

Kett, Henry, *History, the interpreter of prophecy, or a view of scriptural prophecies and their accomplishment in the past and present occurrences of the world*. 1799.

Kirkman, James Thomas, *Memoirs of the life of C. Macklin, principally compiled from his own papers and memorandums*. 1799, 2 vol.

Knox, Vicesimus, *Essays, moral and literary*. 4e éd. 1784, 3 vol. [1ère éd. 1778].

[Laborde, Jean Benjamin de], *Lettres sur la Suisse, adressées à* *mme de*** par un voyageur français en 1781.* Genève 1783, 2 vol.

La Croze; cf. Veyssière.

La Harpe, Jean François de, *Correspondance littéraire adressée à S. A. I. mgr le grand-duc, aujourd'hui empereur de Russie* [...] *depuis 1774 jusqu'à 1789.* 1801-1807, 6 t. en 5 vol.

La Mottraye, Aubry de, 1. *Voyages de Sr. A. de La Motraye en Europe, Asie, Afrique* [...]. *Avec des remarques instructives sur les mœurs, coutumes, opinions, etc. des peuples et des pais où l'auteur a voyagé.* La Haye 1727, 2 vol.

—2 *Voyages en anglais et en français d'A. de La Motraye en diverses provinces et places de la Prusse ducale et royale, de la Russie, de la Pologne, etc.* La Haye 1732.

—3 *Remarques historiques et critiques sur l'histoire de Charles XII, Roi de Suède, par m. de Voltaire, pour servir de supplément à cet ouvrage.* Londres 1732.

Langhorne, John, 1. *Letters on religious retirement, melancholy and enthusiasm.* 1752.

—2 *Solyman and Almena, an Oriental tale.* 1762.

La Place, Pierre Antoine de, *Pièces intéressantes et peu connues pour servir à l'histoire et à la littérature, par M. D. L. P.* Bruxelles et Maestricht 1781-1790, 7 vol.

[Larcher, Pierre Henri], *Supplément à 'La Philosophie de l'histoire' de feu m. l'abbé Bazin, nécessaire à ceux qui veulent lire cet ouvrage avec fruit.* Amsterdam 1767.

[Lawrence, Herbert] 1. *The Contemplative man, or the history of Christopher Crab, Esq., of North Wales.* 1771, 2 vol.

[—]2 *The Life and adventures of Common Sense, an historical allegory.* 1769.

Le Bossu, p. René, *Traité de la poèsie épique.* 1675.

Lediard, Thomas, the elder, *The Life of John, duke of Marlborough.* 1736, 3 vol.

Leinster, lady Emilia M., duchesse de, *Correspondence of Emily, duchess of Leinster, 1731-1814.* Ed. Brian Fitzgerald, 1949, 2 vol.

Le Kain, Henri Louis Kain, dit, *Mémoires de m. L. Le Kain, publiés par son fils aîné, suivis d'une correspondance inédite de Voltaire, Garrick, etc.* 1820.

Leland, Thomas, 1. *The History of Ireland from the invasion of Henry II, with a preliminary discourse on the ancient state of that kingdom.* 1773, 3 vol.

—2 *The History of the life and reign of Philip, king of Macedon.* 1758, 2 vol.

—3 *A View of the principal deistical writers that have appeared in England in the last and present century* (. . . .). 3ème éd. corr. 1757, 2 vol. (1ère éd. 1754-1756, 3 vol.).

Lennox, aft. Bunbury, aft. Napier, lady Sarah, *The Life and letters of lady Sarah Lennox, 1745-1826.* Ed. la comtesse d'Ilchester et lord Stavordale. 1901, 2 vol.

Lerouge, George Louis, *Curiosités de Londres et de l'Angleterre.* Bordeaux 1765 [trad. fr. de *An Historical account of the curiosities of London and Westminster.* 1763].

Le Texier, A. A., *Recueil des pièces de théâtre lues par m. Le Texier en sa maison, Lisle Street, Leicester Fields.* Londres 1785-1787, 8 vol.

Letourneur, Pierre Prime Félicien, *Le Jardin anglais.* 1788, 2 vol.

Lewis, William Lillington, *The Thebaïd, translated into English verse, with notes.* 1773, 2 vol.

[Lindsey], *Le Partage de la Pologne, en sept dialogues en forme de drame* [. . .] *par Gottlieb Pansmouser* [. . .] *suivi de la réfutation littéraire et politique du même ouvrage composé de sept lettres pour répondre aux sept dialogues, de main de maître.* 1776.

Lloyd, Robert, *The Poetical works, to which is prefixed an account of the life and writings of the author by W. Kenrick.* 1774, 2 vol.

Lockman, John, 1. *The History of England by questions and answers, extracted from the most celebrated English historians, particularly m. Rapin de Thoyras,* 25ème éd. 1811. [2e éd. 1735].

—2 *A History of the cruel sufferings of the Protestants and others by Popish persecutions.* Dublin 1763.

Logan, John, *Elements of the philosophy of history,* 1st pt. Edimbourg 1781 [sans suite].

[Long, Edward], 1. *The Anti-gallican, or history and adventures of Harry Cobham, Esq., inscribed to Louis the XV*[th] *by the author.* 1757.

[—]2 *English humanity no paradox, or an attempt to prove that the English are not a nation of savages.* 1778.

Longchamp, S. C., et Wagnière, J. L., *Mémoires sur Voltaire et sur ses ouvrages suivis de divers écrits inédits* [. . .] *tous relatifs à Voltaire.* 1826, 2 vol.

Lucas, Charles, *The Infernal Quixote, a tale of the day.* 1801, 4 vol. [1ère éd. 1800].

Luchet, Jean Pierre Louis de la Roche du Maine, marquis de, *Histoire littéraire de m. de Voltaire.* Cassel 1780, 6 vol.

Luxborough, Henrietta *Knight*, lady, *Letters to William Shenstone* [Ed. J. Hodgetts]. 1775.

Luynes, Charles Philippe d'Albert, duc de, *Mémoires du duc de Luynes sur la cour de Louis XV (1735-1738), publiés par le patronage de M. le duc de Luynes par MM. L. Dussieux et Eud. Soulié.* 1860-1865, 17 vol.

Lyttelton, George, lord, 1. *Dialogues of the dead,* 4ème éd. 1765 [1ère éd. 1760].

—2 *The History of the life of king Henry II and of the age in which he lived. To which is prefixed a history of the revolutions of England from the death of Edward the Confessor to the birth of Henry the Second.* 1767-1771, 4 vol.

—3 *Memoirs and correspondence of George lord Lyttelton from 1734 to 1773.* Ed. R. Phillimore. 1845, 2 vol.

—4 *The Works of George, lord Lyttleton, now first collected together with some other pieces never before printed.* Published by C. E. Ayscough. 1774.

Macallester, Oliver, *A Series of letters discovering the scheme projected by France in 1759 for an intended invasion upon England with flat-bottomed boats. To which are prefixed the secret adventures of the Young Pretender.* 1767, 2 vol.

Macaulay, Catherine, later Macaulay Graham, *The History of England from the accession of James I to that of the Brunswick line,*

1763-1783, 8 vol.

Mackintosh, sir James, *Memoirs of the life of sir James Mackintosh.* Ed. Robert J. Mackintosh. 1836, 2 vol.

Macpherson, James, 1. *The History of Great-Britain from the Restoration to the accession of the house of Hanover.* 1775, 2 vol.

—2 *An Introduction to the history of Great-Britain and Ireland, or an inquiry into the origin, religion, manners, government, courts of justice and juries of the Britons, Scots and Irish and Anglo-Saxons.* Dublin 1771.

MacQueen, Daniel, *Letters on mr Hume's 'History of Great-Britain'.* Edimbourg 1756.

Mainwaring, John, *Sermons on several occasions, preached before the University of Cambridge.* Cambridge 1780.

Maitland Club, *Notices and documents illustrative of the literary history of Glasgow during the greater part of the last century.* Glasgow 1831.

Malmesbury, James *Harris*, 1er comte de, *A Series of letters of the first earl of Malmesbury to his family and friends, from 1745 to 1820.* Ed. [3ème] comte de Malmesbury. 1870, 2 vol.

Marais, Mathieu, *Journal et mémoires de Mathieu Marais [. . .] sur la Regence et le règne de Louis XV 1715-1737).* Ed. M. Lescure. 1863-1868, 4 vol.

March, Charles Henry Gordon *Lennox*, 8ème duc de Richmond et 3ème duc de Gordon, comte de, *A Duke and his friends. The life and letters of the second duke of Richmond.* 1911, 2 vol.

Marignié, Jean Etienne François, *Vie de David Garrick, suivie de deux lettres de m. Noverre à Voltaire sur ce célèbre acteur [. . .].* An ix [1800]. [Trad. de l'anglais d'Arthur Murphy; cf. ce nom].

Martin, Josias. *A Letter from one of the people called Quakers to F. de Voltaire, occasioned by his remarks on that people in his 'Letters concerning the English nation'.* 1741 [Trad. fr. *Lettre d'un Quaker à F[rançois] de Voltaire, écrite à l'occasion de ses Remarques sur les Anglais, particulièrement sur les Quakers.* Londres 1745].

Martinelli, Vincenzio, *Lettere familiare e critiche.* Londres 1758.

Mason, William, 1. *Poems*, 4ème éd. York 1774 [1ère éd. 1764].

—2 *The Works of William Mason*. 1811, 4 vol.

Masson, Arthur, *Nouveau recueil de pièces choisies des meilleurs auteurs français tant en vers qu'en prose, à l'usage des écoles. Edition nouvelle, corrigée et augmentée.* Edimbourg 1782.

Maty, Matthew, 1. *Authentic memoirs of the life of R. Mead*. 1755.

—2 *A General index to the 'Philosophical transactions' (vol. 1-70)*. 1787.

Maubert de Gouvest, Jean Henri, *Histoire politique du siècle où se voit développée la conduite de toutes les cours*. Londres 1754, 2 vol.

Melmoth, Courtney, pseud. de Pratt, S. J.; cf. ce nom.

Mickle, William Julius, 1. *The Lusiad* [...], *or the discovery of India, translated by W. J. M.* Oxford 1776.

—2 *Voltaire in the shades, or dialogues on the deistical controversy.* 1770.

Millar, John, *An Historical view of the English government, from the settlement of the Saxons in Britain to the accession of the house of Stewart*. 1787.

Miller, Anne, lady, *Letters from Italy, describing* [...] *that country in the years 1770 and 1771. By an English woman*. 1776, 3 vol.

Milner, Joseph, *Gibbon's account of Christianity considered, together with some strictures on Hume's Dialogues concerning natural religion*. York 1781.

Monboddo, James Burnet, lord, *On the origin and progress of language*. Edimbourg 1773-1792, 6 vol.

Montagu, Elizabeth, 1. *Elizabeth Montagu, the Queen of the Blue-stockings: Her correspondence from 1720 to 1761*. Ed. Emily J. Climenson. 1906, 2 vol.

[—]2 *An Essay upon the writings and genius of Shakespeare, compared with the Greek and French dramatic poets. With some remarks upon the misrepresentations of m. de Voltaire*. 1769 [Reprint: 18th century Shakespeare n° 12, 1970]. [Trad. fr. *Apologie de Shakespeart en réponse à la critique de m. de Voltaire. Traduite de l'anglois de madame de Montagu*. 1777].

—3 *A Lady of the last century, illustrated in her unpublished letters.* Ed. J. Doran. 1873.

—4 *The Letters of mrs E. Montagu with some of the letters of her correspondents.* Published by Matthew Montagu. 1809-1813, 4 vol.

Montagu, lady Mary Wortley, 1. *The Complete letters of lady Mary Wortley Montagu.* Ed. Robert Halsband. Oxford 1966-1967, 3 vol.

—2 *The Letters and works of lady Mary Wortley Montagu.* Ed. Lord Wharncliffe. 1837, 2 vol.

Montesquieu, Charles de Secondat, baron de, *Œuvres complètes.* Ed. André Masson. 1955, 3 vol.

Moor, James, *Essays read to a literary society at their weekly meetings within the College at Glasgow.* Glasgow 1759.

Moore, John, *A View of society in France, Switzerland and Germany.* 1779, 2 vol.

More, Hannah, 1. *Memoirs of the life and correspondence of mrs Hannah More.* Ed. W. Roberts. 1843, 4 vol.

—2 *The Works of Hannah More, including several pieces never published. New edition with additions and corrections.* 1830, 11 vol. [1ère éd. 1801, 8 vol.].

Morgann, Maurice, 1. *An Essay on the dramatic character of sir John Falstaff.* 1777.

—2 *Thirty letters.* 1782.

Morrison, Alfred, 1. *Catalogue of the collection of autograph letters and historical documents formed between 1865 and 1882 by Alfred Morrison.* Ed. A. W. Thibaudeau. 1883-1892, 6 vol.

—2 *Second series, 1882-1892.* 1893-1897, 5 vol.

Mortimer, Thomas, 1. *The Student's pocket dictionary, or compendium of universal history, chronology and biography.* 1777.

—2 *A New history of England from the earliest accounts of Britain to the ratification of the peace of Versailles, 1763.* 1764-1766, 3 vol.

[Mottley, John], *The History of the life of Peter I, emperor of Russia, containing a description of Russia, Siberia, etc.* 1739, 1 vol.

f° [réed. 1739, 3 vol. 8°]

Murphy, Arthur, 1. *The Life of David Garrick, Esq.* Dublin 1801, 2 vol. [trad. fr. par Marignié; cf. ce nom].

—2 *The Works of Arthur Murphy.* 1786, 7 vol.

Murray, sir John, *Memorials of John Murray of Broughton, some-time secretary to Prince Charles Edward, 1740-1747.* Ed. R.F. Bell. Edimbourg 1898 (Scottish Historical Society Publications, vol. xxvii).

Newbery, John, *The Art of poetry on a new plan [. . .] together with [. . .] reflections and critical remarks.* 1762, 2 vol.

Newton, Isaac; cf. Edleston.

Newton, rev. Thomas, 1. *The Poetical works of John Milton, with notes of various authors.* 1749, 3 vol.

—2 *The Works of Thomas Newton with some account of his life written by himself,* 1782, 3 vol.

Nichols, John, 1. *Illustrations of the literary history of the eighteenth century.* 1817-1858, 8 vol.

—2 *Literary anecdotes of the eighteenth century.* 1812-1815, 9 t. en 10 vol.

Northcote, James, *Memoirs of sir Joshua Reynolds [. . .] comprising original anecdotes of many distinguished persons [. . .] and a brief analysis of his Discourses.* 1813-1815.

Northumberland, Elizabeth *Percy,* duchesse de, *The Diaries of a duchess. Extracts from the diaries of the first duchess of Northumberland, 1716-1776.* Ed. James Craig, with a foreword by the duke of Northumberland. 1926.

Ogilvie, John, 1. *An Inquiry into the causes of infidelity and scepticism of the times, with occasional observations, on the writings of Herbert, Shaftesbury, Bolingbroke, Hume, Gibbon, Toulmin, etc.* 1783.

—2 *Philosophical and critical observations on the nature, characters and various species of composition.* 1774, 2 vol.

—3 *Poems on several subjects.* 1769, 2 vol.

O'Keeffe, John, *Recollections of the life of John O'Keeffe, written by himself.* 1826, 2 vol.

Osborn, Hon. Sarah, 1. *Letters of Sarah Byng Osborn, 1721-1773. From the collection of the Hon. mrs McDonnel*. Ed. John McClelland. Stanford 1930 (Stanford Miscellany nᵒ 2).

—2 *Political and social letters of a lady of the eighteenth century, 1721-1771*. Ed. Emily Fanny Dorothy Osborn. [1890].

O'Sullivan, John William, cf. Taylor 1.

Paillet de Warcy, L., *Histoire de la vie et des ouvrages de Voltaire, suivie des jugements qu'ont portés de cet homme célèbre divers auteurs estimés*. 1824, 2 vol.

Palmer, Joseph, *A Four-months tour in France*. Dublin 1776, 2 vol.

Parr, Samuel, *Bibliotheca parriana: a catalogue of the library of the late* [...] *Samuel Parr*. 1827.

Peck, Francis, *New memoirs of the life and poetical works of mr John Milton*. 1740.

Pemberton, Henry, 1. *A View of sir I. Newton's philosophy*. 1728.

—2 *Observations on poetry, especially the epic, occasioned by the late poem upon Leonidas*. 1738.

Pembroke, Henry *Herbert*, 10ème comte de, *Henry, Elizabeth and George, 1734-1780* (*The Pembroke Papers, 1780-1794*). *Letters and diaries of Henry, tenth earl of Pembroke and his circle*. Ed. lord Herbert. 1939-1950, 2 vol.

Pennant, Thomas, 1. *Extract of the literary life of the late Thomas Pennant, Esq. by himself*. 1913.

—2 *Tour on the continent, 1765*. Ed. sir G[avin] R. De Beer. 1948.

Pepys, sir William Weller, *A Later Pepys: the correspondence of sir W. W. Pepys Bart. Master in Chancery*, [1758-1825]. Ed. Alice C. C. Gaussen, 1904, 2 vol.

Percy, Thomas, *Reliques of ancient English poetry, consisting of old heroic ballads, songs, and other pieces of our earlier poets, together with some few of later date*. 1765, 3 vol.

Perry, John, *The State of Russia under the present Czar* [...]. *Also an account of those Tartars and other people* [...]. 1716.

Pichot, Joseph Jean Marie Charles Amédée, *Histoire de Charles-Edouard, dernier prince de la maison de Stuart*. 1830, 2 vol.

Piggott, Harriet, *The Private correspondence of a woman of fashion*.

1832, 2 vol.

Pinkerton, John, pseud. Robert Heron, 1. *The History of Scotland from the accession of the house of Stuart to that of Mary. With appendices of original papers.* 1797, 2 vol.

—2 *An Enquiry into the history of Scotland preceding the reign of Malcolm III, or the year 1056.* 1794, 2 vol.

—3 *Letters of literature.* 1785.

Piron, Alexis, *Œuvres inédites de Piron, prose et vers, accompagnées de lettres également inédites adressées à Piron par mlle Quinault et de Bar.* Ed. H. Bonhomme. 1859.

Pitt, William, *Correspondence of William Pitt, earl of Chatham.* [Ed. W. S. Taylor and J. H. Pringle]. 1838-1840, 4 vol.

Pöllnitz, baron Carl Ludwig von, *Mémoires de C. L. Baron de Pöllnitz contenant les observations qu'il a faites dans ses voyages et le caractère des personnes qui composent les principales cours de l'Europe,* 2ème éd. 1735, 2 vol. [1ère éd. Liège 1734].

Poniatowski, Stanislas, *Remarks on mr Voltaire's 'History of Charles XII, king of Sweden'.* 1741 [trad. angl. de *Remarques de m. le comte Poniatowski sur l'Histoire de Charles XII de Suède par m. de Voltaire.* Londres 1741].

Pope, Alexander, *The Correspondence of Alexander Pope.* Ed. George Sherburn. Oxford 1956, 5 vol.

Pratt, Samuel Jackson, pseud. Courtney Melmoth, 1. *An Apology for the life and writings of David Hume.* 1777.

—2 *Miscellanies.* 1785, 4 vol.

—3 *The Pupil of pleasure, or the new system illustrated.* 1776.

—4 *Shenstone Green, or the new Paradise lost.* 1779, 3 vol.

—5 *Travels for the heart, written in France.* 1777, 2 vol.

Prévost, abbé Antoine-François, *Mémoires et aventures d'un homme de qualité, tome v (Le séjour en Angleterre).* Ed. Mysie E. J. Robertson. 1934 [1ère éd. 1731].

Priestley, Joseph, 1. *A Description of a new chart of history,* 2ème éd. 1770 [1ère éd. 1770].

—2 *A History of the corruptions of Christianity.* Birmingham 1782, 2 vol.

—3 *Lectures on history and general policy, to which is prefixed an essay on a course of liberal education.* 1788.

—4 *Letters to a philosophical unbeliever. Part i, Containing an examination of the principal objections to the doctrines of natural religion and especially those contained in the writings of mr Hume.* Bath 1780.

—5 *Memoirs of dr Joseph Priestley to the year 1795, written by himself. With a continuation by his son J. Priestley, and observations on his writings by T. Cooper and W. Christie.* 1806.

—6 *The Present state of Europe, compared with ancient prophecies. A sermon preached Feb. 28, 1794, the day appointed for a general fast. With a preface containing the reasons for the author's leaving England.* 1794.

—7 *A Syllabus of a course of lectures on the study of history.* Warrington 1765.

—8 *Theological and miscellaneous works.* Ed. J. T. Rutt. 1817-1832, 25 vol.

Prior, sir James, *The Life of Oliver Goldsmith.* 1837, 2 vol.

Pye, Henry James, 1. *Collected poems.* 1810, 2 vol.

—2 *A Commentary illustrating the Poetic of Aristotle.* 1792.

[—]3 *Sketches on various subjects, moral, literary and political. By the author of the Democrat.* 1796.

Pyle, Edmund, *Memoirs of a royal chaplain, 1729-1763. The correspondence of Edmund Pyle, D.D., chaplain in ordinary to George II, with Samuel Kerrich, D.D., vicar of Dersingham, rector of Wolferton, and rector of West Newton.* Ed. Albert Hartshorne. London and New York 1905.

Reed, Isaac, *The Reed diaries, 1762-1804.* Ed. Claude E. Jones. Berkeley 1946 (University of California Publications in English, vol. 10).

Reed, Joseph, *Madrigal and Trulletta, a mock-tragedy. With notes by the author and dr Humbug, censor and critick-general.* 1758.

Reeve, Clara, 1. *The Progress of romance.* Colchester 1785, 2 vol.

—2 *The Two Mentors, a modern story.* 1783.

Reynolds, Frederick, *The Life and times of Frederick Reynolds, written by himself.* 1826, 2 vol.

Reynolds, sir Joshua, 1. *Letters of sir Joshua Reynolds.* Ed. Frederick Whiley Hilles. Cambridge 1929.

—2 *Memoirs* [...]; cf. Northcote.

Riccoboni, Luigi, *Réflexions historiques et critiques sur les différents théâtres de l'Europe, avec les Pensées sur la déclamation.* 1738.

Rice, John, éd., *Paradise lost, a poem in twelve books. The author, John Milton. With notes of various authors.* 1766.

Richardson, Samuel, *The Correspondence of Samuel Richardson, author of Pamela, etc. Selected from the original manuscripts, to which are prefixed a biographical account of that author and observations on his writings by A. L. Barbauld.* 1804, 6 vol.

Richardson, William, 'On the dramatic or ancient form of historical composition', *Transactions of the Royal Society of Edinburgh* (1788, part 2), pp.99-113.

Rider, William, *An Historical and critical account of the lives and writings of living authors of Great-Britain. Wherein their respective merits are discussed with the utmost candour and impartiality.* 1762.

Ridpath, rev. George, *Diary of George Ridpath, minister of Stitchel, 1755-1761.* Ed. sir James Balfour Paul. Edinburgh 1922 (Scottish History Society, 3ᵉᵐᵉ série, vol. 2).

Robertson, William, *The Works of William Robertson* [...] *with a sketch of his life and writings by R. A. Davenport.* Oxford 1825, 8 vol.

Robinet André, éd., *Correspondance Leibniz-Clarke présentée d'après les manuscrits originaux des bibliothèques de Hanovre et de Londres.* 1957.

Robinson, Henry Crabb, *Blake, Coleridge, Wordsworth, Lamb, etc., being selections from the remains of Henry Crabb Robinson.* Ed. Edith J. Morley. Manchester 1922.

Robinson, Mary, *Walsingham, or the pupil of nature.* 1797.

Rodmell, Graham E., ed., 'An Englishman's impressions of France in 1775' [Robert Wharton], *The Durham University Journal* (1968-1969) lxi (n.s. xxx). 75-93.

Roger, avocat à Dijon, *Lettre de m. de Voltaire sur le peuple d'Angleterre sur les écarts qu'il a fait paraître au sujet des balladins francais.* Londres 1756.

Rogers, Samuel, 1. *The Early years of Samuel Rogers.* Ed. P. W. Clayden. 1887.

—2 *Recollections of the table-talk of Samuel Rogers, first collected by the rev. Alexander Dyce.* Ed. Morchard Bishop. 1952.

Rolli, Paolo Antonio, *Remarks upon M. Voltaire's 'Essay on the Epick Poetry of the European nations'.* 1728 [trad. fr. par M. L. A. (l'abbé Antonini), 1728].

Rolt, Richard, 1. *An Impartial representation of the conduct of the several powers of Europe, engaged in the late general war from 1739 to 1748.* 1749-1750, 4 vol.

—2 *The lives of the principal reformers, both Englishmen and foreigners, comprehending the general history of the Reformation from its beginning to its establishment under Queen Elizabeth* [...]. 1759, f°.

Romilly, sir Samuel, *Memoirs.* 1840, 3 vol.

Roscoe, William, *The Life of Lorenzo de Medici, called the Magnificent.* Bâle 1799, 2 vol. [1ère éd. Liverpool 1795].

Rousseau, Jean Baptiste, *Lettres de Rousseau sur différents sujets.* 1749-1750, 3 vol.

Rousseau, Jean Jacques, *Œuvres complètes.* Edition publiée sous la direction de Bernard Gagnebin et Marcel Raymond. 1962-, 5 vol. (Bibliothèque de la Pléiade).

Rowley, William, *A Treatise on female, nervous, hysterical, hypochondriacal, bilious, convulsive diseases, madness, suicide, convulsions, spasms, apoplexy and palsy* [...]. 1788.

Ruffhead, Owen, *The Life of Alexander Pope* [...]. *With a critical essay on his writings and genius.* 1769. 2 vol.

Russell, William, 1. *The History of America, from its discovery by Columbus to the conclusion of the late war* [...]. 1778, 2 vol.

—2 *The History of ancient Europe, with a view of the revolutions in Asia and Africa, in a series of letters.* 1793, 2 vol.

—3 *The History of modern Europe. With an account of the decline and fall of the Roman empire, and a view of the progress of society from the rise of modern kingdoms to the peace of Paris in 1763. In a series of letters from a nobleman to his son.* 1779-1784, 5 vol.

Rutlidge, Jean Jacques, chevalier de, 1. *La Quinzaine anglaise à Paris, ou l'art de s'y ruiner en peu de temps.* Londres 1776 [trad. angl. *The Englishman's fortnight in Paris, by an observer, or the art of ruining himself there in a few days.* Dublin 1777].

[—]2 *An Essay on the characters and manners of the French.* 1770 [trad. fr. *Essai sur le caractère et les mœurs des Francais comparés à ceux des Anglais.* 1776; faussement attribué à John Andrews par le catalogue du BM].

—3 *Observations à messrs de l'Académie Francaise au sujet d'une lettre de Monsieur de Voltaire.* s.l.n.d. [1776].

Sabatier, Antoine, dit Sabatier de Castres, *Tableau philosophique de l'esprit de m. de Voltaire pour servir de suite à ses ouvrages et de mémoire à l'histoire de sa vie.* Genève 1771.

Sainte-Beuve, Charles Augustin, *Causeries du Lundi.* 1851-1862, 15 vol.

Saint-Hyacinthe, Thémiseul de, *Lettres critiques sur la Henriade de Monsieur de Voltaire.* Londres—La Haye 1728.

Saint-John, John, *The Island of Sainte-Marguerite, an opera.* 1789.

[Sale, G., Psalmanazar, G., Bower, A., Shelvocke, G., Campbell, J., Swinton, J. et alii], *An Universal history from the earliest account of time to the present. Compiled from original authors.* 1736-1765, 23 vol. f° (vol. i-viii: *The Ancient part of the universal history;* vol. viii-xxiii [i-xvi], *The Modern part of the universal history.* 1759-1764).

Salisbury, William, *The History of the establishment of Christianity, compiled from Jewish and heathen authors only.* 1776 [trad. du fr. de J. B. Bullet].

Saussure, César de, *Lettres et voyages de Monsr César de Saussure en Allemagne, en Hollande et en Angleterre (1725-1729).* Ed. B. van Muyden. Lausanne 1903.

Scott, Helenus, *The Adventures of a rupee. Wherein are interspersed various anecdotes, Asiatic and European.* 1782.

925

Selwyn, George Augustus, *George Selwyn, his letters and his life.* Ed. E. S. Roscoe and Helen George Selwyn. 1899.

Seward Anna, *Letters of Anna Seward, written between the years 1784 and 1807.* Ed. Archibald Constable. Edimbourg 1811, 6 vol.

Seward, William, 1. *Anecdotes of some distinguished persons.* 1795-1797, 4 vol. et 1 suppl.

—2 *Biographiana.* 1799, 2 vol.

S[hebbeare, John], 1. *Letters on the English nation, translated from the Italian by Battista Angeloni, a Jesuit.* 1756, 2 vol.

—2 *Lydia, or filial piety. A novel.* 1755, 4 vol.

Shenstone, William, 1. *Letters of William Shenstone.* Ed. David Mallam. Minneapolis 1939.

—2. *The Letters of William Shenstone.* Ed. Marjorie Williams. Oxford 1939.

—3 *The Works in verse and prose of W. Shenstone, Esq., most of which were never before printed. With decorations.* [Ed. R. Dodsley]. 1764-1769, 3 vol.

Sherlock, Martin, 1. *A Fragment on Shakespeare, extracted from 'Advice to a young poet'. Translated from the French.* 1786.

—2 *Letters of an English traveller, written originally in French. Translated with original letters on several subjects, and a fragment on Shakespeare by the same author. A new edition.* 1802, 2 t. en 1 vol. [Edition collective de 3, 4 et 5].

—3 *Letters on several subjects.* 1781.

—4 *Lettres d'un voyageur anglais.* 1779 [trad. angl. par W. Duncombe, *Letters from an English traveller.* 1780].

—5 *Nouvelles lettres d'un voyageur anglois*, 2ème éd. 1780 [trad. angl. par W. Duncombe, *New Letters from an English traveller.* 1781].

Sitwell, sir George Reresby, *Letters of the Sitwells and Sacheverells, being a selection from the old letters and other documents preserved in the Muniment Room at Renishaw*, etc. Scarborough 1900-1901, 2 vol.

Smith, Adam, 1. *Essays on philosophical subjects. To which is pre-*

fixed an account of the life and writings of the author by Dugald Stewart. Ed. J. Black and J. Hutton. 1795.

—2 *The Theory of moral sentiment. To which is added a dissertation on the origin of languages,* 6ème éd. augm. et corr. 1790, 2 vol. [1ère éd. 1759, 1 vol.].

—3 *A Full and detailed catalogue of books which belonged to Adam Smith, now in the possession of the Faculty of Economics, University of Tokyo.* Ed. Tadao Yanaihara. Tokyo 1951.

Smollett, Tobias, 1. *A Complete history of England from the descent of Julius Cæsar to the Treaty of Aix-la-Chapelle, 1748,* 2ème éd. 1758-1760, 11 vol. [1ère éd. 1757-1758, 4 vol.].

—2 *A Continuation of the 'Complete history of England'.* 1760-1761, 4 vol.

—3 *The Letters of Tobias Smollett, M.D.* Ed. Edward S. Noyes. Cambridge Mass. 1926.

—4 *Letters of Tobias Smollett, M.D.* Ed. Lewis M. Knapp. Oxford 1970.

—5 *The Orientalist. A volume of tales after the Eastern taste. By the author of Roderick Random, etc.* Dublin 1773 [1ère éd. Dublin 1764].

—6 *Plays and poems.* 1777.

—7 *The Works of Tobias Smollett.* Ed. George Saintsbury. 1895, 12 vol.

Somerset, Frances *Seymour,* duchesse de, *Select letters between the late duchess of Somerset, lady Luxborough and others.* Ed. Thomas Hill. 1778, 2 vol.

Spence, Joseph, *Observations, anecdotes and characters of books and men, collected from conversation.* Ed. J. M. Osborn. Oxford 1966, 2 vol.

Stæhlin-Storcksburg, Jakob von, *Anecdotes originales de Pierre le Grand, recueillies de la conversation de diverses personnes de distinction de S. Pétersbourg et de Moscou. Ouvrage traduit de l'allemand* [par L. J. Richou]. Strasbourg 1787.

Steevens, George, éd., *The Plays of William Shakespeare, in 10 volumes. With the corrections and illustrations of various commentators, to which are added notes by S. Johnson and G. Steevens. With an appendix.* 1773, 10 vol.

Sterne, Laurence, 1. *Letters.* Ed. Lewis Perry Curtis. Oxford 1934.

—2 *La vie et les opinions de Tristram Shandy, traduites de l'anglois de Stern par m. Frénais.* Vol. 1, Yorck et Paris 1777; vol. 2, Neuchâtel 1777; vol. 3, Yorck et Paris 1785.

Stewart, Dugald, *Account of the life and writings of William Robertson.* 2ème éd. 1802 [1ère éd. 1801].

Stockdale, Percival, 1. *An Inquiry into the nature and genuine laws of poetry, including a particular defence of the writings and genius of mr Pope.* 1778.

—2 *Memoirs of the life and writings of Percival Stockdale, written by himself.* 1809, 2 vol.

Stretch, rév. Laurence M., *The Beauties of history, or pictures of virtue and vice, drawn from real life.* 1769, 2 vol.

Stuart, Andrew, *Letters to the right hon. lord Mansfield.* Dublin 1773.

Stuart, Gilbert, 1. *Critical observations concerning the Scottish historians, Hume, Stuart and Robertson, including an idea of the reign of Mary Queen of Scots.* 1782.

—2 *The History of Scotland from the establishment of the Reformation till the death of queen Mary.* 1782, 2 vol.

—3 *A View of society in Europe in its progress from rudeness to refinement, or inquiries concerning the history of law, government and manners.* Edimbourg 1778.

Sundon, Charlotte *Clayton,* vicomtesse, *Memoirs of viscountess Sundon, mistress of the robes to queen Caroline, 1714-1736.* Ed. Katherine Thomson. 1874, 2 vol.

Swift, Jonathan, *The Correspondence.* Ed. Harold Williams. Oxford 1963-1965, 5 vol.

Tayler, Alistair Norwich and Henrietta, 1. *1745 and after.* 1938 [Journal de John William O'Sullivan].

—2 éd., *The Stuart papers at Windsor, being a selection from hitherto unprinted royal archives.* 1939.

Taylor, Brook, *Contemplatio philosophica, a posthumous work of the late Brook Taylor* [. . .]. *To which is prefixed a life of the author by his grandson, sir W. Young, bart. With an appendix containing* [. . .] *letters.* 1793.

Taylor, Edward, *Cursory remarks on tragedy on Shakespeare and on certain Italian and French poets, principally tragedians.* 1772.

Thicknesse, Philip, 1. *Useful hints to those who make the tour of France, in a series of letters written from that kingdom.* 1768.

—2 *A Year's journey through France and part of Spain.* Bath-Londres 1777, 2 vol.

Thomson, James, *The Seasons. To which is prefixed the life of the author by P. Murdoch.* 1787.

Thrale, Hester Lynch, aft. mrs Piozzi, 1. *The French journals of mrs Thrale and dr Johnson.* Ed. Moses Tyson and Henry Guppy. Manchester 1932.

—2 *Piozzi marginalia, comprising some extracts from manuscripts* [. . .] *and annotations from her books.* Ed. Percival Merritt. Cambridge Mass. 1925.

—3 *Thraliana: the diary of mrs Hester Lynch Thrale, later mrs Piozzi, 1776-1809.* Ed. Katherine C. Balderston. Oxford 1942, 2 vol.

Todd, Henry John, *The Poetical works of John Milton, with the principal notes of various commentators. To which are added illustrations with some account of the life of Milton.* 1801-1826, 6 vol.

Tooke, John Horne, *Memoirs of John Horne Tooke.* Ed. Alexander Stephens. 1813, 2 vol.

Torrington, John *Byng*, vicomte, *The Torrington diaries, containing the tours through England and Wales of the hon. John Byng, later fifth viscount Torrington between the years 1781 and 1794.* Ed. C. Bruyn Andrews. 1934-1938, 4 vol.

Turnor, Edmund, *Collections for the history of the town and soke of Grantham, containing authentic memoirs of sir Isaac Newton.* 1806.

Tussaud, Marie, *Madame Tussaud's memoirs and reminiscences of*

929

France, forming an abridged history of the French revolution.
Ed. Francis Hervé. 1838.

Twining, Thomas, 1. *Aristotle's Treatise on poetry, translated with notes on the translation, on the original, and two dissertations on poetical and musical imitation.* 1789.

—2 *Recreations and studies of a country clergyman of the eighteenth century, being selection from the correspondence of T. Twining.* [Ed. Twining the younger]. 1882.

Tytler, Alexander Fraser, lord Woodhouselee, 1. *Essay on the principles of translation.* 1791.

—2 *Plan and outline of a course of lectures on universal history, ancient and modern.* Edimbourg 1782.

Upton, John, éd., *Spenser's 'Færie Queene', with a glossary and notes. A new edition.* 1758.

Vernet, Jean Jacob, *Lettre critique d'un voyageur anglais sur l'article 'Genève' du Dictionnaire encyclopédique et sur la lettre de m. d'Alembert à mr Rousseau touchant les spectacles,* 3ème éd. corr. et augm. Copenhague [Genève] 1766, 2 vol. [1ère éd. 1761, 1 vol.].

Veyssière de la Croze, Mathurin, *Thesauri epistolici Lacroziani.* Edidit I [Jean] — L[ouis] Uhlius [Uhle]. Leipzig 1742-1746, 3 vol.

Victor, Benjamin, *The History of the theatres of London and Dublin from the year 1730 to the present time. To which is added an annual register of all the plays performed at the Theatres-Royal in London from the year 1712, with occasional notes and anecdotes.* 1761-1771, 3 vol.

Voltaire, François Marie Arouet de, 1. *Candide ou l'optimisme.* Ed. Christopher Thacker. Genève 1968.

—2 *Commentaire sur Corneille.* Ed. David Williams. Banbury 1974-1975, 4 vol. (Les Œuvres complètes de Voltaire, vol. liii-lvi.).

—3 *The Correspondence.* Ed. Theodore Besterman. 1953-1965, 107 vol.

—4 *Correspondence and related documents.* Definitive edition by

Theodore Besterman. Oxford 1968- (Les Œuvres complètes de Voltaire, vol. lxxxv-).

—5 *Essay (Voltaire's) on epick poetry. A study and an edition*, by Florence Donnell White. Albany 1915 (reprinted New York 1970).

—6 *La Henriade*. Ed. critique par O. R. Taylor, 2ème éd. entièrement revue et mise à jour. Genève-Toronto 1970 (Les Œuvres complètes de Voltaire, vol. ii).

—7 *Histoire de la guerre de 1741*. Ed. Jacques Maurens. 1971.

—8 [*Lettres et documents*] (en russe). Leningrad 1947.

—9 *Lettres philosophiques*. Ed. Gustave Lanson. Nouveau tirage revu et complété par André-M. Rousseau. 1964, 2 vol.

—10 *La Mort de César, tragédie*. Ed. André-M. Rousseau. 1964.

—11 *Notebooks*. Ed. Theodore Besterman, 2ème éd. corr. et augm. Oxford 1968, 2 vol. (Les Œuvres complètes de Voltaire, vol. lxxxi-lxxxii) [1ère éd. Genève 1952, 2 vol.].

—12 *Œuvres complètes*. Ed. Louis Moland. 1877-1885, 52 vol.

—13 *Œuvres historiques*. Texte établi, annoté et présenté par René Pomeau. 1957 (Bibl. de la Pléiade, n° 128).

—14 *La Philosophie de l'histoire*. Ed. J. H. Brumfitt, 2ème éd. revue. Oxford 1969 (Les Œuvres complètes de Voltaire, vol. lix).

—15 *La Pucelle d'Orléans*. Ed. Jeroom Vercruysse. Oxford 1970 (Les Œuvres complètes de Voltaire, vol. vii).

—16 *Voltaire à mme Du Châtelet. Three English versions by mrs Thrale*. Oxford 1959.

Walpole, Horace, 1. *The Letters of Horace Walpole, fourth earl of Orford*. Ed. Paget Toynbee. Oxford 1903-1925, 19 vol.

—2 *Memoirs of the reign of king George the third. First published by sir Denis Le Marchant, Bart, and now reedited for the first time by G. F. Russell Barker*. 1894, 4 vol.

—3 *Notes on several characters of Shakespeare*. Ed. William Sheldon Lewis. Farmington, Conn. 1940 (Miscellaneous antiquities, n° 16).

—4 *Supplement to the 'Historic Doubts on the life and reign of king Richard III'. With remarks on some answers that have been made on that work.* 1860-1861 (Philobiblon Society, vol. vi, pièce vii).

—5 *Three letters to the Whigs, occasioned by the 'Letter to the Tories',* 3ème éd. 1748 [1ère éd. 1748].

—6 *Walpoliana.* [Ed. John Pinkerton], 2ème éd., [1806], 2 vol.

—7 *The Works of Horace Walpole, earl of Orford.* [Vol. i-v, éd. R. Berry]. 1798-1825, 9 vol.

—8 *The Yale edition of Horace Walpole's correspondence.* Gen. ed. William Sheldon Lewis. Oxford 1937—[en cours de publication], 39 vol. parus.

Warburton, William, 1. *The Alliance between church and state, or the necessity and equity of established religion and a test law demonstrated.* 1736.

—2 *Divine legation of Moses demonstrated on the principles of a religious deist, from the omission of the doctrine of future state of reward and punishment in the Jewish dispensation.* 1738-1741, 2 vol.; 2ème éd. 1742, 2 vol.; 3ème éd. 1765, 5 vol.

—3 *Letters from a late eminent prelate to one of his friends* [Bishop Hurd]. Kidderminster [1808].

—4 *Letters from the reverend dr Warburton to the hon. Charles Yorke, from 1752 to 1770.* 1812.

—5 éd., *The Works of Shakespeare restored from the blunders of the first editors and the interpolations of the two last. With a comment and notes by mr Pope and mr Warburton. The genuine text.* 1747, 8 vol.

—6 *The Works.* [Ed. Bishop Hurd]. 1788-1794, 7 vol.

[—7] *Tracts by Warburton and a Warburtonian not admitted into the corrections of their respective works* [Ed. S. Parr], 1789.

Ward, John, *A System of oratory delivered in a course of lectures publicly read at Gresham College, London, to which is prefixed an inaugural oration spoken in Latin.* 1759, 2 vol.

Warner, Rebecca, éd., *Original letters from R. Baxter, M. Prior; lord Bolingbroke, A. Pope, dr Cheyne, dr Hartley, dr S. Johnson, mrs Montagu, W. Gilpin, J. Newton, George lord Lyttelton,*

C. Buchanan, etc. With biographical illustrations. 1817.

Warth, Daniel, *La canne de Voltaire, comédie en un acte.* Montbrison 1849.

Warton, Joseph, 1. *Biographical memoirs of Joseph Warton, to which are added a selection of his works and a literary correspondence.* Ed. J. Wool. 1806.

—2 *A Dissertation on the nature and conduct of the 'Aeneid';* dans: *The Works of Virgil in Latin and English verse.* 1753, 4 vol.

—3 *An Essay on the writings and genius of Pope.* 4ème éd. 1782, 2 vol. [1ère éd., vol. i, 1756; vol. ii, 1782).

—4 éd., *The Works of Alexander Pope* [. . .], *with notes and illustrations by J. Warton, D.D., and others.* 1806 [1ère éd. 1797].

Warton, Thomas, 1. *The History of English poetry from the close of the eleventh to the commencement of the eighteenth century.* A new edition, carefully revised. Ed. R. Price. 1824, 4 vol. [1ère éd. 1774-1781, 4 vol.].

—2 *Observations on the 'Faerie Queene' of Spenser.* 2ème éd. corr. et augm. 1762, 2 vol. [1ère éd. 1754, 1 vol.].

Watson, Richard, évêque de Llandaff, *An Apology for Christianity, in a series of letters addressed to Edward Gibbon, Esq. Also remarks on the two last chapters of mr Gibbon's History of the decline and fall of the Roman empire, in a letter to a friend.* Dublin 1777 [1ère éd. Cambridge 1776].

Watt, Robert, *Bibliotheca britannica, or a general index to British and foreign literature.* Edimbourg 1824, 4 vol.

[Weber, Friedrich Christian], *Das veränderte Russland, in welchem die jetzige Verfassung des Geist- und weltlichen Regiments* [. . .] *vorgestellet werden.* Francfort 1721-1740, 3 parties. [trad. angl. *The Present state of Russia, 1722-1723, being the journal of a foreign minister who resided in Russia at that time. With several other pieces relating to the affairs of Russia.* 1723; trad. fr. *Mémoires pour servir à l'histoire de l'empire russien sous le règne de Pierre le Grand.* La Haye 1725].

Wedgwood, Josiah, *A Catalogue of cameos, intaglios, medals and bas-reliefs. With a general account of vases and other ornaments after antique. Made by mr Wedgwood and mrs Bentley.* 1773 [autres éd. augm. 1774, 1777, 1786].

Wesley, John, 1. *The Journal of the rev. John Wesley, 1739-1791.* Ed. Nehemiah Curnock. 1909-1916, 8 vol.

—2 *The Letters of the rev. John Wesley.* Ed. John Telford. 1931, 8 vol.

[Whalley, Peter], *An Essay on the manner of writing history.* 1746.

Whitaker, John, *Gibbon's 'History of the decline and fall of the Roman empire' in vols. iv, v and vi quarto, reviewed.* 1791.

Whitefoord, Charles, *The Whitefoord papers, being the correspondence and other manuscripts of colonel Charles Whitefoord and Caleb Whitefoord, from 1739 to 1810.* Ed. William Albert Samuel Hewins. 1898.

Whitehead, William, *Poems.* 1790 (The Works of the English poets, with prefaces, biographical and critical, by S. Johnson, vol. lxxii-lxxiii).

Wickham, William, *The Correspondence of the right hon. W. W., from [. . .] 1794.* Ed. W. Wickham. 1870, 2 vol.

Wilford, John, *The First [-fourth] volume of the monthly catalogue, containing an exact register of all books, sermons, plays, poetry and miscellaneous pamphlets, printed or published in London or the universities, from the beginning of March 1723 [-December 1729].* 1725-1729, 4 vol.

Wilkes, John, 1. *The Correspondence of John Wilkes and Charles Churchill.* Ed. Edward H. Weatherly. New York 1954.

—2 *The Correspondence of the late J. W. with his friends, printed from the original manuscripts, in which are introduced memoirs of his life.* Ed. John Almon. 1805, 5 vol.

—3 *John Wilkes. Patriot. An unfinished autobiography.* Ed. F. des Habits. Harrow 1888.

Wilkie, William, *The Epigoniad, a poem in rime.* Edimbourg 1757.

Williams, David, 1. *Lectures on education.* 1789, 4 vol.

[—]2 *A Liturgy on the universal principles of religion and morality.* 1776.

Windham, William, *The Diary of the right hon. W. W., 1784 to*

1810. Ed. mrs H. Baring [with a preface by G. Ellis]. 1866.

Wodhull, Michael, *Poems*. 1772.

Wordsworth, William, *The Complete poetical works*. Ed. John Morley. 1919.

Wraxall, sir Nathaniel William, 1. *Cursory remarks made in a tour through some of the northern parts of Europe, particularly Copenhagen, Stockholm and Petersburgh*. 1775.

—2 *Historical memoirs of my own times*. 1815, 2 vol.

Young, Arthur, *The Autobiography of Arthur Young, with selections from his correspondence*. Ed. M. Betham-Edwards. 1898.

Young, Edward, 1. *The Correspondence of Edward Young*. Ed. Henry Pettit. Oxford 1970.

—2 *Resignation*. Ed. John Roach; dans: *Beauties of the poets of Great-Britain*. 1794, vol. iv.

—3 *The Works of the author of the Night-Thoughts* [...]. *Revised and corrected by himself* [...]. A new edition. 1792, 3 vol.

3. Études critiques

Abbott, Claude Collier, *A Catalogue of papers relating to James Boswell, Johnson and sir William Forbes, found at Fettercairn House, a residence of the right hon. lord Clinton, 1930-1931*. Oxford 1936.

Acomb, Frances, *Anglophobia in France. An essay in the history of constitutionalism and nationalism, 1763-1789*. Durham N.C. 1950.

Adams, Martin Ray, *The Literary backgrounds of English radicalism*. Lancaster Penn. 1947 (Franklin and Marshall college studies, n° 5).

Ages, Arnold, 'The Private Voltaire: three studies in the correspondence', *SVEC* (1971) lxxxi. 7-126.

Agnew, rev. David, *Protestant exiles from France in the reign of Louis XIV, or the Huguenot refugees and their descendants in Great-Britain and Ireland*. 2ᵉᵐᵉ éd. corr. et augm. 1871-1874, 3 vol.

Aldridge, Alfred Owen, 1. 'Benjamin Franklin and the

philosophers', *SVEC* (1963) xxiv.43-65.

—2 *Benjamin Franklin et ses contemporains francais.* 1963.

[Aleksieev, M. P.], *Biblioteka Voltera. Bibliothèque de Voltaire, catalogue des livres.* Moscou-Leningrad 1961.

Almbert, Alfred d', *La Cour du roi Stanislas et la Lorraine en 1748.* 1866.

Amiable, Louis, *Une Loge maçonnique d'avant 1789: la R... L... 'Les Neuf Sœurs'.* 1897.

André, Louis, *Cardinal Richelieu. Testament politique.* Ed. Louis André. 1947.

Andrews, Alexander, *The History of British journalism, from the foundation of the newspaper press in England to the repeat of the Stamp Act in 1855.* 1859, 2 vol.

Argenson, Maurice Charles Voyer, marquis d', *Deux prétendents au 18ème siècle: Maurice de Saxe et le prince Charles-Edouard.* Saint-Amand 1928.

Aronson, A., 'The Anatomy of taste: a note on eighteenth-century periodical literature', *MLN* (1946) lxi.228-236.

Ascoli, Georges, 'Voltaire, le voyage en Angleterre et les *Lettres philosophiques*', *RCC* (1924) xxv^2. 16-27, 128-144, 275-287.

Ashbee, H. S., 'Voltaire as a foreign writer in English', *Bookworm* (1890) iii.73-75.

Aubry, Jean, 'Un original au 18ème siècle: Jean Huber ou le démon de Genève', *Revue de Paris* (1936) xliii.596-626, 807-821.

Audra, Emile, *L'influence francaise dans l'œuvre de Pope.* 1931.

Avery, Emmet L., gén. éd., *The London stage 1660-1800. A calendar of plays, entertainments and afterpieces, together with casts, box receipts and contemporary comment, compiled from the playbills, newspapers and theatrical diaries of the period.* Carbondale 1960-1970, 5 t. en 10 vol.

Babcock, Robert Witbeck, 1. 'Criticism of Shakespeare in the eighteenth century. A bibliography', *SP* (mai 1929) Extra-series i.58-100.

—2 'The English reaction against Voltaire's criticism of Shakespeare', *SP* (1930) xxvii.609-625. [Repris dans *The Genesis of*

Shakespeare's idolatry, 1766-1799, 1932 (ch. vii, pp.90-110)].

Badaloni, Nicola, *Antonio Conti, Un abate libero pensatore tra Newton e Voltaire*. Milan 1968 (I fatti e le idee, cxxxvi).

Bader, Paul Louis, *The Library of Edward Gibbon*, 1934.

Baker, George Pierce, *Some unpublished correspondence of David Garrick*. Boston 1907.

Baldensperger, Fernand, 1. 'La chronologie du séjour de Voltaire en Angleterre et les *Lettres philosophiques*', *Archiv* (1913) cxxx. 137-153.

—2 'Une grande Anglaise de France, lady Bolingbroke'; dans: *Etudes d'histoire littéraire*, 3ème série, 1939, pp.57-114.

—3 'Intellectuels français hors de France. 2: Voltaire chez les 'milords'. 3: Voltaire parmi les hommes de plume et de théâtre', *RCC* (1934-1935) 36ème série i.227-238, 289-298.

—4 'Les prémisses d'une douteuse amitié: Voltaire et Frédéric ii, de 1740 à 1742', *RLC* (1930) x.230-261.

—5 'Voltaire anglophile avant son séjour d'Angleterre', *RLC* (1929) ix.25-61.

—6 'Voltaire et la Lorraine', *Pays lorrain* (1934) xxvi.1-20.

Ballantyne, Archibald, *Voltaire's visit to England, 1726-1729*. 1893.

Baratier, Paul, *Lord Bolingbroke. Ses écrits politiques*. 1939.

Barber, Giles, 'The Cramers of Geneva and their trade in Europe between 1755 and 1766', *SVEC* (1964) xxx.377-413.

Barling, T. J., 1. 'The Problem of the poem in the 20th *Lettre philosophique*', *SVEC* (1968) lxiv.151-164.

—2 'Voltaire's correspondence with lord Hervey: three new letters' [1732, 1733, 1736], *SVEC* (1968) lxii.13-27.

Barnes, Harry Elmer, *A History of historical writing*. Oklahoma 1937.

Barnouw, Adriaan Jacob, 'Goldsmith's indebtedness to Justus van Effen', *MLR* (1913) ix.314-323.

Barr, Mary Margaret, 1. *A Century of Voltaire study. A bibliography of writings on Voltaire, 1825-1925*. New York 1929.

—2 *Quarante années d'études voltairiennes. Bibliographie analytique des livres et articles sur Voltaire, 1926-1965. Avec la collaboration de Frederick A. Spear.* 1968.

—3 *Voltaire in America, 1744-1800.* Baltimore 1941.

Barrell, Rex, 1. 'Chesterfield and France', *AUMLA* (1955) i.40-48.

—2 *Chesterfield et la France.* 1968.

—3 'Voltaire and the 4th earl of Chesterfield', *RUO* (1969) xxxix.641-650.

Barton, Margaret, *Garrick.* 1948.

Baskervill, Charles Read, 'Play-lists and afterpieces of the mid-eighteenth century', *MP* (1926) xxiii.445-464.

Baumgarten, Sandor, *Le Crépuscule néo-classique: Thomas Hope.* 1958.

Baumgartner, Georg, *Voltaire auf der englischen Bühne des 18. Jahrhunderts.* Strasbourg 1913.

Beckwith, F., 'The *Bibliothèque britannique, 1733-1747*', *The Library* (1932) xii.75-82.

Bédarida, Henri, 'Voltaire collaborateur de la *Gazette littéraire de l'Europe*'; dans: *Mélanges d'histoire générale et comparée offerts à Fernand Baldensperger* (1930) i.24-38.

Bedford, R. P., 'A Recently-discovered portrait-bust of Voltaire's', *The Connoisseur* (1921) lxi.79-82.

Bee, Alison K.; cf. Howard, A. K.

Beeching, Henry Charles, *Francis Atterbury.* 1909.

Belaval, Yvon, 'Le Conte philosophique'; dans: *The Age of the Enlightenment. Studies presented to Theodore Besterman.* Edimbourg et Londres 1967, pp.308-317.

Bell, Vereen M., 'Johnson's Milton criticism in context', *ES* (1968) xlix.127-132.

Bell, Whitfield Jenks, *John Morgan, continental doctor.* Oxford 1965.

Belozubov, Leonid, '*L'Europe savante*', *1718-1720.* 1968.

Bengesco, Georges, *Voltaire: bibliographie de ses œuvres.* 1882-1890, 4 vol.

Bennett, William, *John Baskerville: his press, relations and friends.* Birmingham 1937-1939, 2 vol.

Bergmann, Frederick L., 'Garrick's *Zara*', *PMLA* (1960) lxxiv. 225-233.

Besterman, Theodore, 1. 'Voltaire: with a glance at Johnson and Franklin'; dans: *Voltaire essays and another*, 1962, pp.131-153.

—2 *Voltaire.* 1969.

—3 *Voltaire on Shakespeare.* Genève 1967 (*SVEC*, vol. liv).

Bevilacqua, Vincent M., 'Adam Smith's *Lectures on rhetoric and belles-lettres*', *SSL* (1965) iii.41-60.

Bien, David D., *The Calas affair.* Princeton 1960.

Black, John Bennett, *The Art of history. A study of the four great historians of the XVIIIth century: Voltaire, Hume, Robertson, Gibbon.* 1926.

Blaikie, Walter Biggar, 1. *Itinerary of prince Charles Edward Stuart.* Edimbourg 1897 (Scottish history society, vol.xxiii).

—2 *Origins of the 'Forty-five' and other papers relating to that rising.* Edimbourg 1916 (Scottish history society, 2ème série, vol. ii).

Blanchard, Rae, 'Was Richard Steele a Free-mason?', *PMLA* (1948) lxii.903-917.

Bleackley, Horace William, *Life of John Wilkes.* 1917.

Bluhm, R. K., 'A Guide to the archives of the Royal Society', *Notes and records of the Royal Society of London* (1956) xii.21-39.

Blunt, Reginald, *Mrs Montagu, 'Queen of the Blues', her letters and friendships from 1762 to 1800.* 1923, 2 vol.

Bonar, James, *A Catalogue of the library of Adam Smith.* 1894.

Bond, Harold, *The Literary art of Edward Gibbon.* Oxford 1960.

Bond, Richmond Pugh, *English burlesque poetry, 1700-1750.* Cambridge Mass. 1932 (Harvard studies in English, vol. vi).

Bonhôte, J. H., 'Un gouverneur de Neuchâtel' [G. Keith], *Musée neuchâtelois* (1864) i.43-48, 70-79, 105-111.

Bonnard, Georges A., 1. 'Gibbon's *Essai sur l'étude de la littérature* as judged by contemporary reviewers and by Gibbon himself', *ES* (1951) xxxii.145-153.

—2 'L'importance du deuxième séjour de Gibbon à Lausanne'; dans: *Mélanges d'histoire et de littérature offerts à Charles Gilliard.* Lausanne 1944, pp.401-420.

Bonno, Gabriel, 1. *La Culture et la civilisation britanniques devant l'opinion francaise de la paix d'Utrecht aux 'Lettres philosophiques'* (*1713-1734*). Philadelphie 1948 (Trans. of the American Philosophical Society, n.s., vol. xxxviii, pt 1).

—2 *Lettres inédites de Suard à Wilkes.* Berkeley 1932 (Univ. of California publ. in modern philology, vol. xv, n⁰ 2).

Bouvy, Eugène, *Voltaire et l'Italie.* 1898.

Boyce, Benjamin, 'English short fiction in the eighteenth century: a preliminary view', *SSF* (1968) v.95-112.

Braithwaite, William Charles, *The Second period of Quakerism,* 2ᵉᵐᵉ éd. Cambridge 1961 [1ᵉʳᵉ éd. avec introduction par Rufus M. Jones, 1919].

Branam, George C., *Eighteenth century adaptations of Shakespearean tragedies.* Berkeley 1956 (Univ. of California publ. in English studies, vol. xiv).

Braybrooke, David, 'Professor Stevenson, Voltaire and the case of Admiral Byng', *Journal of philosophy* (1956) liii.787-796.

Brewster, Dorothy, *Aaron Hill, poet, dramatist, projector.* New York 1913 (Columbia univ. studies in English and comparative literature).

Briggs, E. R., *The Political academies of France in the early XVIIIᵗʰ century, with special reference to the clubs de l'Entresol and to its founder, the abbé Pierre-Joseph Alary.* Thèse dactyl. Cambridge 1931.

Brisset, Michèle, *Contribution d'un traducteur au premier romantisme francais. Essai et documents sur Pierre Letourneur* (*1737-1788*). Thèse 3ᵉᵐᵉ cycle dactyl. Nice, 1974.

Broglie, Charles Jacques Victor A., duc de, Z. *Frédéric II et Louis XV.* 1885, 2 vol.

—2. *Maurice de Saxe et le marquis d'Argenson.* 1891, 2 vol.

Brooks, Eric Saint-John, *Sir Hans Sloane: the great collector and his circle.* 1954.

Broome, J. H., *An Agent in Anglo-French relationship: Pierre des Maiẓeaux, 1673-1745.* Thèse dactyl. Univ. de Londres 1949.

Brougham, Henry Peter, baron Brougham and Vaux, *Lives of men of letters and science who flourished in the time of George III.* 1845-1846, 2 vol.

Brown, Harcourt, 1. 'Voltaire and the Royal Society', *UTQ* (1943) xiii.25-42.

—2 'The Composition of the *Letters concerning the English nation*'; dans: *The Age of the Enlightenment. Studies presented to Theodore Besterman.* Edimbourg et Londres 1967, pp.15-34.

Brown, P. Hume, *Surveys of Scottish history.* Glasgow 1919.

Browne, dr James, *A History of the Highlands and of the Highlands clans.* Glasgow 1838, 4 vol.

Browne, Robert Gore, *Gay was the pit: the life and times of mrs Oldfield, 1683-1730.* 1957.

Bruce, Harold Lawton, 1. 'English adaptations of Voltaire's plays on the English stage', *MLN* (1917) xxxii.247-248.

—2 'The Period of greatest popularity of Voltaire's plays on the English stage' *MLN* (1918) xxxiii.20-23.

—3 *Voltaire on the English stage.* Berkeley 1918 (Univ. of California publ. in modern philology, vol. viii, n° 1).

Brumfitt, J. H., 1. 'Voltaire and Warburton', *SVEC* (1961) xviii.35-56.

—2 *Voltaire, historian.* Oxford 1958.

—3 'Scotland and the French enlightenment'; dans: *The Age of the Enlightenment, Studies presented to Theodore Besterman.* Edinbourg et Londres 1967, pp.318-329.

Brun, Max, 'Contribution á l'étude d'une édition in-4° du *Siècle de Louis XIV* publiée en Angleterre un an après l'originale', *Le Livre et l'estampe* (1961) xxxix.134-145.

Brunet, Pierre, *Maupertuis.* 1929, 2 vol.

Bryant, Donald Cross, *Edmund Burke and his literary friends.* Saint-Louis 1939 (Washington univ. studies. New ser. Languages and literature, vol. ix).

Buffet, Gabrielle, *Fanny Burney, sa vie et ses romans.* Montpellier

1962, 2 vol.

Burd, Henry Alfred, *Joseph Ritson, a critical biography*. Urbana 1916 (Univ. of Illinois studies in language and literature, vol. ii, n° 3).

Burnaby, aft. Main, aft. mrs Aubrey Le Blond, Elizabeth Alice Frances, *Charlotte Sophie, countess Bentinck. Her life and times, 1715-1800*. 1912, 2 vol.

Butler, Iris, *Rule of three: Sarah, duchess of Marlborough, and her companions in power*. 1967.

Calhoun, Winton, 'Voltaire and sir Robert Walpole. A new document', *PQ* (1967) xlvi.421-424.

Calvert, Albert Frederick, *The Grand lodge of England, 1717-1917. Being an account of 200 years of English Freemasonry*. 1917.

Cannaday, Robert Wythe jr, *French opinions of Shakespeare from the beginnings through Voltaire, 1604-1778*. Thèse Virginia 1957 [*DA* (1957) xvii.2605-2606].

Cannon, Garland, *Oriental Jones: a biography of the English orientalist, sir William Jones, 1764-1794*. Bombay et New York 1964.

Carayol, Elisabeth, *Thémiseul de Saint-Hyacinthe (1684-1746)*. Thèse dactyl. Univ. de Paris 1971.

Carney, Edward, 'Voltaire's *Candide* and the English reader', *Moderna Språk* (1958) lii.234-251.

Carr, J. C., 'Voltaire in England', *Littell's living age* (25 août 1883) clviii.550.

Carré, Albert, *L'influence des Huguenots francais en Irlande aux XVII*ème *et XVIII* ème *siècles*. 1937.

Carswell, John Patrick, *The Old cause. Three biographical studies on Whiggism*. 1954.

Caussy, Fernand, 1. *Inventaire des manuscrits de la bibliothèque de Voltaire conservée à la Bibliothèque impériale publique de Saint-Pétersbourg*. 1913.

—2 'Les manuscrits de Voltaire à Saint-Pétersbourg', *Le correspondant* (25 mars 1914), pp.1129-1156.

Cazes, Jean, 'Voltaire in England', *N & Q* (18 avril 1914) 11th ser. ix.308, 353.

Chancellor, E. Beresford, 'Some bygone foreigners in England', *Nineteenth century* (1934) cxvi.297-307.

Charpentier, A., 'Voltaire et la Franc-maçonnerie', *Nouvelle revue* (1903) n.s. xxi.126-132.

Chase, Cleveland B., *The Young Voltaire*. 1926.

Chérel, Albert, 1. *Un aventurier religieux au XVIII*[ème] *siècle: André-Michel Ramsay*. 1926.

—2 *Fénelon au XVIII*[ème] *siècle en France (1715-1780). Son prestige, son influence*. 1917.

Choullier, Ernest, *Voltaire et Franklin à l'Académie des sciences*. Troyes 1898.

Church, sir Arthur, 1. *The Royal Society. Some account of the 'classified papers' in the archives*. Oxford 1907.

—2 *The Royal Society. Some account of the 'Letters and papers' of the period 1741-1806 in the archives*. Oxford 1908.

Cioranescu, Alexandre, *L'Arioste en France des origines à la fin du XVIII*[e] *siècle*. 1938, 2 vol.

Clabé, Marie Anne, *Joseph Warton (1722-1800). Poète et critique*. Thèse dactyl. Univ. de Paris 1973.

Clapp, Sarah, L. C., 'Subscription publishers prior to Jacob Tonson', *The Library* (1932) 4th ser. xiii.158-183.

Clark, Alexander Frederick Bruce, *Boileau and the French classical critics in England, 1660-1830*. 1925 (Bibl. de la Revue de litt. comparée, vol. xix).

Clifford, James L., 'Some remarks on *Candide* and *Rasselas*'; dans: *Bicentenary essays on 'Rasselas'*. Ed. Magdi Wahba. Le Caire 1959, pp.7-14.

Cohn, Adolphe, 'Voltaire a-t-il écrit en anglais deux Essais ou bien trois?'; dans: *Mélanges offerts par ses amis et ses élèves à m. G. Lanson*, 1922, pp.250-253.

Colin, Jean L. A., *Louis XV et les Jacobites. Projet de débarquement en Angleterre en 1743-1744*. 1901.

Collins, John Churton, 1. *Voltaire, Montesquieu et Rousseau in*

England. 1908 [trad. fr. par Pierre Daseille. 1911].

—2 [sous la signature J.C.C.], 'Voltaire in England', *Cornhill magazine* (1882) xlvi.452-465, 677-690 [repris dans: *Bolingbroke, a historical study and Voltaire in England*. 1886, pp.225-295].

Colville, mrs Arthur [Olivia Colville], *Duchess Sarah. Being the social history of the times of Sarah Jennings, duchess of Marlborough*. 1904.

Conant, Martha F., *The Oriental tale in England in the XVIII^{tb} century*. New York 1908.

Connell, Brian, *Portrait of a Whig peer, compiled from the papers of the second viscount Palmerston, 1739-1802*. 1957.

Coquelle, P., 'Les projets de descente en Angleterre d'après les archives du ministère des Affaires étrangères. 2: Louis xv et Charles-Edouard', *Revue d'histoire diplomatique* (1901) xv.591-624.

Cordasco, Francesco G. M., *A Register of XVIII^{tb} century bibliographies and references*. New York 1950.

Costa, Gustavo, 'Un avversario di Addison e Voltaire: John Shebbeare, *alias* Battista Angeloni, S. J. Contributo allo studio dei rapporti italo britannica da Salvini a Baretti (con due inediti addisoniani)', *Atti della Accademia delle Scienzi di Torino* (1964-1965) xcix².565-761.

Cottin, Paul, *Un protégé de Bachaumont. Correspondance inédite du marquis d'Eguilles (1745-1748)*. 1887.

Cottrell, Leonard, *Madame Tussaud*. 1951.

Courtney, C. P., 'Edmund Burke and the Enlightenment'; dans: *Statesmen, scholars and merchants. Essays in eighteenth-century history presented to dame Lucy Sutherland*. Ed. A. Whiteman, J. S. Bromley and P. G. M. Dickson. Oxford 1973, pp.304-322.

Courtney, William Prideaux, 1. *'Dodsley's Collection of Poetry'. Its contents and contributors. A chapter in the history of English literature in the eighteenth century*. 1910.

—2 'Voltaire and Thomas Orde', *N & Q* (7 mars 1903) 9th ser. xi.184.

Courville, Xavier de, *Un artisan de la rénovation théâtrale avant*

Goldoni: *Luigi Riccoboni, dit Lélio.* 1943-1945, 2 vol.

Cox, Edward Godfrey, *A Reference guide to the literature of travel, including voyages, geographical descriptions, adventures, shipwrecks and expeditions.* Seattle 1935-1949, 3 vol. (Univ. of Washington publ. in language and literature, vol. ix-xi).

Coynart, Charles de, *Les Guérin de Tencin (1520-1758).* 1910.

Craig, Mary E., *Scottish periodical press, 1750-1789.* Edimbourg 1931.

Crane, Ronald Salmon, 1. 'Goldsmith and Voltaire's *Essai sur les mœurs*', *MLN* (1923) xxxviii.65-76.

—2 'The text of Goldsmith's *Memoirs of Monsieur de Voltaire*', *MP* (1923) xx.212-219.

Crane, Ronald Salmon, and Kaye, F. B., *Census of British newspapers and periodicals, 1620-1800.* Chapel Hill 1927.

Crane, Ronald Salmon, and Warner, James H., 'The Diffusion of Voltaire's writings in England', *MP* (1923) xx.261-274.

Creswell, John, *British admirals in the eighteenth century. Tactics in battle.* 1972.

Cross, Wilbur Lucius, *The Life and times of Laurence Sterne.* A new edition. New Haven 1925 [1e éd. 1909].

Crowley, Francis Joseph, 1. 'Note sur le *Taureau blanc*', *RHLF* (1961) lxi.60-61.

—2 'Two unpublished letters of Voltaire', *MLN* (1934) xlix.181.

—3 'Voltaire, a spy for Walpole?', *FS* (1964) xviii.356-359.

—4 'Voltaire at Stationers' Hall', *The Library* (1955) 5th ser. x.126-127.

—5 'Voltaire: un épisode de son séjour d'outre-Manche', *Bulletin de l'Institut Voltaire de Belgique* (1964) iii. no 22. 223-225.

Curling, Jonathan, *Edward Wortley Montagu, 1713-1776. The man in the iron wig.* 1954.

Cuthell, Edith, *The Scottish friend of Frederick the great. The last earl Marischal.* 1915, 2 vol.

Dacier, Emile, *Une danseuse de l'opéra sous Louis XV (1707-1756), mlle Sallé.* 1909.

Dapp, K. G., *George Keate, Esq. Eighteenth-century English*

945

gentleman. Philadelphie 1939.

Dargan, Edwin Preston, 'The Question of Voltaire's primacy in establishing the English vogue'; dans: *Mélanges d'histoire littéraire générale et comparée offerts à Fernand Baldensperger* (1930), i.187-198.

Davis, Nuel Phan, *Life of William Collins*. Urbana 1956.

Davis, Rose Mary, 1. *The Good lord Lyttleton. A study in eighteenth-century politics and culture*. Bethlehem Pa. 1939.

—2 'Thomson's and Voltaire's *Socrate*', *PMLA* (1934) xlix.560-567.

Deane, Seamus F., 'John Bull and Voltaire: the emergence of a cultural cliché', *RLC* (1971) xlv.582-594.

De Beer, Gavin R., 1. 'Francis Kinloch', *N & Q* (1948) cxciii.167-170.

—2 'John Morgan's visit to Voltaire', *Notes and records of the Royal Society of London* (1953) x.148-158.

—3 'Rousseau et les Anglais en Suisse', *Annales de la Société J.-J. Rousseau* (1953-1955) xxxiii.291.

—4 'Une visite à Voltaire, William Constable', *Les Musées de Genève* (1954) xi.1.

—5 'Voltaire's British visitors', *SVEC* (1957) iv.1-136.

—6 'Voltaire's British visitors. First supplement', *SVEC* (1960) x.425-438.

—7 'Voltaire, F. R. S.', *Notes and records of the Royal Society of London* (1951) viii.247-252.

De Beer, Gavin R., et Rousseau, André M[ichel], 1. 'Voltaire's British visitors. Second supplement', *SVEC* (1961) xiii.237-262.

—2 *Voltaire's British visitors*. Genève 1967 (*SVEC*, vol. xlix).

Dédéyan, Charles, *Voltaire et la pensée anglaise*. [1956].

Delpech, Jeanine, *Louise de Kéroualle*. 1950.

De Morgan, Augustus, *Newton, his friend and his niece*. Ed. by his wife and by his pupil A. C. Raynard. 1885.

Desnoiresterres, Gustave, 1. *Iconographie voltairienne*. 1897.

—2 'Voltaire en Angleterre', *Revue britannique* (1867) n.s., 7ème année, ii.361-386.

—3 *Voltaire et la société française au XVIIIème siècle*. 1871-1876, 8 vol.

Dickinson, Harry Thomas, *Bolingbroke. A biography*. 1970.

Dobrée, Benjamin, 1. 'Chesterfield and France', *English miscellany* (1951) ii.107-124.

—2 'A Conversation between W. Congreve and Pope', *The Nation and the Athenæum* (1926-1927) xl.179-180.

Dobson, Henry Austin, *At Prior Park and other papers*. 1912.

Doran, John, *Lives of the queens of England of the house of Hanover*. 1855, 2 vol.

Dorris, George E., *Paolo Rolli and the Italian circle in London, 1715-1744*. La Haye — Paris 1967 (Studies in Italian literature ii).

Dowden, Edward, 'Milton in the XVIIIth century, 1701-1750', *Proceedings of the British Academy* (1908) iii.275-295.

Dudden, Frederick Homes, *Henry Fielding, his life, works and times*. Oxford 1952, 2 vol.

Dunbar, Howard Hunter, 'The Dramatic career of Arthur Murphy', *MLA* (1946) Revolving fund series, n° 14.

Eby, Cynthia Ann Gilliatt, *The English reception of 'Candide', 1759-1815*. Thèse dactyl. Univ. of Michigan 1971 [*DA* (1972) xxxii.3947A].

Ehrenpreis, Irvin, gen. ed., et alii, *The Prose-works of Jonathan Swift*. 1939-1968, 14 vol.

Ellis, Kenneth, *The Post-office in the XVIIIth century. A study in administrative history*. Oxford 1958.

Emery, John Pike, *Arthur Murphy. An eminent English dramatist of the XVIIIth century*. Philadelphie 1946.

Engel, Claire Eliane, 'George Keate et la Suisse', *Zeitschrift für Schweizerische Geschichte* (1948) xxviii.344-365.

England, Martha, 'Garrick's Stratford Jubilee: reactions in France and Germany', *ShS* (1956) ix.90-100.

Escott, Arthur, 'Did Voltaire and Goldsmith meet?', *The Theatre, a weekly critical review* (1er oct. 1894) xxiv.181-184.

Etiemble, René, *L'Orient philosophique au XVIIIème siècle. 3ème partie: Sinophiles et sinophobes*. 1959.

Evans, Arthur William, *Warburton and the Warburtonians. A study in some eighteenth-century controversies.* Oxford 1932.

Evans, Hywel B., 1. 'Bibliography of XVIIIth century translations of Voltaire'; dans: *Studies in French language [. . .] presented to R. L. Græme Ritchie.* Cambridge 1949, pp.48-62.

—2 'A Provisional bibliography of English editions and translations of Voltaire', *SVEC* (1959) viii.9-122.

Evans, Joan, *A History of the Society of Antiquaries.* Oxford 1965.

Everett, Charles Warren, *The Education of Jeremy Bentham.* New York 1931.

Fabre, Jean, *Stanislas-Auguste Poniatowski et l'Europe des Lumières. Etude de cosmopolitisme.* Strasbourg 1952 (Publ. de la Faculté des Lettres de Strasbourg).

Falk, Bernard, *The Royal Fitzroys, dukes of Grafton through four centuries.* 1950.

Fargeix, Paul, *William Cowper. I: La vie. II: L'œuvre.* Draguignan 1966.

Fassini, Sesto, 'Paolo Rolli contro il Voltaire', *GSLI* (1907) xlix.83-98.

Felix, J. W., *A Study of Voltaire's 'Histoire de Charles XII' with special reference to the author's sources and conception of history.* Thèse dactyl. Univ. de Londres 1960-1961.

Fenger, Hennig, 'Voltaire et le théâtre anglais', *OL* (1949) vii.161-287.

Finch, M. B., and Peers, Allison E., 'Horace Walpole's relations with Voltaire', *MP* (1920) xviii.189-200.

Fischer, Béat de, 'Swiss in Great-Britain in the eighteenth-century'; dans: *The Age of the Enlightenment. Studies presented to Theodore Besterman.* Edimbourg—London 1967, pp.350-374.

Fitzgerald, Brian, 1. *Emily, duchess of Leinster, 1731-1814. A study of her life and times.* 1949, 2 vol.

—2 *Lady Louisa [Augusta] Conolly, 1743-1821. An Anglo-Irish biography.* 1950.

Flasdieck, Hermann Martin, *John Brown, 1715-1766, und seine 'Dissertation on poetry and music'.* Halle 1924 (Studien zur

Englische Philologie, Heft lxviii).

Fletcher, Dennis James, 1. 'Bolingbroke and the diffusion of Newtonianism in France', *SVEC* (1967) liii.29-46.

—2 'The Fortunes of Bolingbroke in France in the eighteenth century', *SVEC* (1966) xlvii.207-232.

—3 *The intellectual relations of lord Bolingbroke with France*. Thèse dactyl. Univ. of Wales 1953.

Fletcher, T. T. F., *Robert Bage: a representative revolutionary novelist*. New York 1949.

Flower, Desmond, 1. '*Candide*, a perennial problem', *BC* (1959) viii.284-288.

—2 'Contemporary collectors. 1: A Hampshire library', *BC* (1954) iii.7-9.

—3 'Some aspects of the bibliography of Voltaire', *The Library* (1946-1947) 5ème série. i.223-236.

Foerster, Donald M., *Homer in English criticism. The historical approach in the XVIIIth century*. Newhaven 1947 (Yale Studies in English, vol. cv).

Forbes-Gray, W., [Adam Ferguson visits Voltaire], *TLS* (19 juin 1943) p.300.

Force, duc de la, 'Un Anglais de chez nous, éducateur et humoriste: lord Chesterfield', *Revue de France* (janv. févr. 1930) pp.432-449.

Foster, J. R., 'A Forgotten noble savage, Tsonnonthouan', *MLQ* (1953) xiv.348-359.

Foulet, Lucien, 1. *Correspondance de Voltaire (1726-1729): la Bastille, l'Angleterre, le retour en France*. 1913.

—2 'Voltaire en Angleterre', *RHLF* (1908) xv.119-125.

—3 'Le voyage de Voltaire en Angleterre', *RHLF* (1906) xiii.1-25.

Fox, Richard Hingston, *Dr. John Fothergill and his friends. Chapters in eighteenth-century life*. 1919.

Fraser, sir William, *The Melvilles, earls of Melville, and the Leslies, earls of Leven*. Edimbourg 1890, 3 vol.

French, Joseph Milton, *Life-records of John Milton*. New

Brunswick N.J. 1949-1958, 5 vol. (Rutgers Studies in English, vol. vii).

Fueter, Eduard, *Histoire de l'historiographie moderne. Traduit de l'allemand.* 1914.

Fuglum, Per, *Edward Gibbon. His view of life and conception of history.* Oslo 1953 (Oslo Studies in English, vol. i).

Fussell, Paul, 'William Kenrick, eighteenth-century scourge and critic', *JRUL* (1957) xx.42-59.

Gallup, D. C., 'Baretti's reputation in England'; dans: *The Age of Johnson. Essays presented to Chauncey Brewster Tinker.* Ed. W. Hilles. Newhaven 1949, pp.363-376.

Gardner, Juliet, 'Chesterfield and Voltaire', *Cornhill Magazine* (1937) clv.107-119.

Gaskell, John Philip Wellesley, *The Foulis press.* 1962.

Geffroy, A., 'Le Charles xii de Voltaire et le Charles xii de l'histoire', *RDM* (15 nov. 1869), pp.360-390.

Genet, Jean-Vincent, *Une famille rémoise au XVIIIème siècle: les Lévesque de Pouilly.* Reims 1881.

Genuist, André, *Le théâtre de Shakespeare dans l'œuvre de Pierre Le Tourneur, 1776-1783.* 1971 (Etudes de littérature étrangère et comparée, vol. lxiii).

Gessler, Peter, *René-Louis d'Argenson. Seine Ideenüber Selbstverwaltung, Einheitstaat, Wohlfahrt und Freiheit in biographischen Zusammenhang.* Bâle-Stuttgart 1957 (Basler Beiträge zur Geschichte-Wissenschaft, Bd lxvi).

Giarrizzo, Giuseppe, *Edward Gibbon e la cultura europea del Settecento.* Naples 1954.

Giddey, Ernest, 'Les voyages en Suisse de Charles-James Fox et ses visites à Voltaire et à Gibbon', *Revue historique vaudoise* (1955) lxiii.106-113.

Gielly Louis, *Documents iconographiques sur Voltaire.* Genève 1948.

Gillet, Jean, *Le 'Paradis perdu' dans la littérature française de Voltaire à Châteaubriand.* 1975.

Girault de Coursac, Pierrette, *L'éducation d'un roi* [Louis XVI]. 1972.

Gooch, George Peabody. 1. *Catherine the Great and other studies.* 1954.

—2 'Voltaire in England', *Contemporary Review* (juin 1959) cxcv.349-353; (juil.-sept. 1959) cxcvi.31-36, 90-93.

Gosse, Philip, *Dr. Viper: the querulous life of Philip Thicknesse.* 1952.

Goto, Souéou, 'L'*Orphelin de la Chine* et son original chinois', *RLC* (1932) xiii.712-728.

Gove, Philip Babcock, *The Imaginary voyage in prose fiction. A history of its criticism and a guide for its study. With an annotated check-list of 215 imaginary voyages from 1700 to 1800.* New York 1941 (Columbia Univ. Studies in English and Comparative Literature, vol. clii).

Graham, Walter, *English literary periodicals.* New York 1930.

Grant, Douglas, *James Thomson; poet of 'The Seasons'.* 1951.

Grasshoff, Helmut, *Antioch Dimitrievič Kantemir und Westeuropa, ein russischer Schriftsteller der 18. Jahrhunderts und seine Beziehungen zur west-europäischen Literatur and Kunst.* Berlin 1966.

Gray, W. Forbes, 'The Douglas cause: an unpublished correspondence', *QR* (1941) cclxxvi.69-79.

Green, Clarence C., *The neo-classic theory of tragedy in England during the XVIIIth century.* Cambridge Mass. 1934 (Harvard Studies in English, vol. xi).

Green, David Brontë, *Sarah duchess of Marlborough.* 1967.

Green, Frederick Charles, *Minuet. A critical survey of French and English literary ideas in the XVIIIth century.* 1935.

Greene Kenneth Myron, *Sir Robert Walpole and literary patronage.* Thèse dactyl. Univ. of Columbia 1964. *DA* (1965) xxv.6591].

Greig, John Young Thomson, 1. *David Hume.* 1931.

—2 'Some unpublished letters to David Hume', *RLC* (1932) xii.853.

Greig, John Young Thomson, et Beynon, Harold, 'Calendar of Hume manuscripts in the possession of the Royal Society of

Edinburgh', *Proceedings of the Royal Society of Edinburgh* (1931-1932) lii.3-138.

Griffith, R. H., 'The *Dunciad* of 1728', *MP* (1915) xiii.1-18.

Gronda, Giovanna, 'Antonio Conti e l'Inghilterra', *EM* (1964) xv.135-174.

Grubbs, Henry Alexander, *Jean-Baptiste Rousseau, his life and works*. Princeton 1941 (Princeton publ. in romance languages).

Guédon, Jean Claude, 'Le retour d'Angleterre de Voltaire et son séjour chez Jacques Tranquillain Féret de Dieppe', *SVEC* (1974) cxxiv.137-142.

Gueunier, Nicole, 'Pour une définition du conte'; dans: *Roman et Lumières au XVIIIème siècle*, 1970, pp.422-437.

Gunny, Ahmad, Voltaire and the novel — Sterne, *SVEC* (1974) cxxiv.139-161.

Gury, Jacques, 1. 'Un anglomane breton au XVIIIème siècle: le comte de Catuélan', *Annales de Bretagne* (1972) lxxix.589-624.

—2 'Shakespeare à la cour de Versailles sous le règne de Louis XVI', *RLC* (1975) xlix.103-113.

Hagstrum, Jean Howard, *Samuel Johnson's literary criticism*. Minneapolis 1952.

Hale, Edward E[verett], *Franklin in France from original documents*. Boston 1887.

Hales, J. W., 'Voltaire in Hampstead'; dans: *Hampstead Annual for 1903*, pp.71-89.

Hall, E. B. pseud. Tallentyre, S. G., 'English friends of Voltaire', *Cornhill magazine* (août 1904) xvii.221-232.

Halsband, Robert, 1. 'Addison's *Cato* and Lady Mary Wortley Montagu', *PMLA* (1950) lxv.1122-1129.

—2 'Lady Mary Wortley Montagu as a friend of Continental writers', *BJRL* (1957) xxxix.57-74.

—3 *The Life of lady Mary Wortley Montagu*. Oxford 1956.

—4 *Lord Hervey. Eighteenth-century courtier*. Oxford 1973.

Hamlyn, Hilda M., 'Eighteenth-century circulating libraries in England', *The Library* (1947) 5th ser. i.197-223.

Hartley, K. H., 'Un roman philosophique anglais: *Hermsprong* de

Robert Bage', *RLC* (1964) xxxviii.558-563.

Hartmann, Cyril Hughes, *The quest forlorn. The story of the 'Forty-five'*. 1952.

Havens, George Remington, 1. *Voltaire and English critics of Shakespeare*. New York 1944 (American Society of the French Legion of Honor. Franco-American Pamphlets, 2ème série, nᵒ 16).

—2 *The Influence of Milton on English poetry*. Cambridge Mass. 1923.

Havens, George Remington, et Torrey, Norman L., *Voltaire's catalogue of his library at Ferney*. Ed. for the first time [. . .]. Genève 1969 (*SVEC*, vol. ix).

Hawley, Daniel S., 'L'Inde de Voltaire', *SVEC* (1974) cxx.139-178.

Hayes, Richard Francis, *Biographical dictionary of Irishmen in France*. Dublin 1949.

Hazen, Allen T., *A Catalogue of Horace Walpole's library*. Newhaven Conn. 1969, 3 vol.

Hedgecock, Frank A., *David Garrick et ses amis francais*. 1911.

Helmick, E. T., 'Voltaire and *Humphry Clinker*', *SVEC* (1969) lxvii.59-64.

Henderson, George David, *Chevalier Ramsay*. 1952.

Hennig, John, 'Voltaire in Ireland', *DM* (1944) xix.32-39.

Hilbish, Florence May, *Charlotte Smith, poet and novelist, 1749-1806*. Philadelphie 1941.

Hilles, Frederick Wiley, '*Rasselas*, an "uninstructive tale" '; dans: *Johnson, Boswell and their circle. Essays presented to Lawrence Fitzroy Powell in honour of his eighty-fourth birthday*. Oxford 1965, pp.122-136.

Horn, David Bayne, 1. *British diplomatic representatives, 1689-1789*. 1932.

—2 *The British diplomatic service, 1689-1789*. Oxford 1961.

—3 'Principal William Robertson, D.D., historian', *University of Edinburgh Journal* (1956) xviii.155-168.

Horsley, Phyllis M., 1. 'Aaron Hill, an English translator of *Mérope*', *Comparative literature studies* (1944) xii.17-23.

—2 'George Keate and the Voltaire-Shakespeare controversy', *Comparative literature studies* (1945) xvi.5-7.

—3 'Thémiseul de Saint-Hyacinthe, 1648-1746', *Comparative literature studies* (1942) iv.-613.

Howard, mrs Alison K., 'Montesquieu, Voltaire and Rousseau in XVIIIth-century Scotland. A check-list of editions and translations of their works published in Scotland before 1801', *Bibliotheck* (1959) ii.46-57.

Howard-Hill, T. H., *Bibliography of British literary bibliographies*. Oxford 1969.

Huchon, René, 1. *Mrs Montagu, 1720-1800. An essay.* 1906.

—2 *Un poète réaliste anglais: George Crabbe, 1754-1832.* 1906.

Husbands, H. Winifred, *The Lesser novel, 1770-1800.* Thèse dactyl. Univ. de Londres 1922.

Hytier, Adrienne, 'An Eighteenth-century experiment in historical realism: the marquis d'Argenson and Bonnie Prince Charlie', *ECS* (1969) iii.200-241.

Ilchester, Giles Stephen Holland *Fox-Strangeways,* 6ème comte d', 1. *Henry Fox, first lord Holland, his family and relations.* 1920, 2 vol.

—2 *The Home of the Hollands, 1605-1820.* 1937.

—3 *Letters to Henry Fox, lord Holland. With a few addressed to his brother Stephen, earl of Ilchester.* 1915.

—4 *Lord Hervey and his friends, 1726-1738, based on letters from Holland House, Melbury and Ickworth.* 1950.

Ilchester, Stephen *Fox,* 5ème comte d', *Catalogue of pictures belonging to the earl of Ilchester at Holland House.* 1904.

Jackson, mrs Emily Nevill, *Silhouette. Notes and dictionary.* 1938.

Jessop, Thomas Edward, *A Bibliography of David Hume and Scottish philosophy from Francis Hutcheson to lord Balfour.* 1938.

Joliat, Eugène, 1. 'Smollett, editor of Voltaire', *MLN* (1939) liv.429-436.

—2 *Smollett et la France.* 1935 (Bibliothèque de la Revue de Littérature Comparée, vol. cv).

Jonard, Norbert, *Giuseppe Baretti (1719-1769). L'homme et*

l'œuvre, Clermont-Ferrand 1963.

Jones, Claude, 'Christopher Smart, Richard Rolt and *The Universal visitor*', *The Library* (1938) 4ème série. xviii.212-235.

Jones, Mary Gwladys, *Hannah More*. Cambridge 1952.

Jones, William Powell, 1. 'Thomas Gray's library', *TLS* (1er juin 1933).

—2 'Thomas Gray's library', *MP* (1938) xxxv.257-258.

—3 *Thomas Gray, scholar. The true tragedy of an eighteenth-century gentleman. With two youthful notebooks published for the first time*. Cambridge Mass. 1937.

Jordan, Léo, 'L'*Orphelin de la Chine* en trois actes', *RHLF* (1912) xix.635-639.

Karslake, Frank, éd., *Book-auction records. Formerly known as 'Sale-records'. A priced and annotated record of London book auctions*. 1903-.

Keesey, Donald Earl, *Dramatic criticism in the 'Gentleman's magazine', 1747-1784*. Thèse dactyl. Michigan State Univ. 1964 [*DA* (1965) xxv.6628].

Kennard, N. H., 'Voltaire and England', *National review* (1892) xix.783-801.

Kerr, Samuel Parnell, *George Selwyn and the wits*. 1909.

Ketton-Cremer, Robert Wyndham, 1. *Horace Walpole. A biography*. 1940.

—2 *Thomas Gray. A biography*. Cambridge 1955.

Keynes, sir Geoffrey Langdon, *The Library of Edward Gibbon. A catalogue of his books*. 1940.

Kliby, Clyde S., 'Horace Walpole on Shakespeare', *SP* (1941) xxxviii.480-493.

Kinne, Willard Austin, *Revivals and importations of French comedies in England, 1749-1800*. New York 1939.

Kirsop, Wallace, 'Voltaire, Helvétius and an English pirate', *AJFS* (1967) iv.62-73.

Knapp, Lewis Mansfield, *Tobias Smollett, doctor of men and manners*. Princeton 1949.

Knapp, Richard Gilbert, *The fortunes of Pope's 'Essay on man' in eighteenth-century France*. Genève 1971 (*SVEC*, vol. lxxxii).

Knight, William Angus, *Lord Monboddo and some of his contemporaries*. 1900.

Korff, H. A., *Voltaire im literarischen Deutschland des XVIII. Jahrhunderts, ein Beitrag zum Geschichte des deutschen Geistes vom Gottsched bis Goethe*. Heidelberg 1918, 2 vol.

Labriolle-Rutherford, mme M. R. de, 'Les sources du *Pour et contre* (1733-1734), tomes i à vi', *RLC* (1959) xxxiii.239-257.

Lafontaine, H. T. C. de, 1. 'Benjamin Franklin', *Ars quatuor coronatorum* (1923) xli.13-14.

—2 'The Initiation of Voltaire', *The Masonic record* (1922-1923) col. 3, p.1197.

Lamoine, Georges, *Divers aspects du mouvement des antiquaires au XVIIIème siècle en Grande-Bretagne*. Thèse dactyl. Univ. de Paris 1969.

Langford-Brooke, Elizabeth, et Ilchester, Giles Stephen Holland Fox-Strangways, 6ème comte d', *The Life of sir Charles Hanbury-Williams, poet, wit and diplomatist*. 1929.

Lanson, Gustave, 'Voltaire et son banqueroutier juif en 1726', *Revue latine* (1908) vii.33-46.

Lascelles, Mary, 'Rasselas reconsidered'; dans: *Essays and studies, being vol. iv of the new series of essays and studies collected for the English Association by Geoffrey Tillotson*. 1951, pp.37-52.

Las Vergnas, Raymond, *Le chevalier Rutlidge 'gentilhomme anglais', 1724-1794*. 1932 (Bibl. de la Revue de litt. comparée, vol. lxxxi).

Lee, Grace Lawless, *The Story of the Bosanquets*. Canterbury [1966].

Lefèvre-Pontalis, Germain, 'La mission du marquis d'Eguilles en Ecosse auprès de Charles-Edouard', *Annales de l'Ecole des sciences politiques* (1887) ii.239-262, 423-452; (1888) iii.99-119.

Lehmann, William Christian, 1. *Henry Home, lord Kames, and the Scottish enlightenment*. La Haye 1971 (Archives internationales de l'hist. des idées, xli).

—2 *John Millar of Glasgow, 1735-1801. His life and thought, and his contribution to sociological analysis*. Cambridge 1960 (Social and economic studies, vol. iv).

Lehnert, Martin, 'Arthur Murphys *Hamlet*-Parodie (1772) auf David Garrick', *SJH* (1966) cii.97-167.

Leigh, R. A., 1. 'An Anonymous eighteenth-century character-sketch of Voltaire', *SVEC* (1956) ii.241-272.

—2 'Boswell and Rousseau', *MLR* (1952) xlvii.289-317.

—3 *'Voltaire's Correspondence* (vols. i-iii): some observations on the dating of the letters', *MLR* (1954) xlix.236-244.

—4 *'Voltaire's Correspondence:* observations on the dating of the Voltaire letters, iii (vols. xvii-xxiv)', *MLR* (1958) liii.550-552.

—5 'Voltaire's letters', *TLS* (29 mars 1957).

Leroy-Greason, A., 'Fielding's *The History of the present rebellion in Scotland'*, *PQ* (1958) xxxvii.119-123.

Leslie, S., 'The Percy library', *The Book-collector's quarterly* (1934) xiv.

Lévy, Maurice, *Le roman 'gothique' anglais, 1764-1824*. Toulouse 1968 (Publ. de la Faculté des lettres et sciences humaines de Toulouse, série A, vol. ix).

Lewis, Dominic Bevan Wyndham, *The Hooded hawk, or the case of mr Boswell*. 1946.

Lewis, Frank R., 'An Englishman visits Voltaire' [sir Thomas Pennant], *TLS* (20 août 1928), pp.543-544.

Lewis, Wilmarth Sheldon, 1. 'Horace Walpole's library', *The Library* (1947) 5th ser. ii.45-80.

—2 *Horace Walpole's library*. Cambridge 1958.

Liechtenstein, Mary, princesse de, *Holland House*. 1874, 2 vol.

Liu-Wu-Chi, 'The original *Orphan of China'*, (1953) v.193-212.

Livingston, L. S., éd., *American book-prices current. A record of books, manuscripts and autographs sold at auction*. New York 1895- .

Lloyd, Christopher, *Fanny Burney*. 1936.

Lockitt, Charles Henry, et Selwyn, Jesse, *The Relations of French and English society, 1763-1793*. 1920.

Lonsdale, Roger, *Dr Charles Burney, a literary biography*.

Oxford 1965.

Looten, Camille, 'La première controverse internationale sur Shakespeare entre l'abbé Leblanc et W. Guthrie, 1745-1747-1758'; dans: *Mélanges de philologie et d'histoire. Cinquantenaire de la Faculté des Lettres de l'université catholique de Lille.* 1927, pp.189-236.

Lortholary, Albert, *L'Histoire de Charles XII de Voltaire. Livre premier. Essai d'édition critique.* Thèse dactyl. Univ. de Paris 1948.

Lough, John, 1. 'The *Encyclopédie* in eighteenth-century England', *FS* (1952) vi.289-307. [repris dans: *The 'Encyclopédie' in eighteenth-century England and other studies.* Newcastle 1970, pp.1-24].

—2 'The *Encyclopédie* in eighteenth-century Scotland', *MLR* (1943) xxviii.38-40.

—3 'The Relations of the Aberdeen Philosophical Society with France, 1758-1775', *Aberdeen university review* (1943) xxx.143-150.

Lounsbury, Thomas Raynesford, *Shakespeare and Voltaire.* 1902.

Low, David Morrice, *Edward Gibbon, 1737-1794.* 1937.

Lubbers-van der Brugge, C. J., 'Johnson and Baretti', *Groningen studies in English* (1951) ii.1-157.

Lublinsky, Vladimir S., 1. 'La bibliothèque de Voltaire', *RHLF* (1958) lviii.467-488.

—2. Ed., *Textes nouveaux de la correspondance de Voltaire. Lettres de Voltaire.* Moscou-Leningrad 1956.

—3. 'Voltaire and his library', *BC* (1958) vii.139-151.

Lutaud, Olivier, 'D' *Areopagitica* à la *Lettre à un premier commis* et de l'*Agreement* au *Contrat social*', *SVEC* (1963) xxvi.1109-1127.

Lynch, Kathleen M., '*Pamela Nubile*, l'*Ecossaise* and the *English Merchant*', *MLN* (1932) xlvii.94-96.

Lynham, Deryck, *The Chevalier Noverre, father of modern ballet. A biography.* 1950.

MacClintock, William Darnall, *Joseph Warton's 'Essay on Pope': a history of the five editions.* Chapel Hill 1933.

MacCusker, H., 'Dr Kenrick of Grub Street', *More books* (1939) xiv.3-10.

Machin, I. W. J., 'Gibbon's debt to contemporary scholarship', *RES* (1939) xv.84-88.

MacGhee, Dorothy, 'The *conte philosophique* bridging a century', *PMLA* (1943) lviii.438-449.

MacKie, D. et De Beer, Gavin R., 'Newton's apple, an addendum', *Notes and records of the Royal Society of London* (1951) ix.46-54; (1951) x.333-335.

MacKillop, Alan Dugald, 1. *The Background of Thomson's 'Seasons'*. Minneapolis 1942.

—2 'English circulating libraries, 1725-1750', *The Library* (1934) xiv.477-485.

—3 *James Thomson, 1700-1748. Letters and documents*. Minneapolis 1958.

—4 'Peter the Great in Thomson's *Winter*', *MLN* (1952) lxvii. 28-31.

—5 *Samuel Richardson, printer and novelist*. Chapel Hill 1936.

MacLean, Hugh A., 'Robert Urie, printer in Glasgow', *Records of the Glasgow bibliographical society* (1913-1914) iii.89-108.

MacMillan, Dougald, 1. *Catalogue of the Larpent plays in the Huntington Library* [1737-1823]. San Marino 1939 (Huntington library lists, vol. iv).

—2 'David Garrick as a critic', *SP* (1934) xxxi.69-83.

—3 *Drury Lane calendar, 1747-1776. Compiled from the play-bills*. Oxford 1938.

Maillet, Albert, 'Dryden et Voltaire', *RLC* (1938) xviii.272-286.

Marr, George Simpson, *The Periodical essayists of the eighteenth century. With illustrative extracts from the rarer periodicals*. 1923.

Marrat, rev. Jabez, *The Vicar of Madeley, John Fletcher. A biographical study*. 1902.

Marshall, Edward H., [*Sur Voltaire en Angleterre*], *N&Q* (13 juil. 1878) 5ᵉᵐᵉ série. x.33.

Marshall, Roderick, *Italy in English literature, 1755-1815. Origins of the romantic interest in Italy*. New York 1934

(Columbia Univ. Studies in English and Comparative Literature, vol. cxvi).

Martz, Louis Lohr, 1. *The Later career of Tobias Smollet*. New Haven 1942 (Yale studies in English vol. xcvii).

—2. 'Smollett and the *Universal history*', *MLN* (1941) lvi.1-14.

Maslen, Keith I., 'Some early editions of Voltaire printed in London', *The Library* (1959) 5th ser. xiv.287-293.

Massini, Rudolf, *Sir Luke Schaub (1690-1758). Ein Basler im diplomatischen Dienst Englands*. Bâle 1953 (Neujahrblatt, vol. cxxxii).

Masson, Pierre-Maurice, *Une vie de femme au XVIIIème siècle: Madame de Tencin (1682-1749)*. 1909.

Mattauch, Hans, 'A Translator's hand in Voltaire's fifth *Letter concerning the English nation?*', *SVEC* (1973) cvi.81-86.

Matthews, Williams, *British diaries. An annotated bibliography of British diaries written between 1442 and 1942*. Berkeley 1950.

May, Marcel, *La jeunesse de William Beckford et la genèse de son 'Vathek'*. 1928.

Mayo, Robert Donald, *English novel in the magazines, 1740-1815. With a catalogue of 1375 novels and novelettes*. Evanston 1962.

Mead, William Edward, *The Grand Tour in the eighteenth century* [...] *with illustrations from contemporary prints*. Boston 1914.

Meier, Markus, *Die diplomatischen Beziehungen Englands mit der Schweiz im 18. Jahrhundert*. Bâle 1952.

Melville, Lewis, 1. *Lady Suffolk and her circle*. New York 1924.

—2. *The Life and letters of William Beckford of Fonthill (author of 'Vathek')* 1910.

Menhennet, David, 'A Note on Voltaire's political anglomania', *Parliamentary affairs* (1961) xiv.202-210.

Mertz, Rudolf, 1. *David Hume: Leben und Philosophie*. Stuttgart 1929.

—2. 'Les amitiés françaises de Hume', *RLC* (1929) ix.644-713.

Meyer, Paul H., 1. 'Voltaire and Hume as historians: a comparative study of the *Essai sur les mœurs* and *The History of England*', *PMLA* (1958) lxxiii.51-68.

—2. 'Voltaire and Hume's descent on the coast of Brittany', *MLN* (1951) lxvi.429-435.

Minzloff, Carl R., *Pierre le Grand dans la littérature étrangère* [. . .] *d'après les notes de M. le comte de Korff.* Saint-Pétersbourg 1872.

Mizuta, Hiroshi, *Adam Smith's library. A supplement to Bonar's catalogue, with a check-list of the whole library.* Cambridge 1967.

Morandi, Luigi, *Voltaire contro Shakespeare. Baretti contro Voltaire. Con otto lettere del Baretti non mai pubblicate in Italia,* 2ème éd. augm. Rome 1884.

Morel, Léon, *James Thomson, sa vie et ses œuvres.* 1895.

Morley, Lacy Collison, *Giuseppe Baretti, with an account of his literary friendships and feuds in Italy and in England in the days of dr Johnson.* With an introduction by the late F. Marion Crawford. 1909.

Morton, Brian N., 'Beaumarchais et le prospectus de l'édition de Kehl', *SVEC* (1971) lxxxi.133-147.

Mossner, Ernest Campbell, 1. 'An Apology for David Hume, historian', *PMLA* (1941) lvi.657-690.

—2 'Beattie on Voltaire: an unpublished parody', *RR* (1950) xli.26-32.

—3 'Beattie's *Castle of scepticism:* an unpublished allegory against Hume, Voltaire and Hobbes', *S EngL* (1948) xxvii.108-145.

—4 *Bishop Butler and the age of reason.* New York 1936.

—5 'David Hume's Early memoranda, 1729-1740. The complete text', *JHI* (1948) ix.492-518.

—6 'Hume and the Ancient-Modern controversy, 1725-1752', *SEngL* (1949) xxviii.139-153.

—7 'Hume and the French men of letters', *RIPh* (1952) vi. fasc. 2. 222-236.

—8 'Hume's *Four dissertations*', *MP* (1950) xlviii.37-57.

—9 *The Life of David Hume.* 1954 [1955].

—10 'Was Hume a Tory historian?', *JHI* (1941) ii.225-236.

Mossner, Ernest Campbell, et Ransom, Harry, 'Hume and the "Conspiracy of the booksellers": the publication and early fortunes of *The History of England'*, *SEngL* (1950) xxix.162-182.

Mougal, François-Charles, *La société des Dilettanti (1734-1800)*. *Contribution à l'étude socio-culturelle des Iles Britanniques au XVIIIème siècle*. Thèse dactyl. Univ. de Paris 1973.

Mowat, Robert Balmain, *Gibbon*. 1936.

Munby, A. N. L., gen. ed., *Sale catalogue of libraries of eminent persons*. 1972-, 12 vol.

Murdoch, Ruth T., 'Voltaire, James Thomson and a poem for the marquise Du Châtelet', *SVEC* (1958) vi.147-153.

Murray, Peter, 'The Source of Reynolds' *Triumph of Truth*', *Aberdeen university review* (1944) xxx.227-229.

Murray, Robert Henry, *Edmund Burke. A biography*. 1931.

Muyden, Berthold van, *Pages d'histoire lausannoise*. Lausanne 1911.

Nadel, George H., 1. 'New light on Bolingbroke's *Letters on history*', *JHI* (1962) xxiii.550-557.

—2 'Pouilly's plagiarism', *Journal of the Warburg and Courtauld institutes* (1967) xxx.438-444.

Nangle, B. C., 1. *The 'Monthly review'*, *1st series, 1749-1789. Indexes of contributors and articles*. Oxford 1934.

—2 *The 'Monthly review'*, *2nd series, 1790-1815. Indexes of contributors and articles*. Oxford 1955.

Napieralski, Edmund A., éd., 'Restoration and eighteenth-century theatre research. Bibliography for 1969', *Restoration and eighteenth-century theatre research* (1970) ix. n° 2. 1-34.

Naves, Raymond, *Le goût de Voltaire*. [1938].

Nelson, Elizabeth, *Chesterfield and Voltaire*. Thèse dactyl. Univ. of Maryland 1965 [*DA* (1966-1967) xxvii.1790 A/1791 A].

Nettleton, George Henry, *English drama of the Restoration and eighteenth century, 1642-1780*. New York 1914.

Nicoll, Allardyce A., *A History of English drama, 1660-1900*. Cambridge 1952-1959, 6 vol.

Noël, G., *Une 'primitive' oubliée de l'école des 'cœurs sensibles': Madame de Grafigny, 1695-1758*. 1913.

Norton, miss Jane Elizabeth, *A Bibliography of the works of Edward Gibbon*. Oxford 1940.

Noury, J., 'Voltaire inédit', *Bulletin historique et philologique* (1894),pp. 352-366.

Oake, Roger B., 1. 'An Edition of Voltaire's *Siècle de Louis XIV*' [London, Dodsley, 1752], *PULC* (1943) iv.135-136.

—2 'Political elements in criticism of Voltaire in England, 1732-1747', *MLN* (1942) lvii.348-354.

Oliver, Thomas Edward, *The 'Merope' of George Jeffreys as a source of Voltaire's 'Mérope'*. Urbana 1927 (Univ. of Illinois publ. vol. xii, nᵒ 4).

Oras, Ants, *Milton's editors and commentators from Patrick Hume to Henry John Todd, 1695-1801. A study in critical views and methods*. Tartu et Oxford, 2ᵉᵐᵉ éd. 1931 [1ᵉʳᵉ éd. 1929] (Acta et Commentationes Universitatis Tartuensis-Dorpatensis, B. xxi.2).

Orde, J. P., 'Orde the caricaturist', *N&Q* (16 avril 1859) 2ᵉᵐᵉ série. vii.323.

Pageaux, Daniel Henri, *Voltaire en Espagne*. Mémoire dactyl. pour le D. E. S. Paris 1960.

Pailler, Albert, *Edward Cave et le 'Gentleman's magazine', 1731-1754*. Thèse dactyl. Univ. de Paris 1972.

Pange, comtesse Jean de, 'Le voyage mystérieux de Necker en Angleterre en 1776', *RDM* (1ᵉʳ avril 1948) n.s. ii.480-500.

Parfitt, G. E., *L'influence française dans les œuvres de Fielding et dans le théâtre anglais contemporain de ses comédies*. 1928.

Park, Young Hai, *L'Orphelin de la Chine de Voltaire, étude d'ensemble*. Thèse dactyl. Univ. de Paris 1971.

Parker, Irene, *Dissenting Academies in England. Their rise and progress and their place among the educational systems of the country*. Cambridge 1914.

Parreaux, André, *William Beckford, auteur de 'Vathek' (1760-1844). Etude de la création littéraire*. 1960.

Parton, James, *Life of Voltaire*. 1881, 2 vol.

Peardon, Thomas Preston, *The Transition in English historical writing, 1760-1830.* New York 1930.

Pedicord, Harry William, *The Theatrical public in the time of Garrick.* New York 1954.

Pemberton, William Shakespeare Childe, *The earl bishop. The life of Frederick Hervey, bishop of Derry, earl of Bristol.* [1925], 2 vol.

Peoples, Margaret H., 'La querelle Rousseau-Hume', *Annales de la société J.-J. Rousseau* (1927-1928) xviii.1-132.

Perrot, Jean, *Un grand avocat normand, Elie de Beaumont. Discours prononcé à l'audience solennelle de rentrée de la cour d'appel de Caen; sept. 1958.* Melun 1959.

Perry, Norma, 1. 'A Forged letter from Frederick to Voltaire', *SVEC* (1968) lx.225-227.

—2 'John Vansommer of Spitalfields: Huguenot, silk-designer and correspondent of Voltaire', *SVEC* (1968) lx.289-310.

—3 'Voltaire and Felix Farley's *Bristol journal*', *SVEC* (1968) lxii.137-150.

—4 'Voltaire in England: a quarrel with some Huguenot connexions', *Proceedings of the Huguenot society of London* (1971) xxii.12-23.

—4 'Voltaire's London agents for the *Henriade:* Simon and Bénezet, Huguenot merchants', *SVEC* (1973) cii.265-299.

—6 *Sir Everard Fawkener, friend and correspondent of Voltaire.* Oxford 1975 (*SVEC*, vol. cxxxiii).

—7 'French and English merchants in the eighteenth-century: Voltaire revisited'; dans: *Studies in eighteenth-century French literature presented to Robert Niklaus.* Exeter 1975, pp.193-214.

Petrie, sir Charles Alexander, *The Jacobite movement.* 1948-1950, 2 vol.

Philips, Edith, 'Le Quaker vu par Voltaire', *RHLF* (1932) xxxix. 161-177.

Piccioni, Camille, *Les premiers commis des affaires étrangères aux XVIIème et XVIIIème siècles.* 1928.

Piccioni, Luigi, 1. 'Inediti barettiani', *GSLI* (1939) cxiv.26-45.

—2 *Studi e ricerche intorno a Giuseppe Baretti.* Livourne 1899.

Pichois, Claude, 'Voltaire et Shakespeare: un plaidoyer', *SJH*

(1962) xcviii.178-188.

[Pichon, baron Jérôme Frédéric], *Vie de Charles-Henry, comte de Hoym (1694-1736)*. 1880, 2 vol.

Pike, Robert E., 'Voltaire: *Le Patriote insulaire*', *MLN* (1942) lvii.354-355.

Plomer, Henry Robert, Bushnell, G. H. & Dix, E. R. McC., *A Dictionary of the printers and booksellers who were at work in England, Scotland and Ireland from 1726 to 1775*. Oxford 1932.

Pomeau, René, 1. *La religion de Voltaire*. Nlle éd. corr. et augm. 1969 [1e éd. 1956].

—2 'Voltaire en Angleterre. Les enseignements d'une liste de souscription', *Annales publiées par la Faculté des lettres de Toulouse, Littérature iii* (janv. 1955), pp.67-77.

Pope, Dudley, *At twelve, mr Byng was shot*. 1962.

Pottle, Frederick, A., 1. 'Boswell's university education'; dans: *Boswell, Johnson and their circle. Essays presented to Lawrence Fitzroy Powell in honour of his eighty-fourth birthday*. Oxford 1965, pp.230-253.

—2 *James Boswell. The earlier years, 1740-1769*. 1966.

—3 'The Part played by Horace Walpole and James Boswell in the quarrel between Rousseau and Hume', *PQ* (1925) iv.351-363.

—4 'The Part played by Horace Walpole and James Boswell in the quarrel between Rousseau and Hume: a reconsideration'; dans: *Horace Walpole, writer, politician, connoisseur. Essays on the 250th anniversary of Walpole's birth*. Ed. Warren Hunting Smith. New Haven 1967, pp.255-293.

Powell, Rosamond Bayne, *Travellers in eighteenth-century England*. 1951.

Preston, Thomas R., 'The biblical context of Johnson's *Rasselas*', *PMLA* (1969) lxxxiv.274-281.

Quintana, Ricardo, *Oliver Goldsmith. A Georgian study*, 2e éd. 1969 [1e éd. New York 1967].

Rabinowicz, Oskar K., *Sir Solomon de Medina*. 1974.

Rae, John, *Life of Adam Smith*. 1895.

Rae, William Fraser, *Sheridan. A biography. With an introduction by the marquess of Dufferin and Ava*. 1896, 2 vol.

Ralli, Augustus, *A History of Shakespearian criticism*. New York 1965, 2 vol.

Randall, Helen Whitcomb, *The Critical theory of lord Kames*. Northampton Mass. 1944 (Smith college studies in modern languages, vol. xxii, n° 1-4).

Rao, Ananda Vittala, *A Minor Augustan, being the life and works of George, lord Lyttleton, 1709-1773*. Calcutta 1934.

Rawson, C. J., '*Tristram Shandy* and *Candide*', *N&Q* (1958) cciii.226.

Reid, Loren, *Charles-James Fox. A man for the people*. 1969.

Restaino, Katherine Marie, *The Troubled stream of translation: a study of translation in the eighteenth century*. Thèse dactyl. Fordham 1966 [*DA* (1967) xxvii.2507 A].

Reynolds, Richard J., *The 'Essay on epick poetry'*, Thèse dactyl. 1934.

Ridgway, Ronald S., *La propagande philosophique dans les tragédies de Voltaire*. Genève 1961 (*SVEC*, vol. xv).

Rinaker, Clarissa, *Thomas Warton. A biographical and critical study*. Urbana 1916 (Univ. of Illinois studies in language and literature, vol. ii).

Ritter, Eugène, 'Voltaire et le pasteur Robert Brown', *Bulletin de la société de l'histoire du protestantisme français* (1904) liii.156-163.

Robbins, Helen H., *Our first ambassador to China. An account of the life of George, earl of Macartney, 1737-1806* [. . .] *from hitherto unpublished documents*. 1908.

Robertson, J. G., 1. 'The Knowledge of Shakespeare on the continent at the beginning of the xviii[th] century', *MLR* (1905) i.312-321.

—2 'Milton's fame on the continent', *Proceedings of the British Academy* (1907-1908) iii.319-340.

Robinson, F. J. G. & Wallis, P. J., *Book subscription lists. A revised guide*. Newcastle-upon-Tyne 1975.

Roddier, Henri, *J.-J. Rousseau en Angleterre au XVIIIème siècle. L'œuvre et l'homme*. [1950]. (Bibl. de la Revue de litt. comparée).

Rogers, Pat, 1. 'Book subscriptions among the Augustans', *TLS* (15 déc. 1972) pp.1539-1540.

—2 'Voltaire and Walpole. A further note', *PQ* (1969) xlviii.279.

Rolleston, J. D., 'Voltaire and English doctors', *5ème congrès international d'histoire de la médicine*. Genève 1926.

Rosenfeld, Sybil, 1. *Foreign theatrical companies in Great-Britain in the XVIIth and XVIIIth centuries*. 1955 (Society for theatre research, Pamphlet series, vol. iv).

—2 *Strolling players and drama in the provinces, 1660-1765*. Cambridge 1939.

Ross, Ian Simpson, *Lord Kames and the Scotland of his day*. Oxford 1972.

Rossi, Franca, *La cultura inglese a Milano e in Lombardia nel Seicento e nel Settecento*. Bari 1970.

Rousseau, André M [ichel], 1. 'En marge de *Candide*. Voltaire et l'affaire Byng', *RLC* (1960) xxxiv.261-273.

—2 'Quand Voltaire vendait des livres. Réflexions sur quelques listes de souscription'; dans: *Actes du 5ème congrès de la Société française de littérature comparée*. 1965, pp.101-117.

Rowbotham, Arnold Horrex, *The 'philosophes' and the propaganda for inoculation of small-pox in eighteenth-century France*. Berkeley 1936 (Univ. of California publ. in modern philology, vol. xviii, n° 4).

Russell, Constance Charlotte Elisa, lady, *Three generations of fascinating women and other sketches from family history*, 2ème éd. 1905 [1ère éd. 1904].

Russell, Frank Shirley, *The earl of Peterborough and Monmouth (Charles Mordaunt). A memoir*. 1887, 2 vol.

Russell, Trusten W., Voltaire, *Dryden and heroic tragedy*. New York 1946.

Ryskamp, Charles, *William Cowper of the Inner Temple, Esq*. Cambridge 1959.

Sabathier-Gazan, J. H., *Une curiosité agronomique et historique: la moissonneuse de m. de Voltaire.* 1944.

Sabine, George H., 'David Hume's contribution to the historical method', *Philosophical review* (1906) xv.17-38.

Saint-René-Taillandier, René E. G., 'La Suisse chrétienne et le XVIIIème siècle. Pages inédites de Voltaire et de Rousseau', *RDM* (mars 1862) pp.421-467.

Sakmann, 'Voltaires *L'Orphelin de la Chine* und Murphys *The Orphan of China*', *Neuphilologisches Centralblatt* (sept.-nov. 1895) ix.257-261, 289-294, 321-329.

Sareil, Jean, 1. 'La mission diplomatique de Voltaire en 1743', *Dix-huitième siècle* (1972) iv.271-299.

—2 *Les Tencin. Histoire d'une famille au dix-huitième siècle d'après de nombreux documents inédits.* Genève 1969.

—3 'Voltaire et le cardinal de Fleury', *Dix-huitième siècle* (1970) ii.39-76.

Sarton, George, 'The Missing factor in Gibbon's concept of history', *HLB* (1957) xi.277-295.

Scheffer, John D., 1. 'The Idea of decline in literature and the fine arts in XVIIIth century England', *MP* (1936) xxxiv.155-178.

—2 'A Note on Joseph Warton and Voltaire', *Bulletin of the Citadel. Faculty studies, 4* (Avril 1940) n°1. 3-5.

Schier, Donald, 'Aaron Hill's translation of Voltaire's *Alzire*', *SVEC* (1969) 45-57.

Schilling, Bernard Nicholas, 1. *Conservative England and the case against Voltaire.* Columbia 1950.

—2 'Voltaire and England', *TLS* (16 nov. 1935).

Scholes, Percy Alfred, *The great Dr Burney. His life, his travels, his works, his family and his friends.* Oxford 1948, 2 vol.

Schuhmann, Josef, 'Baretti als Kritiker Voltaires', *Archiv für das Studium der neuren Sprachen* (1883) lxix.460-472.

Scott, William Robert, *Adam Smith as student and professor. With unpublished documents.* Glasgow 1937 (Glasgow university publ., vol. xlvi).

Seguin, J. A. R., 1. *Voltaire and the 'Gentleman's magazine', 1731-*

1868. An index compiled and edited with an introduction. New York 1963 [2ème éd. 1963].

—2 *Voltaire and the 'Monthly review', 1749-1778. A descriptive and bibliographical index compiled and edited with a preface.* Jersey City 1963.

Ségur, Pierre Marie Maurice Henri, marquis de, *Le royaume de la rue Saint Honoré. Mme Geoffrin et sa fille.* 1897.

Seitz, R. W., 1. 'Some of Oliver Goldsmith's second-thoughts on English history', *MP* (1937) xxxv.279-288.

—2 'Voltaire: une lettre à sir William Chambers', *Intermédiaire des chercheurs et des curieux* (30 mars 1937) c. col.238.

Séjourné, Philippe, *Aspects généraux du roman féminin en Angleterre.* Aix-en Provence 1966.

Seligman, S. A., 'Mary Toft, the rabbit-breeder', *Medical history* (1961) v.349-360.

Sells, Arthur Lytton, *Les sources françaises de Goldsmith.* 1924 (Bibliothèque de la Revue de Littérature Comparée, vol. xii).

Sévery, m. et mme William de, *La vie de société dans le pays de Vaud à la fin du XVIIIème siècle.* Lausanne 1911, 2 vol.

Seylaz, L., 'William Beckford in Switzerland', *Gazette de Lausanne* (28 août 1932).

Seymour, Mabel, 'Fielding's *History of the Forty-Five*', *PQ* (1935) xiv.105-125.

Sgard, Jean, 'Prévost et Voltaire', *RHLF* (1964) lxiv.545-564.

Shackleton, Robert, 1. 'Johnson and the Enlightenment'; dans: *Johnson, Boswell and their circle. Essays presented to Lawrence Fitzroy Powell in honour of his eighty-fourth birthday.* Oxford 1965, pp.76-92.

—2 'Les Lumières et l'action politique en Angleterre'; dans: *Utopie et institutions au XVIIIème siècle. Colloque du 23 au 26 juin 1959.* Paris-La Haye 1963, pp.77-82 (Ecole Pratique des Hautes-Etudes, 6ème section. Congrès et colloques, iv A).

—3 *Montesquieu, a critical biography.* Oxford 1961.

—4 'Montesquieu's correspondence. Additions and corrections', *FS* (1958) xii.324-345.

Shelley, Henry Charles, *The Life and letters of Edward Young.* 1914.

Shepperson, Archibald Bolling, *The Novel in motley. A history of the burlesque novel in English.* Cambridge Mass. 1936.

Sherburn, George, 'An Accident in 1726' [Voltaire et Pope], *HLB* (1948) ii.121-123.

Shipley, John D., 'Two Voltaire letters: to the third earl of Bute and to the duc de Richelieu' [1761, 1763], *SVEC* (1968) lxii.7-11.

Sichel, Walter Sydney, *Bolingbroke and his times.* 1901-1902, 2 vol.

Sieveking, A Forbes, 1. 'Some little-known portraits of Voltaire', *The Connoisseur* (juil. 1927) lxxviii.153-159.

—2 'Voltaire in England', *The Athenæum* (1892) ii.194-195.

Simmons, [*Sur l'auteur d'un quatrain en anglais par un visiteur anonyme à Ferney*], *N&Q* (1966 ccxi.189).

Simon, John S., *Wesley or Voltaire? No 13 of a series of lectures given in Manchester in 1904, 'Is Christianity true?'*.

Slater, J. H., éd., *Book-prices current, a monthly record of the prices at which books have been sold at auction.* 1887-.

Small, Miriam Rossiter, *Charlotte Ramsey Lennox. An eighteenth-century lady of letters.* New Haven 1935 (Yale studies in English, vol. lxxxv).

Smart, Alastair, *The Life and art of Allan Ramsay.* 1952.

Smiles, Samuel, *The Huguenots: their settlements, churches, industries in England and Ireland.* 1867.

Smith, Audley L., 'Richard Hurd's *Letters on chivalry and romance*' *ELH* (1939) vi.59-81.

Smith, David Nichol, *Shakespeare in the eighteenth century.* 1928.

Smith, Hamilton Jewet, *Oliver Goldsmith's 'The Citizen of the world'.* New Haven 1926 (Yale studies in English, vol. lxxi).

Smith, Horatio, 'Bibliographic items (*Essay upon the epick poetry, Alzire*)', *MLN* (1932) xlvii.234-236.

Smithers, Peter, *The Life of Joseph Addison.* Oxford 1954.

Spector, Robert D., 1. *English literary periodicals and the climate*

of opinion during the Seven Years' war. La Haye 1966.
—2 'Late neo-classical taste', *N&Q* (1951) cxcvi.11-12.
Staves, Susan, 'Don Quixote in eighteenth-century England', *CL* (1972) xxiv.193-215.
Stebbing, William, *Peterborough*. 1889.
Stein, Jess. M., 'Horace Walpole and Shakespeare', *SP* (1934) xxxi.51-68.
Stochholm, Johanne M., *Garrick's folly. The Shakespeare Jubilee of 1769 at Stratford and Drury Lane*. 1964.
Stone, George W. Stone Jr, 'Garrick's long-lost alteration of *Hamlet*', *PMLA* (1934) xlix.890, 921.
Strachey, Lytton, 'Voltaire in England'; dans: *Books and characters*. New York 1922, pp.115-141 [repris de *Edinburgh review* (1914) ccxx.392-411].
Stratman, Carl J., Spencer, David G., et Devine, Mary Elizabeth, éds., *Restoration and eighteenth-century theatre research. A bibliographical guide, 1900-1968*. Carbondale 1971.
Strauss, Ralph, *Robert Dodsley, poet, publisher and playwright, 1735-1764*. 1910.
Stromberg, R. N., 'History in the xviiith century', *JHI* (1951) xii.295-304.
Stuart, Dorothy Margaret, *Molly Lepell, lady Hervey*. 1936.
Suchier, Wolfram, *Carolus Rali Dadichi, oder wie sich deutsche Orientalisten von einem Schwindler düpieren liessen. Ein Kapitel aus der deutschen Gelehrtenrepublik der erste Hälfte des 18. Jahrhunderts*. Halle 1919.
Suderman, Elmer F., '*Candide, Rasselas* and optimism', *IEY* (1966) xi.37-43.
Swedenberg, Hugh Thomas, *The Theory of the epic in England, 1650-1800*. Berkeley 1944 (Univ. of California publ. in English, vol.xv).
Tallentyre, S. G. pseud. Cf. Hall, E. B.
Tate, Robert S. Jr, 1. *Bachaumont, his circle and the 'Mémoires secrets'* [de la République des Lettres]. Genève 1968 (*SVEC*, vol. lxv).

—2 'The marquis d'Eguilles, a protégé of Bachaumont', *SVEC* (1967) lviii.1501-1514.

Taylor, F. A., 'An unknown portrait of Voltaire', *FS* (1951) v.62-64.

Taylor, sister Mary Eutace, *William Julius Mickle, 1734-1788. A critical study*. Washington 1937.

Taylor, Samuel S. B., 1. *The Voltaire-Rousseau quarrel and the eighteenth-century philosophical movement in France*. Thèse dactyl. Univ. de Birmingham 1957.

—2 'The duke and duchess of Grafton with Voltaire—notes on unrecorded silhouettes by Jean Huber'. *SVEC* (1975) cxxxv. 151-165.

Terry, Charles Sanford, *The Forty-five. A narrative of the last Jacobite rising*. Cambridge 1922.

Thacker, Christopher, 1. 'M.A.D.: an editor of Voltaire's letters identified', *SVEC* (1968) lxii.309-310.

—2 'Swift and Voltaire', *Hermathena. A Dublin university review* (printemps 1967) n° 104, pp.51-66.

Thomas, Gilbert Oliver, *William Cowper and the eighteenth century*. 1935.

Thompson, J. B., 'The Library of Edward Gibbon, the historian', *Library quarterly* (1937) vii.343-353.

Thompson, J. R. Fawcett, et Roe, F. Gordon, 'More paintings at the British Museum', *The Connoisseur* (1961) cxlvii.192-193.

Thompson, James Westfall, *A History of historical writing, with collaboration of Bernard J. Holm*. New York 1942, 2 vol.

Thorndike, Ashley Horace, *Tragedy*. New York 1907.

Thornton, Robert D., 'The Influence of the Enlightenment upon eighteenth-century British antiquaries, 1750-1800', *SVEC* (1963) xxvii.1593-1618.

Tinker, Chauncey Brewster, *Young Boswell. Chapters on James Boswell, the biographer, based largely on new material*. 1922.

Torrey, Norman L., 1. 'Bolingbroke and Voltaire: a fictitious influence', *PMLA* (1927) xlii.788-797.

—2 *Voltaire and the English deists*. New Haven 1930 (Yale

romantic studies, vol. i).

Tovey, Duncan Crookes, *Gray and his friends, Walpole, Ashton and Richard West. Letters and relics in great part hitherto unpublished.* 1890.

Toynbee, Paget Jackson, *Dante in English literature from Chaucer to Cary (c.1380-1844). With introduction, notes, biographical notes, chronological list and general index.* 1909, 2 vol.

Treat, Ida Frances, *Un cosmopolite italien du XVIIIème siècle, Fr. Algarotti.* Trévoux 1913.

Trevelyan, sir George Otto, *The Early history of Charles-James Fox,* 1880.

Trevor-Roper, Hugh, 1. 'The Historical philosophy of the Enlightenment', *SVEC* (1963) xxvii.1667-1687.

—2 'The Idea of the *Decline and fall of the Roman empire'*; dans: *The Age of the Enlightenment; Studies presented to Theodore Besterman.* Edimbourg et Londres, 1967, pp.413-430.

Tronchin, Henry, *Un médecin du XVIIIème siècle, Thèodore Tronchin (1709-1781), d'après des documents inédits.* 1906.

Trowbridge, Hoyt, 'Bishop Hurd, a reinterpretation', *PMLA* (1943) lviii.450-465.

Trousson, René, *Socrate devant Voltaire, Diderot et Rousseau. La conscience en face du mythe.* 1967.

Tussaud, John Theodore, *The Romance of Madame Tussaud's.* 1920.

Vallese, Tarquinio, *Paolo Rolli in Inghilterra.* Milan-Genève 1938.

Vandam, A. D., 'Voltaire and Gibbon', *Tinsley's magazine* (1876) xix.10-15.

Van den Heuvel, Jacques, *Voltaire dans ses contes.* 1967.

Van Tieghem, Paul, 1. '*L'Année littéraire' (1754-1790),* comme intermédiaire en France des littératures étrangères. 1917 (Bibliothèque de littérature comparée).

—2 *Le préromantisme. Etudes d'histoire européenne. III—La découverte de Shakespeare sur le continent.* 1947.

Venn, John, *Alumnæ Cantabrigienses.* 1927, 4 vol.

Vercruysse, Jérôme, 1. 'Bibliographie des écrits français relatifs à

Voltaire, 1719-1830', *SVEC* (1968) lx.7-71.

—2 *Voltaire et la Hollande.* Genève 1966 (*SVEC*, vol. xlvi).

—3 'Voltaire et Marc-Michel Rey', *SVEC* (1967) lviii.1707-1763.

Vitoux, Pierre, *Robert Bage. A minor eighteenth-century novelist.* Thèse dactyl. Univ. de Paris 1964.

Voisine, Jacques, *J.-J. Rousseau en Angleterre à l'époque romantique. Les écrits autobiographiques et la légende.* 1956 (Etudes de littérature étrangère et comparée, vol. xxxi).

Vroil, Jules de, 'Etude historique sur Louis-Jean Lévesque de Pouilly né en 1691', *Revue de Champagne et de Brie* (1877) iii. 311-339.

Wade, Ira O., 1. 'Destouches in England', *MP* (1931) xxix.27-47.

—2 *The Intellectual development of Voltaire.* Princeton 1969.

—3 *The Search for a new Voltaire. Studies in Voltaire based upon material deposited at the American Philosophical Society.* Philadelphie 1958. (Transactions of the American philosophical society, n.s., vol. xlviii, part 4).

—4 *Studies on Voltaire, with some unpublished papers of mme Du Châtelet.* Princeton 1947.

—5 *Voltaire et mme Du Châtelet. An essay on the intellectual activity at Cirey.* Princeton 1941.

—6 *Voltaire and 'Candide'. A study in the fusion of history, art and philosophy.* Princeton 1959 (Princeton publ. in modern languages, n° xi).

Walker, R. S., 'The Beattie portrait', *Aberdeen university review* (1944) xxx.224-227.

Wallstein, R. H., *English opinions of French poetry, 1660-1750.* New York 1923.

Wardle, Ralph Martin, *Oliver Goldsmith.* Lawrence, Kan. 1957.

Watson, John Selby, *The Life of William Warburton, lord bishop of Gloucester from 1760 to 1779, with remarks on his works.* 1863.

Weed, K. K., & Bond, R. P., *Studies in British periodicals [. . .] to 1800. A bibliography.* Chapel Hill 1946.

Weld, Charles Richard, *A History of the Royal Society, with memoirs of the presidents.* 1848, 2 vol.

Wells, John Edwin, 'Henry Fielding and the *History of Charles XII*', *JEGP* (1912) xi.603-613.

West, S. George, 'Mickle's translation of *Os Lusiades*', *RLC* (1938) xviii.184-195.

Whibley, Charles, *A Fac-simile reproduction of a unique catalogue of Laurence Sterne's library (1768)*. 1930.

White, Florence D., 'A Sentence from an English notebook of Voltaire's', *MLN* (1916) xxxi.369-371.

Whitridge, Arnold, *Tobias Smollett. A study of his miscellaneous works.* [1925].

Wiles, R. M., *Serial publication in England before 1750.* Cambridge 1957.

Wilkins, William Henry, *Caroline the illustrious, queen-consort of George II and sometime queen-regent. A study of her life and time.* Nlle éd. 1904, 2 vol. [1e éd. 1901].

Willard, Nedd, '*Zadig* and *Rasselas* considered'; dans: *Bicentenary essays on 'Rasselas'*. Ed. Magdi Wahba. Le Caire 1959, pp.111-123.

Williams, Basil, 'Voltaire in eighteenth century memoirs', *Contemporary review* (1946) clxx.29-33.

Williams, David, 1. 'Observations on an English translation of Voltaire's *Commentary on Corneille*', *SVEC* (1974) cxxiv.143-148.

—2 *Voltaire: literary critic.* Genève 1966 (*SVEC*, vol. xlviii).

Williamson, Mary Céleste, *William Hayley's 'An Essay upon epic poetry' (1782)*. Thèse dactyl. Fordham 1966.

Wilson-Jones, Kenneth R., 'Voltaire's letters and notebooks in English, 1726-1729'; dans: *Studies in comparative literature.* Ed. W. F. McNeir. Baton Rouge 1962, pp.120-130 (Louisiana state univ. studies, Humanities ser., vol. xi).

Winton, C., 'Voltaire and Walpole', *PQ* (1967), xlvi.

Wortley, Clare S., 'Amateur-etchers', *Print-collector's quarterly* (1932) xix.198-199.

Wyndham, Maud Mary, *Chronicles of the eighteenth century, founded on the correspondence of sir Thomas Lyttelton and his family.* 1924, 2 vol.

Yvon, Paul, 1. 'Chesterfield et les Français', *Revue anglo-américaine* (1927) v.146-157.

—2 *Chesterfield, lord Huntingdon et la France*. Caen 1926.

—3 *Horace Walpole, 1717-1797. (La vie d'un dilettante). Essai de biographie psychologique et littéraire*. Paris et Londres 1924.

—4 *Traits d'union normands avec l'Angleterre, avant, pendant et après la Révolution*. Caen et Londres 1919.

Zall, Paul M., 'Adam Smith as a literary critic?', *BNYPL* (1966) lxx.265-269.

IV. EDITIONS ANGLAISES DE VOLTAIRE

Par ordre d'importance méthodologique, pour l'exploitation statistique et documentaire, les éditions anglaises de Voltaire viennent aussitôt après les périodiques. Une publication séparée, comme dans le cas de *Voltaire's British visitors*, nous aurait entraîné trop loin. D'autre part, la liste devait pouvoir être constamment consultée en même temps que le texte. Il était encore moins question de renvoyer à H. B. Evans 1 et 2, ouvrages provisoires dont les lacunes et les défauts sont considérables: inclusion des éditions postérieures à 1800, relevés incomplets, exemplaires accessibles dans les bibliothèques publiques donnés comme introuvables, multiples contrefaçons continentales prises pour authentiquement anglaises, confusion totale des différentes éditions des *Œuvres complètes* au gré des collections hétérogènes conservées dans les bibliothèques.

La liste donnée ici représente un travail entièrement nouveau. Quantitativement, ses 422 numéros d'œuvres individuelles et 169 volumes d'œuvres complètes, représentent un gain de 40%. Qualitativement, de très nombreux exemplaires supplémentaires sont décrits. D'autres sont signalés, en distinguant entre ceux qui n'ont pu être examinés pour diverses raisons, bien qu'ils existent réellement, et ceux dont l'existence n'est connue qu'indirectement ou hypothétiquement.

Les éditions du texte français posent des problèmes extrêmement complexes qui ne peuvent être résolus, ni même abordés ici. Nous n'avons retenu dans un premier temps que les rares éditions de fabrication incontestablement britannique, mais une étude approfondie des volumes devrait permettre de revenir sur un certain nombre d'ostracismes.

La présente liste ne prétend nullement être un travail minutieux et exhaustif de bibliographie matérielle selon les normes techniques actuelles. Elle n'est qu'un auxiliaire provisoire et commode pour étayer l'étude d'ensemble. Pour concilier l'économie avec la précision, la description a été abrégée et réduite au minimum indispensable à l'identification des éditions (page de titre simplifiée, lieu et date, nom de l'imprimeur ou de l'éditeur, nombre de pages, hauteur en centimètres). Une étude scientifique des exemplaires n'omettant aucun détail conduirait sans doute à des corrections importantes pour le spécialiste, mais négligeables dans le cadre que nous avions fixé. Espérons que cette tâche sera un jour accomplie par les bibliographes.

De même, il n'est pas douteux qu'un dépouillement systématique de toutes les bibliothèques de Grande-Bretagne et des Etats-Unis, sans compter d'autres grands dépôts publics et privés, n'allonge encore assez sensiblement la présente liste, particulièrement dans le domaine irlandais, l'Ecosse ayant déjà été bien explorée par A. K. Howard. Mais l'expérience prouve qu'au-delà d'un certain seuil, l'accroissement se ralentit très sensiblement. C'est ce seuil que nous estimons avoir atteint sans risquer de compromettre les conclusions de l'interprétation proprement littéraire. Le reste est affaire de technique.

* signale une édition dont un exemplaire au moins est connu, mais n'a pu être examiné.

° signale une édition dont l'existence n'est connue que par une source indirecte.

Pour les œuvres séparées, les éditions du texte français précèdent les traductions.

1. Editions collectives
A. Œuvres complètes

1 à 5: Traduction Smollett-Francklin

Une double tomaison caractérise cette édition: l'une situe le

977

volume dans l'ensemble, l'autre dans trois séries particulières (*Dramatic works*, *Poetical works*, *Prose-works*). Quand l'une des numérotations figure dans la page de titre, l'autre apparaît dans le faux-titre et *vice-versa*. La description suit toujours la page de titre, les indications du faux-titre figurant entre parenthèses.

Les 35 volumes de la 1ère édition parurent entre le 25 février 1761 et le 1er mars 1765, si l'on en croit la presse quotidienne. Un 36ème volume (numéroté par erreur 25ème au lieu de 26ème des *Prose works*) fut rajouté en 1770. A ces 36 volumes, la 2ème édition ajouta encore un 37ème volume de correspondance, que la 3ème exclut au contraire, pour le remplacer par deux volumes du *Précis du siècle de Louis XV*, portant ainsi le total à 38.

A la différence de la 1ère et de la 5ème éditions, la 2ème et la 3ème n'ont pas fait paraître les volumes dans l'ordre de la tomaison.

L'édition qui porte ici le n° 4 parut à Dublin. Une note du n° 182 (p.383) indique que les libraires écossais, ayant à leur tour décidé de publier une édition, commencèrent par ce volume numéroté t.ii, en annonçant leur intention de continuer par le t.iii quand un nombre suffisant de souscriptions aurait été atteint. En fait ils publièrent aussi le t.i la même année (*The History of Charles XII*, n° 158), mais ces deux volumes restèrent sans suite.

Sauf la collection de l'*IMV*, qui comprend les vingt-cinq volumes de prose de la 1ère édition, et l'édition irlandaise de la Cambridge university library, nous n'avons eu entre les mains que des collections disparates constituées avec des exemplaires d'éditions différentes. Nous avons donc conjecturalement reconstitué des séries homogènes, dont l'existence bibliographique ne fait aucun doute, mais dont les volumes ne se trouvent, semble-t-il, nulle part matériellement réunis.

1¹. The works of m. de Voltaire. Translated from the French. With notes historical and critical. By dr Smollett and others. Vol. i. London (Newbery, Baldwin, Johnston, Crowder, Davies, Coote, Kearsley, Collins). 1761 (Prose-works i)—pp.xii.297; cm.17.

1². [Même titre sauf 'By T. Smollett, M. D. T. Francklin, M.A.

and others']. Vol. ii. 1761 (Prose-works ii)—pp.308; cm.17.

1³. [Même titre. Vol. iii. 1761 (Prose-works iii)—pp.308; cm.17.

1⁴. [Même titre]. Vol. iv. 1761 (Prose-works iv)—pp.viii.303; cm.17.

1⁵. [Même titre]. Vol. v. 1761 (Prose-works v)—pp.288; cm.17.

1⁶. [Même titre]. Vol. vi. 1761 (Prose-works vi)—pp.284; cm.17.

1⁷. [Même titre]. Vol. vii. 1761 (Prose-works vii)—pp.281; cm.17.

1⁸. [Même titre]. Vol. viii. 1761 (Prose-works viii)—pp.iv.246; cm.17.

1⁹. [Même titre]. Vol. ix. 1761 (Prose-works ix)—pp.iv.317; cm.17.

1¹⁰. [Même titre]. Vol. x. 1762 (Prose-works x)—pp.viii.278; cm.17.

1¹¹. [Même titre]. Vol. xi. 1762 (Prose-works xi)—pp.iv.282; cm.17.

1¹². The dramatic works of mr de Voltaire. Translated by the rev. mr Francklin. Vol. i. London (Newbery, Baldwin, Crowder, Coote, Davies, Johnston, Kearsley). 1761 (Works xii)—pp.311; cm.17,5.

1¹³. [Même titre]. Vol. ii. 1761 (Works xiii)—pp.290; cm.17,5.

1¹⁴. [Même titre]. Vol. iii. 1762 (Works xiv)—pp.276; cm.17,5.

1¹⁵. [Même titre]. Vol. iv. 1762 (Works xv)—pp.264; cm.17,5.

1¹⁶. The works of m. de Voltaire. Translated from the French. With notes historical and critical by T. Smollett, M. D. T. Francklin, M.A. and others. Vol. xii. 1762 (Prose-works xii. Works xvi)—pp.264; cm.17.

1¹⁷. [Même titre]. Vol. xiii. 1762 (Works xvii. Prose-works xiii)—pp.268; cm.17.

1¹⁸. The dramatic works of mr de Voltaire. Translated by the rev. mr Francklin. Vol. v. 1762 (Works xviii)—pp.251; cm.17,5.

1¹⁹. The works of m. de Voltaire. Translated from the French. With notes historical and critical. By T. Smollett, M. D. T. Francklin, M.A. and others. Vol. xiv. 1762 (Prose-works xiv)—pp.268; cm.17.

1²⁰. [Même titre]. Vol. xv. 1762 (Prose-works xv)—pp.263; cm.17.

1²¹. [Même titre]. Vol. xvi. 1762 (Prose-works xvi)—pp.278; cm.17.

1²². [Même titre]. Vol. xvii. 1762 (Prose-works xvii)—pp.180; cm.17.

1²³. [Même titre]. Vol. xviii. 1762 (Prose-works xviii)—pp.268; cm.17.

1²⁴. The Henriade. By mr de Voltaire. Translated from the French. By T. Smollett, M. D. T. Francklin, M.A. and others. Vol. xxiv. London (Newbury, Baldwin, Crowder, Coote, Davies, Johnston, Francklin, Kearsley). 1762 (Poetical works i)—pp.249; cm.17.

1²⁵. The dramatic works of mr de Voltaire. Translated by the rev. mr Francklin. Vol. vi. London (Newbury, Baldwin, Crowder, Coote, Davies, Johnston, Kearsley) (Works xxv)—pp.264; cm.17.

1²⁶. The works of m. de Voltaire [même titre que 1²]. Vol. xxvi. 1763 (Prose-works xix)—pp.292; cm.17.

1²⁷. The dramatic works of mr de Voltaire [même titre que 1¹²]. Vol. vii. 1763 (Works xxvii)—pp.319; cm.17.

1²⁸. The works of m. de Voltaire [même titre que 1²]. Vol. xx. 1763 (Prose-works xx)—pp.246; cm.17.

1²⁹. [Même titre]. Vol. xxi. 1763 (Prose-works xxi)—pp.viii.268; cm.17.

1³⁰. [Même titre]. Vol. xxii. 1763 (Prose-works xxii)—pp.267; cm.17.

1³¹. [Même titre]. Vol. xxiii. 1764 (Prose-works xxiii)—pp.242; cm.17.

1³². Miscellaneous poems. By mr de Voltaire. Translated from the French. By T. Smollett, M. D. T. Francklin, M.A. and others. Vol. xxxii. London (Newbery, Baldwin, Crowder, Coote, Davies, Johnston, Francklin, Kearsley). 1764 (Poetical works ii)—pp.xvii.285; cm.17.

1³³. [Même titre]. Vol. xxxiii. 1764 (Poetical works iii)—pp.280; cm.17.

1³⁴. The works of m. de Voltaire [même titre que 1²]. Vol. xxiv. 1764 (Prose-works xxiv)—pp.264; cm.17.

1³⁵. [Même titre]. Vol. xxv. 1765 (Prose-works xxv)—pp.206; cm.17.

1³⁶. The works of m. de Voltaire. Translated from the French. With notes, historical and critical. By T. Smollett, M. D. T. Francklin, M.A. and others. Vol. xxv. London (Johnston, Crowder, Longman, Carnan and Newbery. Robinson and Roberts, Baldwin and Collins). 1770 (Prose-works xxv [par erreur pour xxvi]—pp.240; cm.17,5.

*2¹. The works of m. de Voltaire. Translated from the French. With notes historical and critical. By T. Smollett, M. D. T. Francklin, M.A. and others. Vol. i. The second edition. London (Johnston, Crowder, Longman, Carnan and Newbery, Robinson and Roberts, Baldwin and Collins). 1762.

2². [Même titre]. Vol. ii. 1762 (Prose-works ii)—pp.308; cm.17.

2³. [Même titre]. Vol. iii. 1763 (Prose-works iii)—pp.308; cm.17.

2⁴. [Même titre]. Vol. iv. 1763 (Prose-works iv)—pp.viii.303; cm.17.

2⁵. [Même titre]. Vol. v. 1766 (Prose-works v)—pp.288; cm.17.

2⁶. [Même titre]. Vol. vi. 1766 (Prose-works vi)—pp.284; cm.17.

°2⁷. [Même titre]. Vol. vii (Prose-works vii).

*2⁸. [Même titre]. Vol. viii (Prose-works viii).

2⁹. [Même titre]. Vol. ix. 1767 (Prose-works ix)—pp.317; cm.17.

2¹⁰. [Même titre]. Vol. x. 1762 (Prose-works x)—pp.278; cm.17.

2¹¹. [Même titre]. Vol. xi. 1762 (Prose-works xi)—pp.282; cm.17.

°2¹². Dramatic works i (Works xii).

°2¹³. Dramatic works ii (Works xiii).

°2¹⁴. Dramatic works iii (Works xiv).

°2¹⁵. Dramatic works iv (Works xv).

°2¹⁶. Works xii (Prose-works xii).

°2¹⁷. Works xiii (Prose-works xiii).

°2¹⁸. Dramatic works v (Works xviii).

2¹⁹. The works of m. de Voltaire [même titre que 2¹]. Vol. xiv. 1766 (Prose-works xiv)—pp.268; cm.17.

2²⁰. [Même titre]. Vol. xv. 1762 (Prose-works xv)—pp.263; cm.17.

2²¹. [Même titre]. Vol. xvi. 1762 (Prose-works xvi)—pp.278; cm.17.

2²². [Même titre]. Vol. xvii. 1762 (Prose-works xvii)—pp.180; cm.17.

2²³. [Même titre]. Vol. xviii. 1762 (Prose-works xviii)—pp.268; cm.17.

°2²⁴. The Henriade. Vol. xxiv (Poetical works i).

°2²⁵. Dramatic works vi (Works xxvi).

2²⁶. The works of m. de Voltaire [même titre que 2¹]. Vol. xxvi. 1763 (Prose-works xix)—pp.292; cm.17.

°2²⁷. Dramatic works vii (Works xxvii).

2²⁸. The works of m. de Voltaire [même titre que 2¹]. Vol. xx. 1763 (Prose-works xx)—pp.xx6246; cm.17.

2²⁹. [Même titre]. Vol. xxi. 1763 (Prose-works xxi)—pp.viii.268; cm.17.

2³⁰. [Même titre]. Vol. xxii. 1763 (Prose-works xxii)—pp.267; cm.17.

2³¹. [Même titre]. Vol. xxiii. 1764 (Prose-works xxiii)—pp.242; cm.17.

°2³². Miscellaneous poems; Vol. xxxii (Poetical works ii).

°2³³. [Même titre]. Vol. xxxiii (Poetical works iii).

2³⁴. The works of m. de Voltaire [même titre que 2¹]. Vol. xxiv. 1769 (Prose-works xxiv)—pp.264; cm.17.

°2³⁵. [Même titre]. Vol. xxv (Prose-works xxv).

2³⁶. [Même titre]. Vol. xxvi. 1769 (Prose-works xxvi)—pp.240; cm.17.

2³⁷. Letters from m. de Voltaire to several of his friends. Translated from the French by the rev. dr Francklin. London (Davies et Wheble). 1770—pp.234; cm.17.
[*Pour d'autres éditions séparées du même ouvrage, cf. n° 203-206*].

3¹. The works of m. de Voltaire. Translated from the French. With notes historical and critical. By T. Smollett, M. D. T. Francklin, M.A. and others. Vol. i. The third edition. London (Johnston, Crowder, Longman, Carnan et Newbery, Robinson et Roberts, Baldwin et Collins). 1770—pp.xxi.300; cm.17.

°3². [Même titre]. Vol. ii (Prose-works ii).

°3³. [Même titre]. Vol. iii (Prose-works iii).

°3⁴. [Même titre]. Vol. iv (Prose-works iv).

°3⁵. [Même titre]. Vol. v (Prose-works v).

°3⁶. [Même titre]. Vol. vi (Prose-works vi).

3⁷. [Même titre]. Vol. vii. 1771 (Prose-works vii)—pp.281; cm.17.

3⁸. [Même titre]. Vol. viii. 1771 (Prose-works viii)—pp.317; cm.17.

°3⁹. [Même titre]. Vol. ix (Prose-works ix).

°3¹⁰. [Même titre]. Vol. x (Prose-works x).

°3¹¹. [Même titre]. Vol. xi (Prose-works xi).

3¹². The dramatic works of m. de Voltaire. Translated by the rev. mr Francklin. Vol. iii. London (Newbery et Carnan, Baldwin, Crowder, Coote, Davies, Johnston, Kearsley). 1769 (Works xii)—pp.311; cm.17.

3¹³. [Même titre]. Vol. ii. 1769 (Works xiii)—pp.290; cm.17.

3¹⁴. The dramatic works of mr de Voltaire. Translated by the rev. mr Francklin. Vol. iii. London (Johnston, Crowder, Longman, Carnan et Newbery, Robinson et Roberts, Bawldin et Collins). 1771 (Works xiv)—pp.273; cm.17.

3¹⁵. [Même titre, mais *Baldwin* au lieu de *Bawldin*]. Vol. iv. 1771 (Works xv)—pp.264; cm.17.

3¹⁶. The works of m. de Voltaire [même titre que 3¹]. Vol. xii. 1770 (Prose-works xii)—pp.264; cm.17.

3¹⁷. [Même titre]. Vol. xiii. 1771 (Prose-works xiii)—pp.268; cm.17.

°3¹⁸. The dramatic works. Vol. v (Works xviii).

°3¹⁹. The works of m. de Voltaire. Vol. xiv (Prose-works xiv).

°3²⁰. [Même titre]. Vol. xv (Prose-works xv).

°3²¹. [Même titre]. Vol. xvi (Prose-works xvi).

°3²². [Même titre]. Vol. xvii (Prose-works xvii).

°3²³. [Même titre]. Vol. xviii (Prose-works xviii).

°3²⁴. The Henriade (Poetical works i).

°3²⁵. The dramatic works. Vol. vi (Works xxv).

°3²⁶. The works. Vol. xix (Prose-works xix).

°3²⁷. The dramatic works. Vol. vii (Works xxvii).

°3²⁸. The works. Vol. xx (Prose-works xx).

°3²⁹. [Même titre]. Vol. xxi (Prose-works xxi).

°3³⁰. [Même titre]. Vol. xxii (Prose-works xxii).

°3³¹. [Même titre]. Vol. xxiii (Prose-works xxiii).

°3³². The poetical works. Vol ii (Works xxxii).

3³³. Miscellaneous poems. By mr de Voltaire. Translated from the French. By T. Smollett, M. D. T. Francklin M.A. and others. Vol. xxxiii. The third edition. London (Johnston, Crowder, Longman, Carnan et Newbery, Robinson et Roberts, Baldwin et Collins). 1770 (Poetical works iii)—pp.282; cm.17.

°3³⁴. The works. Vol. xxiv (Prose-works xxiv).

3³⁵. The works of m. de Voltaire [même titre que 3¹]. Vol. xxv. 1770 (Prose-works xxv)—pp.206; cm.17.

°3³⁶. [Même titre]. Vol. xxvi (Prose-works xxvi).

3³⁷. The age of Louis xv. Being the sequel of the age of Louis xiv. Translated from the French of m. de Voltaire. With a supplement comprising an account of all the public and private affairs of France, from the peace of Versailles, 1763, to the death of Louis xv, May 10th 1774. Vol. i and xxxvii of his works. London (Kearsley). 1774—pp.vi.222; cm. 17,5.

3³⁸. [Même titre]. Vol. ii and xxxviii of his works. 1774—pp.vi. 300; cm.17,5.

*4. The works of m. de Voltaire. Dublin (Marchbank et Moncrieffe). 1772-1773, 24 vol.

5¹. The works of m. de Voltaire. Translated from the French. With notes historical, critical and explanatory. By T. Francklin, D.D., chaplain to his Majesty and late Greek professor in the University of Cambridge, T. Smollett, M.D. and others. A new edition. Vol. i. London (Crowder, Longman, Wilkie, Carnan et Newbery, Robinson, Baldwin, Johnson, Newbery, Goldsmith, Evans et Fox). 1778.—pp.xii.300; cm.17,5.

5². [Même titre]. Vol. ii. 1778—pp.308; cm.17,5.

5³. [Même titre]. Vol. iii. 1778—pp.308; cm.17,5.

5⁴. [Même titre]. Vol. iv. 1779—pp.viii.303; cm.17,5.

5⁵. [Même titre]. Vol. v.1779—pp.284; cm.17,5.

°5⁶. [Même titre]. Vol. vi.

5⁷. [Même titre]. Vol. vii. 1779—pp.281; cm.17,5.

5⁸. [Même titre]. Vol. viii. 1779—pp.246; cm.17,5.

5⁹. [Même titre]. Vol. ix. 1779—pp.317; cm.17,5.

*5¹⁰ [Même titre]. Vol. x. 1779.

5¹¹. [Même titre]. Vol. xi. 1779—pp.282; cm.17,5.

5¹² [Même titre]. Vol. xii. 1779—pp.264; cm.17,5.

5¹³. [Même titre]. Vol. xiii. 1779—pp.268; cm.17,5.

5¹⁴. [Même titre]. Vol. xiv. 1779—pp.268; cm.17,5.

5¹⁵. [Même titre]. Vol. xv. 1779—pp.259; cm.17,5.

5¹⁶. [Même titre]. Vol. xvi. 1789—pp.278; cm.17,5.

5¹⁷. [Même titre]. Vol. xvii. 1780—pp.257; cm.17,5.

5¹⁸. [Même titre]. Vol. xviii. 1780—pp.268; cm.17,5.

5¹⁹. [Même titre]. Vol. xix. 1780—pp.286; cm.17,5.

5²⁰. [Même titre]. Vol. xx. 1780—pp.246; cm.17,5.

5²¹. [Même titre]. Vol. xxi. 1780—pp.viii.268; cm.17,5.

5²². [Même titre]. Vol. xxii. 1780—pp.267; cm.17,5.

5²³. [Même titre]. Vol. xxiii. 1780—pp.242; cm.17,5.

5²⁴. [Même titre]. Vol. xxiv. 1780—pp.264; cm.17,5?

°5²⁵. [Même titre]. Vol. xxv (Dramatic works i).

5²⁶. [Même titre]. Vol. xxvi. 1780 (Dramatic works ii)—pp.290; cm.17,5.

5²⁷. [Même titre]. Vol. xxvii. 1780 (Dramatic works iii)—pp.276; cm.17,5.

5²⁸. [Même titre]. Vol. xxviii. 1780 (Dramatic works iv)—pp.264; cm.17,5.

5²⁹. [Même titre]. Vol. xxix. 1781 (Dramatic works v)—pp.251; cm.17,5.

5³⁰. [Même titre]. Vol. xxx. 1781 (Dramatic works vi)—pp.263; cm.17,5.

5³¹. [Même titre]. Vol. xxxi. 1781 (Dramatic works vii)—pp.319; cm.17,5.

5³². [Même titre]. Vol. xxxii. 1781 (Poetical works i)—pp.xvii. 258; cm.17,5.

5³³. [Même titre]. Vol. xxxiii. 1781 (Poetical works ii)—pp.280; cm.17,5.

5³⁴. [Même titre]. Vol. xxxiv. 1781 (Poetical works iii)—pp.237; cm.17,5.

°6. The works of Voltaire with his final corrections and additions. Translated from the French. Edinburgh (Martin, Wotherspoon et Dickson), 20 vol. in-12°. 1769 sqq.
[*The History of Charles XII* (n° 158) et *The History of the Russian empire* (n° 182) sont les seuls volumes publiés.]

7¹. The works of the late m. de Voltaire. Translated from the French. With notes critical and explanatory, by the rev. David Williams, Hugh Downman M.A., William Campbell LL.D., Richard Griffith, Esq., Elizabeth Griffith, James Parry M.A., John Johnson, M.A. Vol. i. London (Fielding and Walter). 1780—pp.444; cm.21,5.
[*Deuxième page de titre*]. The works of m. de Voltaire. Translated from the French. With notes critical and explanatory. By William Campbell, LL.D., John Johnson, M.A. and others. Under the direction of W. Kenrick, LL.D. Vol. i. London (Fielding et Walker). 1779.

7². Miscellanies, philosophical, literary, historical. Translated from the last Geneva edition of m. de Voltaire by J. Perry, M.A. Vol. i. London (Fielding et Walker. 1779—pp.3-8. 591

986

[pour 391]; cm.21,5.
[En réalité *Miscellanies ii*].

7³. A treatise on toleration, the Ignorant philosopher and a Commentary on the marquis of Beccaria's Treatise on crimes and punishments. Translated from the last Geneva edition of mr de Voltaire by the rev. David Williams. London (Fielding et Walker). 1779—pp.iv.224; iii.86; ii.50; cm.21,5.

7⁴. The works of the late m. de Voltaire [même titre que 7¹]. Vol. ii (vol. iii) (vol. iv) (vol. v). London (Fielding et Walker). 1780.
[Faux-titre] An essay on the manners and spirit of nations and on the principal occurrences in history from Charlemagne to Louis XIII. Vol. i (vol. ii) (vol. iii) (vol. iv)—pp.396; 400; 391; cm.21,5.

7⁵. The age of Louis XIV. To which is added an abstract of the age of Louis XV. Translated from the last Geneva edition of m. de Voltaire. With notes critical and explanatory, by R. Griffith, Esq. Vol. i (vol. ii). London (Fielding et Walker). 1779 (1780)—pp.clxxxiii.222; 414; cm.21,5.

7⁶. Sequel of the age of Louis XIV. To which is added a summary of the age of Louis XV. Translated from the last Geneva edition of m. de Voltaire, by R. Griffith, Esq. Vol. iii. London (Fielding et Walker). 1781—pp.310; cm.21,5.

7⁷. The history of Charles the XIIth, king of Sweden. Translated from the last Geneva edition of m de Voltaire, by W. S. Kenrick. To which is added the Life of Peter the Great, translated by J. Johnson. London (Fielding et Walker 1780—pp.600; cm.21,5.

*7⁸. Philosophical, literary and historical pieces. Translated from the French by Kenrick. 1780.

7⁹. Annals of the Empire, from the reign of Charlemagne. Translated from the French of monsieur de Voltaire. Constituting a part of a complete edition in English of the works of that writer. By the rev. David Williams, Hugh Downman, M.D., R. Griffith, Esq., mrs Griffith, J. Parry, M.A., William

Campbell, LL.D. Member of the Royal Academy of sciences and belles-lettres at Lyons, J. Johnson, M.A. and others. London (Walker). 1781—pp.iv.155; cm.21,5.

7¹⁰. The dramatic works of m. de Voltaire. Vol. 1, containing the tragedies of Œdipus, Brutus, Mariamne, the Death of Cæsar. Translated by Hugh Downman. London (Walker). 1781— pp.vii.377; cm.21,5.

7¹¹. The dramatic works of m. de Voltaire. Vol. ii. Translated from the French by the rev. David Williams. London (Walker). 1781—pp.357; cm.21,5.

B. Œuvres choisies

8. Select pieces of m. de Voltaire, viz. Zadig; or Destiny. An Eastern history/Memnon/A Lettre from a Turk/Glory, a conversation with a Chinese/A discourse on printed lies/ Considerations on history/Folly on both sides/On the contradictions of this world/On titles of honour/On the embellishments of Paris/The King of Prussia's first letter to mr de Voltaire, with his answer/A funeral eulogium on the officers who died in the last war, &c, &c, &c. Translated from the French by Joseph Collyer, author of Felicia to Charlotte. London (Wilson et Durham). 1754—pp.xvi.284; cm.16,5.

9. Critical essays on dramatic poetry. By monsieur de Voltaire. Glasgow (R. Urie). 1761—pp.iv.195; cm.16,5.

10. Critical essays on dramatic poetry. By monsieur de Voltaire. With notes by the translator. London (Davis et Reymers). 1761—pp.iii.xii.274; cm.16.

11. Dialogues and essays, literary and philosophical. Translated from the French of m. de Voltaire. Glasgow (R. Urie). 1764—pp.vi.168; cm.15,5.

°12. [Même titre], 1769.

*13. A collection of the tales and smaller pieces of Mons. de Voltaire. Edinburgh (S. Soig). 1792, 2 vol.

14. Romances, tales, and smaller pieces of M. de Voltaire. Vol. the

first (-second). Vol. i: Zadig/The World as it goes/Micro-megas/The White bull/Travels of Scarmentado/How far we ought to impose upon the people/The Two comforters/Princess of Babylon/Memnon the philosopher/Plato's dream/Bababec/The Black and the white, &c., &c.

Vol. ii: Candid, or the optimist/The Huron, or pupil of nature/Jeannot et Colin/What pleases the ladies/The Education of a prince/The Education of a daughter/The Three manners/Thelma and Macareus: Azolan/The Origin of trades.

London (P. Dodsley). 1794—pp.vii.340—341; cm.19,75.

2. Œuvres séparées

Abrégé de l'histoire universelle

15. Abrégé de l'histoire universelle depuis Charlemagne jusques à Charlequint, par mr de Voltaire. Tome premier (second). Londres (J. Nourse). 1753—pp.319—388; cm.16,5.

Adélaide Du Guesclin
(Amélie ou le duc de Foix)

16. Amélie ou le duc de Foix. Tragédie de monsieur de Voltaire, gentilhomme ordinaire de la chambre du roi de France et chambellan du roi de Prusse. Londres (D. Wilson et T. Durham). 1753—pp.64; cm.22,5.

17. Matilda, a tragedy. As it is performed at the Theatre-Royal in Drury-Lane. By the author of the Earl of Warwick. London (T. Cadell). 1775—pp.viii.79; cm.21,5.

*18. Matilda. Dublin (Smith). 1775.

Alzire

19. Alzire ou les Américains.... Paris (Jean-Baptiste Cl. Bauche). 1736. [En réalité imprimé à Londres par Bowyer].

20. Alzira. A tragedy, as it is acted at the Theatre-Royal in Lincoln's-Inn-Fields. London (J. Osborn). 1736.—pp.xvi.

56; cm.19,5.

21. Alzira. A tragedy, as it is acted at the Theatre-Royal in Lincoln's-Inn-Fields, written originally in French by mr de Voltaire. Dublin (S. Powell, G. Risk, G. Ewing, W. Smith). 1736—pp.xiv.15-64; cm.16,25.

22. [Même titre que 20]. The second edition. 1737—pp.xiii.60; cm.17.

23. [Même titre que 20]. The second edition. 1738—pp.xiii.15-60; cm.16,5.

*24. Alzira, or Spanish insult repented.A tragedy as it is acted at the Theatre-Royal in Drury-Lane. The third edition. London (G. Osborn). 1744—pp.x.60.

*25. Alzira, or Spanish insult repented. A tragedy acted at the Theatre-Royal in Drury-Lane.
   dans: *The Dramatic works of Aaron Hill.* 1753.

26. Alzira, or Spanish insult repented, a tragedy, as it is acted at the Theatre-Royal in Drury Lane. Edinburgh (G. Hamilton and J. Balfour). 1755.
   dans: *A Select collection of English plays in six volumes.* Vol. ii—pp.v-vii.9-62; cm.16.

*27. The tragedy of Alzira. With the life of the author and a critique by R. Cumberland. London (Cooke, Macdonald and son). 1759.

28. [Même titre que 25). 1744.
   Dans: *The Dramatic works of Aaron Hill.* Vol. ii.1760.

29. Alzuma, a tragedy, as performed at the Theatre-Royal in Covent-Garden. London (T. Lowndes). 1773—pp.2-70; cm.20,5.

30. [Même titre que 29]. The second edition. 1773—pp.2-70; cm.19.

31. [Même titre que 29]. The third edition. 1773—pp.2-70; cm19.

32. [Même titre que 29]. Dublin (Exshaw, Saunders, Sleater, Chamberlaine, Potts, Williams, Wilson, Lynch, Husband, Walker, Moncrieffe, Flin and Jenkin). 1773—pp.12-70; cm.17.

33. Alzuma, a tragedy by Arthur Murphy.
   Dans: *A Collection of new plays by several hands.* Vol. i.
   Altenburgh (G. E. Richter). 1774—pp.254-348;
   cm.15.

34. Alzira, a tragedy as written by Aaron Hill, distinguishing
   also the variations of the theatre, as performed at the Theatre-
   Royal in Covent-Garden, regulated from the prompt-book,
   by permission of the managers, by mr Wild, prompter.
   London (J. Bell). 1777—pp.56; cm.19,25.
   (*Bell's British Theatre*, vol. x).

35. Alzira, a tragedy, as it is acted at the Theatres-Royal in
   Drury-Lane and Covent-Garden. Written by Aaron Hill.
   London (Harrison, J. Wenamn). 1779—pp.ii.16; cm.22.

36. Alzira, a tragedy, adapted for theatrical representation, as
   performed at the Theatre-Royal, Covent-Garden, regulated
   from the prompt-books, by permission of the managers.
   'The lines distinguished by inverted commas are omitted at
   the representation'. London (John Bell). 1791—pp.xii.72;
   cm.19,5.

*37. Alzira [Même titre que *36*]. 1792 (*Bell's British theatre*,
   vol. xii).

38. Alzira [Même titre que *36*]. 1791 (*Bell's British theatre*, vol.
   vii, 1797).

Annales de l'empire

39. Annals of the Empire, from the reign of Charlemaine, by the
   author of the age of Lewis xiv. In two volumes. Vol. i (vol.
   ii). [London] (A. Millar). 1755—pp.2-308 + 2-300; cm.17.

Anti-Machiavel

40. Anti-Machiavel, or an examination of Machiavel's Prince·
   With notes historical and political, published by mr de
   Voltaire, translated from the French. London (T. Wood-
   ward). 1741—pp.xxiii.332; cm.20.

*41. Anti-Machiavel, or an examination of Machiavel's Prince.

With notes historical and political. Translated from the
French. London (Davis). 1752—pp.332.
*42. Anti-Machiavel, or an examination of Machiavel's Prince.
With notes historical political, published by mr de Voltaire.
Translated from the French. London. 1761.

Brutus

43. Junius Brutus, a tragedy, as it is acted at the Theatre-Royal
in Drury-Lane, by his Majesty's servants. By William Duncombe. London (J. Roberts). 1735—pp.95; cm.18,75.
44. [Même titre]. The second edition. London (R. Dodsley).
1735—pp.48; cm.19.
[les pp.49 sqq manquent]
45. Lucius Junius Brutus, a tragedy, as it is acted at the Theatre-
Royal in Drury-Lane, by his Majesty's servants. By William
Duncombe. The second edition. To this edition is prefix'd
an essay on tragedy by mr Voltaire.
London (J. Watts). 1747—pp.14-83; cm.17.
*46. Brutus, s.d.

Candide

47. Candide, ou l'optimisme. Traduit de l'allemand de mr le
docteur Ralph. 1759—pp.299; cm.16.
[imprimé et publié par Nourse]
48. Candid, or all for the best, by m. de Voltaire. London (J.
Nourse). 1759—pp.132; cm.16,25.
49. Candid, or all for the best, translated from the French of m.de
Voltaire. The second edition, carefully revised and corrected.
London (J. Nourse). 1759—pp.132; cm.16,75.
50. Candidus, or the optimist, by mr de Voltaire, translated into
English by W. Rider, M.A., late scholar of Jesus College,
Oxford. London (J. Scott and J. Gretton). 1759—pp.135;
cm.15,5.
51. Candidus, or all for the best, by m. de Voltaire. A new translation. Edinburgh (Sands, Donaldson, Murray and Cochran;

for A. Donaldson). 1759—pp.vi.108; cm.17.

52. Candidus, or all for the best, translated from the French of m. de Voltaire, in two parts. London (M. Cooper). [1759]— pp.162; cm.16,5.

*53. Candid, or all for the best, by m. de Voltaire. The second edition. Dublin (James Hoey jr and William Smith jr). 1759.

54. Candid, or all for the best. By m. de Voltaire. The second edition. Dublin (James Hoey jr and William Smith jr). 1761— pp.112; cm.16,75.

55. Candidus, or all for the best. In two parts. Translated from the French of m. de Voltaire. Edinburgh (A. Donaldson and J. Reid; for Alex. Donaldson). 1761—pp.vi-viii.108; cm.17.

56. Candid, or all for the best. Translated from the French of m. de Voltaire. Hte [*sic*] third edition. London (J. Nourse). 1771—pp.2-132; cm.17.

57. Candidus, or all for the best. In two parts. Translated from the French of m. de Voltaire. London (B. Long and T. Pridden). 1773—pp.252; cm.15.

58. Candidus, or all for the best. Part i. Translated from the French of m. de Voltaire. Edinburgh (Alexander Donaldson). 1773—pp.vi-ix.2-200; cm.17,5.

*59. Candidus, or all for the best. Translated from the French of m. de Voltaire. In two parts. Berwick (W. Phorson). 1795— pp.viii.156; cm.17,5.

60. The history of Candid, or all for the best. Translated from the French of m. Voltaire. Cooke's edition, embellished with superb engravings. London (C. Cooke). 1796—pp.171; cm.14,5.

Commentaire historique sur les œuvres de l'auteur de la Henriade

61. Historical memoirs of the author of the Henriade, with some original pieces. To which are added genuine letters of mr de Voltaire, taken from his own minutes, translated from the French. London (T. Durham, G. Kearsly and J. Murray). 1777—pp.ii.258; cm.20,75.

993

Commentaire sur le livre des délits et des peines

62. An essay on crimes and punishments, translated from the Italian, with a commentary attributed to mons. de Voltaire. London (J. Almon). 1757—pp.xii.179; cm.20,5.

63. [Même titre]. Dublin (J. Exshaw). 1767—pp.iii-xiv.1-133. i-lx; cm.20,5.

64. [Même titre]. The second edition. London (F. Newbery). 1769—pp.xii.179. xxix; cm.21.

65. [Même titre]. The third edition. London (F. Newbery). 1770—pp.viii.179. xxix; cm.21.

°66. [Même titre]. Glasgow (Urie). 1770.

67. [Même titre]. The fourth edition. London (F. Newbery). 1775—pp.viii.179. xxix; cm.20.

*68. [Même titre]. London (F. Newbery). 1777—pp.xii.155.

*69. [Même titre]. New edition. Edinburgh (W. Gordon and W. Creech). 1778—pp.191.

70. An essay on crimes and punishments, by the marquis Beccaria of Milan, with a commentary by m. de Voltaire. A new edition corrected. Edinburgh (A. Donaldson). 1778—pp.238; cm.17,5.

71. [Même titre que 62]. The fourth edition. London (E. Newbery). 1785—pp.iii-viii.1-179. i-lxxix; cm.21.

72. [Même titre que 70]. Edinburgh (J. Donaldson). 1788—pp.238.

Conversation de l'intendant des menus en exercice
avec m. l'abbé Grizel

73. The dispute between Mademoiselle Clairon, a celebrated actress at Paris, and the fathers of the Church; occasioned by the excommunication denounced in France against all dramatic writers, actors, singers, dancers, &c., with the reasons for and against that excommunication, in an argument between the abbé Grizel, on the side of the Church, and the Intendant des Menus, or Master of the King's revels, in defence of the comedians. Said to be written by m. de Voltaire.

Printed and published at Paris, and condemned to be burnt in the place de Grève, by the common hangman. Translated from the French [. . .]. The reader will not wonder that the Church of Rome should condemn a book to the flames that so boldly exposes the arts and tyranny of poetry. London J. Dodsley, J. Almond, T. Davies and J. Wilkie). 1768—pp.iii-xvi.40; cm.18,5.

Défense de milord Bolingbroke

74. A defence of the late lord Bolingbroke's Letters on the study and the use of history. By m. Voltaire. Translated from the French. London (J. Nourse). 1753—pp.56; cm.21.

La Défense de mon oncle

75. A defence of my uncle. Translated from the French of m. de Voltaire. London (S. Bladon). 1768—pp.viii.172; cm.20,5.

La Diatribe du docteur Akakia

76. The diatriba of doctor Akakia, the Pope's physician; the decree of the Inquisition and the report of the professors of Rome in regard to a pretended president. Rome [London]. 1753—pp.30-56; cm.21.

*77. The diatribe of dr Akakia, by m. Voltaire. London (J. (Nourse). 1753.

Le Dictionnaire philosophique

78. The philosophical dictionary for the pocket, written in French by a society of men of letters, and translated into English from the last Geneva edition, corrected by the authors. With notes, containing a refutation of such passages as are any way exceptionable in regard to religion. London (S. Bladon). 1765—pp.1-240. 257-335; cm.21.

79. [Même titre]. London (Th. Brown). 1765—pp.1-240. 257-335; cm.20,25.

[seule le page de titre a été changée au profit d'une adresse fictive.]

80. The philosophical dictionary, from the French of m. de Voltaire. A new edition corrected. Glasgow (R. Urie). 1766—pp.vi.383; cm.17.
81. The philosophical dictionary for the pocket, translated from the French edition corrected by the author. London (I. Carnan, Berry, Rogers and Berry, New York). [1767?]—pp.v.332; cm.17,25.
*82. The philosophical dictionary from the French of m. de Voltaire. Lackington 1785, 2 vol.
*83. The philosophical dictionary, from the French of m. de Voltaire. A new and correct edition. London (J. Spottiswood). 1785. 2 vol.; cm.14.
84. The philosophical dictionary, from the French of m. de Voltaire. A new and correct edition. Dublin (B. Dornin). 1793—pp.331; cm.17.
85. Thoughts on the pernicious consequences of war, by the celebrated mons. Voltaire [1790?]—pp.8; cm.19.
    [*traduction séparée partielle de l'article 'Guerre'*]

Discours en vers sur l'homme

86. Epistles, translated from the French of mr Voltaire. On happiness liberty and envy. Inscrib'd to John Comins, Esq. By William Gordon, A.M. London (J. Roberts). 1738—pp.29; cm.19.
87. Three epistles in the ethic way, from the French of m. de Voltaire, viz. I. Happiness; II. Freedom of will; III. Envy. London (R. Dodsley). 1738—pp.46; cm.19.

Discours sur la tragédie à milord Bolingbroke
(*Préface de* Brutus)

*88. An essay on tragedy, by m. Voltaire [1747?]—pp.26; cm.18.

L'Ecossaise ou le café

89. The coffee-house or the fair fugitive, a comedy of five acts, written by mr Voltaire, translated from the French. London

(J. Wilkie). 1760—pp.viii.95; cm.19,75.

90. [Même titre]. Dublin (J. Potts). 1760—pp.viii.58; cm.16,75.

91. The English merchant, a comedy, as it is acted at the Theatre-Royal in Drury-Lane, by George Colman. London (T. Becket, P. A. de Hondt and R. Baldwin). 1767—pp.69; cm.20,5.

92. [Même titre]. The second edition. London (T. Becket, P. A. de Hondt and R. Baldwin). 1767—pp.69; cm.21.

°93. [Autre édition]. Dublin, 1767.

94. The English merchant, a comedy, by George Colman; dans: *A Collection of new plays by several hands*. Vol. ii. Altenburgh (G. E. Richter). 1774—pp.258—348; cm.15.

95. The English merchant; dans: *The dramatic works of George Colman*. Vol. ii. London (T. Becket). 1777—pp.100; cm.18.

Eléments de la philosophie de Newton

96. The elements of sir Isaac Newton's philosophy, by mr Voltaire, translated from the French, revised and corrected by John Hanna, M.A., teacher of the mathematicks, with explication of some words in alphabetical order. London (S. Austen). 1738.—pp.363; cm.19,5.

Epîtres

97. Epître de mr de Voltaire en arrivant dans sa terre près du lac de Genève en mars 1755. Londres (R. et J. Dodsley). 1755.
An epistle of mr de Voltaire upon his arrival at his estate near the lake of Geneva in march 1755, from the French. London (R. and J. Dodsley). 1755—pp.23; cm.27,75.

°98. An epistle of mr Voltaire upon his arrival at his estate near the lake of Geneva in march 1755, from the French. London (Hitch). 1756.

99. Epître de m. Voltaire au roi de Prusse. Londres.
An epistle from m. Voltaire to the king of Prussia. London (R. Francklin). 1757—pp.4-7; cm.30.

997

Essai sur la poésie épique

[cf. Essai sur les guerres civiles de France]

Essai sur le goût

100. An essay on taste by Alexander Gerard, M.A., professor of moral philosophy and logic in the Marischal college of Aberdeen, with three dissertations on the same subject by mr de Voltaire, mr d'Alembert, F.R.S., mr de Montesquieu. London (A. Millar, A. Kincaid and J. Bell in Edinburgh) 1759—pp.iv.314; cm.19,75.

101. An essay on taste by Alexander Gerard, D.D., professor of divinity in the Marischal college of Aberdeen. The second edition, with corrections and additions. To which are annexed three dissertations on the same subject by mr de Voltaire, mr d'Alembert and mr de Montesquieu. Edinburgh & London (A. Millar, A. Kincaid and J. Bell). 1764—pp.viii. 298; cm.16,5.

Essai sur les guerres civiles de France

102. An essay upon the civil wars of France, extracted from curious manuscripts, and also upon the epick poetry of the European nations, from Homer down to Milton. By mr de Voltaire. London (S. Jallasson). 1727—pp.130; cm.17,75.

103. An essay upon the civil wars of France extracted from curious manuscripts, and also upon the epick poetry of the European nations from Homer down to Milton, by mr de Voltaire, author of the Henriade. The second edition. London (N. Prevost). 1728—pp.iv.130; cm.17,5.

104. An essay upon the civil wars of France, extracted from curious manuscripts, and also upon the epick poetry of the European nations from Homer down to Milton, with a short account of the author, by mr de Voltaire. Dublin (J. Hyde). 1728—pp.76.76; cm.16,5.

105. An essay upon the civil wars of France, extracted from curious manuscripts, and also upon the epick poetry of the

European nations, from Homer down to Milton, by mr de Voltaire, author of the Henriade. The fourth edition, corrected. To which is now prefixed a discourse on tragedy, with reflections on the English and French drama, by the same author. London (N. Prevost). 1731—pp.vii.88; cm.17,5.

106. An essay on the civil wars of France, extracted from curious manuscripts, by the celebrated Mons. de Voltaire, author of the History of Charles XII, and the Letters concerning the English nation. Men, women and children are promiscuously slaughtered; every street was strawn with expiring bodies; some priests holding up a crucifix in one hand, and a sword in the other, ran at the head of the murderers, and encouraged them in the name of God, to spare neither relations nor friends. Pag. 11. London (M. Cooper). 1845—pp.24; cm.18,75.

107. An essay upon the civil wars of France, extracted from curious manuscripts and also upon the epick poetry of the European nations, from Homer down to Milton. By mr de Voltaire, to which is prefixed a short account of the author, by J.S.D.D.D.S.P.D. [*Jonathan Swift*, D.D., *dean of St Patrick's, Dublin*]. Dublin (W. Ross). 1760—pp.82; cm.19,25.

Essai sur les mœurs

108. The general history and state of Europe, from the time of Charlemain to Charles V, with a preliminary view of the Oriental empires, written originally in French by m. de Voltaire. London (J. Nourse). 1754—pp.416; cm.20,25.

109. The universal history and state of all nations. Part iii. From the reign of Charles VII, king of France, to the commencement of the reign of the emperor Charles V, written originally in French by m. de Voltaire. London (J. Nourse). 1755—pp.iv-xxiv.2-214; cm.20,25.

110. The universal history and state of all nations. Part iv. From

the beginning of the sixteenth century to the death of the emperor Charles v, in 1556, translated from the Geneva edition of m. de Voltaire. London (J. Nourse). 1757—pp.2-206; cm.20,25.

111. The universal history and state of all nations. Part v. Containing the affairs of Spain, England and Holland, from the middle to the end of the sixteenth century, and of France from the death of Francis 1 to the age of Louis xiv, translated from the Geneva edition of m. de Voltaire. London (J. Nourse). 1757—pp.2-250; cm.20,25.

112. The universal history and state of all nations. Part vi. Containing the affairs of Spain, Germany, England, Holland, Italy and the Northern powers in the seventeenth century, which connects the whole with the age of Lewis xiv, translated from the Geneva edition of m. de Voltaire. London (J. Nourse). 1757—pp.2-215; cm.20,25.

113. The universal history and state of all nations, from the time of Charlemain to Lewis xiv, in three volumes by m. de Voltaire, carefully translated from the original French. Edinburgh (A. Donaldson). 1758.

The general history and state of Europe, volume 1. Containing part i. From the reign of Charlemain to the twelfth century. And part ii. From the reign of the emperor Henry iii to Charles vii of France.

(Volume 2. Containing part iii. From the reign of Charles vii, king of France; to the commencement of the reign of the emperor Charles v. And part iv. From the beginning of the sixteenth century to the death of the emperor Charles v in 1556).

(Volume 3. Containing part v. The affairs of Spain, England and Holland from the middle to the end of the sixteenth century; and of France from the death of Francis 1 to the age of Lewis xiv. And part vi. The affairs of Spain, Germany, England, Holland, Italy and the Northern powers in the seventeenth century. Which connects the whole with the Age of Lewis xiv. Edinburgh (Sands, Donaldson, Murray and Cochran for A. Donaldson). 1758—pp.xiv.5-349 + xviii.349 + 402; cm.16.25.

114. An essay on universal history, the manners and spirit of nations, from the reign of Charlemaign to the age of Lewis xiv, written in French by m. de Voltaire, translated into English, with additional notes and chronological tables, by mr Nugent. The second edition, revised and considerably improved by the author. Vol. i (vol. ii) (vol. iii) (vol. iv). London (J. Nourse). 1759—pp.viii.401 + 379 + 379 + 212; cm.16.

115. [Même titre]. The third edition, revised and considerably improved by the author. Vol. i (vol. ii) (vol. iii) (vol. iv). Dublin (S. Cotter). 1759—pp.viii.359 + 344 + 282; cm.17.

116. A supplement to the essay on general history, the manners and spirit of nations, from the reign of Charlemaign to the present time, by m. de Voltaire, translated from the French. Vol. i (vol. ii). London (J. Nourse). [1764?]—pp.248 + 330; cm.16.

°117. Autre édition. Londres 1777, 4 vol.

118. An essay on universal history, the manners and spirit of nations, from the reign of Charlemaign to the age of Lewis xiv, with a supplement carrying down the history to the peace of Versailles. Written in French by m. de Voltaire, and translated into English with additional notes and chronological tables by mr Nugent. A new edition, carefully revised and considerably improved. Edinburgh (J. Balfour, W. Gordon, J. Bell, A. Donaldson. J. Dickson, W. Creech, C. Elliot, W. Drummond, W. Gray). 1777—pp.iii-x.2-442; cm.17,5.

°119. Autre édition, Londres, 1782, 4 vol.

*120. An essay on universal history and the manners and spirit of nations, from the age of Charlemaigne to the age of Lewis xiv [. . .] translated [. . .] by mr Nugent. A new edition carefully revised. Edinburgh (W. Creech). 1782.

Fragments historiques sur l'Inde

*121. [Texte français]; Londres (Nourse), 1773.

122. Fragments relating to the late revolutions in India, the death of count Lally, and the prosecution of count de Morangies. Translated from the French of m. de Voltaire. London (J. Nourse). 1774—pp.186; cm.22,25.

La Guerre civile de Genève

123. The civil war of Geneva, or the amours of Robert Covelle, an heroic poem, in five cantos. Translated from the French of m. de Voltaire by T. Teres. London (T. Durham, G. Kearsly, S. Bladon, F. Blyth). 1769—pp.72; cm.16,5.

°124. [même titre], in-12°.

La Henriade

125. La Henriade de mr de Voltaire. Londres. 1728—pp.viii.202; cm.28,25.

126. La Henriade de mr de Voltaire. Londres. 1728—pp.ii.190; cm.28.

127. La Henriade de mr de Voltaire, seconde édition revue, corrigée et augmentée de remarques critiques sur cet ouvrage. Londres (Woodman et Lyon). 1728—pp.xxiii. 287; cm.22,25.

128. La Henriade de mr de Voltaire. Seconde édition. Londres. 1728—pp.xvi.243; cm.22.

129. La Henriade par m. de Voltaire. Nouvelle édition avec des notes. Londres (Molini, Hookham, Carpenter, M. Stace). 1795—pp.xi.216; cm.13,5.

130. The Henriade of m. de Voltaire. An epic poem on Henry IV of France, justly call'd Henry the Great. Canto i—pp.ii.19; cm.19,5; dans: n° 1 of the Herculean labour; or the Augaean stable, by mr Ozell. London (J. Roberts). 1729.

131. Henriade. An epick poem in ten cantos, translated from the French into English blank verse. To which are now added the argument to each canto, and large notes historical and

critical. London (C. Davis). 1732—pp.xx.311; cm.19,75.

132. The Henriade, an epic poem in ten cantos, translated from the French of Voltaire into English rhyme, with large historical and critical notes. London (Burton). 1797—pp.vi.24; iii.36-326; cm.28.

Histoire de Charles XII

133. Histoire de Charles XII, roi de Suède, par mr de Voltaire. Tome premier (Tome second). Basle (C. Revis). 1731—pp.3-180 + 3-176.

134. Histoire de Charles XII, roi de Suède, par mr de Voltaire. Seconde édition revue et corrigée par l'auteur. Basle (C. Revis). 1732—pp.ix.1-157 + 2-150.

135. Histoire de Charles XII, roi de Suède, nouvelle édition revue, corrigée et augmentée, par m. de Voltaire. Londres (Paul Vaillant). 1756—pp.xxiv.368; cm.15,5.

*136. Histoire de Charles XII. Londres (Vaillant). 1773.

137. Histoire de Charles XII, roi de Suède, par mr de Voltaire. Edinbourg (G. Creech). 1789—pp.xxix.350; cm.14,5.

138. The history of Charles XII, king of Sweden, by mr de Voltaire, translated from the French. London (A. Lyon). 1732—pp.ii.194.185; cm.19.

139. [Même titre]. The second edition, corrected. London (A. Lyon). 1732—pp.xi.371; cm.19,5.

140. [Même titre]. The third edition. London (C. Davis & A. Lyon). 1732—pp.xi.371; cm.19,75.

141. [Même titre]. The fourth edition. London (C. Davis & A. Lyon). 1732—pp.xii.371; cm.19,25.

142. The history of Charles XII, king of Sweden, by mr de Voltaire, translated from the French. Dublin (A. Rhames, G. Risk, G. Ewing, W. Smith). 1732—pp.ii.300; cm.16,5.

143. [Même titre]. The sixth edition. London (C. Davis & A. Lyon). 1732—pp.viii.315; cm.16,5.

144. The history of Charles XII, king of Sweden, by mr de Voltaire, translated from the French. The fifth edition. London

(C. Davis, A. Lyon, T. Astley). 1733—pp.xii.327; cm.16,5.

145. The history of Charles XII, king of Sweden, in eight books. London (A. Bettesworth, C. Hitch, R. Ware, J. Osborn, J. Clarke, J. Hodges). 1734—pp.iv.163; cm.14.

146. The history of Charles XII, king of Sweden, by mr de Voltaire, translated from the French. The sixth edition with a complete index. London (C. Davis & A. Lyon). 1735—pp.xii.325; cm.16.

*147. The history of Charles XII. Dublin (Golding). 1735.

148. The history of Charles XII, king of Sweden, by mr de Voltaire, translated from the French. The sixth edition, with additions and a complete index. Dublin (R. Reilly, G. Risk, G. Ewing, W. Smith). 1738—pp.x.301; cm.17.

149. The history of Charles XII, king of Sweden, in eight books. London (C. Hitch, R. Ware, J. Osborn, J. Clarke, J. Hodges). 1739—pp.iv.163; cm.14,5.

150. The history of Charles XII, king of Sweden, by mr de Voltaire, translated from the French. The seventh edition, with a complete index. London (C. Davis). 1740—pp.xii.325; cm.16,75.

151. The history of Charles XII, king of Sweden, in eight books. Glasgow (W. Mitchell, J. Knox). 1750—pp.156; cm.15.

152. The history of Charles XII, king of Sweden, by mr de Voltaire, translated from the French. Glasgow (W. Mitchell, J. Knox). 1751—pp.ix.331; cm.14.

153. The history of Charles XII, king of Sweden, by mr de Voltaire, translated from the French. The eighth edition, with a complete index. London (C. Davis). 1755—pp.xii.325; cm.16,25.

*154. [Même titre]. Edinburgh. 1755.

°155. The history of Charles XII, king of Sweden, including the History of Czar Peter, etc., by m. de Voltaire, giving a circumstantial account [. . .]. The ninth edition (L. Davis & C. Reymers). London. 1758.

156. The history of Charles XII, king of Sweden, translated from

the French of the celebrated m. de Voltaire, by W. H. Dilworth, for the improvement of the British youth of both sexes. London (H. Woodgate, S. Brooks). 1760—pp.2-141; cm.14.

157. The history of Charles XII, king of Sweden, in eight books. Glasgow, printed in the year 1762—pp.144; cm.15,75. [*édition abrégée*].

158. The history of Charles XII, king of Sweden, translated from the French of m. de Voltaire. Edinburgh (Martin & Wotherspoon). 1769—pp.342; cm.17. [*vol. i d'une collection projetée des 'Complete works'* cf.*182*].

*159. The history of Charles XII. Edinburgh (Dickson). 1769.

160. The history of Charles XII, king of Sweden, from the French of Mons. de Voltaire, a new edition. Edinburgh (G. Martin). 1776—pp.317; cm.11,75.

*161. The history of Charles XII. Glasgow (Foulis). 1777.

Histoire de Jenni

162. Young James, or the sage and the atheist, an English story from the French of m. de Voltaire. London (J. Murray). 1776—pp.vi.130; cm.18,50.

163. [Même titre]. The second edition. London (J. Murray). 1776—pp.ii.130; cm.20.

164. Young James, or the sage and the atheist, an English story, from the French of m. de Voltaire. Dublin (D. Chamberlaine, W. Whitestone, J. Sheppard, J. Potts, S. Watson, J. Hoey, J. Williams, R. Cross, W. Colles, W. Wilson, C. Jenkin. G. Burnet, T. Walker, P. Hoey, M. Mills, P. Higly, T. Armitage, J. Colles, T. T. Faulkner, W. Hallhead). 1776—pp.vi.180; cm.16,75.

Histoire de la guerre de 1741

165. Histoire de la guerre de mil sept cent quarante & un. Première (seconde) partie, par m. de Voltaire. Londres (J. Nourse). 1756—pp.iv.347; cm.17,25.

166. The history of the war of seventeen hundred and forty one, by m. de Voltaire, in two parts. London (J. Nourse). 1756—pp.viii.260; cm.20.

167. [Même titre]. The second edition. London (J. Nourse). 1756—pp.iv.260; cm.20.

168. The history of the war of seventeen hundred and forty one, by m. de Voltaire, in two parts. The second edition, carefully revised and compared with the original, with the addition of a plan of the battle of Fontenoy, not in any other edition. Dublin (G. & A. Ewing). 1756—pp.iv.296; cm.17,25.

169. The history of the war of 1741, by m. de Voltaire, in two parts, printed in the year 1756—pp.iv.251; cm.17,25.

170. The history of the war of seventeen hundred and forty one, translated from the French of m. de Voltaire. The third edition, in which is now added a continuation of the said history, from the battle of Fontenoy to the Treaty of Aix-la-Chapelle, by the same. London (J. Nourse). 1757—pp.ii.292; cm.20.

171. The history of the war of 1741, containing the history of that war till the peace of Aix-la-Chapelle in 1748, in three parts, by m. de Voltaire. To which is annexed a particular account of the Rebellion in G. Britain in 1745 and 1746. Edinburgh (W. Gray). 1758—pp.iv.416; 439-470; cm.15,50.

Histoire de l'empire de Russie sous Pierre le grand

°172. Histoire de l'empire de Russie sous Pierre le grand, par m. de Voltaire. Londres (J. Nourse). 1760.

173. The history of the Russian empire under Peter the Great, by m. de Voltaire. Vol. i. London (J. Nourse, P. Vaillant, L. Davis, C. Reymers). [1761].—pp.xxiii.329; cm.21.

*174. History of the empire of Russia, vol. i. Dublin. 1761.

175. The history of the Russian empire under Peter the Great, by m. de Voltaire. Vol. ii. London (J. Nourse, P. Vaillant, L. Davis, C. Reymers). 1763—pp.xvi.328; cm.21.

°176. [même titre]. Vol. ii. London. 1764 [in-8°].

°177. [même titre]. Vol. i & ii. London. 1764 [in-12°].

*178. [même titre]. Glasgow (Urie). 1764.

*179. [même titre]. London (Johnston). 1769—pp.274; cm.17,5.

*180. [même titre]. Edinburgh (Dickson). 1769.

°181. [même titre]. Glasgow (Urie). 1769.

182. The history of the Russian empire under Peter the Great, translated from the French of m. de Voltaire. Edinburgh (Martin & Wotherspoon). 1769—pp.382; cm.17 [*The Works of M. de Voltaire, vol. ii; cf.158*].

183. The history of the Russian empire under Peter the Great, by m. de Voltaire, in two volumes. Volume i (-ii), a new translation, published from a manuscript sent him by the court of Petersburg. Berwick (R. Taylor) [c.1770]—pp.xxi.212 + viii.216; cm.18,75.

184. The history of the Russian empire under Peter the Great, by m. de Voltaire, in two volumes. Vol. i(-ii). Aberdeen (J. Boyle). 1777—pp.xix. 211 + 6.218; cm.16.5.

185. The history of the Russian empire under Peter the Great, newly translated from the French of m. de Voltaire, in two volumes. Volume i(ii), published from a manuscript sent him by the court of Petersburg. London (A. Millar, J. Hodges, D. Midwinter, M. Cooper, J. and R. Tonson). 1778—pp.xxii.230 + ix.231; cm.18.

Histoire des voyages de Scarmentado

186. The history of the voyages of Scarmentado, a satire, translated from the French of m. de Voltaire. London (P. Vaillant). 1757—pp.18; cm.18,5.

L'Homme aux quarante écus

187. The man of forty crowns, translated from the French of m. de Voltaire. London (T. Beckett, P. A. d'Hondt). 1768—pp.iv.104; cm.20,25.

188. [même titre]. Glasgow (R. Urie). 1768—pp.182; cm.16,75.

°189. [même titre]. London. 1769, in-8°.

190. [même titre]. Dublin (J. Milliken). 1770—pp.139; cm.18.

L'Indiscret

191. No one's enemy but his own, a comedy in three acts, as it is performed at the Theatre Royal in Covent Garden. London. 1764—pp.95.

°192. [même titre]. Dublin. 1764.

193. [même titre]; dans: *The Works of Arthur Murphy, Esq., in seven volumes.* Vol. ii. London (T. Cadell). 1786—pp.306-357.

L'Ingénu ou le Huron

194. L'ingénu or the sincere Huron, a true history, translated from the French of m. de Voltaire. London (S. Bladon). 1768—pp.169; cm.20.

195. [même titre]. Glasgow (R. Urie). 1768—pp.vii.189; cm.15,5.

196. [même titre]. Dublin (J. Milliken). 1768—pp.2-218; cm.17.

197. The pupil of nature, a true history, found among the papers of Father Quesnel, translated from the original French of mons. de Voltaire. London (C. Carnan). 1771—pp.210; cm.17,5.

198. The sincere Huron, a true history, translated from the French of m. de Voltaire, by Francis Ashmore, Esq. London (Harrison). 1786—pp.35; cm.21.

Lettres

199. A letter from m. Voltaire to the French Academy, containing an appeal to that society on the merits of the English dramatic poet Shakespeare, read before the Academy on the day of St. Louis, 1776. Translated from the original edition just published at Paris, with a dedication to the marquis of Granby and a preface by the editor. London (J. Bew). 1777—pp.v.ii.42; cm.22,5.

°200. A letter from m. de Voltaire to m. d'Am., dated March 1st 1765, upon two tragical incidents in France, at the same time: that of Calas, and that of Sirven, both on account of religion. London (Becket). 1765.

201. Lettre au roi de Prusse par mons. Voltaire de Paris. Londres (G. Steidel, M. Cooper). 1744-1745—pp.7; cm.31,75.

202. Genuine letters between the archbishop of Anneci and mons. de Voltaire on the subject of his preaching at the parish church of Ferney, without being ordained, with the archbishop's representation of the case to his most Christian Majesty, ans mons. de Voltaire's confession of faith, in consequence of an order from the French king. All properly authenticated by certificates of the most unquestionable authority, translated from the French. London (F. Newbery). 1770—pp.51; cm.20,5.

203. Letters from m. de Voltaire to several of his friends, translated from the French by the rev. dr Francklin. London (T. Davies, J. Wheble). 1770—pp.234; cm.17.

204. [même titre]. Translated from the French by the rev. dr Francklin, D.D. Glasgow (R. Urie). 1770—pp.2-162; cm.16.

205. [même titre]. Dublin (H. Saunders, W. Sleater, D. Chamberlaine, J. Potts). 1770—pp.196; cm.16,5.

206. Letters from m. de Voltaire to several of his friends, translated from the French by the rev. dr Francklin. The second edition. London (T. Davies). 1773—pp.234; cm.19.

207. Lettres curieuses et intéressantes de Monsieur de Voltaire et de plusieurs autres personnes distinguées par leur rang et par leur mérite, avec des réflexions et des notes, par M.A.D.A. [Anthony Desca]. Dublin (W. Hallhead) 1781—pp.x.246; cm.20,75.

208. Correspondence. Letters between Frederick II and m. de Voltaire, translated from the French by Thomas Holcroft. London (G. G. J. and J. Robinson). 1789—pp.544 + 521 + 562; cm.20,50.
    [*Volumes vi-viii des 'Posthumous works of Frederick II, king of Prussia'*].

*Lettres à son altesse monseigneur le prince de ****

209. Letters adressed to his Highness the prince of ***, containing comments on the writings of the most eminent authors who

have been accused of attacking the Christian religion, by m.
Voltaire. London (T. Beckett, P. A. de Hondt). 1768—
pp.iv.116; cm.20,25.

210. [même titre]. Glasgow (R. Urie). 1769—pp.152; cm.16,75.
211. [même titre]. A new translation. London (R. Trophy,
J. Williams, P. Downham, G. Newton). 1779—pp.160;
cm.17,50.

Lettres philosophiques

212. Lettres écrites de Londres sur les Anglois et autres sujets,
par M.D.V.***. Basle. 1734—pp.228; cm.17,25.
*213. Lettres escrites de Londres sur les Anglois. Londres (Davis).
1741.
214. Letters concerning the English nation, by mr de Voltaire.
London (C. Davis, A. Lyon). 1733—pp.253; cm.20.
*215. [même titre]. London printed, Dublin reprinted. 1733.
*216. [même titre]. Dublin. 1738.
217. [même titre]. The fourth edition. Dublin (G. Faulkner).
1739—pp.214; cm.16.
218. [même titre]. 1740—pp.214; cm.16.
219. [même titre]. The second edition, with large additions.
London (C. Davis). 1741—pp.x.255; cm.16,75.
220. [même titre]. The third edition corrected. Glasgow (R.
Urie). 1752—pp.vi.11-219; cm.15,75.
221. [même titre]. The fourth edition corrected. Glasgow (R.
Urie). 1759—pp.149; cm.17.
222. [même titre]. A new edition. London (L. Davis, C. Reymers,
R. Baldwin, S. Crowder). 1760—pp.255; cm.16,75.
223. [même titre]. Glasgow (J. Knox). 1766—pp.vii.183; cm.17.
224. [même titre]. A new edition. London (J. and R. Tonson).
1767—pp.173; cm.17,5.
*225. Letters concerning the English people. Glasgow (R. Urie).
1769.
*226. Letters concerning the English nation. London (Davis).
1773.

*227. Letters concerning the English nation. London. 1776.

228. Letters concerning the English nation, by mr de Voltaire. A new edition. London (J. and R. Tonson, D. Midwinter, M. Cooper, J. Hodges). 1778—pp.vi.199; cm.16.

Mahomet

229. Mahomet the impostor, a tragedy, as it is acted at the Theatre-Royal in Drury-Lane, by his Majesty's servants. London (J. Watts, B. Dod, Key). 1744—pp.70; cm.19,75.

230. [même titre]. By a gentleman of Wadham College. The second edition. London (J. Watts). 1745—pp.70; cm.19.

231. [même titre]. Dublin (J. Esdall, W. Smith). 1745—pp.68; cm.16,75.

232. Mahomet the impostor, a tragedy, by mons. Voltaire; dans: *A Select collection of English plays, in three volumes.* Volume i. Containing Mahomet the impostor, The Orphan of China, The Siege of Damascus, The Christian hero, Don Sebastian. Edinburgh (A. Donaldson). 1759—pp.iv.2-57; cm.16,5.

233. Mahomet the impostor, a tragedy, as it is now acted at the Theatre-Royal in Drury-Lane. London (T. Lowndes). 1765—pp.2-64; cm.19,5.

234. [même titre]. The fourth edition, with new improvements. London (T. Lowndes). 1767—pp.2-64; cm.20.

235. [même titre]. The fourth edition, with new improvements. London (T. Lowndes). 1767—pp.2-64; cm.20.

*236. Mahomet the impostor. Edinburgh (P. Williamson). 1773— pp.59.

237. Mahomet the impostor, a tragedy from the French of m. de Voltaire. Edinburgh (J. Robertson). 1774—pp.59; cm.17,5.

238. Mahomet the impostor. The fifth edition, with new improvements. London (T. Lowndes). 1776—pp.64; cm.21,25

239. Bell's edition. Mahomet the impostor, a tragedy as written by the rev. mr Miller, distinguishing also the variations of the theatre, as performed at the Theatre-Royal in

Drury-Lane, regulated from the prompt-book, by permission of the managers, by mr Hopkins, prompter. London (J. Bell, C. Etherington). 1776—pp.54; cm.19,5 [*Bell's British Theatre*, vol. xvii].

240. Mahomet the impostor, a tragedy, marked with the variations of the manager's book, at the Theatre-Royal in Drury-Lane. London (C. Bathurst, J. Rivington, T. Longman, T. Lowndes, T. Caslon, W. Nicoll, S. Bladon). 1777—pp.57; cm.19,5 [*New English Theatre*, vol. viii].

241. Mahomet the impostor, a tragedy, as it is acted at the Theatres-Royal in Drury-Lane and Covent-Garden, written by the rev. mr Miller. London (J. Harrison, J. Wenman). 1778—pp.16; cm.22.

242. Bell's characteristical edition. Mahomet the impostor, a tragedy, by the rev. mr Miller, as performed at the Theatre-Royal, Drury-Lane, regulated from the prompt-book, by permission of the managers, by mr Hopkins, prompter. Characteristicks [. . .]. Edinburgh (Bell) & London. 1782—pp.51; cm.17.

243. Mahomet, a tragedy, by the rev. mr Miller, adapted for theatrical representation, as performed at the Theatre-Royal, Covent-Garden, regulated from the prompt-book, by permission of the manager. The lines distinguished by inverted commas are omitted in the representation; and those printed in italics are the additions of the theatre. London (J. Bell). 1795—pp.67; cm.19,5 [*Bell's British theatre*, vol. xxiii].

*244. [même titre]. Bell.1796—pp.67 [*Bell's British Theatre*, vol.xxvii].

*245. [même titre]. Bell. 1797 [*Bell's British Theatre*, vol. xxiii].

Mémoires de m. de Voltaire écrits par lui-même

246. Mémoires de m. de Voltaire écrits par lui-même. Londres (Robinson). 1784—pp.ii.208; cm.18.

247. [même titre]. La seconde édition. Londres (Robinson).

1784—pp.ii.208; cm.18.

248. [même titre]. La troisième édition. Dublin (Byrne). 1785—
pp.iv.208; cm.17.

249. A description of the King of Prussia's person, way of living
and of his court. Dictated by mr de Voltaire. When he was
detailed in prison by order of his Prussian majesty at Frank-
fort. In French and English. Paris, printed for the translator.
1773—pp.65; cm.19,5. [Titre français: *Idée du roi de Prusse
et de sa cour*].

250. Memoirs of the life of Voltaire, written by himself, translated from the French. London (G. Robinson). 1784—
pp.ii.225; cm.18.

251. [même titre]. Dublin (Moncrieffe, Walker, Exshaw, Wilson,
Jenkin, Burton, White, Byrne, Marchbank, Cash, Heery).
1784—pp.v-vii; 2-225; cm.17.

252. [même titre]. The third edition. London (G. G. J. and J.
Robinson). 1785—pp.ii.225; cm.19,5.

253. The life of Voltaire, by the marquis de Condorcet, to which
are added Memoirs of Voltaire, written by himself, translated from the French, in two volumes. Vol. i (vol. ii).
London (G. G. J. and J. Robinson). 1790—pp.495 + 215.
225; cm.17,5.

Mérope

254. Merope, a tragedy, with some small pieces literature,
written in French by mons. de Voltaire, rendered into
English by John Theobald, M.D. [. . .]. London (C. Corbett,
T. Harris). 1744—pp.xvi.84; cm.19.

255. Merope, a tragedy acted at the Theatre-Royal in Drury-
Lane, by his Majesty's servants, by Aaron Hill, Esq. (London (A. Millar). 1749—pp.1-8, 17-32, 25-72; cm.20.

256. [même titre]. Dublin (S. Powell, G. and A. Ewing, G.
Faulkner, J. Exshaw, W. Brien, R. James, J. Esdall). 1749—
pp.82; cm.16,75.

*257. [même titre]. The second edition corrected. With an

additional new scene. London (Millar). 1750—pp.94 [*pour* 64]; cm.20,25.

258. [même titre]. The third edition corrected with an additional new scene. London (A. Millar). 1753—pp.64; cm.20,25.

°259. Merope. Edinburgh. 1755.

260. Merope, a tragedy acted at the Theatre-Royal in Drury-Lane, by his Majesty's servants, by Aaron Hill, Esq. A new edition. London (A. Millar). 1758—pp.64; cm.20.

261. The dramatic works of Aaron Hill, Esq. Volume the second. Containing Muses in mourning, Zara, to which is added an interlude never before printed, Snake in the grass, Alzira, Saul, Daraxes, Merope, Roman revenge, Insolvent, or filial piety, to which added some love letters by the author. London (T. Lowndes). 1760—[*Merope*, pp.199-256].

*262. Merope, a tragedy, by Aaron Hill, Esq. Dublin (G. and A. Ewing). 1762—pp.72.

*263. Merope, a tragedy, written by Aaron Hill, taken from the manager's book at the Theatre-Royal, Drury-Lane. London (Butters). 177[?]—pp.42; cm.17.

264. Bell's edition. Merope, a tragedy, as written by Aaron Hill, Esq., distinguishing also the variations of the theatre, as performed at the Theatre-Royal in Drury-Lane, regulated from the prompt-book, by permission of the managers, by mr Hopkins, prompter. London (J. Bell, C. Etherington). 1776—pp.50; cm.19,25 [*Bell's British Theatre*, vol. x].

265. Merope, a tragedy, written by Aaron Hill, Esq., marked with the variations in the manager's book at the Theatre-Royal in Drury-Lane. London (T. Cadell). 1776—pp.53; cm.17.

266. Merope, a tragedy as it is acted at the Theatres-Royal in Drury-Lane and Covent-Garden, by Aaron Hill, Esq. London (J. Wenman). 1777—pp.16; cm.19.

*267. Merope, a tragedy. London (W. Oxlade). 1777—pp.44.

268. Merope, a tragedy by Aaron Hill. As performed at the Theatre-Royal, Drury-Lane. Edinburgh (Bell). 1782—pp.47; cm.18 [*Bell's British Theatre*, vol. x].

*269. Merope, a tragedy, written by Aaron Hill, Esq., marked with the variations in the manager's book at the Theatre-Royal in Drury-Lane. London (Lowndes) 1786—pp.53 [*The New English Theatre*, vol. iv].

270. Merope, a tragedy, by Aaron Hill, adapted for theatrical representation, as performed at the Theatre-Royal, Drury-Lane, regulated from the prompt-book, by permission of the manager. The lines distinguished by inverted commas are omitted in the representation, and those printed in italics are the additions of the theatre. London (J. Bell). 1795—pp.iv.64; cm.19,5.

La Métaphysique de Newton

271. The metaphysics of Sir Isaac Newton, or a comparison between the opinions of Sir Isaac Newton and mr Leibnitz, by m. de Voltaire, translated from the French, by David Erskine Baker. London [(R. Dodsley, M. Cooper]. 1747—pp.72; cm.19.

272. The Newtonian philosophy compared with that of Leibnitz, translated from the French of m. de Voltaire. Glasgow (R. Urie). 1764—pp.iii-ix.7-81; cm.15,5.

Micromégas

273. Le Micromégas de mr de Voltaire, avec une histoire des Croisades & un nouveau plan de l'histoire de l'esprit humain par le même. Londres (J. Robinson, W. Meyer). 1752—pp.257; cm.16.

274. Micromegas, a comic romance, being a severe satire upon the philosophy, ignorance and self-conceit of mankind, together with a detail of the Crusades, and a new plan for the history of the human mind, translated from the French of m. de Voltaire. London (D. Wilson, T. Durham). 1753—pp.252; cm.16.

Le Monde comme il va, vision de Babouc

275. Babouc, or the world as it goes, by Monsieur de Voltaire, to which are added letters concerning his disgrace at the

Prussian court, with his letter to his niece on that occasion; also, the force of friendship, or innocence distress'd, a novel. London (W. Owen). 1754—pp.168; cm.14,75.

276. [même titre]. Dublin (H. Saunders). 1754—pp.88; cm.15,75.

La Mort de César

277. The Roman revenge, a tragedy, by Aaron Hill, Esq. The second edition. London (W. Owen). 1754—pp.105; cm.19,75.

278. The Roman revenge, a tragedy, acted at the Theatre in Bath [. . .]; dans: *The Dramatic works of Aaron Hill, Esq.* Volume the second, 1760, pp.261-327.

Nanine

279. Nanine, ou le préjugé vaincu, comédie en trois actes, en vers de dix syllabes, par m. de Voltaire, représentée pour la première fois par les comédiens français ordinaires du roi du roi le 16 juin 1749. Nouvelle édition. Londres (T. Hookham). 1786—pp.71; cm.21,25; dans: Recueil des pièces de théâtre lues par mr Le Texier en sa maison, Lisle Street, Leicester Fields, vol. v.

280. The man of the world, a comedy in five acts, as performed at the Theatres-Royal and Covent-Garden and Smock-Alley, written by Charles Macklin, Esq. Dublin. 1785—pp.72; cm.17.

281. The man of the world, a comedy in five acts as performed at the Theatres-Royal of Covent-Garden and Smock-Alley, written by C* M*, Esq. Dublin. 1786—pp.72; cm.17,5.

*282. The man of the world. Dublin. c.1790.

283. The man of the world, a comedy in five acts, as performed at the Theatres-Royal of Covent-Garden and Smock-Alley, written by C* M*, Esq. Dublin. 1791—pp.72; cm.17,5.

284. The man of the world, a comedy by mr Charles Macklin, as performed at the Theatres-Royal, Drury-Lane and

Covent-Garden. London (J. Bell). 1793—pp.86; cm.22,5.

285. The man of the world, a comedy in five acts, as performed at the Theatres-Royal of Covent-Garden and Crow-Street, written by Charles Macklin, Esq. Dublin (W. Wilson). 1793—pp.72; cm.17.

286. The man of the world, a comedy, as performed at the Theatres-Royal, Drury-Lane and Covent-Garden. London (J. Bell). 1793—pp.vii.68; cm.27.

287. The man of the world, a comedy, by Charles Macklin, Esq., adapted for theatrical representation, as performed at the Theatres-Royal, Drury-Lane, Covent-Garden and Smock-Alley, regulated from the pompt-books, by permission of the managers. The lines distinguished by inverted commas are omitted in the representation. Dublin (Graisberry, Campbell, W. Jones). 1793—pp.100; cm.17,5 [*Jones's British Theatre,* vol. vi].

288. The man of the world, a comedy by mr Charles Macklin, adapted for theatrical representation, as performed at the Theatre-Royal, Covent-Garden, regulated from the prompt-book, by permission of the manager. The lines distinguished by inverted commas are omitted in the representation; and Those printed in italics are the additions of the theatre. London (J. Bell) 1795—pp.v.87; cm.19,5.

Œdipe

*289. Œdipe (Tonson). 1719. in-12°.

Les Oreilles du comte de Chesterfield

290. The ears of lord Chesterfield and parson Goodman, translated from the French of m. Voltaire, by J. Knight. Bern, printed for William Lavalar and son, sold also at the Hague and at London. 1786—pp.100; cm.16.

L'Orphelin de la Chine

291. L'orphelin de la Chine, tragédie, représentée pour la première fois à Paris le 20 août 1755. Londres (J. Nourse).

1756—pp.xi.72; cm.17,5.

292. The orphan of China, a tragedy, translated from the French of m. de Voltaire, first acted at Paris on the 20th of August 1755. London (R. Baldwin). 1756—pp.xv.63; cm.19,5.

293. [même titre]. The second edition, carefully corrected. London (R. Baldwin). 1756—pp.45; cm.16.

294. [même titre]. The third edition, carefully corrected. London (R. Baldwin). 1756—pp.45; cm.16.

295. [même titre]. Dublin (W. Smith). 1756—pp.iv-xi.16-72; cm.20.

296. The orphan of China, a tragedy, as it is performed at the Theatre-Royal in Drury-Lane.[. . .]. London (P. Vaillant). 1759—pp.v.96; cm.20,5.

297. [même titre)—pp.iv-v.2-88; cm.17,5.

298. [même titre]. The second edition. London (P. Vaillant). 1759—pp.v.96; cm.21.

299. The orphan of China, a tragedy, translated from the French of m. de Voltaire, first acted at Paris, on the 20th of August, 1755. Edinburgh (A. Donaldson); dans: *A Select collection of English plays, in three volumes*. Volume i, 1759, pp.iv. vi-xi.2-56; cm.16,5.

300. The orphan of China, a tragedy, as it is performed at the Theatre-Royal in Drury-Lane. [. . .]. Dublin (G. and A. Ewing, P. Wilson, A. James, W. Sleater, B. Gunne, H. Bradley, J. Hoey jr, W. Smith). 1759—pp.78; cm.16.

301. The orphan of China, a tragedy, translated from the French of m. de Voltaire, first acted at Paris, on the 20th of August 1755. The sixth edition carefully corrected. London, printed in the year 1761—pp.48; cm.17,25.

302. The orphan of China, a tragedy, as it is performed at the Theatre-royal in Drury-Lane, by Arthur Murphy.[. . .]. Dublin (A. Leathley, G. and A. Ewing, P. Wilson, J. Exshaw, A. James, W. Sleater, J. Hoey jr, H. Bradley, W. Smith jr). 1761—pp.70; cm.16,5.

303. The orphan of China, a tragedy, as it is performed at the

Theatre-Royal in Crow-Street, by Arthur Murphy.[. . .]. Dublin, printed in the year 1763—pp.10-70; cm.17.

304. The orphan of China, a tragedy, as it is performed at the Theatre-Royal in Drury-Lane. [. . .]. The third edition. London (P. Vaillant). 1772—pp.94; cm.20.

305. The works of Arthur Murphy, Esq., in seven volumes. Vol. i. London (T. Cadell) 1786; cm.21. [*The Orphan of China* se trouve pp.vii.105].

306. The orphan of China, a tragedy, by Arthur Murphy, Esq., as performed at the Theatre-Royal, Drury-Lane. London (G. Cawthorn). 1795—pp.90; cm.19,5 [*Bell's British Theatre*, vol. xxiv].

307. [même titre]. 1797.

Panégyrique de Louis XV

308. Panégyrique de Louis xv. Sixième édition, avec les traductions latine, italienne, espagnole et anglaise. 1749—pp.45; cm.18.

[*Le faux-titre porte:* Traduction anglaise du Panégyrique de Louis xv].

Le Philosophe ignorant

309. Le philosophe ignorant, avec un avis au public sur les parricides imputés aux Calas et aux Sirven. 1766—pp.lx; cm.20.

310. The ignorant philosopher, with an address to the public upon the parricides imputed to the families of Calas and Sirven, translated from the French of m. de Voltaire. London (S. Bladon). 1767—pp.206; cm.20.

311. [même titre]. Glasgow (R. Urie). 1767—pp.vi-viii.9-188; cm.17.

°312. [même titre]. Glasgow (R. Urie). 1769.

313. The ignorant philosopher, translated from the French of mr de Voltaire, by the rev. David Williams. London (Fielding & Walker). 1779—pp.2-86; cm.19.

La Philosophie de l'histoire

314. The philosophy of history. by m. de Voltaire. London (I. Allcock). 1766—pp.viii.316; cm.21.

315. The philosophy of history, by m. de Voltaire. Glasgow (R. Urie). 1766—pp.viii.260; cm.16,5.

Pièces originales relatives à ... Jean Calas
[et affaire Calas]

316. Histoire d'Elizabeth Canning et de Jean Calas. 2. Mémoire de Donat Calas pour son père, sa mère et son frère. 3. Déclaration de Pierre Calas, avec les pièces originales concernant la mort des Srs. Calas, et le jugement rendu à Toulouse. Par monsieur de Voltaire. Londres (J. Nourse). 1762—pp.59; cm.19,5.

317. Original pieces relative to the trial and execution of mr John Calas, merchant at Toulouse, who was broke on the wheel in that city, pursuant to his sentence by the Parliament of Languedoc, for the supposed murder of his eldest son, to prevent his turning Roman Catholick, with a preface and remarks on the whole by m. de Voltaire. London (T. Becket, P. A. de Hondt). 1762—pp.iii-viii.99; cm.19,5.

318. The memorial of mr Donatus Calas, addressed to the Chancellor and council of state of France, concerning the execution of his father, mr John Calas, a protestant merchant of Toulouse; who was broke on the wheel in that city, pursuant to his sentence, by the Parliament of Languedoc, for the supposed murder of his son to prevent, as was alleged, his becoming a Roman Catholic. With remarks on that horrid tragedy, by m. de Voltaire; dans: John Lockman, *A History of the cruel sufferings of the Protestants*. Dublin (J. Potts). 1763—pp.14; cm.16,5.

319. The history of the misfortunes of John Calas, a victim to fanaticism, to which is added a letter from m. Calas to his wife and children, written by m. de Voltaire. London (T. Sherlock). 1772—pp.iv.33; cm.19,5.

*320. [même titre]. London. 1775—pp.vi.34.16; in 8°.

321. [même titre]. Edinburgh (P. Williamson). 1776—pp.ix.48; cm.21.

322. [même titre]. London, printed by J. Cooper for Lewis Calas. 1789—pp.59; cm.21.

Poème sur la religion naturelle
et
sur le désastre de Lisbonne

°323. [*texte francais*]. Londres (J. Nourse). 1756.

Précis du siècle de Louis XV

324. The age of Louis xv, being the sequel of the age of Louis xiv, translated from the French of m. de Voltaire. Vol. i (-ii). London (G. Kearsly). 1770—pp.12.390 + viii.380; cm.17.

°325. [même titre]. Dublin (Faulkner). 1770.

326. [même titre]. Glasgow (R. Urie). 1771—pp.vi.212 + iv.210; cm.15,5.

*327. [même titre]. With a supplement. London (G. Kearsly). 1774; cm.17.

La Princesse de Babylone

*328. The princess of Babylon. London (S. Bladon). 1768.

*329. [même titre]. Glasgow (R. Urie). 1768.

°330. [même titre]. From the French. London. 1769.

*331. [même titre]. Glasgow (R. Urie). 1769.

La Pucelle

332. La Pucelle d'Orléans, poème héroï-comique, nouvelle édition sans faute et sans lacune, en dix-huit chants. Glasgow (Follis). 1756—pp.126; cm.10,5.

333. The maid of Orleans, written by mons. de Voltaire, translated from the French, in two volumes. Vol. i(-ii). London, printed in the year 1758—pp.214 + 181; cm.16,5.

334. The maid of Orleans, translated from the French of Voltaire.

Canto the first. London (G. Kearsly). 1780—pp.2-20; cm.27.

°335. The maid of Orleans. Canto the first. 1782, in 4°.

336. La Pucelle, or the maid of Orleans, from the French of Voltaire. The first canto (The second, third, fourth and fifth cantos). [. . .]. London (G. and T. Wilkie, R. Faulder). 1785 (1786)—pp.vi.33 + 138; cm.28.

337. [même titre]. The second edition. London (E. and T. Williams, C. Stalker, T. Hookham). 1789—pp.vi.33.138; cm.24.

338. La Pucelle, or the maid of Orleans, a poem in xxi cantos, from the French of m. de Voltaire. With the author's preface and original notes. Vol. i (vol. ii). 1796 (1797)—pp.227 + 218; cm.21.

Rome sauvée

339. Rome preserv'd, a tragedy, translated from the French of m. de Voltaire. [. . .]. London (J. Curtis). 1760—pp.67; cm.21.

Les Scythes

340. Zobeide, a tragedy, as it is acted et the Theatre-Royal in Covent-Garden. [. . .]. London (T. Cadell). 1771—pp.iii.80; cm.20.

341. [même titre]. The second edition. London (T. Cadell). 1762 [pour 1772]—pp.iii.80; cm.20.

342. [même titre]. The third edition. London (T. Cadell). 1762 [pour 1772]—pp.iii.80; cm.20.

343. Zobeide, a tragedy, as it is acted at the Theatre-Royal in Covent-Garden. [. . .]. Dublin (J. Exshaw, W. Wilson, H. Saunders, W. Sleater, J. Potts, D. Chamberlaine, J. Williams, J. A. Husband, J. Mitchell, J. Milliken, W. Colles, T. Walker, R. Moncrieffe, D. Hay, C. Jenkin). 1772—pp.iv-v.10-50; cm.17.

Sémiramis

344. La tragédie de Sémiramis. Dublin (S. Powell). 1750; dans: Recueil de pièces de théâtre. Tome ii, contenant L'isle des esclaves, La double inconstance et L'école des amis, par mr Marivaux. La gouvernante, par mr Nivelle de la Chaussée. Et Sémiramis, par mr de Voltaire, pp.96; cm.16,5.

345. Semiramis, a tragedy, translated from the French of m. de Voltaire. [...]. London (G. Kearsly). 1760—pp.76; cm.21.

346. [même titre]. Dublin (B. Gunne, J. Potts). 1760—pp.63; cm.15,5.

347. Semiramis, a tragedy, as it is acted at the Theatre-Royal in Drury-Lane, by George Edward Ayscough, Esq. London (J. Dodsley). 1776—pp.74; cm.20,5.

348. La Sémiramide, a musical drama, as represented at the King's theatre, Haymarket. The subject and incidents of this drama were taken from Voltaire's celebrated tragedy of Semiramis. The words by mr***, with many alterations and additions by Lorenzo da Ponte, poet of this theatre. London (C. Clarke). 1794—pp.4-25; cm.19.

Le Siècle de Louis XIV

°349. Le siècle de Louis xiv. Londres (Dodsley). 1752, 2 vol.

350. Le siècle de Louis xiv, publié par M. de Francheville, conseiller aulique de Sa Majesté, et membre de l'académie roiale des sciences et belles lettres de prusse. Tome premier (Tome second). La seconde édition. A Londre, chez R. Dodsley à la Tête de Tully en Pall-Mall. 1752—pp.2-488 + 2-466; cm.15,5.

°351. Le siècle de Louis xiv. Troisième édition. Londres (Dodsley). 1752, 2 vol.

352. Le siècle de Louis xiv, publié par M. de Francheville, conseiller aulique da [sic] Sa Majesté et membre de l'académie roiale des sciences et belles lettres de Prusse. Tome premier (tome seconde). A Londres, chez R. Dodsley, à là [sic] Tête de Tully en Pall-Mall. 1752—pp.viii.479; cm.28,5.

353. Le siècle de Louis xiv, publié par M. de Francheville, conseiller aulique de sa Majesté et membre de l'académie royale des sciences et belles-lettres de Prusse. Tome premier (—second). Nouvelle édition corrigée. Londres (R. Dodsley). 1752—pp.488 + 466; cm.16,5.

354. Le siècle de Louis xiv, publié par M. de Francheville, conseiller aulique de sa Majesté et membre de l'académie roiale des sciences et belles-lettres de Prusse. Tome premier (tome second). Suivant la copie de Berlin. Edimbourg (Hamilton, Balfour et Neill). 1752—pp.x.371 + 325; cm.17,5.

355. Le siècle de Louis xiv, nouvelle édition revue par l'auteur et considérablement augmentée. Tome premier (tome second). A Londres, chez R. et J. Dodsley, à la tête de Cicéron dans Pall Mall. 1753—pp.2-396 + 2-390.

356. [texte français des ch.xviii et xix dans: *Recueil nouveau des pièces choisies des plus célèbres auteurs français*. Londres (Wilson et Durham). 1759.

357. An essay on the age of Lewis xiv, by mr de Voltaire, being his introduction to the work, translated from the French by mr Lockman. London (J. and P. Knapton). 1739—pp.44; cm.17.

*359. [même titre]. Dublin (G. Faulkner). 1760 [*pour* 1740]—pp.3-46; cm.19.

360. The age of Lewis xiv, translated from the French of m. de Voltaire. Vol. i (vol. ii). London (R. Dodsley). 1752—pp.viii.436 + 292.90; cm.20.

361. [même titre]. The second edition. London (R. Dodsley). 1752—pp.viii. 436 + 292.90; cm.20.

362. [même titre]. Dublin (G. Faulkner). 1752—pp.viii.356 + 258.68; cm.17.

363. The age of Lewis xiv, a new edition, revised and considerably augmented by the author, translated from the French of m. Voltaire. The errors in the former editions have been corrected by mr Chambaud. Vol. i (vol. ii). London (R. and J. Dodsley). 1753—pp.viii.369 + 372; cm.16,5.

364. The age of Lewis xiv, translated from the French of m. de Voltaire. Volume the first (volume the second). Glasgow (R. Urie, H. Aitkens). 1753—pp.iii-x. 2-288 [*pour* 388]+ 1-364; cm.17.

365. The age of Lewis xiv, by mons. de Voltaire, in two volumes. A new edition enlarged. Vol. i (vol. ii). Glasgow (R. Urie). 1763—pp.1-2 5-180, 191-358+366; cm.17,5.

°366. [même titre]. Glasgow (R. Urie). 1771.

Socrate

367. Socrates, a tragedy of three acts, translated from the French of Monsieur de Voltaire. London (R. and J. Dodsley). 1760—pp.ix.96; cm.18.

La Tactique

°368. La tactique et autres pièces fugitives. London (Elmsley). 1774.

Tancrède

369. Almida, a tragedy, as it is performed at the Theatre-Royal in Drury-Lane, by a lady. London (T. Becket). 1771—pp.66; cm.20.

370. [même titre]. A new edition. London (T. Becket). 1771— pp.66; cm.19,5.

371. [même titre]. Dublin (W. Wilson, J. Exshaw, H. Saunders, H. Bradley, W. Sleater, D. Chamberlaine, J. Potts, J. Williams, W. Colles, R. Moncriefe, T. Walker). 1771— pp.7-58; cm.16.

Le Taureau blanc

372. The white bull, an oriental history, from an ancient Syrian manuscript, communicated by mr Voltaire, cum notis editoris et variorum: Sc. clarissimm. Philoterasti Pantophagi, Calendarii Aulici, Icit Piscatori, Heliogabali Sacri, Hysteroproteri Fabri, Megalauchi Tritici, Gregorii Amphiboli, Simplicii Misogoëtis et Pordomyzi Paracelsi. The

1025

whole faithfully done into English. London (J. Bew). 1774—pp.clxiv. viii.168; cm.15,5.

373. Le taureau blanc, or the white bull, from the French, translated from the Syriac, by m. de Voltaire. The second edition. London (J. Murray). 1774—pp.75; cm.20,5.

*374. [même titre que *372*]. London (Murray). 1788.

Le Temple du goût

375. The temple of taste, by m. de Voltaire. London (J. Hazard, W. Bickerton). 1734—pp.xvi.45; cm.20.

*376. The temple of taste. Glasgow (R. Urie). 1751.

*377. The temple of taste. Glasgow (R. Urie). 1766.

Traité sur la tolérance

°378. [texte français]. London (Becket & de Hondt). 1763.

379. A treatise on religious toleration, occasioned by the execution of the unfortunate John Calas, unjustly condemned and broken upon the wheel at Toulouse for the supposed murder of his own son, translated from the French of mr de Voltaire, by the translator of Eloisa, Emilius, &c. London (T. Becket, P. A. de Hondt). 1764—pp.247; cm.20,5.

*380. A treatise upon religious toleration, tending to shew the advantage of it to every state. With notes. Translated by T. Smollett, T. Francklin and others. Dublin (Exshaw). 1764.

381. A treatise upon toleration, by mr de Voltaire, carefully corrected. Glasgow (R. Urie). 1765—pp.170; cm.16,5.

°382. [même titre]. Glasgow (R. Urie). 1769.

*383. [même titre]. Edinburgh. 1770.

*384. [même titre]. London. 1774.

385. A treatise upon religious toleration, occasioned by the execution of the unfortunate John Calas, unjustly condemned and broken upon the wheel at Toulouse for the supposed murder of his own son, translated from the French of mr de Voltaire, by the translator of Eloisa, Emilius, & C.

Edinburgh (A. Donaldson). 1779—pp.v-viii.2-240; cm.16,5.

La Voix du sage et du peuple

386. Observations on government, occasioned by the late disputes between the King of France and his clergy, translated from the French, published in France and written by the celebrated baron de Montesquieu, author of the Persian Letters and the Spirit of laws. Dublin, printed and sold by the booksellers. 1751—pp.4-18.

*387. [même titre]. s.l. 1751.

[*fausse attribution à Montesquieu. Le faux-titre porte:* The voice of the wise-man and of the people].

Zadig

388. Zadig, ou destinée, histoire orientale, par m. de Voltaire. Il n'y a point de hasard, tout est épreuve; ou punition, ou récompense, ou prévoyance. 1799. Londres, imprimé par G. Sidney pour les propriétaires; se trouve chez G. Polidori, n° 42 Broad-Street, Carnaby Market—pp.204; cm.11,5.

389. Zadig, or the book of fate, an Oriental history, translated from the French original of mr Voltaire. Quo fata trahunt, retrahuntque sequamur. Per varios casus, per tot discrimina rerum, Tendimus in Latium. Virg. London (J. Brindlay). 1749—pp.xi.238; cm.15.

390. [même] titre]. London (H. Serjeant). [c.1775]—pp.x.242; cm.15,5.

391. The hermit, an Oriental tale, newly translated from the French of m. de Voltaire. London (P. Middleton, R. Dudley, E. Cowley, A. Millard). 1779—pp.43; cm.15.

[traduction séparée du chapitre *L'Hermite*].

392. Zadig, or the book of fate, an Oriental history, translated from the French of m. de Voltaire, by Francis Ashmore, Esq. Quo fata trahunt, retrahuntque sequamur, Per varios casus, per tot discrimina rerum, Tendimus in Latium. Virg.

London (Harrison). 1780—pp.vi.41; cm.21.

*393. Zadig, or the book of fate; dans: *The Novelist's magazine*, vol. ii. London (Harrison). 1780.

*394. [même titre]; dans: *The Novelist's magazine*, vol. i. London (Harrison). 1782.

*395. [même titre].; dans: *The Novelist's magazine*, vol. ii. London (Harrison). 1790.

396. Zadig, ou la destinée, histoire orientale par m. de Voltaire. Il n'y a point de hasard, tout est épreuve; ou punition, ou récompense, ou prévoyance. Cooke's edition embellished with engravings. London (C. Cooke). [1794]—pp.82; cm.14,5.

*397. Zadig. London. 1795.

398. Zadig, or the book of fate, an Oriental history, translated from the French of m. de Voltaire. Qou fata trahnnt [*sic*] retrahuntque sequamur, Per varios casus, per tot discrimina rerum, Tendimus in Latium. Virg. Embellished with elegant engravings. Glasgow (J. Frazer). 1796—pp.iv.7-36, 39-105; cm.14.

Zaïre

°399. Zaïre. Londres (J. Nourse). 1733.

°400. Zara, a tragedy, translated by mr Johnson. Londres (J. Stone). 1735.

401. The tragedy of Zara, as it is acted at the Theatre-Royal in Drury-Lane by his Majesty's servants. London (J. Watts). 1736—pp.69.iii; cm.18,5.

402. The tragedy of Zara, as it is acted at the Theatre-Royal in Drury-Lane by His Majesty's servants. London (J. Watts). 1736—pp.46; cm.17,5.

403. [même titre]. The second edition. London (J. Watts). 1736—pp.2-69; cm.20.

404. [même titre]. Dublin (T. Moore). 1737—pp.52; cm.16,25.

405. [même titre]. The third edition. London (J. Watts). 1752—pp.69; cm.20.

406. The tragedy of Zara, as it is acted at the Theatre-Royal in Drury-Lane by His Majesty's servants, by Aaron Hill, Esq. The second edition. London (T. Lowndes). 1758—pp. 16-70; cm. 16,5.

407. The tragedy of Zara, as it is acted at the Theatre-Royal in Drury-Lane, by His Majesty's servants. The fifth edition. London, printed for the proprietors in the year 1759— pp. 70; cm. 16,5.

408. Zara, a tragedy, as it is acted at the theatres; dans: *The Dramatic works of Aaron Hill, Esq.* Volume the second, containing Muses in mourning, Zara, to which is added an interlude never before printed [. . .]. London (T. Lowndes). 1760—[*Zara* est pp. 19-86]; cm. 21.

409. The tragedy of Zara, as it is acted at the Theatre-Royal in Drury-Lane, by His Majesty's servants, by Aaron Hill, Esq. The second edition. London (T. Lowndes). 1763— pp. 70; cm. 16,5.

*411. The tragedy of Zara [. . .], by Aaron Hill, Esq. The second edition. 1767.

412. The tragedy of Zara, as it is acted at the Theatres-Royal in Drury-Lane and Covent-Garden, by Aaron Hill, Esq. London (T. Lowndes). 1769—pp. x-vx. 18-70; cm. 16,5.

413. [même titre]. Printed for W. Cavell, Holborn, 1775. Where may be had the full value for libraries, or parcel of books— pp. 3-56; cm. 16.

414. Bell's edition. Zara, a tragedy, by Aaron Hill, Esq. as performed at the Theatre-Royal in Drury-Lane, regulated from the prompt-book, by permission of the managers, by mr Hopkins, prompter. With the comic choruses, or interludes, designed by the author to be sung between each act. London (J. Bell, C. Etherington) 1776—pp. 66; cm. 19,5.

415. The tragedy of Zara, by Aaron Hill, Esq. marked with the variations of the manager's book, at the Theatre-Royal in Drury-Lane. With the comic choruses, or interludes, designed by mr Hill to be sung between each act. London

(T. Lowndes). 1776—pp.61; cm.19,5 (*New English Theatre*, vol. x. London, Rivington, Dodsley, Lowndes, Caslon, Nicoll, Bladon, &c.).

°416. [autre édition]. London. 1777.

417. Zara, a tragedy, as it is acted at the Theatres-Royal in Drury-Lane and Covent-Garden, written by Aaron Hill, Esq. London (J. Wenman). 1778—pp.14; cm.21,5.

*418. [autre édition]. London, c.1780.

419. Zara, a tragedy, by Aaron Hill, Esq., adapted for theatrical representation, as performed at the Theatres-Royal, Drury-Lane and Covent-Garden, regulated from the prompt-books, by permission of the managers. The lines distinguished by inverted commas are omitted in the representation. London (J. Bell). 1791—pp.94; cm.19,5. (*Bell's British Theatre*, vol. xvii).

420. [même titre]. Dublin (Graisberry & Campbell, W. Jones). 1791—pp.iv-xviii. 22-94; cm.17.

421. Zara, a tragedy, by Aaron Hill, Esq., adapted for theatrical representation, as performed at the Theatres-Royal, Drury-Lane and Covent-Garden, regulated from the prompt-books, by permission of the managers. The lines distinguished by inverted commas are omitted in the representation. London, printed for the proprietors. 1796—pp.v-xviii.94; cm.19,5 (*Bell's British Theatre*, vol. xvii, 1797).

*422. [autre édition]. Manchester, c.1797.

3. *Œuvres apocryphes, douteuses ou non identifiées*

423. Candid, or all for the best, translated from the French of m. de Voltaire. Part ii. Dublin (P. Wilson). 1761—pp.63; cm.16,75.

424. [même titre]. The second edition. London (T. Becket, P. A. de Hondt). 1766—pp.86; cm.16,75.

425. The history of Frederick, king of Sweden, containing his wars in Germany, Brabant, Italy and Flanders, and his con-

duct under Charles XII, concerning whom are many curious particulars not mentioned in the histories of that prince's life, translated and improved from the French of m. de Voltaire, by Andrew Henderson, author of the Edinburgh History of the late rebellion. London (J. Robinson, J. Millan). [1752].—pp.iv.104; cm.21.

426. A letter from Mons. de Voltaire to Mr. Hume on his dispute with M. Rousseau, translated from the French. London (S. Bladon). 1766—pp.16; cm.18.

427. A letter from M. Voltaire to M. Jean Jacques Rousseau. London (J. Payne) 1766—pp.84; cm.15-25 [Lettre de Mr. de Voltaire au docteur Jean Jacques Pansophe].

428. A letter from M. de Voltaire to the author of the Orphan of China. Audi alteram partem. London (I. Pottinger). 1759— pp.38; cm.18,5.

429. [même titre]. The second edition. London (I. Pottinger). 1759—pp.38; cm.22.

°430. Lettre de M. de Voltaire au peuple d'Angleterre, sur les écarts qu'il a fait paraître au sujet des balladins français. A Londres, Robinson, 1755—pp.vi.26 [par Claude Patu].

°431. [même titre]. Londres (Robinson). 1756—pp.76.

432. Prophetie, par M. de V***. A Genève. 1761 / A prophecy, by Mr. de V***. Geneva. 1761—pp.4.29; cm.10,5 [par Charles Bordes].

4. Publications en périodiques

Address to the confederates of Poland (*WEP*, 14 au 16 févr. 1769).

Anecdotes on Louis XIV (*GM* (1750) xx.297-303).

History of Rustan (—*Le Blanc et le noir*) (*GM* (1765) xxxv.174-179).

Catherine Vadé's Preface to the Tales of Guillaume Vadé (*GM* (1767) xxxvi.484-486, *AR* (1767) x.190-194).

Monsieur de Voltaire of the Newtonian philosophy to the Marchioness du Châtelet (*i.e. Epître à mme Du Châtelet*, M. x.299)

(*LM* (1749) xviii.428-429; déjà dans les œuvres du traducteur J. Bancks (ii.241-250) en 1738 avec longues notes scientifiques).

An Epistle from Mr. Cubstorf, etc. (*MR* (1764) xxx.542-545).

Epître au cardinal Quirini (M. x.357) (*LM* (1764) xxxiii.375-376).

Voltaire to the king of Prussia (M. x.557) (*CR* (1757) iii.78-79; *LM* (1757) xxvi.93; *MR* (1757) xvi.183).

Dialogues between an anchorite and a man in the world (*MR* (1765) xxxi.553-555).

A Dialogue between Marcus Aurelius and a recollet (*LC* (1768) xxiv.263).

The Discourse delivered by M. de Voltaire at his reception into the French Academy, etc. (*The Museum* (1764) ii.224-231; *LM* (*1746*) xxxiii.275-284).

A Pastoral charge (i.e. *Lettre à l'évêque d'Alétopolis*) (*GM* (1774) xliv.55).

A Letter from a Turk on the Faquirs and his friend Bababec (*LC* (1768) xxiv.279).

Sermon in the character of a Jew (i.e. *Sermon du rabin Akib*) (*GM* (1762) xxxii.255-258; *LC* (1762) xi.516-517; *LM* (1762) xxxi.320).

A Prayer (i.e. *TTol*, ch.xxiii) (*BM 1* (1764) v.156; *GM* (1764) xxxiv.113; *LM* (1764) xxxiii.161; *DuM* (1764) iii.152).

A Dream (i.e. fragment de l'art. *Dogmes*) (*GM* (1772) xlii.408-409; *AR* (1772) xv.188-189).

Art. *Apis, Beauté, Cannibales, Chaîne des êtres* (GM (1765) xxxv.469-472).

Art. *Catéchisme du jardinier, Liberté de penser, Sens commun, Vertu* (MR (1765) xxxi.503-515).

Art. *Luxe, Catéchisme du curé de campagne* (*LC* (1765) xvii.229).

Henriade (*the*) (*Grand* (*the*) *magazine of universal intelligence* (1759) ii.425-427, 501-505, 542-547, 590-594, 668-673, 701-704; (1760) iii.5-8, 59-63, 126-131, 181-185, 237-242) [trad. par Edward Purdon]. *HChXII* [trad. angl.] (*London morning advertiser*, 1735-1736).

INDEX DES NOMS

Sont répertoriés tous les noms propres (personnes et lieux), ainsi que les titres d'ouvrage (en langue originale) figurant dans le corps du texte et dans les notes. Ont été ajoutées quelques notions n'apparaissant pas dans la *Table des matières*. Pour les œuvres de Voltaire, on a suivi la *Table de la Bibliographie de Voltaire par Bengesco*, établie par Jean Malcolm, 1953.

Barry, Ann Spranger, mrs, 432
Barthélémy, abbé Jean Jacques, 742
Bas-bleus, 277, 473, 861
Baskerville, John, 263, 304, 360
Bastille, la, 74, 132
Bath, William Pulteney, comte de, 89, 106, 163, 520, 658
Bath, 145, 411
Bathoe, William, 371
Bathurst, Allen Bathurst, 1er comte, 86, 89-90, 106, 113, 163, 513, 652
Bathurst, Henry Bathurst, 2ème comte, 89, 261-2
Battersea, 160
Battle (the) of the books, par Barrington, 480
Baumgartner, G., 42
Bayle, Pierre, 134, 138, 302, 371, 679, 743, 756, 758, 797-8, 801, 821
Bayreuth, 188
Bazin, abbé, pseud., 672
Beattie, James, 500, 521, 558, *560-1*, 592, 618-9, *675-7*, 679-80, 688, 826, 866, 869
Beaumarchais, Pierre Augustin Caron de, 263, 360, 364
Beaumont, Elie de, 248-50, 299, 319
Beaumont et Fletcher, 720
Beauties (the) of history (anon.), 829
Beauzée, Nicolas, 480
Beccaria, Cesare Bonesana, 605, 690
Beccaria; cf. Voltaire, *Commentaire sur le livre 'Des délits et des peines'*
Becket, saint Thomas, 771
Becket, Thomas, 766
Beckford, Peter, 250, 291, 303-4, 312, 321
Beckford, William, 287-8, 291, *321-2*, 606, 608, *626-8*, 691, 787, 867
Beckwith, 653
Bedford, Arthur, 102
Bedford, John Russell, 4ème duc de, 792
Bee (the) (pér.), par Budgell, 124

Bee (the) (pér.), par Goldsmith, 579, 581-4, 742, 778
Beggar's (the) opera, par Gay, 8, 91, 117, 413
Belisarius, par Downman, 364
Bell, John, 398
Bell, V. M., 533
Belle-Isle, Charles Louis Auguste Fouquet, maréchal de, 728
Belle-Isle, Louis Charles Armand Fouquet, comte de, 837
Bellenden, miss, 90
Belle-Pré, mlle de, 331
Belloy, Pierre Laurent Buirette de, 424
Beloe, William, 739
Belot, Octavie Guichard, présidente Durey de Meynières, dame, 487-8, 490, 634, 759
Belsham, William, 497, 527, 529, 549, 590, 592, 708, 773, 824
Bénarès, 85
Bender, 105, 697
Bénezet, Antoine, 139
Bénezet, Jean Etienne, 83, 139
Bengesco, G., 610
Benoît XIV, 721
Bentham, Jeremy, 360, 362, 365, 601, *605-8*, *689-91*
Bentley, Richard, 531, 725
Bentley, Thomas, 681
Bérenger, Robert de, 248
Bérénice, par Racine, 791
Berkeley, George, 89, *132*, 166, 173, 641, 827
Berkeley, James, 3ème comte de, 89
Berkenhout, John, 725
Berlin, 156, 179, 185, *188-9*, 192, 194, 209, 212, 260, 326-7, 719
Bermudes, les, 132
Bernard, Edward, 266
Bernard, Jean Baptiste, 362
Bernard, Pierre Joseph Justin, dit Gentil-Bernard, 163
Berne, 259-60, 607

Boston, 673

Boswell, James, 48-9, 106-7, 134-5, 216, 243, *257-8*, 288, 303-6, 315, *324-35*, 349, 463, 466, 477, 504, 634, 706, 734-5, 739, 749-50, 756, 766, 812, 855

Bothmar, comte, 104

Boufflers, Stanislas Jean de, 331

Boufflers, Marie Charlotte Hippolyte de Campet de Saujon, comtesse de, 255, 258, 328, 749, 766

Bougeant, Guillaume Hyacinthe, 335

Bouhours, p. Dominique, 517

Bouillon, 199

Bouillon, Charles Godefroy de La Tour d'Auvergne, duc de, 78

Bouillon, Marie Charlotte Sobieska, duchesse de, 68

Boulainvilliers, Henri, comte de, 101, 797

Boulter, Hugh, 131

Bourchier, Richard, 266

Bourdeaux, soldat, 569

Bourn, Samuel, 275

Bourse (la) de Londres, 85

Bouvy, E., 23

Bowle, John, 534

Bowyer, William, le jeune, 543, 650-1, 702

Boyd, Henry, 522

Boyer, Abel, 616

Boyer, Jean François, évêque de Mirepoix, 189

Boyle, John, 5ème comte de Boyle et d'Orrery, 107, 362, 720

Boyle, Robert, 85, 141, 455

Boyne, bataille de la, 729

Boyse, Samuel, 186, 731

Bradley, James, 173

Braganza, par Jephson, 319

Brède, la 311, 371

Brême, 699

Bréquigny, Louis Georges Oudart Feudrix de, 480

Breteuil, mr de; cf. Preuilly

Brett, Thomas, 826

Brewster, D., 402

Bridel, curé de Montreux, 794

Bridgewater, Scroop Egerton, 1er duc de, 97

Brinsden, John, 64, 78, 83, 89

Brisset, M., 484

Bristol, hôtel de, 287

Bristol journal, Felix Farley's (pér.), 33, 244, 657

Britannia, par Ogilvie, 563

British (the) journal (per.), 79

British (the) magazine (pér), 575

British (the) museum, 176, 266

Broglie, Louis Marie, comte et duc de, 9, 73, 136

Broglie, 489

Brooke, Henry, 361, 405, 642, 722

Broom, major W., 303-4, 308

Brossette, Claude, 39

Brougham, Henry Peter, baron Brougham and Vaux, 128

Broughton, Thomas, 362

Brown, dr, de Trinity college, Oxford, 738

Brown, John, dit 'Estimate', 414, 462, *830*

Brown, Lancelot, dit 'Capability', 311

Brown, Robert, 134, *243-7*, 285, 288, 326

Broxholme, Robert, 129

Bruce, H. L., 33, 408, 412, 420, 427, 429-30, 436, 445

Bruce, rév. William, 345

Bruciad (the), par Harvey, 553, 564

Bruel, le, 59

Bruller, Jean, 425

Brumoy, p. Pierre, 498

Brunswick, 104, 139

Brunswick-Wolfenbüttel, Charles William Ferdinand, prince de, beau-frère de George III, 292

Brutus, par Haliday, 498

1041

1073

STUDIES ON VOLTAIRE